KB214915

키워드 카테키즘

Keywords Catechism

세움북스는 기독교 가치관으로 교회와 성도를 건강하게 세우는 바른 책을 만들어 갑니다.

키워드 카테키즘
Keywords Catechism

초판 1쇄 발행 2019년 8월 31일

지은이 ㅣ 정두성
펴낸이 ㅣ 강인구

펴낸곳 ㅣ 세움북스
등 록 ㅣ 제2014-000144호
주 소 ㅣ 서울시 마포구 양화로 78, 502호(서교동, 서교빌딩)
전 화 ㅣ 02-3144-3500
팩 스 ㅣ 02-6008-5712
이메일 ㅣ cdgn@daum.net

교 정 ㅣ 김태윤
디자인 ㅣ 참디자인

ISBN 979-11-87025-48-1 (03230)

키워드
카테키즘

KEYWORDS CATECHISM

| 정두성 지음 |

세움북스

Contents

Epilogue

마치는 글

EndNotes

미주

Keywords Catechism

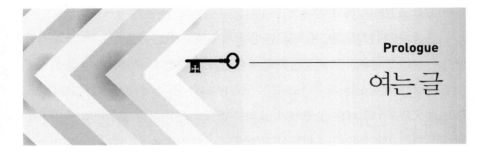

카테키즘 교육의 변화가 필요하다

교리교육을 목적으로 만들어진 교재를 일반적으로 카테키즘(Catechism)이라고 부른다. 그리고 그 교재를 공식적인 교리교육서로 공포한 지역교회의 이름이나 그 교재를 만든 사람의 이름이 각 교리교육서들의 이름에 붙여진다. 루터의 카테키즘(Luther's Small Catechism), 웨스트민스터 카테키즘(Westminster Small Catechism), 하이델베르크 카테키즘(Heidelberg Catechism), 제네바 카테키즘(Geneva Catechism) 등을 그 예로 들 수 있다. 그런데 한국 교회에서는 이 카테키즘이라는 용어를 직접 사용하지 않고 주로 두 가지로 번역해서 사용한다. 그 하나가 요리문답이고 나머지 하나는 교리문답이다. 이러한 이유로 한국 교회 성도들은 카테키즘이란 용어보다는 교리문답이나 요리(要理)문답이라는 용어에 더 익숙하다.

물론 한국인의 입장에서는 '카테키즘'이라는 서양식 용어보다는 '교리문답'이나 '요리문답' 같은 한자식 용어가 훨씬 더 쉽게 다가올 것이다. 그런데 한국 교회에서 카테키즘이라는 용어를 직접 사용하지 않고 번역해서 사용한 데는 그 용어가 생소하기 때문만은 아닌 것 같다. 한국인이 쉽게 접하고 부를 수 있도록 하기 위해 카테키즘을 교리문답이나 요리문답으로 번역해서 사용한 것만 같지는 않다는 것이다. 그 이유는 교리문답이나 요리문답이 카테키즘의 단순한 번역이 아니라는데 있다. 그 말은 교리문답과 요리문답이 해석되어진 의미를 가지는 특별한 용어로써 그 기능을 하고 있다는 것이다.

일단 두 용어 모두 문답이라는 단어를 사용하고 있는 것은 이 교리교육서의 구성이 문답식이라는 것을 분명히 나타내준다고 하겠다. 즉, 이는 책의 형식에 관한 정보를 제공하는 것이라고 할 수 있다. 그럼 왜 어떤 곳에서는 '교리문답'으로 번역하고, 또 다른 곳에서는 '요리문답'으로 번역하는 것일까? 심지어 웨스트민스터 카테키즘의 한 원본을 가지고도 어떤 사람은 이것을 '웨스트민스터 소교리문답'으로 번역하고, 다른 사람은 '웨스트민스터 소요리문답'으로 번역하는 것일까? 그리고 두 번역 중 어느 것이 더 좋은 번역일까? 아니면 두 번역 중 하나가 문제가 있는 것은 아닐까? 그렇지 않다. 앞서 언급했듯이 카테키즘의 한국어 번역은 용어에 대한 해석의 문제이지 번역 자체의 문제는 아니다. 다시 말해 이는 교리교육서의 용도에 대해 무엇을 강조할 것인가에 관한 고민의 결과라 할 수 있다.

카테키즘을 교리문답으로 번역하는 것은 이 교육서가 기독교의 바른 교리를 문답식으로 잘 정리해 놓은 것이라는 의미를 강하게 드러낸다는 것을 의도한다고 할 수 있다. 반면에 이를 요리문답으로 번역하는 것은 말 그대로 이 책이 기독교의 긴요한 이치나 도리를 문답식으로 정리한 것이라는 의미를 드러내는 것이라 하겠다. 다시 말해 '교리문답'은 성경이 말하는 교리가 바르게 정리되어 있다는 것을 부각시키는 표현이라고 하겠다. 즉, 이것은 이 책이 기독교의 진리를 교리적으로 옳고 그름의 차원에서 다루고 있다는 것을 강조한 표현이다. 결국 이 책을 공부하게 되면 기독교의 교리를 바로 알게 된다는 의미를 책 제목 자체가 나타내는 것이다. 반면에 '요리문답'은 기독교 교리의 핵심이 잘 정리된 책이란 이미지가 강하게 드러나는 표현이다. 다시 말해 이는 그리스도인이면 꼭 알아야 할 내용들이 이 책에 잘 요약되고 정리되어 있다는 것을 표현한 것이다. 그런데 카테키즘이 교리문답이나 요리문답으로 번역된다는 사실을 역으로 생각해보면 카테키즘이라는 용어가 원래 의미하는 것이 무엇인지를 쉽게 도출할 수 있게 된다. 즉, 카테키즘은 결국 성경이 말하는 바른 교리의 핵심을 성도라면 누구나 쉽게 익힐 수 있도록 잘 요약해서 정리한 책이라는 뜻이 된다. 그리고 앞에서도 언급했지만 공통으로 사용하는 문답이라는 표현은 기독교의 교리가 문답의 형식으로 정리되어 있다는 것을 나타낸다고 하겠다.

카테키즘이 교리문답으로 소개되든, 요리문답으로 소개되든 분명한 것은 이 것이 기독교의 교리를 다룬 문서라는 것이다. 그것도 기독교의 교리에 관한 책이 아니라, 교리 자체를 다룬 책이라는 것이다. 그런데 여기서 우리가 중요하게 따져 보아야 할 것이 있다. 그것은 바로 카테키즘의 목적과 용도가 정작 무엇인가 하는 점이다. 다시 말해 교리문답 혹은 요리문답이 어떠한 사용목적으로 만들어 졌는가 하는 점이다. 카테키즘은 분명 바른 교리가 잘 정리된 책이다. 그러나 카테키즘의 목적이 교리를 잘 요약하는 것은 아니다. 다시 말해 교리를 잘 정리하는 것이 카테키즘의 목적이 아니다. 카테키즘의 목적은 오히려 교리를 잘 가르치는 것이다. 잘 가르치기 위한 교재로써 카테키즘이 필요하다. 이러한 차원에서 볼 때 카테키즘은 결코 교리서 아니라, 교리교육서인 것이다.

이를 좀 더 구체적으로 설명하면 다음과 같다. 분명 카테키즘에는 기독교 교리가 체계적으로 정리되어 있다. 그러나 그 내용이 결코 조직적(systematic)으로 정리되어 있지는 않다. 이 말은 카테키즘이 조직신학 서적이 아니라는 것이다. 그렇다고 이 책이 신자에게 감동을 주고 도전을 주는 신앙서적의 성격을 띤 것도 아니다. 그렇다면 카테키즘은 어떤 책인가? 카테키즘은 기독교의 교리를 쉽게 가르치기 위한 학습서라고 할 수 있다. 가르치고 학습하기 위한 교재라는 것이다. 동일한 과목이나 주제에 다양한 학습법과 그에 따른 다양한 학습서가 있는 것처럼 카테키즘이 시대와 문화에 따라 다양하게 만들어진 것도 바로 카테키즘이 가지고 있는 교육적 특성 때문이라고 할 수 있다. 이러한 이유로 카테키즘의 구조와 언어 또한 철저히 교육적인 것이다. 다시 말해 카테키즘의 구조는 교리를 잘 정리하기 위한 구조가 아니라, 교리를 잘 가르치기 위한 구조라는 것이다. 이 구조는 교리를 쉽게 설명하기 위해서 고안된 구조다. 즉, 학생들에게 설명하기 좋은 구조라고 할 수 있다. 카테키즘들의 구조가 조직신학 서적의 구조와 달리 다양한 것도 바로 이런 이유에서다. 따라서 교리를 가르치는 선생의 입장에서 카테키즘의 구조는 물론 설명 방식들이 다양할 수 있는 것이다. 뿐만 아니라 가르침을 받는 학생의 입장에서도 다르게 요약되고 정리될 수도 있는 것이다. 이러한 원리에 의해 카테키즘은 학생의 수준에 따라 그 내용이 부분적으로 생략될 수도 있다.

이러한 면에 있어서 카테키즘의 구조적 특성은 칼뱅이 『기독교 강요』의 구조를 고안할 때 적용한 방식과 상당히 유사하다 할 수 있다. 1536년 칼뱅의 『기독교 강요』 초판은 당시 유행하던 교리교육서들과 상당히 유사했다. 칼뱅의 『기독교 강요』 초판에는 루터가 1529년에 발행한 대교리교육서에서 영향을 받은 흔적이 상당히 많이 나타난다. 비록 칼뱅이 목회자 후보생들을 위한 교육용 교재로 『기독교 강요』를 썼지만, 그의 초판은 그 형식과 내용에서 또 하나의 교리교육서에 훨씬 가까웠다. 이후 『기독교 강요』는 1539년 스트라스부르에서 발행된 두 번째 판부터 교리교육서의 모습을 털고, 신학 입문서로서의 모습을 나타내기 시작했다. 그리고 몇 차례의 수정과 증보를 거쳐 1559년 마지막 판이 발행되었다. 『기독교 강요』는 초판부터 최종판까지 증보를 거치면서, 처음에 있었던 루터의 영향을 점점 벗어내고, 그 구조는 물론 내용에 있어서 칼뱅 자신의 신학으로 채워갔다. 그러면서도 그는 증보판을 내면서 초판에 소개한 내용 중 어떠한 것도 삭제하지 않았다. 계속해서 그는 내용을 더 알차게 증보해갔다. 이렇게 칼뱅이 『기독교 강요』를 증보한 이유는 간단하다. 기독교의 바른 교리를 좀 더 자세하고 정확히 설명하기 위함이었다. 목회자는 물론 일반 성도들이 기독교의 진리를 잘 가르치고 배울 수 있도록 하기 위함이었다. 이러한 이유로 『기독교 강요』의 분량이 초판의 6장에서 80장의 최종판이 된 것이다.

칼뱅이 기독교의 진리를 좀 더 자세히 설명하려하면 할수록 『기독교 강요』의 분량은 계속 늘어났다. 그러나 이러한 과정 속에서도 칼뱅에게는 아주 중요한 하나의 고민이 있었다. 그것은 바로 『기독교 강요』 안에서 교리의 내용을 어떠한 기준으로 배열할 것인가 하는 점이었다. 이에 대해 칼뱅이 고민한 것은 어떠한 논리적 전개로 교리를 풀어갈 것인가에 대한 문제가 아니었다. 기독교의 진리를 효과적으로 변증하기 위한 수단으로써 교리의 배열을 고민한 것도 아니었다. 칼뱅이 『기독교 강요』의 목차에서 가장 신경 쓴 것은 다름 아닌 '어떻게 교리를 가르칠 것인가' 하는 점이었다. 논리적 관점이나 변증적 관점이 아니라, 교육적 관점에서 교리 설명의 순서를 정하는 것이었다. 이를 좀 더 구체적으로 말하면 당시 목사 후보생들에게 어떻게 하면 기독교의 교리를 잘 설명하고 이해시킬 것인지에 대한 고민이 『기독교 강요』의 목차를 정하는 기준이 된 것이다. 칼뱅의 이러한 『기독교 강요』의 목차 전개방식은 앞서 말한 교리교육서의 전개 방식과 많은 부분에서 일치한다고 할 수 있다.

카테키즘은 교리교육서다. 다른 표현으로 교리학습서다. 따라서 카테키즘은 그 작성에 있어서 교육적인 요소가 가장 강하게 작용한다. 여기서 말하는 교육적인 요소의 가장 중요한 점은 카테키즘을 통해 교리를 배우는 학습자들에 대한 이해라고 할 수 있다. 그리고 동시에 그들을 가르치는 가장 적절하고 효과적인 방법에 대한 연구가 여기에 해당된다. 따라서 카테키즘은 구성과 적용 방식에 있어서 학습자들의 상태는 물론 그들이 처한 상황과 밀접한 관계를 가질 수밖에 없다. 그렇기 때문에 카테키즘은 철저히 학습자들의 문화 속에서 이해되고 적용되어야 한다. 이러한 원리로 볼 때 종교개혁시기에 작성된 카테키즘들은 16–17세기 교리교사가 16–17세기 학생들에게 기독교의 교리를 가르치기 위해 기록했다는 시대와 문화적 배경을 고려해서 이해해야 한다. 즉, 현대인의 시선으로 이해해서는 안 된다. 물론 이것은 내용을 말하는 것이 아니라 내용의 구성과 표현 방식을 말하는 것이다.

종교개혁시기 카테키즘들의 일반적이면서도 두드러진 특징은 그 형식이 문답식이라는 것이다. 루터의 소교리교육서를 시작으로 거의 대부분의 교리교육서들이 문답의 형태로 만들어 졌다. 이러한 문답식 형태는 한 문답 한 문답을 대화를 통해 풀어가게 하는 효과가 있었다. 뿐만 아니라 이 교육법은 학습자가 글을 몰라도 교육과 학습이 가능하다는 장점이 있었다. 교사나 부모가 읽어주거나 암송해주면 학생들이 그것을 되풀이하며 암기하는 방식으로 수업을 진행하면 되기 때문이다. 종교개혁 당시 이러한 문답식 교리학습법이 인기를 끌 수 있었던 것은 아마 많은 사람들이 글을 몰랐기 때문일 것이다. 문답식 교육의 일차 목적은 암기다. 문답의 학습을 통해 기독교의 교리를 부모와 자녀가 함께 암송하게 하는 것이다. 목사와 평신도가 복음의 진리를 같은 내용과 같은 방식으로 암송하게 하는 것이다. 또한 이 문답식 교육은 지속적인 반복학습을 통해 동일한 내용을 다시 점검할 뿐 아니라 새롭게 각성하게 하는 효과도 있었다. 이러한 관점에서 볼 때 종교개혁시기에 적용된 문답식 교리교육은 그 효과적인 면에 있어서 전혀 손색이 없었다고 할 수 있다.

그런데 종교개혁시기에 만들어져 현재 장로교회가 교리표준문서로 공포한 교리교육서들의 문답식 학습법이 이 시대의 성도들에게도 동일하게 좋은 교리교육 방법이 될 수 있는지는 한번 생각해 볼 필요가 있다. 다시 말해 이 시대를 살아가는 성도들에게도 문답의 방식이 여전히 효과적인 학습법이 될 수 있는가 하는 점이다. 이 문제에 대한 답을 찾기 위해서는 가장 먼저 현대 학습자들의 상태를 종교개혁시대의 학습자들과 비교해 봐야 한다. 먼저 가장 큰 차이점은 이 시대의 사람들 중에 글을 모르는 사람은 거의 없다는 것이다. 대부분의 사람이 스스로 책을 읽고 이해하는 데 큰 문제가 없다. 뿐만 아니라 현대인들에게 문답식 교육은 결코 익숙한 학습법이 아니다. 오히려 현대인들에게 익숙한 학습법은 내용을 요약해서 그 핵심을 기억하는 방식이다. 다시 말해 핵심 사상이나 중심 주제를 이해하고 그것을 풀어서 설명하는 방식이다.

현재 장로교 교리교육에서 가장 많이 사용하는 교리교육서를 들자면 웨스트민스터 교리교육서와 하이델베르크 교리교육서일 것이다. 교리를 중시하고 가르치는 대부분의 교회에서 이 두 교재를 사용하여 성도들에게 교리교육을 시키고 있다. 이 두 교리교육서는 그 내용만 놓고 보면 장로교 교리를 가르치는 데 전혀 손색이 없다. 역사상 이보다 더 좋은 내용의 교리교육서는 없을 것이라는 평을 들을 정도로 그 내용이 알차고 분명하다. 그런데 문제는 이 교리교육서들을 사용해서 교리를 학습하는 성도들은 물론 그들을 가르치는 목회자들까지도 이 교재들을 효과적으로 사용하지 못하고 있다는 것이다.

그렇다면 현재 웨스트민스터 교리교육서와 하이델베르크 교리교육서의 교육과 학습이 이렇게 까다롭게 느껴지는 이유는 도대체 무엇일까? 그 중심에 현재 우리와 맞지 않는 학습법이 있는 것이 분명하다. 다시 말해 우리에게 익숙하지 않은 문답식 학습법이 바로 그 이유가 된다. 웨스트민스터 교리교육서와 하이델 베르크 교리교육서의 문답식 전개는 현대를 사는 우리에게는 그것을 배우는 자들뿐 아니라 가르치는 자들에게도 전혀 익숙하지 않은 방식이다. 문답이라는 형식뿐 아니라, 문답에 쓰인 문장들이 번역체인 것도 교리교육서의 학습 능률을 떨어뜨린다. 아무리 쉽고 시의적절하게 번역한다 하더라도, 문답이라는 형식을 유지하면서 그 의미를 완벽히 전달하기는 결코 쉬운 일이 아니기 때문이다. 또한 문답에 매겨져 있는 번호들이 학습의 능률을 막는다고 여겨진다. 분명 문답에 매겨진 번호는 문답 하나 하나를 구분해 줘서 교리의 내용을 학습하기에 유용한 점이 있다. 또한 한 교리와 다른 교리가 어떻게 연계되어 있는지도 번호로 구분된 순서를 통해 알 수 있는 장점이 있다. 그러나 이러한 구조는 교사나 학습자가 교리의 핵심내용보다는 오히려 번호와 순서에 관심을 뺏겨 버리는 부작용을 낳기가 일쑤다. 뿐만 아니라 문답의 번호를 암기하지 못하면 그 내용 전체는 물론 교리의 흐름을 이해하지 못한 것 같은 생각에 빠지게 된다.

이러한 이유로 이제 교리교육서 교육과 학습 방법에 변화가 필요한 시기가 되었다고 생각된다. 이는 교리교육서의 내용을 바꾸자는 것이 아니다. 현대인들에 맞게 교리교육서를 학습하는 효과적인 방법을 생각해 보자는 것이다. 그렇다고 기존의 교리교육서의 틀을 완전히 바꾸자는 것도 아니다. 기존의 교리교육서의 설명 순서에 큰 변화를 주지 않으면서 앞서 제시된 단점들을 보완할 방법을 찾자는 것이다. 앞서 언급했듯이 교리교육서의 순서는 기독교 교리를 논리적이고 체계적으로 변증할 목적으로 짜인 것이 아니다. 교리교육서의 순서는 잘 가르치기 위한 교리의 배열이다. 이러한 점에서 볼 때 현재 우리가 교리의 표준 문서로 받아들이는 하이델베르크 교리교육서와 웨스트민스터 교리교육서의 구조와 순서는 교리를 가르치기에 분명 적절하다. 그런데 문제는 각 교리교육서들마다 그 전개 방식에 조금씩 차이가 있다는 점이다. 동일한 교리를 설명하는데도 각 교리교육서들의 구조나 배열에서 오는 차이 때문에 그 내용까지 다르게 이해되는 경우가 많다.

이러한 상황에서 기존의 교리교육서들의 약점을 보완하면서 동시에 현대인들에게 익숙한 교리 학습법은 도대체 무엇이 있을까? 장로교 교리표준의 구조와 내용을 그대로 살리면서 문답의 틀을 벗어날 수 있는 방법이 과연 무엇일까? 목회자는 물론 성인 성도들, 그리고 심지어 어린이들까지 함께 기존의 교리교육서의 내용을 학습하려면 어떠한 변화를 주어야 할 것인가? 이러한 고민의 결과로 도출된 방식이 바로 핵심 키워드 방식의 학습법이다. 이 방식에 따라 웨스트민스터 소교리교육서의 내용을 그 순서에 따라 9개의 키워드로 분류한다. 그리고 여러 교리교육서들에서 그 각각의 키워드에 해당하는 내용을 선별하여 함께 정리한다. 그리고 소교리교육서에서는 다루지 않지만 대교리교육서에서는 다루고 있는 한 가지의 주제를 추가 키워드로 제시한다. 이렇게 정리하면 총 10개의 키워드로 교리교육서의 내용을 모두 정리할 수 있게 된다.

9+1 키워드로 풀어보는 장로교 교리

　웨스트민스터 소교리교육서는 총 109문항으로 되어있다. 이 교리교육서에서 다루는 교리의 내용은 순서별로 총 9가지의 키워드로 정리된다. 여기서 9가지의 키워드는 사람, 성경, 하나님, 창조, 타락, 구속, 믿음, 사랑, 소망이다. 여기에 대교리교육서에서 다루고 있는 교회를 추가하면 총 10개의 키워드가 된다.

　이 교리교육서가 가장 먼저 다루는 것은 '사람'이다. 사람의 존재 목적을 다룬다. 두 번째 키워드는 '성경'이다. 이 성경을 통해 사람의 존재 목적의 근거를 제시한다. 세 번째 키워드는 '하나님'이다. 사람이 영광 돌려야 할 유일한 대상이 어떤 분이신 지를 다룬다. 네 번째 키워드는 '창조'다. 여기에서는 하나님의 작정을 다룬다. 하나님께서 작정을 이루시는 방법으로 창조와 섭리를 설명한다. 또한 하나님께서 사람에 대한 특별한 작정으로 생명의 언약을 맺으신 내용을 설명한다. 다섯 번째 키워드는 '타락'이다. 여기서는 하나님께서 맺어주신 언약을 깸으로 사람이 죄 아래 놓여 비참하게 된 과정과 상태를 다룬다. 여섯 번째 키워드는 '구속'이다. 구속의 근거가 되는 하나님의 예정을 먼저 설명한 후 구속자이신 예수님을 소개한다. 특히 왕, 선지자, 제사장으로서의 예수님의 직분 수행과 낮아지시고 높아지신 예수님의 상태를 설명함으로써 구속자의 모습을 현실감 있게 그린다. 일곱 번째 키워드는 '믿음'이다. 여기서는 인간이 구속자의 은덕을 입는 과정, 즉 구원의 서정을 다룬다. 구원의 서정 중 성도들이 이 땅에서 누리는 부르심, 칭의, 양자됨, 성화를 집중적으로 다룬다. 그뿐 아니라 신자가 죽을 때와 부활 때 그리스도를 통해 얻는 유익도 함께 다룬다. 여덟 번 째 키워드는 '사랑'이다. 여기서의 사랑은 하나님 사랑과 이웃 사람을 말한다. 십계명 설명을 통해 이를 다룬다. 마지막 키워드는 '소망'이다. 이 땅에서 신자들이 은혜를 얻게 되는 방법에 대해서 다룬다. 즉, 은혜의 외적 수단인 말씀, 성례, 기도를 설명한다. 말씀을 듣는 것과 읽는 것의 중요성은 물론, 방법 또한 자세히 설명한다. 이어서 그리스도께서 제정하신 성례인 세례와 성찬의 의미를 설명한다. 그리고 마지막으로 주기도문을 문항별로 설명하며 기도를 가르친다.

기독교 교리의 핵심 중 소교리교육서에서 다루지 않는 것 중 하나가 바로 '교회'다. 이 주제는 대교리교육서에서 잘 설명되고 있다. 주로 교회의 본질과 직분에 관한 설명이다. 소교리교육서는 대교리교육서의 어린이용 버전으로 만들어졌다. 이 점을 잘 이해하면 소교리교육서에서 교회를 다루지 않은 것이 편집자들의 편집 미숙에서 나온 실수가 아니라, 학습자들을 감안한 의도적인 배려라는 것을 알 수 있다. 즉, 교회의 회원과 직분에 대한 교육은 학습자들이 교회에서 직분을 맡을 나이가 되었을 때 실행되는 것이 효과적이라는 교육적 판단에 근거한 것이다. 따라서 교회에 대한 학습은 대교리교육서를 공부할 때까지 의도적으로 미뤄진 것이라 할 수 있다.

참고로 하이델베르크 카테키즘은 4개의 키워드로 정리가 가능하다. 위로, 비참함, 은혜, 감사가 바로 그것이다. 이 교리교육서는 그리스도만이 인간의 유일한 위로가 되심을 먼저 밝힌다. 두 번째 키워드인 비참함 부분에서는 하나님의 창조와 인간의 타락의 역사를 다룬다. 뿐만 아니라 타락한 인간에 대한 하나님의 공의와 자비가 어떻게 적용되는지를 설명한다. 세 번째 키워드는 은혜로 인간이 비참한 상태에서 회복될 수 있는 유일한 길로 예수 그리스도를 소개한다. 그리고 이 은혜를 받은 자들이 함께 고백하는 신앙으로 사도신경을, 그리고 그 은혜를 누리는 수단으로 성례를 다룬다. 마지막 키워드인 감사에서는 인간이 그리스도께서 베푸신 은혜의 자리로 나아가는 결단인 회개를 다룬다. 이어서 신자가 감사하는 삶을 살아가는 지침으로 십계명을 설명한다. 마지막으로 신자가 어떠한 소망을 가지고 살아갈 수 있을지를 주기도문을 통해 가르친다.

Special Comment

한 눈에 보는 9+1 키워드

1. 사람 ① 하나님 영광
② 즐거운 삶

2. 성경 ① 어떠한 믿음으로 하나님을 대할 것인가?
② 하나님께서 사람에게 요구하시는 본분

3. 하나님 ① 삼위일체
② 성부, 성자, 성령
③ 한 본체에 동등한 삼위

4. 창조 ① 작정: 세상에 대한 하나님의 결심, 하나님 자신의 영광, 불변
② 창조: 6일, 말씀, 좋게, 남자와 여자
③ 섭리: 보존하고 다스림
④ 예정: 천사와 사람에 대한 하나님의 작정
　　a. 이중예정: 선택과 유기

5. 타락 ① 자발적 죄: 행위언약
② 오염: 지, 정, 의 그리고 몸까지 인간의 모든 부분이 다 오염

③ 죄: 율법을 지키지 않는 것, 율법을 완전히 못 지키는 것

　　행위언약, 생육법, 죄의 결과: 죄와 비참함의 상태

　　본성의 부패: 원죄, 원죄의 결과: 자범죄

　　타락의 결과: 하나님과 교제 상실, 하나님의 진노의 저주 아래, 죽음과 지옥

---

6. 구속

① 예정

② 은혜언약

③ 중보자 그리스도: 한 인격의 두 본성. 그러나 죄는 없으심

　　a. 세 직분: 선지자 – 하나님의 뜻을 계시하심

　　　　　　제사장 – 직접 희생제물이 되심

　　　　　　왕 – 다스림과 보호. 원수를 억제

　　b. 낮아지심: 사람으로 태어남, 율법아래 삶, 죽임 당함, 무덤에 묻히시고 죽음의 권세에 놓임

　　c. 높아지심: 3일째에 부활, 하늘에 올리심, 하나님 우편에 앉아 계심, 심판하러 다시 오심

---

7. 믿음

① 그리스도의 구원에 참여하는 방법

② 구원의 서정: [복음 초청] 부르심, 중생, 회심(믿음, 회개), 칭의, 양자됨, 성화, 견인, 영화

　　a. 부르심: 성령님은 택자만 불러 죄를 깨닫고 예수님을 영접하게 한다.

　　b. 중생

　　c. 회심(믿음, 회개)

　　d. 칭의: 법정적 선언과 의의 전가(전가의 수단이 믿음)

　　e. 양자됨: 하나님의 자녀의 총수에 들어감. 자녀의 특권을 누림

　　f. 성화: 우리의 전인이 새로워짐, 성화의 목적은 하나님의 형상 회복, 성령이 도우심으로 죄 억제

　　g. 견인

　　h. 영화

③ 죽을 때 받는 은혜: 완전히 거룩, 즉시 영광에 들어감, 육신은 그리스도와 연합한 상태로 부활 때까지 무덤에서 쉼

④ 부활 때 받는 은혜: 영광 중에 올리움, 최후 심판 때 공개적인 무죄 판결, 영원토록 하나님을 즐거워하는 복을 누림

8. 사랑

① 십계명: 하나님 사랑, 이웃사랑
    a. 누구도 현세에서 지킬 수 없다.
    b. 더 가증한 죄가 있다.
    c. 현세와 내세에서 하나님의 진노와 저주
② 믿음과 회개, 은혜의 외적 수단 사용

---

9. 소망

그리스도께서 교회에 구원의 은혜를 전달하는 외적이고 통상적인 수단
① 말씀: 말씀을 통해 성령님께서 일하심, 우리는 부지런히 말씀에 집중
② 성례: 은혜언약과 하나님에 대한 순종의 표와 인. 구원의 수단이 아님. 그
    러나 구원에 효력은 있음(그리스도와 새 언약의 표가 감각적인 표로
    신자에게 나타남)
    a. 세례: 물로 씻음. 그리스도와 접붙임. 유형교회의 회원. 유아 세례
    b. 성찬: 그리스도의 몸과 피에 참여. 천국 잔치 맛봄
③ 기도: 소원, 죄에 대한 고백, 삼위일체 긍휼 감사
    a. 주기도문

---

10. 교회

① 무형교회와 유형교회
② 참 교회와 거짓 교회
③ 참 교인과 거짓 교인
④ 직분과 소명

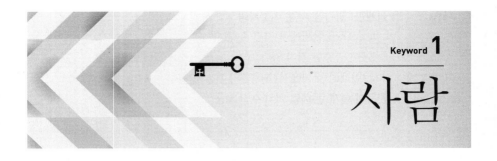

사람

하나님께서는 자신의 형상을 따라 선하게, 그리고 참된 의와 거룩함으로 사람을 창조하셨다. 하나님께서 이렇게 사람을 창조하신 목적은 창조주 하나님을 바르게 알고, 마음으로 사랑하며, 찬양과 영광을 돌리도록 하기 위함이다. 그리고 하나님께서는 자신이 창조한 사람과 영원한 복락에서 함께 살기를 기뻐하신다. 이러한 이유로 사람이 살아가는 최고의 목적은 결코 자신의 행복이 아니다. 그렇다고 인류 전체의 행복도 인간의 목적이 될 수 없다. 이는 모두 사람의 삶의 목적을 사람 안에서 찾는 것이기 때문이다. 사람의 목적은 하나님을 영화롭게 하고, 그를 즐거워하는 것이다. 그런데 중요한 것은 이것이 분리된 두 가지의 목적이 아니라는 점이다. 사람은 이 두 가지 목적을 항상 동시에 추구해야 하지만, 하나님을 영화롭게 함을 통해 하나님을 기뻐하는 방식을 항상 취해야 한다. 왜냐하면 하나님을 영화롭게 하는 일과 상관없이도 하나님을 즐거워하는 것이 가능하기 때문이다. 성도가 삶의 목적을 하나님을 즐거워하는 것에만 집중하게 되면, 이는 결국 사람이 하나님을 위한 존재라는 것을 거부하고, 오히려 하나님을 사람을 위한 존재로 전락시켜 버리는 것과 같은 꼴이 되고 말기 때문이다.[1]

하나님으로부터 영원 전에 택함을 받은 자들은 그들이 이 땅에 살아 있을 때뿐만 아니라 죽음을 맞이한 후에도 그들의 몸과 영혼은 자신들이 아니라 오직 예수 그리스도에게 속한다. 이는 그리스도께서 자신의 피 값으로 우리를 사셨기 때문이다(고전 6:20). 그리스도는 자신의 소유가 된 우리를 머리털 하나 상하지 않도록 항상 지키신다. 성령으로 우리의 구원을 보장해 줄 뿐 아니라, 우리가 뜻을 다하여 하나님을 위해 살 수 있도록 항상 준비해 주시는 분도 바로 예수 그리스도이시다. 이것이 바로 신자들이 가진 유일한 위로가 된다. 이 위로는 살아 있을 때뿐 아니라, 죽어서도 동일하게 우리와 함께한다. 따라서 신자는 어떠한 상황에서도 예수 그리스도만이 유일한 위로자라는 것을 항상 명심해야 하며, 이 위로를 통해 세상을 이기며 하나님을 영화롭게 하고 그를 즐거워하는 삶의 목적을 이루어 나가야 한다.[2]

인간이 하나님께 어떠한 자세를 취해야 할지에 대한 가장 핵심적인 표현은 '오직 하나님께 영광'(Soli Deo Gloria)이다. 여기서 '오직 하나님께 영광'이란 모든 영광을 하나님께만 돌려야 한다는 뜻이다. 이는 우리의 영광의 대상은 하나님 한 분뿐이며, 하나님 외에 다른 어떤 것도 그것을 대체할 수 없다는 말이다. 또한 이는 우리가 하나님 외에 다른 것을 찾거나 만들어서 그것에 영광을 돌리려 하는 것은 어떠한 경우라도 가증스런 죄가 된다는 것을 의미한다. 하나님께 영광을 돌리는 삶을 말할 때 우리가 먼저 알아야 할 것은 타락한 우리는 어떠한 방법으로도 스스로는 하나님을 더 영광스럽게 만들 수 없으며 우리가 행하는 어떤 선도 하나님의 영광에는 결코 미칠 수가 없다는 것이다.[3] 뿐만 아니라 하나님께서는 피조물이 올려 드리는 무엇으로 자신의 부족한 영광을 채우시는 분이 아니시다. 하나님께서는 스스로 충분히 영광스러우신 분이시다. 이러한 면에서 인간이 하나님께 영광을 돌리는 가장 분명한 방법은 오직 하나님만이 영광스러우신 분이라는 것을 고백하는 것뿐이다. 그분의 영광 앞에 경배하며, 그분의 영광을 찬양하는 것이다. 이것이 바로 우리를 통해 하나님의 영광이 드러나는 것이며, 동시에 우리가 하나님께 영광을 돌려드리는 것이다. 이러한 차원에서 생각해 볼 때 하나님의 영광 앞에서 우리의 입장은 우리가 어떻게 하나님을 영화롭게 할 것인지를 생각하기 보다는 우리가 어떻게 행동해야 하나님의 영광을 가리지 않을지를 고민하는 것이 더욱 지혜로운 방법일 수도 있다.

이 땅을 살아가는 신자는 그리스도인이라고 불린다. 신자를 그리스도인이라고 부르는 이유는 믿음을 통해서 그리스도의 지체가 되었기 때문이다. 또한 그리스도의 기름부음에 참여하여 그의 이름을 고백하는 자들이기 때문이다. 이러한 신자들은 그리스도께서 가르치신 바대로 이 땅을 살아가야 할 의무가 있는 자들이다. 이를 성경은 삶을 통해 살아 있는 감사의 제물로 자신을 드리는 것이라고 표현한다(롬 12:1-2). 뿐만 아니라 신자를 그리스도인이라 하는 것은 자유롭고 선한 양심으로 죄악과 싸우는 자들이기 때문이다. 그리스도의 영이 그들과 함께 함으로 그 속에서 육체의 정욕과 끊임없는 전쟁을 하는 이들이 바로 그리스도인이다. 신자가 그리스도인이 되는 것은 그 자체로 신자에게 영원한 소망이 된다. 이는 그리스도인이 이후 그리스도와 더불어 영원토록 모든 피조물을 다스릴 자들이기 때문이다.[4]

성경

인간이 하나님의 존재와 그의 뜻을 알 수 있는 방법은 하나님께서 자신의 뜻을 기록하게 하신 성경을 통하는 것 뿐 아니라, 자신이 창조하신 세상에 직접 드러 내 놓으신 계시를 통하는 것이다.[5] 그러나 하나님과 인간의 화목에 관한 것, 메시 아에 관한 기쁜 소식, 구원에 관한 지식 등은 오직 기록되어진 성경에서만 알 수 있다.[6] 하나님께서 성경을 기록하신 목적은 진리를 보다 더 잘 보존하고 보급하 시기 위함이다. 뿐만 아니라 악한 세상 속에서 교회를 보다 확실하게 세우고 위 로하시기 위함이다. 하나님은 창조와 섭리를 통해 자신과 자신의 뜻을 분명히 나 타내신다(롬 1:20). 그러나 그 자체만으로는 구원 얻기에 필요한 지식을 우리에게 모두 전달 할 수는 없다. 그래서 하나님께서는 그 이전에 계시하시던 방법을 중 단하시고 성경에 자신의 모든 뜻을 기록하게 하셨다. 신자들이 성경을 믿고 순종 해야 하는 것은 성경의 저자가 하나님이시기 때문이다. 그래서 성경을 하나님의 말씀이라고 한다.[7]

하나님의 말씀으로서 성경은 구약과 신약이다. 성경은 총 66권으로 구약 39 권, 신약 27권으로 구성되어있다. 이것은 하나님의 교회에 의해 정해졌고, 이를 정경이라고 부른 것도 하나님의 교회다.[8] 그러나 현재의 성경이 정경인 참 이유 는 이것이 교회에 의해 결정되었기 때문이 아니라 무엇보다도 성령께서 우리의 마음속에서 그 말씀이 하나님께로부터 왔음을 증거하기 때문이며, 또한 성경이 스스로 그것을 증거하기 때문이다. 이러한 이유로 '교회가 정경을 결정했다'는 표 현보다는 '교회가 하나님으로부터 정경을 받았다'는 표현이 더 적절하다고 할 수 있다. 성경이 무오한 이유는 그 안에서 조그마한 오류도 찾을 수 없기 때문이 아니라, 성경이 그렇게 말하고 있기 때문이다.[9] 성경은 40여명의 저자가 1,400년 정도의 기간 동안 66권을 기록한 책이다. 이렇게 기록된 책이 일관성을 갖는다는 것은 성경이 하나님의 말씀이며 모든 말씀이 하나님의 초자연적인 영감으로 되었다는 것 말고는 설명할 방법이 없다.[10]

하나님께서는 이 성경을 통해 우리에게 신앙과 행위의 법칙을 제공하신다.[11] 즉, 우리가 어떻게 하나님을 영화롭게 하고 그를 즐거워할 수 있는지에 대한 지혜를 제공한다.[12] 성경이 하나님의 감동으로 된 것이라는 것은 "오직 성령의 감동하심을 입는 사람들이 하나님께 받아"(벧후 1:21) 쓴 것이라는 뜻이다. 이는 하나님께서 그의 종들과 선지자들 그리고 사도들을 명하셔서 하나님 자신의 계시된 뜻을 쓰게 하셨다는 것을 의미한다. 또한 성경의 내용 중 하나님께서 직접 자신의 손으로 기록하신 것도 있는데, 십계명이 바로 그것에 해당된다.[13]

성경은 하나님의 완전한 계시의 기록이다. 성경은 하나님의 뜻을 충분히 내포하고 있다. 따라서 성경에 새로운 계시나 사람의 전통 등을 덧붙여서는 안 된다.[14] 성경이 하나님으로부터 직접 영감되었다는 것은 히브리어로 된 구약과 헬라어로 된 신약을 말한다. 하나님께서는 이 성경을 순수하게 보존하셔서 우리에게 주셨다. 우리는 모두 성경을 읽고 공부하도록 명령을 받았으나 모두가 성경의 원어를 알 수 없기 때문에 성경은 사람들이 속한 각 민족의 대중 언어로 번역될 필요가 있다. 성경은 성경 자체로 해석하는 것을 원칙으로 한다. 성경에서 의미가 모호한 부분은 보다 분명하게 말하는 다른 구절을 가지고 살펴야 한다. 뿐만 아니라 어떠한 종교적 논쟁이나, 교회의 결의 및 교리의 분별에 있어서도 최고의 심판자는 성경에서 말씀하시는 성령님이시다.[15]

성경은 하나님의 말씀을 포함하고 있는 문서가 아니라 신구약 성경 전체가 하나님의 말씀이다.[16] 그럼 성경 속에 있는 사탄이나 악인의 말을 어떻게 이해해야 할 것인가? 성경 속에 있는 이러한 표현들은 인간에게 가르침을 주기 위해 인용된 표현으로 이해하면 된다. 하나님께서 비록 사탄의 말을 인용하셨을지라도 그 말씀을 하는 이는 사탄이 아니고 하나님인 것은 당연한 이치다.

성경은 크게 두 가지를 가르친다. 하나는 사람이 하나님에 대해 믿어야 할 것이고 나머지 하나는 하나님께서 사람에게 요구하시는 의무다.[17] 그런데 여기서 중요한 것은 하나님에 대한 믿음이 뿌리가 돼야 하나님의 뜻에 부합하는 바른 행동을 할 수 있다는 점이다. 여기서 믿음은 기독교의 교리와 관련이 있다. 반면에 의무는 우리의 삶이라 할 수 있다. 결국 성경은 건전한 교리는 올바른 신자의 삶을 낳는다는 것을 말해준다. 동시에 그리스도인의 삶은 철저히 바른 교리에 기초해야 한다는 것도 성경이 우리에게 가르치는 중요한 내용이다.[18]

Keyword **2** 성경

더 깊이 **이해**하고 **적용**하기

일반계시란?

일반계시는 성경 이외의 방법으로 하나님께서 자신과 자신의 뜻을 계시하신다는 말이다. 그러나 일반계시 만으로는 하나님의 대한 참 지식을 모두 얻을 수는 없다. 특히 일반계시를 통해서는 구원에 관한 어떠한 정보도 얻을 수 없다. 하나님의 대한 바른 지식과 구원에 이르는 지식은 오직 하나님의 특별계시인 성경에 있다.

하나님께서는 이방인들에게도 자신을 계시하셨다(롬 1). 인간이라면 모두가 가지고 있는 신을 추구하는 마음과 양심이 추구하는 도덕성이 바로 그것이다. 이는 모든 사람의 마음 속에 하나님께서 제공해 주신 것이다. 그래서 이를 '직접일반계시'(immediate general revelation)이라고 한다. 바로 이 계시를 통해서 이방인들도 하나님을 알 수 있는 것이다. 그러나 그들은 결코 이 지식을 통해 하나님께 영광을 돌리지 않는다. 하나님의 율법의 행위가 이방인들의 마음속에 쓰여져 있다는 것(롬 2)도 일반계시가 이들에게 주어졌음을 말함이다. 이방인들에게도 주어진 일반계시인 자연은 분명 하나님을 드러낸다. 그러나 이는 자연이 말하는 것이 아니라, 하나님께서 자신이 만드신 피조물을 통해 자신을 드러내시는 것이다. 즉, 하나님께서 자연이라는 매체를 통해 간접적으로 모든 인류에게 자신을 드러내시는 것이다. 그래서 이를 '간접일반계시'(mediate general revelation)라고 한다.

하나님께서는 성도가 아닌 자들에게도 분명 일반계시의 방법으로 자신과 자신의 뜻을 보여주신다. 그러나 이들은 이 계시를 통해서 하나님을 아는 바른 지식과 구원에 이르는 지식에 다다를 수 없다. 오히려 이들은 이것을 거부하기도 하고, 심지어 대항하기도 한다. 하나님께서도 분명 이들이 일반계시를 거부하실 것을 아신다. 이들이 일반계시를 거부하는 것은 그 계시의 강도나 효과가 약하기 때문이 아니다. 오히려 이것은 하나님의 의도에 따른 것이다. 다시 말해 이는 하나님께서 이들에게는 계시를 알도록 허락하지 않으셨다는 것을 의미한다. 하나님께서 사람의 눈을 열어주셔야 일반계시를 이해할 수 있다. 하나님께서 사람에게 일반계시를 열어주시는 방법이 바로 우리의 유일한 중보자이신 그리스도다. 하나님께서 우리에게 허락하신 그리스도에 관한 구원의 참 지식이 없이는 누구도 일반계시를 이해할 수 없다.

그렇다면 왜 하나님께서는 성도가 아닌 이들에게도 일반계시를 주시는 것인가? 일반계시는 특별계시 외에 인간이 하나님을 알 수 있는 가능성을 말해 주는 것이 아니다. 또한 하나님을 알 수 있는 성경 밖의 다른 기회를 주는 것도 아니다. 이것은 오히려 하나님께서 자신을 보여주심에도 불구하고 깨닫지 못하는 자들에 대한 꾸중이자 책망이다.

반면에 성도에게 일반계시는 하나님을 찬양하는 재료와 원천이 된다. 시편 중 하나님의 창조세계를 찬양하는 자연 시편[19]들은 자연 현상에 대한 단순한 감동을 노래한 것이 아니다. 성도가 아닌 자가 자연현상 속에서 계시된 내용을 통해 하나님을 발견하는 과정을 그린 것도 아니다. 그 가능성을 말하는 것도 아니다. 이 시편들은 모두 구원받은 자들의 찬양이다. 하나님께서 성령을 통해 그 마음에 구원을 심어 주신 자들이 자연 속에서 계시하시는 하나님의 뜻을 통해 이 땅에서 누릴 수 있는 복에 대한 감사를 찬양으로 표현한 것이다. 결국 일반계시는 택자들에게는 하나님의 은혜와 사랑에 대한 객관적인 증표가 되고, 유기된 자들에게는 책망의 도구가 된다.

성경, 구원에 이르는 지혜를 주는 책 (딤후 3:15)

인류 역사상 현재까지 출판된 서적은 셀 수가 없을 정도로 많다. 그리고 그 책들을 통해 정리되고 전달된 지식과 정보들도 엄청나다. 그런데 그 책들 중 같은 주제나 내용이 중복되는 책들도 상당하다. 그에 반해 이 많은 책들 중에 한 주제에 있어서 정확한 정보를 주는 유일한 책이 딱 하나 있다. 그것이 바로 성경이고, 그 주제와 내용은 바로 '구원'이다. 물론 인류의 구원을 주제로 다룬 책들은 많이 있다. 다양한 종교에서 각각의 방식대로 나름 이 문제를 다루기도 한다. 그러나 구원에 이르는 바른 지혜를 주는 책은 오직 성경뿐이다.

성경이 구원에 이르는 지혜를 주는 책이라는 것은 우리가 성경을 읽고 공부하는 목적이 무엇이어야 하는지를 말해주는 것이기도 하다. 우리가 성경을 통해 얻어야 할 것은 오직 구원에 이르는 지혜다. 따라서 우리가 성경을 읽고 공부하는 일차적인 목적은 바로 이 지혜를 얻는 것이어야 한다. 성경을 통해 다양한 많은 지식과 정보들도 분명 얻을 수 있다. 그리고 이러한 지식과 정보는 우리가 구원에 이르는 지혜를 얻는 데 분명 도움이 된다. 그러나 이 지식과 정보들은 우리가 성경에서 추구해야할 일차 목표가 되어서는 안 된다는 것을 결코 잊지 말아야 한다.

뿐만 아니라 이는 우리가 성경을 대하는 자세가 어떠해야 하는지에 대해서도 잘 알려준다. 성경에는 우리의 구원 문제에 대한 답이 있다. 그리고 그 답은 분명하게 제시되어 있다. 따라서 우리는 이렇게 제시된 답을 그대로 수용하기만 하면 된다. 이것이 바로 신자가 성경을 대하는 가장 바람직한 자세다. 그런데 성경에서 제공하는 지식과 정보를 지나친 호기심을 가지고 접근하는 자들이 있다. 심지어 성경의 내용을 진리로 받아들이지 못하고, 그 내용이 참인지 거짓인지를 인간 스스로가 분석하고 평가하려는 시도를 하는 자들이 있다. 이들이 성경을 이러한 방식으로 접근하는 이유는 성경이 구원에 이르는 지혜를 주는 책이라는 사실을 의심하기 때문이다. 심지어 설사 그들이 여러 가지를 신중하게 연구한 결과 성경이 구원에 이르는 지혜를 주는 책이라는 것을 인정한다 할지라도, 이들에게 있어서 성경은 여전히 그 자체로 권위 있는 책이 결코 될 수 없다. 이들에게 있어서 성경이 구원에 이르는 지혜를 주는 책이라는 사실은 자신들이 연구해서 찾아낸 여러 실적들 중 단지 하나에 불과한 것이기 때문이다. 다시 말해, 그들이 인정하고 권위를 부여했기 때문에 성경이 비로소 구원에 이르는 지혜를 주는 책으로 인정받게 되는 것이다.

구원에 이르는 지혜는 오직 성경에만 있다. 따라서 성경 외에 다른 곳에서 구원에 관한 지혜를 얻을 수 있다고 말하는 것은 모두가 잘못된 것이다. 바른 신자는 모두 구원에 관한 지혜를 소유한 자들이다. 그런데 이들 중 어느 한 사람도 스스로 그 지혜를 깨달은 사람은 있을 수 없다. 참선이나 수양을 통해 이 진리에 이른 사람은 아무도 없다. 이렇게 단정할 수 있는 것은 인간의 수양 능력을 무시해서 그런 것이 아니다. 그리고 그들의 노력을 폄하하는 것도 아니다. 인간이 아무리 노력해도 스스로 구원에 이르는 지혜에 도달 할 수 없다고 단정할 수 있는 것은 바로 성경이 그렇게 말하고 있기 때문이다. 즉, 오직 성경을 통해서만 구원에 이르는 지혜를 얻는 것이 하나님의 뜻이고, 하나님께서 정하신 방법이기 때문이다.

성경이 구원에 이르는 지혜에 이르는 책이라는 사실이 신자에게 주는 가장 강력한 메시지는 바로 성경이 신자들에게는 구원의 소망을 제공하지만 반대로 비신자들에게는 구원을 받지 못하는 분명한 근거와 이유를 제시한다는 것이다. 성경은 모든 인류에게 열려 있다. 박해와 같이 정책적으로 성경을 접하지 못하는 상황을 제외하고는 누구나 원하면 성경과 그 내용을 접할 수 있다. 그리고 성경을 통해서 제공되는 구원에 이르는 지혜에 관한 모든 정보를 얻을 수 있다. 그런데 이렇게 귀한 정보를 접했음에도 불구하고 어떤 이들은 이것을 진리로 받아들이는 반면에, 어떤 이들은 이것을 기독교라는 종교에 대한 한 날 정보로밖에 여기지 않는 자들이 있다는 것이다. 성경은 이러한 두 갈래의 현상이 나타나는 이유도 분명히 제시해준다. 바로 믿음 때문이다. 성령님께서 믿음을 그 속에 심어주신 자들은 그 믿음을 통해서(through faith) 구원에 이르는 지혜에 이르게 된다. 반면에 이 믿음이 없는 자들은 성경의 내용을 단순한 정보나 지식으로 여기든지,

아니면 무시해버리게 된다. 즉, 이러한 자들에게는 성경의 내용이 정보나 지식은 될 수 있어도 구원에 이르는 지혜는 될 수 없는 것이다.

성경, 교육하기에 유익한 책 (딤후 3:16-17)

성경은 분명 하나님의 말씀이다. 그런데 우리가 일반적으로 성경이 하나님의 말씀이라고 말하는 것은 성경의 저자가 하나님이라는 것과 그 내용이 하나님 뜻 이라는 것을 두고 하는 말이다. 그렇다면 성경의 형식은 무엇인가? 바로 글이다. 따라서 성경은 인간이 사용하는 글로 표현된 하나님의 뜻이라고 할 수 있다. 이 렇게 기록된 글은 인류의 문화에 따라 그 형태를 발전시켜 왔다. 하나님의 뜻이 최초로 기록된 곳은 돌판이었다. 하나님께서 모세에게 주신 십계명이 바로 그것 이다. 이 기록의 가장 큰 특징은 하나님께서 손수하셨다는 것이다. 이후 하나님 으로부터 영감을 받은 자들이 기록하면서 갈대 잎(파리루스)과 양피지를 사용하여 두루마리의 형태로, 그리고 종이에 기록되면서부터는 책의 형태로 발전되어 왔 다. 이렇게 성경은 시대를 따라 그 형태를 발전시키면서 우리에게까지 전달되었 다. 그런데 여기에 중요한 공통점이 하나 있다. 아니 그것은 공통점이라기보다는 일관되고 고정된 하나의 방식이라고 하는 편이 더 적절할 것이다. 그것은 바로 하나님의 뜻은 언제나 우리가 사용하는 글을 통해 기록되고 전달되었다는 것이 다. 그리고 그 글은 객관적인 자료로 남아 계속해서 후대에 전수되어 현재 우리 의 손에까지 왔다. 이처럼 하나님의 뜻이 인간이 사용하는 글이라는 방식으로 정 리되었다는 것은 누구나 분명하게 이해할 수 있을 정도로 하나님의 뜻이 분명하 게 전달되었고, 또 기록되었다는 것을 말한다. 즉, 이 말은 성경의 내용이 명료할 수밖에 없다는 것을 말해준다.

그리고 이렇게 글로 기록된 하나님의 뜻은 결국에 하나의 책으로 정리되었다. 그것이 우리가 현재 사용하는 성경책이다. 하나님의 뜻이 한 권의 성경책으로 정 리되었다는 말은 크게 두 가지 의미를 갖는다. 하나는 하나님의 계시가 완성되었다는 것이며, 또 하나는 이제는 하나님께서 오직 성경만을 통해서 자신의 뜻을 우리에게 전달하신다는 것이다. 따라서 우리가 사용하는 성경책은 하나님의 계시를 완전히 보여주는 책이라고 할 수 있다. 이러한 차원에서 볼 때 성경은 교육하기에 유익한 책이 분명하다. 하나님의 뜻이 성경 속에 누구나 읽거나 들으면 이해할 수 있게 글로 정리되어 있다는 점과 성경의 내용이 절대 변하지 않는다는 것은 교육을 진행하는 차원에서 큰 유익이 아닐 수 없다.

그런데 성경이 교육하기에 유익하다는 것은 단지 그 형식과 내용의 완성도가 보여주는 특성 때문만은 아니다. 성경은 신자들에게 실제 많은 유익을 준다. 성경은 생명과 삶에 대한 교훈을 주는 데 유익하다. 또한 우리의 잘못을 책망하는 역할로써도 유익하다. 그뿐 아니라 성경은 우리를 옳지 못한 삶에서 돌이켜서 의로운 삶으로 인도하는 역할도 한다. 이처럼 성경은 그것을 교육할 때 실제 여러 유익을 주는 다양한 기능들이 있다. 성경은 분명 믿음으로 구원에 이르는 지혜에 이르게 하는 책이다(딤후 3:15). 그러나 성경은 구원에 이르는 지혜만 제공하는 책은 아니다. 만일 우리가 성경을 통해 구원에 이르는 지혜만 얻을 수 있다면 이 땅에 구원받는 자들은 모두 스스로 방종에 빠진 삶을 살게 될 것이다. 그러나 성경은 결코 구원받은 신자들이 어긋날 길을 가도록 내버려두지 않는다. 다시 말해 구원받아 하나님의 자녀가 된 자들이 이 땅에서 어떻게 살아야 하는지에 대한 정보도 성경은 꼼꼼하게 제시하고 있다. 그런데 이때 성경은 단순한 정보제공으로 그 기능을 다하는 것이 아니다. 성경은 신자 하나하나의 상황에 따라 다양한 모습으로 자기를 드러내며 그들을 교육한다. 때로는 아버지처럼 인자하게 교훈하기도 하고, 때로는 어머니처럼 자상하게 보듬어주기도 하고, 때로는 판사처럼 잘못을 책망하기도 하고, 때로는 교관처럼 엄하게 훈육하기도 한다. 이러한 방식으로 성경은 구원에 이르는 지혜를 주는 것뿐 아니라, 신자의 삶에 지속적으로 좋은 교사로 그 기능을 한다. 성경이 교육하기에 유익한 책인 것이 바로 이런 이유에서라고 할 수 있다. 이러한 성경을 신자가 이 땅에서 살아가는 동안 계속해서 배우게 되면 결국 신자는 하나님의 사람으로 온전해질 뿐 아니라, 모든 선한 일을 행할 능력을 가질 수 있게 된다(딤후 3:17). 그러나 여기서 한 가지 분명히 알아야 할 것은 성경이 아무리 교육하기에 유익한 책이라 할지라도, 믿음이 없어 구원에 이르는 지혜를 얻지 못한 자들에게는 결코 유익한 책이 될 수 없다.

성경, 누가 해석할 권한이 있나?

성경은 하나님의 영감으로 기록되었기에 그 자체로 하나님의 말씀이다. 성경에 기록된 내용들은 그것들이 선포될 때 하나님의 말씀이 된다든지, 아니면 성경 안에는 하나님의 말씀이 포함되어 있다는 식으로 성경을 이해하는 것은 하나님의 말씀인 성경에 대한 분명한 오해다. 아니 이는 오해를 넘어 완전한 하나님의 말씀인 성경에 대한 모독이다. 성경 전체가 하나님의 온전한 말씀이기에 우리는 오직 성경을 통해서만 하나님의 뜻을 알 수 있다. 또한 이는 우리가 성경을 통하기만 하면 하나님의 뜻을 분명히 알 수 있다는 말이기도 하다.

그렇다면 이 말은 실제 누구라도 성경을 읽기만 하면 하나님의 뜻을 알 수 있다는 것을 의미하는가? 또 이것이 사실이라면 아무라도 성경을 읽거나 공부해서 자신이 이해한 대로 하나님의 뜻을 해석하면 그것이 다 정당한 것인가? 만일 그게 아니라면 하나님께서 이 땅에 성경을 해석할 수 있는 특별한 부류의 사람들을 선정해서 그들로 하여금 자신의 기록된 뜻을 풀어서 전달하게 하셨는가? 이러한 질문은 결국 누가 성경을 해석할 권한이 있는지에 대한 문제다. 성경해석에 대한 이러한 두 가지이 견해는 단순한 견해 차이를 넘어서는 기독교 역사에 있어서 아주 중대한 사건이었다. 중세 시대가 시작된 후부터 종교개혁 이전까지는 성경을 개인이 읽고 해석한다는 것이 철저히 금지되어 있었다. 당시까지 성경을 해석할 수 있는 권한은 모두 교회에 있었다. 그것도 평신도들로 구성된 배우는 교회가 아니라, 교황과 성직자들로 구성된 가르치는 교회만이 성경을 해석할 수 있다고 여겼다.

교황과 성직자들의 전유물처럼 여겨졌던 성경을 모든 성도들에게 돌려준 사람이 바로 루터다. 특히 루터는 성경을 자국어인 독일어로 번역해 모든 국민들이 성경을 접할 수 있도록 했다. 뿐만 아니라 공립학교를 설립하여 사람들에게 글을 가르쳐서 모든 사람들이 번역된 성경을 읽을 수 있는 길을 더욱 넓혔다. 물론 루터 이전에도 로마교회의 반대를 무릅쓰고 자국어로 성경을 번역한 역사는 있다. 그러나 그들과 달리 성경을 대중들에게 돌린 대표적인 인물로 루터를 꼽는 이유는 성경 번역뿐 아니라, 당시까지만 해도 오직 교회만 점유하고 있던 성경해석의 권리를 대중들에게도 돌린 인물이 바로 루터였기 때문이다.

루터는 스스로 성경을 묵상하다가 복음의 진수를 깨달았다. 그는 오직 믿음으로 구원에 이른다는 구원의 핵심 교리를 알게 되었다. 그런데 문제는 루터가 스스로 해석해서 깨닫게 된 것과 당시 교회가 정통으로 여기고 있던 내용이 극명하게 달랐다는 것이다. 만일 이 사건이 종교개혁으로까지 이어지지 않았다면, 그것은 분명 루터가 교회법을 어기고 스스로 성경을 해석하려 한 것과 교회의 해석과 다른 판단을 한 것을 고해성사를 통해 회개하고 그에 따른 보속행위를 하는 것으로 사건이 무마되었기 때문이었을 것이다. 그러나 루터에게 있어서 이 깨달음은 결코 간과하고 넘어갈 하찮은 내용이 아니었다. 비록 당시의 교회법에 반하는 행위라는 것을 모르는 것은 아니었지만 그는 자신이 깨달은 바를 알리지 않을 수 없었다. 이 과정에서 95개조 반박문이 작성되었고, 이 사건을 계기로 유럽의 교회와 성도들은 성경에 대해 새로운 눈을 뜨게 되었다.

반박문 사건 이후 몇 번의 공식적인 논쟁이 있었지만 루터는 자신이 해석한 말씀에 대한 확신을 결코 굽히지 않았다. 그리고 루터가 파면선고를 받게 되는 보름스 회의(1521)에서는 한 명의 신자로서 자신도 성경을 해석할 권한이 있음을 분명히 밝혔다. 그는 이 자리에서 성경이 명백하게 아니라고 하지 않는 이상 자신이 해석한 것을 절대 철회할 수 없다고 말했다. 그는 "나의 양심이 하나님의 말씀에 속박되어 있기에, 나는 양심에 어긋나는 행동을 결코 하지 않을 것입니다."라는 표현으로 자신의 의지를 분명히 밝혔다. 심지어 그는 성경을 해석하는 문제에 있어서도 양심에 어긋나는 일을 한다는 것은 안전하지도 않을 뿐더러 오히려 더 위험한 일이라고까지 말하면서 한 사람의 신자로서 스스로 성경을 해석할 권리를 강하게 변호했다.

루터가 이렇게 대응한 것은 단순한 고집도 아집도 아니었다. 루터도 자신의 사적인 해석이 틀릴 수도 있다는 것을 인정했다. 그러면서도 루터가 지적한 것은 당시 교회의 해석도 틀릴 수 있다는 것을 인정하라는 것이었다. 이를 통해 정작 루터가 강조한 것은 자신도 교회도 아니라, 오직 성경만이 틀리지 않는 진리라는 것이다. 따라서 그 자리에서 루터가 요구한 것은 교회의 전통이 아니라 오류가 없는 성경 자체를 통해서 옳고 그름을 가리자는 것이었다. 그는 성경이 만일 아니라고 하면 자신이 주장하던 것들을 모두 철회할 수 있지만, 성경을 통해 자신의 잘못을 납득시키지 못하는 한 자신은 신앙의 양심을 따를 수밖에 없다고 주장했다.

　　결국 이 문제로 루터는 파면을 당하게 된다. 그러나 이 사건 후 교회의 개혁의 불꽃은 더욱 활발하게 타올랐다. 뿐만 아니라 개혁을 외치는 교회의 지도자들과 신자들은 이렇게 성취한 성경해석의 권한을 가지고 자유롭고 심도 깊게 성경을 연구하기 시작했다. 이 과정에서 그들이 가장 먼저 한 것은 로마 가톨릭교회가 곡해한 성경을 바로 잡는 것이었다. 뿐만 아니라 성경해석을 통해 새롭게 교의를 정리했고, 이를 근간으로 신앙고백서를 만들었다. 그리고 동시에 교리교육서들(Catechisms)을 만들어서 교회, 학교, 그리고 가정에 보급했다. 개혁교회들이 활발히 교회의 개혁을 추진하고 있는 동안 로마 가톨릭교회도 그대로 그것을 보고 있지 만은 않았다. 개혁교회에 대한 물리적인 박해는 물론 나름의 신학적인 정리를 통해 개혁교회에 맞섰다. 이러한 차원에서 로마 가톨릭교회가 모인 회의가 바로 트렌트회의(1535-63)였다. 약 30년이란 긴 시간의 연구를 거쳐 그들이 성경해석에 관해 공포한 내용을 정리하면 다음과 같다. "거룩한 어머니 교회(Holy Mother Church)와 달리 성경을 해석하는 것은 어떤 경우에 있어서도 용납될 수 없다. 오직 이 교회만이 성경을 해석할 수 있는 권한이 있다는 것을 분명히 밝힌다. 이 교회의 해석을 따르지 않고 자기의 판단을 의지하거나 자기만의 개념을 따르게 되면 당연히 성경을 곡해하게 되어 있다. 이러한 것은 방종에 빠진 행동일 뿐이다. 성경해석에 대한 교회의 권위는 절대적이다. 교회는 심지어 교부들이 만장일치로 결정한 것에 대해서도 반대로 해석할 권한이 있다." 로마 가톨릭교회는 이 선언을 통해 성경을 해석할 수 있는 권한은 오직 로마 가톨릭교회에만 있다는 것을 분명히 밝히면서 성경의 사적인 해석을 모두 반대했다. 결국 종교개혁을 지나면서 성경 해석의 권한은 크게 두 갈래로 정리가 되었다. 로마 가톨릭교회는 오직 교회만이 성경해석의 권한을 가지고 있다고 주장하는 반면, 개혁을 외치는 교회들은 모든 신자들이 성경을 사적으로 해석할 권한이 있다고 주장했다. 그리고 이 두 견해의 차이는 현재까지도 그대로 유지되고 있다.

그렇다면 왜 로마 가톨릭교회는 신자들의 사적인 성경해석을 반대했는가? 그 이유는 오히려 간단하다. 성경이 곡해될 가능성이 있다는 것이다. 준비되지 않은 자가 사적으로 성경을 해석하다 보면 분명 잘못된 해석에 빠질 수 있다는 것이다. 또한 한 두 사람이 아니라 모든 사람이 사적인 해석을 통해 다양한 곡해들이 나오면 교회가 혼동에 빠질 수도 있기 때문이다. 이는 분명 일리 있는 주장이다. 루터도 성경의 사적인 해석이 가져올 이러한 오류를 생각하지 않은 것은 아니었다. 루터도 충분히 준비되지 않은 성도들이 성경을 해석할 때 생길 수 있는 위험성을 분명히 인식했다. 그러나 그럼에도 불구하고 루터가 성경의 사적 해석을 주장할 수 있었던 것은 성경 자체의 명확성에 대한 분명한 확신이 있었기 때문이다. 성경은 하나님의 말씀이다. 또한 성경은 하나님의 감동으로 기록되었다. 성경은 모호하게 기록되어 있지 않다. 우리가 꼭 알아야 할 구원에 관한 지혜를 성경은 명료하게 제공한다. 루터는 이러한 성경의 명료성을 확실히 믿었기 때문에 곡해를 걱정하는 우려에도 불구하고 성경의 사적 해석을 지지한 것이다.

하나님께서 성경을 누구나 읽을 수 있는 글의 형태로 주신 것 자체가 누구나 성경을 읽고 해석할 수 있도록 하신 것이라 할 수 있다. 물론 계속해서 지적되듯이 누군가는 하나님의 뜻을 바로 이해할 수도 있지만, 분명 누군가는 그 뜻을 곡해할 수도 있다. 그런데 여기서 우리가 생각해 봐야 할 것이 있다. 실제 성경을 해석하는 주체가 누군가 하는 점이다. 분명 성경을 읽는 이는 사람이다. 그리고 그 성경을 이해하고 해석하려고 애쓰는 주체도 사람이다. 그러나 정말 중요한 사실은 성경이 아무에게나 그 진리를 열어주지 않는다는 것이다. 모두가 들어도 누군가에게는 그것의 참 의미가 들리지만, 누군가에게는 그것이 전혀 들리지 않는다. 모두가 바라보아도 누군가에게는 실체가 보이지만, 누군가에게는 보이지 않는다. 하나님께서 눈을 열어주시는 자는 보게 되지만, 그렇지 않는 자는 결코 볼 수 없다. 하나님께서 귀를 열어 주신자만이 들을 수 있지, 그렇지 않는 자는 결코 듣지 못한다. 오직 허락된 자들에게만 천국의 비밀이 열려 있는 것이다. 이것이 바로 성경의 신비다(마 13:10-17). 따라서 성경은 어떠한 경우에도 구원받을 자들에게는 분명히 열려 있는 하나님의 말씀임이 분명하다. 그러나 반대로 구원의 은혜를 받지 못하는 자들에게는 그 진리가 결코 열리지 않는다. 이들은 아무리 최선을 다해 성경을 연구하고 배워도 성경을 곡해할 수밖에 없게 된다.

그런데 경우에 따라 분명히 구원받을 자임에도 불구하고 아직 지식이 없어서 성경을 잘 이해하지 못하는 이들이 있을 수 있다. 그렇다면 이들은 어떻게 봐야 할 것인가? 그러나 이런 자들도 염려할 필요는 없다. 지식이 없어서 성경을 잘 이해하지 못하는 자들은 분명 성경을 스스로 해석해서 그 의미를 단정하려 하지 않을 것이다. 이들의 문제는 성경의 내용을 이해 못하는 것이지, 성경을 자의적으로 곡해하는 것은 아니기 때문이다. 이런 경우에 이들은 오히려 더 겸손하게 성경의 내용을 배우려 할 것이다. 자기에게도 진리의 문을 열어달라고 간구할 것이다. 말씀을 더 잘 이해할 수 있도록 성령의 도움을 구할 것이다.

성경을 해석할 수 있는 권리는 교회가 가진 것이 아니라, 모든 신자들에게 있다. 신자는 누구나 성경을 읽고 해석할 수 있는 권리가 있다. 누구도 이 권리를 막거나 빼앗을 수 없다. 비록 교회라 할지라도 신자에게서 이 권한을 빼앗을 수는 없다. 심지어 그것이 잘못되었다고 정죄할 수도 없다. 그렇다면 성경을 해석할 권한을 가진 신자들은 어떠한 자세로 성경을 대해야 하는가? 먼저 성경의 진리가 구원받는 자들에게는 분명하게 열려 있다는 확신을 가지는 것이 중요하다. 물론 이러한 확신도 성령님께서 주셔야 가능하다는 것도 절대 잊어서는 안 된다. 동시에 신자는 성경의 진리를 자의적으로 해석하려 하지 말고, 교회의 교리 표준으로 공포된 신앙고백서와 교리교육서를 통해 성경을 해석하고 적용하는 훈련을 할 필요가 있다. 또한 교회에서 합법적으로 임직 받은 말씀의 봉사자와 교사들의 도움을 받아 성경의 지식들을 쌓아가는 것도 중요하다. 이러한 과정을 통해 성경을 대하게 되면 분명 성경 내용의 대부분이 명료하게 정리가 될 것이다. 그런데 이러한 방식으로 성경을 공부한다고 할지라고 여전히 모호한 부분들이 있을 수 있다. 어떤 부분은 논리적으로 전혀 이해가 안 되는 경우도 있을 수 있다. 이러한 상황에서 신자가 알아야 할 것이 있다. 일단 성경에서 논리적으로 이해가 안 되는 부분이 있다면 그것은 구원받지 못할 자들에게 복음의 문을 닫기 위한 장치일 수가 있다. 성경에는 인간적인 호기심 보다는 거룩한 무지(holy ignorance)의 영역으로 남겨 두고 성령님께서 그것을 의심 없이 받아들일 수 있게 하시기까지 기다려야 하는 부분이 상당히 있다. 이때 참 신자들은 성령님께서 분명히 그 의미를 열어 주실 때까지 기다린다. 이러한 차원에서 성경 속의 모호한 표현들은 신자를 더욱 겸손하게 한다. 성령의 도움 없이는 성경을 통해 보여주시는 하나님의 뜻을 결코 바로 깨달을 수 없다는 것을 인정할 수밖에 없게 한다. 그러나 거짓 신자나 불신자들은 인간적인 방법으로 그 의미를 분석하려 하든지, 아니면 자의적으로 결론을 내려버린다. 결국 성경에서 말하고자 하는 것과 다른 의미로 내용을 곡해하게 되는 것이다. 이들이 이렇게 성경을 곡해한다고 성경의 진리가 손상되는 것이 아니다. 오히려 이들이 이런 방식으로 성경을 곡해하는 것은 결국 이들에게 복음의 진리가 막히는 결과만을 초래할 뿐이다.

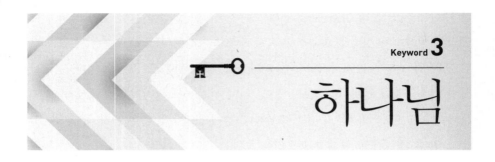

하나님

하나님은 영이시며 스스로 계신 분이시다. 이 말은 하나님은 실재 존재하는 분이신데, 영적인 모습으로 존재한다는 뜻이다.[20] 하나님이 영적이라는 것을 실체가 없는 추상적인 것으로 이해해서는 안 된다. 실재 인격으로 존재하시는 하나님이 영적이라는 것은 하나님께서 인간의 이해를 초월하시는 분이라는 뜻이다.[21] 하나님은 오직 한 분이시다. 하나님 외에 참되고 살아 있는 신은 없다. 만일 누구라도 유일하신 참 하나님 대신에 다른 것을 자신의 신으로 여기고 의지한다면 그것은 모두 우상숭배다.[22]

우리가 고백하는 하나님은 삼위일체의 하나님이다. 이는 신격(Godhead)의 일체로 성부 하나님, 성자 하나님, 성령 하나님의 삼위가 한 실체임을 말한다.[23] 이 삼위의 관계는 태어나심(begotten)과 나오심(proceeding)으로 설명한다. 성부 하나님은 태어나지도 않고 나오지도 않으신다. 성자 하나님은 성부 하나님으로부터 영원토록 태어나신다. 성령 하나님은 성부 하나님과 성자 하나님으로부터 영원토록 나오신다.[24]

성부, 성자, 성령은 각기 인격성을 가지고 그 특성에 의해 서로 구별된다. 그러나 이 세 인격은 오직 한 분이신 하나님을 나타낸다. 이렇게 구별된 세 인격은 서로 나뉘지도 않을 뿐더러, 혼합되지도 않는다. 세 인격 중 성부나 성령은 육체를 입지 않으시지만, 성자는 육체를 입으셨다. 이 세 인격은 영원하심과 그 본질을 서로 공유하신다.[25] 각 각의 삼위 하나님은 그 하시는 일에서 구별되는데 성부 하나님은 우리의 창조에 관한 일을 하신다. 성자 하나님은 우리의 구속에 관한 일을 하신다. 그리고 성령 하나님은 우리의 성화에 관한 일을 하신다. 특히 성령은 하나님의 영으로 신자에게 주어져서 참된 믿음을 통하여 그리스도와 그의 모든 은사에 참여하도록 준비해 주시는 일을 하시며, 신자를 위로하는 일을 하신다.[26]

창세기 1:26-27에 "하나님이 가라사대 우리의 형상을 따라…하나님이 자기 형상 곧 하나님의 형상대로 사람을 창조하시되…"에서 '우리'는 하나님 안에 함께 하시는 다른 두 개 이상의 인격이 있음을 보여준다. 또한 여기서 "하나님이…창조하시되"는 앞서 언급한 두 개 이상의 인격이 하나의 통일을 이루고 있음을 보여준다. 그런데 구약의 이 표현은 하나님께서 두 인격 이상이라는 것은 나타내지만, 정확히 몇 분의 인격인지는 알려주고 있지 않다. 이 부분에 대해서 신약에서는 성부, 성자, 성령의 삼위를 분명히 말해준다. 이것은 특히 예수님께서 세례를 받는 장면에서 명확히 드러난다. 성부 하나님께서 "이는 내 사랑하는 아들이요"라고 말씀하셨으며, 예수님께서 물에서 올라오실 때 성령이 비둘기처럼 강림했다. 또한 예수님의 지상명령에 "모든 족속으로 제자를 삼아 아버지와 아들과 성령의 이름으로 세례를 주고"(마 28:19)에서도 삼위 하나님에 대한 분명한 기록이 있다. 계속해서 천사 가브리엘이 마리아에게 "성령이 네게 임하시고 지극히 높으신 이의 능력이 너를 덮으시리니 이러므로 나실 바 거룩한 자는 하나님의 아들이라 일컬으리라"(눅 1:35)라고 말씀하시는 장면과 "주 예수 그리스도의 은혜와 하나님의 사랑과 성령의 교통하심이…"(고후 13:13)가 성부, 성자, 성령의 세 인격을 잘 말하고 있다.[27]

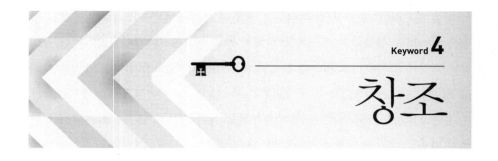

작정 이 장의 키워드는 창조로 설정되었지만 이는 학습자가 쉽게 기억할 수 있도록 한 교육적 접근이다. 이 장에서 실제 다루는 전체 핵심은 하나님의 작정이다. 하나님의 작정은 삼위일체 하나님께서 영원 전에 앞으로 일어날 모든 일에 대해서 합의를 마치셨다는 것을 말한다. 이에 따라 하나님은 당신이 창조한 우주에 대해 총괄적이고 정확한 계획을 가지고 계신다. 하나님의 작정의 근거는 전적으로 하나님 자신의 의지며, 목표는 자신의 영광이다. 따라서 하나님 자신의 뜻 외에 그 어떤 것도 하나님의 작정에 영향을 미치지 않는다.

하나님께서는 창조와 섭리를 통해 자신이 작정하신 것을 이루신다. 창조가 작정을 집행하는 시작이라면 섭리는 자신이 시작하신 것을 계속해서 보존하는 것이라고 할 수 있다. 창조와 섭리를 통해 영원 전에 성부, 성자, 성령이 협의하신 뜻은 그 정해진 때에 분명히 그리고 변함없이 이루어진다. 이때 이루어지는 일들은 이미 짜인 틀에 따라 수동적으로 일어나는 것이 아니고, 성부, 성자, 성령의 성실하신 사역과 인간의 능동적이고 자율적인 반응을 통해 이루어진다. 창조와 섭리의 과정에서 성부, 성자, 성령은 분명 자유롭게 일하신다. 그러나 삼위 하나님의 사역은 철저히 영원 전에 이루신 거룩한 협의인 작정에 그 뿌리를 둔다. 하나님께서도 상황에 따라 뜻과 방법을 수정하지 않으시고 자신이 작정하신 대로 일하시기로 결정하셨다는 것은 창조와 섭리의 과정에서 하나님의 작정은 결코 변하지 않으며, 반드시 일어난다는 교리의 확실한 근거가 된다. 이러한 면으로

볼 때 작정의 본질은 불변성이라고 할 수 있다.[28]

하나님의 작정의 범위는 발생하는 모든 일이다. 하나님께서 창조하신 세계에서 일어나는 일들 중 어떠한 것도 하나님의 작정을 벗어나는 것은 없다. 이는 하나님께서 자기의 영광을 위하여 앞으로 일어날 일들을 미리 정해 놓으셨음을 말한다.[29] 전능하신 하나님은 장차 일어날 일도 현재의 일처럼 보신다. 그렇기 때문에 하나님께서는 앞으로 일어날 일들을 모두 미리 아신다. 이것을 하나님의 예지라고 한다.[30] 그러나 하나님께서 앞으로 일어날 일의 결과들을 미리 보시고 나서 그에 따라 작정하신 것은 아니다. 하나님의 작정은 영원 전에 삼위 하나님의 거룩한 협의에 따라 되어졌다. 다시 말해 하나님은 자신의 예지 능력을 조금도 사용하지 않으시고 작정하셨다.[31] 이러한 이유로 하나님의 작정의 실현 속에는 '우리가 우연히 발생한다고 생각하는 것들'까지도 포함되며,[32] 심지어 인간의 죄악된 행동까지도 포함되는 것이다.[33]

신자가 하나님의 작정을 이해함에 있어서 주의해야 할 것이 있다. 그것은 하나님의 작정의 교리가 하나님을 죄의 조성자로 만들거나, 죄에 대한 근본적인 책임을 하나님께로 돌리는 근거가 돼서는 안 된다는 것이다. 또한 이것이 인간이 저지른 죄에 대한 책임을 회피하는 근거가 되어서도 안 된다. 성경은 분명 하나님의 작정과 인간의 책임을 모두 가르친다. 그러나 인간이 이해할 수 있도록 이둘의 관계를 명확히 구분하여 밝혀 주지는 않는다. 따라서 우리의 입장에서는 이둘을 조화롭게 이해하기가 결코 쉽지 않다. 결국 이 둘은 이해의 영역이기보다는 오히려 믿음의 영역이다. '거룩한 무지'(a holy ignorance)를 고백할 수밖에 없는 감춰진 비밀의 영역인 것이다.

예정　　　　예정은 하나님의 작정의 일부로 이성적인 존재인 천사와 사람들에 대한 하나님의 작정을 말한다. 또한 예정은 하나님의 선택과 관련된 작정이다. 즉, 인간의 구원과 심판에 관한 하나님의 결정이 바로 예정이다. 하나님께서는 영원 전에 어떤 사람과 천사들은 영원한 생명으로 예정하셨고, 다른 이들은 영원한 죽음으로 예정하셨다.[34] 하나님께서 영원한 생명으로 예정하신 것을 선택이라고 하고, 반대로 영원한 죽음으로 예정하신 것을 유기라고 한다. 하나님께서 인간의 구원에 관련해서는 이렇게 두 방향으로 나누어 예정했다고 해서 이를 이중예정이라고 부른다. 여기서 '이중'이라는 말은 두 가지가 동시에 일어난다는 말이다. 하나를 하고 그 다음에 나머지 하나를 하는 것이 아니다. 또한 하나를 하다가 실패한 것을 나머지 하나로 분류한 것도 아니다. 두 가지를 동시에 하는 것이다. 결국 하나님의 예정이 이중예정인 것은 하나님께서 선택할 자와 유기할 자를 동시에 예정하셨다는 것을 의미한다.

하나님의 예정은 철저히 개별적이며, 불변하다. 또한 하나님께서 선택하신 자들은 그 수효가 고정되어 있기 때문에 어떠한 경우에도 그 숫자가 늘어나거나 줄어들지 않는다. 하나님의 예정은 전적으로 그의 거룩하신 뜻에 기인한다. 어떠한 것도 하나님의 예정에 영향을 줄 수 없다. 택정함을 받았다고 해서 그가 본성에 있어서 다른 사람들 보다 더 낫거나 더 값어치 있는 것이 아니다. 선택을 받은 자나, 그렇지 않은 자나 인간은 모두 똑같이 비참함 속에 있다. 그러나 하나님께서는 자신이 선택한 이들에게만 그리스도를 주셔서 구원에 이르도록 하신다(엡 1:4-6; 롬 8:30). 하나님의 선택에는 다양한 뜻이 있는 것이 아니다. 하나님의 선택에는 구원받은 모든 사람들에 관한 하나님의 동일한 작정만 있을 뿐이다. 그래서 이를 하나님의 '무조건적인 예정'이라고 하고, 도르트 신경은 이 부분을 '무조건적 선택'(Unconditional Election)으로 설명한다.[35]

예정을 말할 때 미래에 일어날 일까지도 아시는 하나님께서는 누가 예수님을 믿을지를 미리 아시고 그를 선택하셨으며, 누가 예수님을 거부할지를 미리 아시고 그를 유기하시기로 결정하셨다고 주장하는 이들이 있다. 이들의 견해를 예지예정이라고 한다. 그러나 하나님께서는 인간의 행동을 미리 보시고 예정을 행하시지 않으셨다. 인간이 선을 행할 것인지, 악을 행할 것인지를 미리 보시고 예정을 행하신 것이 아니다. 이러한 이유로 인간이 행하는 어떤 선행도 결코 선택의 조건이 되지 않는다. 인간에게 있어서 선행은 선택의 결과로 나타나는 삶의 모습이다. 하나님의 예정은 전적으로 하나님의 기뻐하신 뜻이고, 그 목적은 자기의 영광이다.[36] 이를 무시하고 예지예정을 주장하게 되면 인간의 구원 문제가 인간의 행위에 달려 있다는 오류를 범하게 된다.

하나님께서는 영원한 생명으로 선택한 자들이 그 영광에 이를 수 있는 방법 또한 미리 정하셨다. 인류는 모두 아담 안에서 타락했다. 그러나 그중에 하나님께서 영원한 생명으로 선택한 자들은 그리스도로 말미암아 구원을 받는다. 그 과정은 다음과 같다. 하나님께서는 적절한 때에 성령으로 말미암아 선택한 자들을 부르신다. 성령의 부르심이 있을 때 택함을 받은 자들은 모두 믿음으로 반응하여 의롭다 함을 얻고 하나님의 자녀로 입양되어 거룩해진다. 그리고 하나님의 보호 가운데 들어간다. 반면에 영원한 죽음으로 예정된 자들, 즉 유기된 자들은 구원의 과정의 어느 한 부분도 참여할 수 없다. 이는 하나님께서 자기의 영광을 위하여 그들 모두가 자기들의 죄로 인해 영원한 진노에 떨어지도록 내버려 두시기로 작정하셨기 때문이다. 이러한 차원에서 예정 교리는 하나님께 찬양과 감사의 이유가 된다. 뿐만 아니라 복음에 순종하는 모든 자들에게는 겸손하고 부지런하게 신앙생활을 할 수 있는 동력과 위로가 된다.[37]

하나님의 예정을 말할 때 항상 제시되는 불평이 하나 있다. 그것은 바로 하나님께서 누군가만 영생으로 선택하셨다는 것이 너무 불공평하다는 것이다. 인간에게 영생으로 선택받을 수 있는 조건이나 기회도 전혀 주지 않고 하나님 좋으신 대로 인간의 운명을 결정해 버린 것을 납득할 수 없다는 말이다. 어떻게 보면 일리 있는 불평이다. 인간의 입장에서는 분명 그렇게 말할 수 있는 것 같기도 하다. 그런데 조금만 생각해 보면 이 문제에 대한 답은 오히려 간단하다. 인간이 이러한 불평을 하는 이유를 알면 문제는 쉽게 풀릴 수 있다. 인간이 하나님의 예정을 불공평한 것으로 보는 이유는 하나님께서 모든 사람을 동등하게 대해야 한다고 생각하기 때문이다. 또한 하나님께서는 모든 일을 인간을 위해서 해야 한다는 생각을 갖고 있기 때문이다. 하나님이 사람을 위해서 존재해야 한다고 생각하기 때문이다. 그래서 이런 생각을 가진 사람들은 사람을 불공평하게 대한다는 것은 하나님 입장에서 모순이라고 말한다. 이러한 이유로 이들은 이중예정 교리가 하나님의 뜻에 어긋나는 잘못된 교리라고 생각한다.

그러나 하나님의 이중예정은 결코 불공평한 것이 아니다. 이는 하나님께서는 그 누구에게도 구원을 빚진 일이 없기 때문이다. 성경은 이러한 불평이 옳지 않다는 것을 분명히 말하고 있다(롬 9:20-21). 하나님의 이중예정 교리가 정당한 것은 하나님이 모든 것의 주권자이시기 때문이다. 따라서 하나님은 자신의 결정과 행동에 대해서 그 누구에게도 어떤 책임을 질 의무가 없다. 다시 말해 하나님에게는 모든 사람을 영생으로 선택해야할 의무가 없다는 것이다. 반면에 모든 사람을 그들의 죄 때문에 멸망으로 내모신다 해도 하나님께서 공의롭지 않다고 말할 수 있는 어떤 근거도 없다. 하나님께서 어떤 결정을 하신다 해도 그는 언제나 의로우신 분이시다. 이러한 이유로 하나님께서는 모든 사람을 동등하게 대하실 의무가 없는 분이다. 그에게 있어서 창조한 전 인류 중 일부만 사랑하시고, 그들에게만 영생을 주신 것은 결코 불공평한 처사가 아니다. 오히려 선택은 자신이 창조한 인류 중 일부를 향한 하나님 자신의 사랑이고 은혜인 것이다.[38]

창조   삼위일체 하나님은 영원 전에 세상과 그 안의 만물을 창조하시기로 작정하셨다. 하나님께서 세상을 창조하신 목적은 자신의 영광을 위함이다. 하나님께서는 창조의 방법 또한 작정하셨다. 그가 작정한 창조의 방법은 크게 3가지로 '말씀으로,' '6일간,' 그리고 '선하게'였다. 하나님께서 창조를 이루신 시점을 성경은 '태초'라고 말한다. 이 말은 '태초'라는 시점이 세상이 시작된 시간이라는 말이다. 세상이 시작된 때가 있다는 말은 세상이 영원하지 않다는 것을 말하는 것이다. 세상은 그 자체로 영원히 존재하는 것이 아니라는 말이다. 세상이 시작이 있다면, 이 세상의 근원은 그럼 무엇인가? 성경은 세상의 근원을 하나님이시라고 설명한다. 세상은 하나님에 의해 시작되었다. 따라서 세상의 끝 또한 하나님의 손에 달렸다.

창세기에서 모세는 세상을 창조하신 이를 하나님으로 소개한다. 반면에 요한복음에서 사도 요한은 말씀이신 아들에 의해 세상이 만들어졌다고 말한다. 이는 결국 하나님께서 아들이신 예수 그리스도로 말미암아 세상을 만드셨음을 말하는 것이다.[39] 하나님께서 만드신 만물 중 이성적인 존재로 만드신 것이 두 가지가 있다. 하나는 인간이고 나머지 하나는 천사다. 하나님께서 이 두 존재를 이성적인 존재로 만드신 것은 자신과 소통할 수 있게 하여 다른 피조물들과는 달리 어떤 특별한 일을 맡기시기 위함이다. 그러면서도 하나님께서는 특히 인간은 천사들과는 달리 자신의 모양과 형상으로 만드셨다. 하나님께서 인간을 자신의 모양과 형상으로 만드신 것은 인간이 모든 면에서 하나님의 뜻을 따라 행할 수 있도록 하기 위함이다.[40] 반면에 하나님께는 천사에게는 자신의 전달자가 되게 하셔서 그가 택하신 자들을 섬기도록 하셨다.[41]

하나님께서는 만물을 창조하신 후 사람을 남자와 여자로 창조하셨다. 그런데 하나님께서는 남자와 여자를 각기 다른 방법으로 만드셨다. 최초의 사람인 아담을 만드실 때는 흙을 사용하셨다. 그런데 하와를 만드실 때는 흙을 사용하지 않으셨다. 하나님께서 하와를 만드실 때는 아담의 갈비뼈를 사용하셨다. 하나님께서 아담은 흙으로 만드셨지만, 하와는 흙이 아니라 아담의 한 부분으로 만드심으로 두 혈통이 아닌 한 혈통의 인류가 만들어졌다. 하나님께서 하와도 아담처럼 흙으로 만드셨다면 최초의 인류는 두 혈통에서 출발한 것이 된다. 이렇게 되면 이 후 인류는 창조된 두 혈통의 조합이 되는 것이다. 그리고 그 조합은 세대를 거쳐가면서 더욱 복잡해지게 된다. 그러나 하나님께서는 두 번째 사람인 하와를 아담의 몸으로부터 만드심으로 하와를 아담과 유기적으로 연합된 자로 창조하셨다. 다시 말해 하와도 아담과 같은 혈통으로 만드신 것이다. 이는 결국 아담과 하와의 모든 후손들도 하나의 혈통으로 묶이게 된다는 것을 의미한다. 이러한 이유에서 이 지구상에 태어나는 모든 인류는 유기적으로 하나의 혈통 속에 연합하게 되었다.

하나님께서는 사람을 자신의 선하신 뜻에 따라 이성적이며 불멸하는 영을 소유한 존재로 창조하셨다. 하나님은 사람을 자기의 형상을 따라 지식과 의와 거룩함을 입히셨고, 하나님의 법을 기록하고 또 그것을 수행할 수 있는 힘도 주셨다. 이와 함께 하나님께서는 사람에게 의지의 자유를 주셨다. 인간의 의지가 자유를 허락받음으로 자발적으로 하나님께 더욱 많은 영광을 돌릴 수 있게도 되었지만,

동시에 범죄의 가능성 아래 놓이게도 되었다. 이는 인간의 의지가 하나님의 의지와는 달리 상황에 따라 언제든지 변할 수 있기 때문이다. 최초의 사람이 하나님께 받은 명령은 크게 두 가지다. 하나는 그들의 마음에 기록된 법을 따라 사는 것이다. 그리고 다른 하나는 선악의 지식을 알게 하는 나무를 먹지 말라는 것이었다. 태초에 창조된 인간은 하나님께서 주신 이 명령을 지키는 동안 하나님과 교제하면서 만물을 다스리며 행복을 누렸다.[42]

　인간은 창조될 당시 불멸의 영혼을 부여받았다. 이 말은 이 땅에 태어나는 모든 인간의 영혼이 불멸하다는 것을 말한다. 인간의 영혼이 불멸하다는 것은 영원한 생명으로 선택받은 자들이나, 유기된 자들이나 모두 동일하다. 쉽게 말해 예수 믿는 사람들의 영혼뿐 아니라 그렇지 않는 사람의 영혼도 영원히 존재한다는 것이다. 그런데 어떤 이들은 인간이 예수님을 믿어 구원을 얻게 될 때 받는 선물이 영원히 멸망하지 않는 영이라고 말한다. 얼핏 들으면 상당히 일리가 있어 보인다. 구원을 통해 사망에서 생명으로 옮겼다는 것이 영원히 죽지 않는 영을 선물로 받는 것이라는 식의 설명은 상당히 은혜롭게 들린다. 영생하는 영은 구원과 함께 주어지는 선물이기에, 구원에 이르는 믿음을 받지 못하는 이들은 이 선물을 받을 수 없다는 식의 설명은 구원이 얼마나 큰 은혜인지를 깨닫게 하는 것 같기도 하다. 그런데 영혼의 불멸을 구원의 선물로 받는다는 식의 설명은 그 자체에 상당한 교리적 오류를 가진 표현이다. 먼저 이는 하나님께서 인간의 영혼을 불멸하게 창조하셨다는 기본 전제를 거부하는 것이기에 잘못된 것이다. 그뿐 아니라 이러한 생각은 지옥의 개념을 없애버리려는 잘못된 교리적 발상이기도 하다. 이는 예수님을 믿는 자들만 구원의 선물로 영원한 영혼을 가졌고, 불신자들과 악인들의 영혼은 영원하지 않다는 것을 의도하기 때문이다. 이들은 이러한 주장을 하면서 죽음과 함께 그들의 영혼도 소멸된다고 말한다. 자신들은 구원의 선물로 불멸의 영혼을 선물로 받지 못했기 때문에 그들의 영혼은 더 이상 존재하지 못하고 사라진다는 것이다. 그런데 이들이 이러한 주장을 하는 가장 근본적인 이유는 구원받지 못한 자들이 당해야 할 지옥의 형벌을 피하기 위해서다. 다시 말하면 그들이 지옥 형벌을 받지 않아도 된다는 것을 말하기 위해서다. 지옥은 영뿐 아니라 부활한 몸도 같이 영원한 형벌을 받는 곳이다. 불신자가 영원히 지옥의 형벌을 받게 되는 근거는 바로 그들의 영도 신자들의 영과 같이 영원히 불멸하기 때문이다. 이러한 이유로 불신자들과 악인들은 죽음으로 그들의 존재를 마칠 수 있다는 식의 주장은 영원한 지옥 형벌을 면해 보려는 인간의 얄팍한 몸부림이나 잔꾀에 불과하다고 할 수 있다.

인간은 하나님의 형상으로 창조되었다. 죄로 타락하기 전에 인간은 오염되지 않은 하나님의 형상이었다. 하나님께서 인간을 자기의 모양과 형상으로 만드신 이유는 모든 면에서 하나님의 뜻을 따라 행할 수 있게 하기 위함이었다. 그러나 이 상태가 하나님께서 작정하신 인간의 가장 완전한 상태는 아니었다. 타락하기 전 인류의 조상에게 한 가지 결핍된 요소가 있었다. 바로 타락할 가능성, 즉 죄에 빠질 가능성이 있었다는 것이다. 결국 인간은 죄 앞에서 무너졌고, 그 결과로 하나님의 형상은 오염되고 말았다. 그러나 인간이 하나님의 형상은 물론 타락 가능성까지 회복하게 되는 때가 올 것이라고 성경은 말한다. 그리스도의 다시 오심과 심판의 때가 바로 인간이 하나님의 형상을 완전히 회복하는 때가 될 것이다. 심지어 이때는 최초의 인간이 가졌던 약점인 타락 가능성도 완전히 없어질 것이다. 그때가 되면 인간은 더 이상 죄와 상관없는 상태가 된다. 바로 영화의 상태가 된다.[43]

섭리   하나님은 자신이 창조한 만물들을 자신의 영광을 위해 보존하시고 다스리신다. 이것을 섭리라고 한다. 하나님의 섭리는 철저히 하나님 자신의 작정에 근거한다. 다시 말해 모든 섭리는 하나님의 작정과 삼위 하나님의 거룩하신 협의에 따라 일어난다. 하나님의 섭리는 모든 피조물들과 그 피조물들의 움직임뿐 아니라, 이성적인 존재의 생각까지도 보존하고 인도하고 정돈하시고 다스리시는 것으로 나타난다.[44] 따라서 이 세상의 그 어떤 일도 하나님의 허락 없이는 일어나지 않는다. 이성적인 존재인 천사와 사람에 대한 선택을 말하는 예정의 교리가 신자들에게 말할 수 없는 위로가 되는 것은 세상의 어떤 일도 이유 없이 생기는 것이 아니라, 가장 은혜로우신 하나님의 섭리 속에서 일어나기 때문이다. 심지어 우리가 우연이라고 생각하는 모든 것들도 하나님의 거룩한 섭리 속에서 일어나는 일이다. 그러므로 신자가 이 예정의 교리를 굳게 믿고 확신하게 되면 하나님의 뜻이 없이는 사탄이나 어떤 악의 세력도 자신들을 해칠 수 없다는 확신을 갖게 된다.[45]

예정의 대상이 이성적인 존재인 천사와 사람이라면, 예지의 대상은 세상의 모든 만물이다.[46] 문자적으로 볼 때 예지는 앞으로 일어날 일을 미리 아는 것이다. 그러나 하나님의 예지는 예언의 개념이 아니다. 예지는 오히려 시간의 개념으로 이해해야 한다. 그런데 이것도 시간의 역사적인 흐름을 말하는 것이 아니라, 역사를 초월하는 시간의 개념을 의미한다. 이는 인간의 시간 이해를 넘어서는 개념으로 하나님 앞에서는 현재, 미래, 과거의 모든 일들이 항상 현재로 나타남을 말한다. 다시 말해 하나님의 예지는 하나님께서 미래에 일어날 일을 정확히 예측하여 미리 아신다는 것을 말하는 것이 아니라, 하나님 앞에서는 세상 역사의 모든 시간이 현재로 나타난다는 말이다. 따라서 하나님께서 섭리하신다는 말은 하나님께서 현재를 보는 시각으로 세상의 모든 역사를 다스리신다는 것을 의미한다.[47]

하나님의 섭리가 적용될 때 하나님은 모든 일의 제1원인자가 되신다. 이를 궁극원인(ultimate cause)이라고도 한다. 반면에 하나님께서 작정하신 일을 실제 행하는 사람은 제2원인자가 된다. 그래서 이를 당면원인(proximate cause)이라고도 한다. 하나님의 섭리는 제1원인자인 하나님의 작정과 예지에 근거해서 일어난다. 그런데 그렇다면 모든 일은 항상 불변하고 무오하게 일어나야 한다. 그러나 이 세상의 모든 일이 항상 무오하게 일어나는 것은 아니다. 그러면 이것이 하나님의 작정이나 섭리에 오류가 있다는 것을 말하는 것인가? 그렇지 않다. 하나님께서 자신의 작정을 따라 섭리하심에도 이 땅에 일어나는 일이 때론 오류가 있는 것 처럼 보이는 이유는 하나님께서 섭리하시는 특별한 방식 때문이다. 하나님께서 실제 자신의 섭리를 행하시는 방법은 제1원인자인 자신의 뜻을 강압적으로 관철시키는 것이 아니다. 오히려 하나님께서는 제2원인자들의 본성을 따라 필연적으로, 자유롭게, 혹은 우연적으로 섭리가 실현되도록 하신다. 뿐만 아니라 하나님께서는 통상적인 방편으로 섭리를 행하시지만 자기의 기쁜 뜻을 따라 그 방편 없이, 혹은 방편을 초월하여, 심지어는 그 방편에 상반되는 방식으로도 자유롭게 섭리를 행하실 수 있기 때문이다.[48]

섭리를 말할 때 제1원인자와 제2원인자의 관계가 중요한 이유는 이 땅에 죄가 들어 온 것을 누구의 책임으로 보아야 할 것인지에 대한 문제와 관련이 있기 때문이다. 즉, 이는 하나님이 죄의 조성자인가 그렇지 않은가 하는 점에 대한 문제와 직접적인 관련이 있다. 이 세상에서 발생하는 모든 일의 제1원인자는 하나님이시다. 이러한 차원에서 죄의 제1원인자는 분명히 하나님이라고 할 수 있다. 그렇지만 죄의 제1원인자가 죄에 대한 책임이 있다고는 할 수 없다. 다시 말해 죄의 제1원인자가 죄의 조정자가 되는 것은 아니라는 것이다.[49] 하나님께서는 인간을 자신의 모양과 형상을 따라 선하고 의롭게 만드셨다. 그러나 인간은 자신이 이처럼 영광스러운 자리에 있다는 사실을 깨닫지 못했다. 자신이 얼마나 존귀한 존재인지를 알지 못한 결과 자신을 스스로 죄에 던져 사탄의 유혹에 넘어가고 만 것이다. 그리고 그 결과 죽음과 저주의 상태에 빠지게 된 것이다.[50]

하나님께서는 예수 그리스도가 십자가에 달려 돌아가시는 방법으로 선택한 백성들을 구속하시기로 작정하셨다. 그렇다면 이 작정이 성취되기 위해서는 역사상 누군가는 예수 그리스도를 십자가에 달아 죽이는 일을 행해야 한다는 결론이 나온다. 이 일을 한 사람들이 바로 유대인들이었다. 그런데 이때 유대인들은 결코 강합적인 외부의 압력에 의해서 예수님을 십자가에 못 박으라고 빌라도를 향해 외치지 않았다. 오히려 유대인들은 자발적이고 능동적으로 예수님을 십자가에 못 박도록 했다. 시험을 당하는 욥의 경우에도 비슷한 예를 볼 수 있다. 욥이 시험을 받도록 허락한 분은 분명 하나님이시다. 그러나 정작 욥의 가족들을 죽이고, 재산에 손실을 입인 사람들은 모두 자기들의 적극적인 의지로 그 일들을 행했다. 예수님을 죽음으로 내모는 일이나, 욥의 가족에게 해를 끼치는 일 모두 그 죄의 제1원인자는 분명 하나님이시다. 그러나 실제 그 일들을 행한 제2원인 자들은 유대인들과 욥의 대적들이다. 이러한 경우에 우리는 가장 먼저 하나님과 죄와의 관계를 면밀히 따져 보아야한다. 다시 말해 예수님의 죽음과 욥의 고난과 관련해서 죄를 조성하고 죄에 대한 책임을 져야하는 분이 하나님인지를 살펴보아야 한다는 것이다. 예수님의 십자가나 욥의 경우를 보면 하나님께서는 죄를 조성하신 것이 아니라 오히려 죄를 수단으로 사용하여 보다 큰 선을 이루신 것을 알 수 있다. 따라서 이때 하나님은 비록 죄의 궁극적인 원인자임에는 분명하지만 죄의 직접적인 조성자가 되지는 않는다고 할 수 있다. 죄의 책임은 죄의 궁극적인 원인자가 아니라 실제 그 죄를 조성한 자에게 있기 때문이다. 다시 말해 죄의 책임은 실제 그 죄를 지은 자에게 있다는 것이다. 따라서 제2원인자인 유대인과 욥의 대적들에게 죄에 대한 책임이 있는 것이지, 하나님께 죄의 책임이 있는 것은 결코 아니다. 이를 간략이 정리하면 다음과 같다. 제2원인자는 제1원인자인 하나님의 섭리를 이루어가는 수단이다. 모든 제2원인자는 하나님의 작정에 의해 지배 받는다. 따라서 이 수단은 그 자체적으로 힘을 가질 수는 없다. 그럼에도 불구하고 죄의 결과에 대한 책임이 제2원인자를 수단으로 사용한 제1원인자에게 있는 것은 아니다. 죄의 책임은 실제 그 일을 행한 제2원인자에게 있다. 죄의 책임에 대한 원리가 이러한 이유는 오히려 간단하다. 이 모든 것이 하나님께서 그렇게 하시기로 작정하셨기 때문이다.

하나님의 섭리는 범죄한 인간을 대하시는 방법에서도 잘 드러난다. 인간의 범죄에 대한 하나님의 섭리는 크게 두 가지로 나타난다. 하나는 죄를 짓도록 잠시 내버려 두시는 것이고, 나머지 하나는 그 마음을 완악하게 하시는 것이다. 하나님께서 죄를 짓도록 잠시 내버려 두시는 사람들은 자기의 자녀들이다. 바로 하나님께서 택한 자들을 말한다. 하나님께서 이들을 시험과 부패에 잠시 내버려 두시는 이유는 그들이 이전에 지은 죄를 깨달아 겸손해지도록 하기 위함이다. 또한 그들이 자신의 죄에서 빠져 나오길 소망하며 더욱 하나님을 의지하게 하기 위함이다. 그리하여 이후에 죄를 직면했을 때 담대히 그것을 대항할 수 있게 하기 위함이며, 결국 매사에 경성하여 거룩한 일을 위해 살아가게 하기 위함이다.[51] 반면에 유기된 자들에 대해서는 이전의 죄로 인하여 오히려 눈이 더욱 멀게 하시고, 그 마음을 더 완악하게 하신다. 이를 통해 하나님께서는 이들이 지각이 밝아서 하나님을 다시 찾을 기회를 그 근원부터 박탈해 버리신다. 심지어 그들의 재능까지 빼앗으시며, 그들을 세상의 정욕과 사탄의 능력에 넘겨버리신다. 이러한 이유로 이들은 비록 다른 이들을 부드럽게 하시는 하나님의 섭리 아래 있으면서도 스스로 완악해지고 만다.[52]

유기된 자들의 마음을 더욱 완악하게 하시는 하나님의 섭리는 죄인들에 대한 하나님의 형벌과도 연결된다. 하나님께서 죄를 지은 사람들에게 내리시는 형벌은 크게 두 가지로 나타난다. 하나는 자기의 백성들이 실족하여 범죄에 빠진 경우에 내리시는 진노와 형벌이며, 다른 하나는 세상에 속한 이들이 하나님을 대항하여 범죄할 때 내리시는 진노와 형벌이다. 하나님께서는 자기의 백성이라도 하나님 앞에서 악을 행할 경우 진노를 보이시고, 그에 따른 형벌을 내리신다. 그런데 이때 하나님의 진노와 형벌은 이들을 자기의 백성에서 끊어버리시기 위함이 아니다. 이들이 더 이상 하나님의 백성으로 살지 못하도록 가둬 두기 위함도 아니다. 하나님께서 이들에게 진노하시고 벌을 주시는 이유는 이들이 깨닫고 돌아오게 하기 위함이다. 자녀를 바른 길로 인도하려는 부모가 보이는 노여움과 벌과 같은 것이다. 그래서 이러한 하나님의 진노와 형벌을 교정적 진노와 형벌 혹은 부성적 진노와 형벌이라고 한다. 즉, 자기의 백성들이 범죄할 때 하나님께서는 부성적 진노를 보이시고, 교정적 형벌을 내리시며 섭리하신다.

반면에 세상에 속한 이들이 하나님을 대항 할 때 하나님께서 진노와 형벌을 통해 실행하시는 섭리는 그들을 그 악한 길에 그대로 내버려 두시는 것이다. 인간은 본성적으로 악하다. 이렇게 악한 인간은 성령님의 인도하심이 없이는 결코 선을 행할 수 없으며, 본성적으로 악을 추구한다. 따라서 하나님께서 이들을 그 악에 그냥 내버려 두시면 이들은 점점 더 헤어나올 수 없는 악의 수렁으로 빠지게 된다. 하나님께서는 자신을 모욕하고 대적하는 자들을 결코 용서하지 않으신다. 이들에게는 그 어떠한 자비도 없다. 이 말은 이들에게는 결코 돌아설 수 있는 기회를 제공하시지 않는다는 것을 의미한다. 이들에게는 오직 진노와 형벌만 있을 뿐이다. 그래서 이들에 대한 하나님의 진노를 형벌적 진노라고 한다. 따라서 하나님께서 이들을 악의 길에 내버려 두시는 것은 이들을 더 큰 죄악 속에 빠뜨리는 무자비한 진노의 표시가 되며, 이후 심판의 때에 어떠한 변명도 할 수 없고 영원한 징계를 받도록 하시는 하나님의 섭리적 형벌이라고 할 수 있다.

이 세상에 피조된 모든 것은 다 하나님을 의존한다. 이 땅의 어느 것도 하나님으로부터 독립된 것은 없다. 하나님의 섭리는 우연적으로 발생하는 일이라고 여겨지는 것(마 10:29)은 물론 인간의 자유로운 행동(창 45:8)이라고 생각되는 것들까지도 다 포함한다. 심지어 섭리는 인간의 죄악 된 행동(행 2:23)까지도 다 포함한다. 그러나 하나님의 섭리가 인간의 자유로운 행동을 통치한다고 해서 이것이 인간의 자유의지를 침해하는 것은 아니다. 하나님은 사람의 의지를 강제로 제어하시지 않는다. 하나님은 인간의 삶의 환경과 마음의 도덕적 상태를 통치하심으로 인간이 스스로 자신의 의지에 따라 하나님께서 작정하신 대로 행하게 하신다. 또한 앞서 언급한 것처럼 인간의 죄악 된 행동까지도 하나님의 섭리의 영역에 들어간다고 해서 하나님께서 그 죄에 대한 책임이 있는 것은 아니다. 하나님께서는 어느 누구도 자신의 섭리를 이루기 위해 강제로 죄를 짓도록 하시지는 않는다. 죄를 짓는 자들은 모두 자신의 자유의지에 따라 자발적으로 악법을 행한다. 자신들의 악한 소원과 욕망을 따라 자유롭게 행동한 것이므로 죄의 모든 책임은 그것을 직접 행한 자에게 있는 것이다.[53]

하나님의 섭리에 대한 가장 잘못된 이해는 하나님께서 자신의 영광을 위해서가 아니라, 자신이 창조한 많은 피조물들의 유익을 위해서 세상을 다스리신다고 생각하는 것이다. 다시 말해 하나님께서 세상을 다스리는 목적이 최대한 많은 피조물들이 더 많이 행복할 수 있도록 하시기 위함이라는 것이다. 이렇게 생각하는 이들은 하나님을 민주적인 신으로 이해한다. 좀 더 자세히 말하면 이들은 하나님은 모든 피조물들의 행복을 위해 민주적이어야 한다고 생각한다. 그러나 성경은 결코 하나님께서 세상 피조물들 각각의 복지를 위해 섭리를 행하시는 분이라고 말하지 않는다. 물론 하나님의 섭리가 임하는 곳에서 피조물들은 복지의 혜택을 누린다. 그러나 그것은 하나님께서 섭리를 통해 이루시는 그의 영광이 생산하는 부수적인 결과들이지 결코 목적은 아니다. 하나님의 모든 작정의 목적이 자신의 영광이듯, 그 작정을 이루시는 섭리의 단 한가지 목적 또한 자신의 영광이다.

창조가 하나님을 창조주로 인정하는 교리라면, 섭리는 하나님을 왕으로 고백하는 교리라고 할 수 있다. 하나님께서 이 모든 세상을 왕으로서 통치하신다는 것을 고백하는 신앙의 고백이다. 인간의 타락도 하나님께서 작정한 것이 섭리를 통해서 일어난 것이다. 죄가 이 땅에 존재하는 것은 하나님이 죄를 작정하셨을 뿐만 아니라 섭리하시기 때문이다. 그러나 하나님은 결코 죄의 조성자는 아니시다. 하나님의 섭리는 모든 만물에 미친다. 그뿐 아니라 이 섭리는 하나님의 교회에 특별히 나타난다. 교회를 향한 하나님의 섭리는 교회를 보호할 뿐 아니라 모든 것이 교회에 선이 되게 하신다.[54]

Keyword **4** 창조

더 깊이 **이해**하고 **적용**하기

예정 속에 나타난 하나님의 성품, 자비와 공의

하나님의 사역은 전적으로 자신의 속성을 따른다. 하나님께서는 자신의 속성에 반하는 사역을 하지 않으신다. 이는 영원 전에 삼위하나님께서 거룩한 협의를 통해 뜻을 정하실 때도 마찬가지였다. 다시 말해 하나님의 작정의 모든 것은 하나님 자신의 속성을 따른 것이다. 이를 역으로 말하면 하나님께서는 작정을 세우실 때도 자신의 속성 안에서만 그렇게 하셨기에 하나님의 작정은 모두 하나님 자신의 속성을 충분히 드러내는 것이다.

하나님께서 인격적인 존재인 천사와 사람에게 하신 특별한 작정이 바로 예정이다. 이러한 하나님의 예정은 모든 인류를 동시에 선택과 유기 중 하나로 확정해서 구분하는 것을 말한다. 즉, 이는 하나님의 선택과 유기 사이에는 조금의 시간적인 간격도 없음을 말한다. 뿐만 아니라 하나님께서 선택이나 유기로 한 번 결정한 것에 대해선 어떠한 변동도 없음을 의미한다. 이러한 이유로 우리는 하나님의 예정을 '이중예정'이라고 부르는 것이다. 하나님께서 예정을 통해 자신의 속성을 드러내셨다는 것은 하나님께서 선택을 할 때도, 그리고 유기를 할 때도 모두 자신의 속성을 따라서 행했다는 것을 말한다. 그리고 하나님의 선택과 유기는 하나님 자신의 속성을 더욱 분명히 드러내는 증거가 된다는 것 또한 의미한다.

그렇다면 하나님께서 선택과 유기를 통해 드러내신 자신의 속성은 무엇인가? 하나님께서는 선택을 통해서는 자비를, 반면에 유기를 통해서는 공의를 드러내셨다. 즉, 예정에 있어서 하나님께서 자비롭다는 것은 인간의 어떤 노력과도 상관없이 하나님께서는 영원하시고 불변하신 계획 속에서 예수 그리스도 안에서 택함을 받은 모든 사람들을 파멸의 자리에서 구원하시고 보존하시기 때문이다. 반면에 예정에 있어서 하나님께서 공의롭다는 것은 선택하신 자들 외의 다른 모든 사람들을 타락과 파멸 속에서 그대로 살아가도록 내버려 두셨기 때문이다.[55]

예정을 통해 자신의 자비와 공의를 밝히 드러내신 하나님께서는 예정하신 것을 사람에게 적용하실 때도 동일하게 자신의 속성을 드러내신다. 이때 드러나는 하나님의 자비하심과 공의로우심은 전적으로 그리스도의 사역을 통해 나타난다. 그리스도를 통한 하나님의 자비와 공의는 유기된 자들과는 상관없다. 이는 오직 선택받은 자들에게만 드러난다. 오직 그리스도의 구속의 은혜가 적용되는 자들에게만 나타난다. 그리스도를 통해 택자들에게 하나님 자신이 드러내는 공의는 이들을 위해 아들인 그리스도께 죄를 담당시키시는 것이다. 죄에 대한 진노와 형벌을 그리스도를 통해 정당하게 해결하시는 것을 말한다. 반면에 택자들에게 하나님 자신이 드러내는 자비는 그리스도께서 율법을 성취하시고 획득하신 의를 전가시키시는 것이다. 다시 말해 그것은 믿음으로 삼위일체 하나님과 그리스도의 복음을 고백하는 자들에게 그리스도의 의를 전가시켜 주심으로 의롭다고 인정해 주시는 것이다.[56]

예정과 구원의 확신

하나님께서는 선택을 통해 자신의 자비를 드러내신다. 반면에 유기를 통해서는 자신의 의를 드러내신다. 선택받은 자는 이 땅에서 신자가 된다. 그리고 신자는 자신이 선택받았다는 것을 확신하기에 하나님의 영광을 소망하며 그것을 즐거워한다. 이것이 바로 신자가 갖는 구원의 확신이다. 그럼 신자가 구원의 확신을 가질 수 있는 근거는 무엇인가? 구원의 확신은 우리의 의지나 소망에 근거한 것이 아니다. 이는 전적으로 성령님이 주시는 은혜다. 성령님은 신자의 마음에 역사하셔서 예배 중 선포되는 말씀에 반응하게 하신다. 이때 신자는 구원의 소식에 적극적으로 반응하게 되며, 자신의 구원을 확신하게 된다.[57] 유기된 자들도 신자들과 함께 예배에 참석할 수 있다. 이들도 말씀을 듣고 자신들이 하나님의 은총과 구원에 있다는 소망에 빠질 수도 있다. 그러나 유기된 자가 느끼는 소망은 거짓된 소망이다. 따라서 그들의 소망은 결국 사라지고 만다. 특히, 고난을 당할 때 이들의 소망은 금세 사라진다. 유기된 자들이 잠시 말씀에 반응한 것은 성령님의 역사가 아니다. 이는 스스로 자신을 속인 것에 불과하다.[58] 말씀에는 오직 택자들만이 반응한다. 왜냐하면 성령님의 역사는 택자들에게만 작용하는 은혜이기 때문이다.

구원의 확신이 믿음의 본질에는 속하는 것은 아니다. 그러나 신자는 열심을 다해 자신의 구원에 대한 확신을 굳게 할 의무가 있다. 신자가 구원의 확신을 굳게 할수록 성령 안에 거하는 화평과 하나님에 대한 감사, 그리고 순종의 의무를 다하는 힘과 즐거움을 더욱 많이 누릴 수 있다. 또한 세속적인 유혹에 빠져들지 않기 위해 노력하게 된다. 이것이 바로 구원의 확신에서 오는 열매들이다. 이러한 차원에서 신자에게 있어서 구원의 확신은 중요하다.[59]

그러나 참된 신자라 할지라도 구원의 확신은 흔들리고 약화될 뿐 아니라, 심지어는 일시중단될 수도 있다. 신자에게 이러한 현상이 나타나는 것은 자신의 구원을 보존하는 일을 게을리 했을 때, 양심을 상하게 하고 성령을 탄식하게 하는 특별한 죄에 빠졌을 때, 돌발적인 유혹에 넘어갔을 때, 하나님께서 자기 얼굴의 빛을 거두심으로 하나님을 두려워하여 흑암 속에서 빛도 없이 행하는 지경에 이르렀을 때 등이다. 그럼에도 불구하고 신자는 하나님에 대한 믿음은 물론 그리스도와 형제들을 향한 사랑의 진정성을 송두리째 잃어버리지는 않는다. 뿐만 아니라 성령님께서는 여전히 이들에게도 역사하셔서 적절한 때에 구원의 확신을 되살리시는 은혜를 베푸신다.[60]

전도를 열심히 하면 구원받는 자들이 많아지는가?

예수님께서 우리에게 "땅끝까지 이르러 증인이 되리라"하신 말씀을 따라 더 열심히 전도하고 선교하면 이 땅에서 구원받는 자들이 더 많아 지는가? 그것이 하나님 나라의 확장인가? 그렇지 않다. 하나님께서는 구원받을 자들의 수를 영원 전에 정해 놓으셨다. 물론 유기될 자들의 수도 정해 놓으셨다. 그리고 이 수는 어떠한 경우에 있어서도 증가하거나 감소하지 않는다. 따라서 우리가 누군가를 전도한다고 해서 구원받을 자들이 더 늘어나는 것은 아니다. 다시 말해 하나님 나라의 확장은 구원받는 자들의 수가 늘어나는 것이 아니다.

우리의 전도는 선택받은 자들을 교회로 부르는 일이다. 아직 교회 밖에 있는 선택받은 자들이 교회로 들어와 그리스도와의 신비한 연합을 이루도록 돕는 것이 바로 전도다. 다시 말해 하나님께서는 택한 자들을 교회로 모으는 방법으로 우리의 전도를 사용하시기로 작정하셨다. 전도는 그곳에 선택받은 자들이 있기 때문에 하는 것이다. 또한 전도는 그곳에 선택받은 자들이 있을 것이며, 내 전도 대상자가 선택받은 자일 것이라고 생각하고 하는 것이다. 설교에 신자들이 반응하듯이, 복음의 초청에 선택받은 자들은 반응하게 되어 있다. 선택받은 자들에게 는 성령님께서 역사하시기 때문이다.

더욱 신중하게 다뤄야할 예정의 교리[61]

성경에서 가장 신비한 교리 중 하나가 바로 예정론이다. 예정 교리의 핵심은 삼위일체 하나님께서 영원 전에 거룩한 협의로 천사와 사람에 대하여 어떤 이는 영원한 생명으로 예정하시고, 어떤 이는 영원한 사망으로 예정하셨다는 것이다. 이 예정의 교리는 성경을 통해 하나님께서 드러내신 하나님의 분명한 뜻이다. 그 런데 기독교인들 중 많은 이들이 이 예정의 교리를 받아들이지 않는다. 이들이 예정의 교리를 받아들이기를 거부하는 가장 큰 이유는 이 교리가 하나님의 사랑의 속성과 맞지 않다고 생각하기 때문이다. 사랑이 풍성하신 하나님께서 처음부터 누군가를 구별해서 지옥에 가두기로 했다는 것은 말이 안 된다는 것이다. 선택받은 사람은 몰라도 선택받지 못한 사람들은 너무 억울하다는 것이 이들의 생각이다.

예정론을 거부하는 이들이 가장 강조하는 것이 바로 하나님께서는 정의와 공평의 하나님이라는 것이다. 이 하나님께서 정의와 공평을 가장 잘 드러내시는 방법이 바로 모든 사람에게 구원받을 기회를 공평하게 제공하시는 것이라고 이들은 주장한다. 그러면서 동시에 이들은 예정론을 주장하는 것은 하나님을 사랑이 부족한 존재로 전락시키는 것이며, 하나님을 불의한 자로 만드는 것이라고 주장한다.

예정에 대한 교리는 하나님께서 성경에 분명하게 명시하신 진리의 영역이다. 다시 말해 이는 성경에서 하나님께서 밝히신 가장 본질적인 문제에 관한 것이다. 따라서 이 교리는 이렇게 볼 수도 있고, 다르게 볼 수도 있는 부분이 결코 아니다. 그럼에도 불구하고 기독교 안에 이 예정의 교리를 수용하지 않는 많은 이들이 있다. 그리고 이들은 자체적인 교단을 만들어 자신들의 주장을 신학적으로 정립하기까지 한다. 그리고 더 심각한 것은 이렇게 예정론을 부인하고 보편적인 은혜를 주장하는 이들의 교세가 전 세계적으로 볼 때 결코 적지 않다는 것이다.

종교개혁을 통해 가장 분명히 드러난 기독교의 핵심 교리는 오직 믿음으로 구원에 이른다는 것이다. 바로 이신칭의의 교리다. 이는 다른 말로하면 예수님의 구속 사역을 우리에게 적용하는 것은 행위가 아닌 오직 믿음이라는 것이다. 이러한 이유로 이 이신칭의의 교리는 구원이 하나님의 전적인 은혜라는 것을 분명히 드러내준다고 할 수 있다. 종교개혁자들에게 있어서 이신칭의의 근간이 되는 것이 바로 예정 교리였다. 그래서 이들은 이 예정 교리에 근거해 하나님께서 구원하기로 선택하신 자들이 믿음을 통해서 구원에 이르게 된다는 교리를 정리한 것이다.

그런데 시간이 지남에 따라 종교개혁자들이 정리한 이신칭의의 교리는 크게 두 가지로 나뉘어 교회에서 적용되기 시작했다. 하나는 종교개혁의 전통을 순수하게 고수하는 것으로써 하나님께서 모든 사람들 중 어떤 이들을 구별해서 그들에게만 예수님을 구주로 고백할 수 있는 믿음을 선물로 주셨다는 것이다. 그리고 이렇게 믿음을 선물로 받은 사람들이 예수님을 구주로 고백하고 구원에 이르게 된다는 것이다. 반면에 다른 하나는 종교개혁 이후에 교회 안에서 새롭게 생겨난 견해로 하나님께서는 모든 사람을 사랑하셔서 예수님의 구속 사역을 모든 사람에게 공평하게 적용될 수 있도록 해 주셨기 때문에 예수님을 믿기로 결단한 사람이라면 누구나 구원을 받을 수 있다는 것이다. 이 두 견해는 모두 오직 믿음으로 구원에 이른다는 대전제에서는 동일하다. 그러나 믿음이 구원에 이르는 수단인지, 아니면 구원을 얻는 조건인지에 대해서는 그 견해를 달리한다. 믿음(Faith)이 구원에 이르는 수단이 된다는 것은 철저히 예정 교리에 그 근간을 두고 있다. 그러나 믿는 것(to believe)을 구원에 이르는 조건으로 보는 것은 예정의 교리를 부인하지 않고는 불가능하다. 즉, 믿는 것을 통해 누구나 구원을 받을 수 있다는 것은 오직 믿음의 교리는 인정하면서, 동시에 예정의 교리를 부인할 때 나올 수 있는 견해인 것이다.

종교개혁 당시 로마 가톨릭교회는 많은 문제를 안고 있었다. 따라서 종교개혁자들은 당시 교회가 갖고 있는 다양한 문제들을 개혁하려고 한 사람들이라 할 수 있다. 그런데 그들의 개혁에는 한 가지 공통점이 있다. 바로 개혁의 기준을 성경에 둔 것이다. 이들은 당시 교회의 모습을 오직 성경을 통해서만 평가했다. 그리고 이들은 개혁의 방향 또한 오직 성경에서 찾았다. 따라서 이들에게 있어서 성경은 분석의 잣대였을 뿐 아니라, 대안의 자료가 된 것이다. 이러한 면에서 볼 때 종교개혁의 방향과 방법은 철저히 성경으로 돌아가는 것이라고 할 수 있다. 쉽게 말해 당시 종교개혁자들이 교회가 성경으로 돌아가야 한다고 주장한 이유는 이들의 눈에 교회가 성경에서 멀어져 있었기 때문이었다.

종교개혁자들의 예를 보아 알 수 있듯이 교회 안에서 문제들이 발견되게 되면 교회의 개혁을 말하는 자들은 분명히 나오게 되어 있다. 하나님께서는 이들을 통해 교회를 지키시고 또한 새롭게 하신다. 이를 다른 말로 하면, 누군가가 교회의 개혁을 말하게 되는 배경에는 언제나 교회 안에서 발견되는 다양한 문제들이 있다는 것이다. 그리고 이러한 문제들은 언제나 교회가 성경과 교리를 바로 적용하지 못하기 때문에 나오는 현상이다.

앞서 언급했듯이 종교개혁때 정리된 이신칭의의 교리는 분명히 예정론을 그 근간으로 했다. 그런데 시간이 지남에 따라 이신칭의를 고백하는 자들 중에서 예정의 교리를 부인하는 자들이 나타나기 시작했다. 즉, 오직 믿음으로 구원에 이른다는 것에는 여전히 동의하지만, 이렇게 믿음을 고백할 수 있는 사람들이 하나님으로부터 미리 정해져 있다는 것에는 동의하지 않는 것이다. 이들이 예정의 교리를 부인하면서 가장 강조하는 것은 사랑의 하나님께서 누구는 사랑하시고 누구는 사랑하지 않을 수 없다는 것이다. 하나님께서는 자신이 창조한 모든 피조물을 사랑하신 다는 것이다. 하나님께서 누군가를 미리 정해서 사랑하지 않기로 하셨다는 것은 하나님을 사랑에 흠을 가진 분으로 만든다는 것이다.

물론 이들의 이러한 주장은 그 자체만 들으면 일리가 있어 보인다. 그러나 중요한 것은 이들의 주장이 정말 성경에서 하나님께서 밝혀주신 하나님의 뜻을 바로 반영한 것인가 하는 점이다. 다시 말해 예정의 교리를 부인하는 이들의 주장이 성경에 대한 바른 고찰에서 나온 결과인가 하는 점이다. 결론부터 말하면 그것이 아니라는 것이 이들의 주장이 정당하지 않다는 것을 말해준다. 다시 말해 예정교리를 부인하게 되는 이유의 대부분이 교리 자체에 대한 성경적 고찰에서 나온 것이 아니라는 것이다. 예정의 교리에 대한 부정적인 견해가 나오게 된 배경은 오히려 다른 곳에 있었다. 그것은 바로 예정의 교리를 강조하거나 지지하는 이들이 이 교리를 항상 바르게 적용하지는 못했기 때문이다. 예정의 교리를 변호하거나 강조하면서 지혜롭지 못하게 적용함으로 교회 안에서 많은 문제점들을 야기했기 때문이다.

종교개혁 이후에 예정의 교리를 잘못 적용하는 자들을 통해 교회에는 크게 두 가지의 부작용이 나타났다. 먼저 나타난 한 가지의 부작용은 예정의 교리를 율법의 잣대로 적용한 것이다. 이들은 예정의 교리를 따르지 않는 자들을 교회에서 분리시켰다. 뿐만 아니라 정죄하고 박해하기까지 했다. 교회 내에서 나타난 이러한 현상으로 교회가 분열되었다. 심지어 어떤 부류의 신자들은 이와 같이 인간이 정리한 신조나 교리가 신앙의 자유를 방해한다고 주장하기까지 했다. 인간이 만든 신조나 교리가 하나님께서 교회에 풍부하고 다양하게 말씀하시는 통로를 막아버린다고 주장한 것이다. 결국 이들은 신조와 교리를 버려야만 하나님의 뜻을 바로 알 수 있다고 주장하기에 이르렀다.

예정의 교리를 교회가 잘못 적용했기 때문에 나타났던 또 하나의 부작용은 신자의 삶에서 나타난 무율법주의와 방종이었다. 어차피 하나님께서 선택한 사람은 구원을 받아 천국에 가고, 하나님께서 버리신 자들은 지옥에 갈 것이기에 인간이 할 수 있는 것은 자신이 처한 운명을 받아들이는 것뿐이라는 것이다. 이러한 이유로 신자에게 있어서 삶은 전혀 중요한 요소가 아니다. 신자에게 있어서 중요한 것은 바로 운명이다. 교회 안에 이러한 현상들이 일어나자 그 반작용으로 신자의 거룩한 삶을 강조하는 이들이 나타났다. 분명 신자에게 거룩한 삶을 강조하고 요구하는 것은 바람직하다. 그러나 이들이 주장하는 거룩한 삶이 성경의 가르침과 일치하지 않는 것은 결국 이 삶이 실현되어야만 구원이 완성된다고 주장하기 때문이다. 다시 말해 신자의 삶에서 성화가 완성되지 않는다면 그는 받은 구원의 은혜를 다시 잃어버릴 수도 있다는 것이다.

이렇듯 예정 교리를 부인하는 자들은 신조와 교리 자체를 부정하든지, 아니면 받은 구원의 은혜를 다시 잃어버릴 수도 있다는 잘못된 결론에 이르게 된다. 그런데 지금 이 문제를 다룸에 있어서 초점은 단지 예정 교리를 부인할 때 나타나는 현상에 있는 것이 아니다. 오히려 성경을 통해 하나님께서 분명히 드러내신 예정 교리가 왜 오해되고 배격되게 되었는가 하는 점이다. 이는 바로 예정의 교리가 신중하게 다뤄지지 못했기 때문이다. 신비한 예정의 교리는 단순한 노력으로 쉽게 이해될 수 있는 부분이 아니다. 이 또한 믿음으로 받아들여야 할 기독교의 신비의 영역이다. 이러한 이유로 이 교리는 하나님께서 마음을 열어주셔야만 받아들일 수 있다. 이를 다시 말하면 하나님께서 알려주시지 않으면 결코 이해할 수도 받아들일 수도 없는 신비로운 사실이라는 것이다.

교회가 이것을 신중하게 다뤄야 하는 것이 바로 이 때문이다. 교회는 하나님께서 성경을 통해 분명히 드러내신 예정의 교리를 밝히 드러내야 한다. 예정 교리의 진리를 분명하고 명확하게 선포해야 한다. 그러나 동시에 이 신비가 아직 누군가에게는 여전히 닫혀져 있을 수 있다는 것을 알아야 한다. 그리고 하나님께서 선택하신 이들 중에도 아직 신비가 닫혀져 있는 이들이 있을 수 있다는 것을 알아야 한다. 심지어 이 신비의 교리를 듣는다 할지라도 그것을 바로 수용하지 못하고 당장에는 거부 반응을 일으키는 이들도 있을 수 있다는 것을 인정해야 한다. 그래서 교회가 이 신비를 말할 때 가져야 할 태도는 분명하게 선포하면서도, 동시에 이해하고 받아들일 수 있는 시간을 주며 기다려주는 태도를 취하는 것이다. 반면에 절대로 보여서는 안 될 태도가 있다. 그것은 이 예정의 신비를 알지 못하거나 받아들이지 못한다고 비판하거나 정죄하는 것이다. 이것이 바로 예정의 교리를 신중하게 다루는 교회의 자세일 것이다.

또한 우리는 교회가 예정의 교리를 신중하게 다루지 못했을 때 나타나는 문제들을 해결하기 위해 제시되었던 대안들에 대해서도 한번 생각해 볼 필요가 있다. 분명한 것은 앞서 제시한 교회의 대안들은 결코 바람직한 것들이라고 할 수 없다는 것이다. 이유는 간단하다. 이들이 발견해서 당시 교회에 문제로 지적한 것들은 부인할 수 없는 사실임이 틀림없다. 다시 말해 현상에 대한 분석과 판단은 틀리지 않았다. 오히려 교회가 인정할 수밖에 없는 아주 적절한 지적이었다. 교회는 이 부분에 대해 분명 잘못을 인정해야 했다. 신중하게 예정의 교리를 다루지 못했다는 것을 시인해야만 했다. 그런데 이 후 예정의 교리를 다루는 교회에 대해 문제를 지적한 이들에게서도 또 다른 문제들이 나타났다. 이들을 통해 야기된 문제들은 다름 아닌 이들이 제시한 대안들에 관한 것이었다. 그것은 이들이 제시한 대안들이 과연 성경의 가르침에 일치하는가 하는 점이다.

당시 예정의 교리에 문제를 제시한 이들에 대해 위와 같이 질문할 수밖에 없는 이유는 이들이 교회에 나타나는 문제들을 해결하기 위해 사용한 방법이 종교개혁자들의 방법과 같다고 볼 수 없었기 때문이다. 종교개혁자들은 당시 교회의 문제를 해결하기 위해 성경을 펼쳤다. 성경과 비교해 그 문제의 정도와 심각성을 지적한 후, 그 대안 또한 성경에서 찾았다. 그러나 예정론을 부인하는 자들은 성경을 통해 문제를 분석하기보다는 문제 자체가 유발하는 현상에 더 집중했다. 그리고 그 문제와 현상을 수정하고 변형하는 데 집중했다. 다시 말해 성경으로 돌아갈 것을 목표로 하기보다는 문제가 되는 현상을 해소하고 오해가 되는 요소들을 제거하는 데 모든 신경을 쓴 것이다. 이들은 자신들이 당시 교회를 개혁했다고 주장한다. 그러나 이들의 노력은 결코 개혁이 될 수 없다. 단지 문제만 제거하고 현상만 수정한 것은 결코 개혁이 될 수 없다. 성경으로 돌아가지 않은 것은 어떠한 변화도 결코 개혁이 될 수 없기 때문이다.

교회는 개혁되었고, 앞으로도 계속 개혁되어야 한다. 앞서 살펴본 내용들로 볼 때 교회의 개혁에 있어서 가장 중요한 것은 바로 성경이 교회에서 일어나는 모든 현상의 판단 기준이 되어야 한다는 점이다. 그뿐 아니라 교회 안에서 일어나는 문제를 해결하기 위한 모든 대안들도 성경 속에서 그 답을 찾아 제시되어야 한다. 문제가 되는 현상 만을 제거하기 위한 대안은 결코 개혁이 될 수 없다. 개혁된 교회의 특징은 순수하게 정리된 교의를 갖게 되는 것이다. 이렇게 정리된 교의에 대해 교회가 가져야 할 자세는 크게 두 가지라 할 수 있다. 하나는 이 교의를 철저하게 사수하는 것이다. 교회가 성경과 순수한 교의에서 벗어나지 않도록 최선을 다해 노력해야 한다. 그리고 다른 하나는 이 교의를 다룸에 있어서 최대한 신중하게 해야 한다는 것이다. 아무리 순순한 복음이라 할지라도 교회가 이것을 신중하게 적용하지 못하면 교회는 여러 가지 문제에 직면하게 된다는 것을 역사는 분명히 말하고 있다. 결국 이 역사가 지금에 교회에 주는 교훈은 순순한 교리는 더욱 신중하게 적용되어야 한다는 것이다.

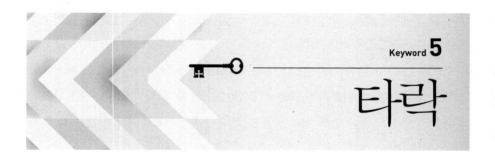

타락

타락 이전의 인간은 하나님께서 만드신 낙원에서 하나님께서 허락하신 자유를 마음껏 누리며 살았다. 땅의 과실을 마음껏 먹었으며, 다른 피조물들을 다스렸다. 이들의 가장 큰 일은 낙원을 잘 가꾸는 것이었다. 남녀가 하나 되어 가정을 이루었으며, 하나님과도 친밀한 교제를 나누며 살았다. 또한 이들은 하나님께서 제정해 주신 안식일로 인해 쉼이 있는 삶을 살았다. 하나님께서는 이들에게 순종을 조건으로 하는 생명의 언약을 맺으셨고, 선악을 알게 하는 나무의 열매는 죽음의 벌로써 금지하셨다.[62]

인간의 타락을 말할 때 가장 민감한 부분이 바로 타락의 책임이 어디에 있는가 하는 점이다. 즉, 인간의 타락이 선악과를 만드신 하나님께 있는가? 아니면 그 선악과를 따 먹은 인간에게 있는가 하는 점이다. 결론부터 말하면 인간은 하나님의 뜻을 따라(according to) 타락했다. 그러나 인간은 자신의 죄에 의하여(by) 타락했다. 그 이유는 아담의 타락은 전적으로 하나님의 작정에 의한 것이기에 분명 섭리로 발생했고, 그러한 이유로 이것은 필연적인 사건이었다. 그러나 하나님은 결코 아담이 타락하도록 조장하지도 않으셨고, 조정하지도 않으셨다. 아담은 자신의 의지에 따라 자유롭게 죄를 범했고, 그 결과 타락했다. 선악과를 만드신 하나님께 인간의 타락에 대한 책임을 돌리려는 의도는 그 자체가 우리가 하나님을 대항하고 있다는 것이 된다. 또한 이것은 인간이 타락했다는 것을 보여주는 부인할 수 없는 증거라 할 수 있다.[63]

인류의 첫 조상은 사탄의 유혹에 넘어가 금지된 열매를 먹음으로 죄를 짓고 타락했다. 그런데 이 과정에서 하나님은 이들의 죄를 자기 영광을 위해서 허용하셨다. 다시 말해 하나님께서는 자기의 작정을 따라 그들의 죄를 허용하셨다.[64] 그런데 여기서의 허용은 우리가 일반적으로 생각하는 허락과는 다르다. 즉, 하나님께서 사람이 죄 짓는 것을 허용하셨다는 것을 하나님께서 사람이 죄 짓는 것을 허락하셨다는 뜻으로 이해해서는 안 된다. 만일 하나님께서 죄를 허락하셨다면 하나님께서 인간의 타락을 의도하신 것이 되기 때문이다. 이 세상의 모든 일은 하나님의 작정에 근거한 섭리로 일어난다. 인간의 타락 또한 분명히 하나님의 섭리에 의해 일어난 사건이다. 그렇다면 하나님께서 인간의 타락을 의도하셨다는 것인가? 또한 하나님께서는 인간의 타락을 허용하셨다는 말인가? 그렇지 않다. 하나님께서 허용하신 것은 인간이 죄를 짓는 것이지, 인간의 타락이 아니다.

죄가 이 땅에 존재하게 된 것도 분명 하나님의 섭리로 된 것이다. 즉, 죄 또한 하나님의 작정의 산물이라는 것이다. 하나님께서는 죄를 싫어하신다. 그렇다면 왜 하나님께서 그렇게 싫어하시는 죄를 작정하시고 섭리하셔서 이 땅에 죄가 있게 하셨는가? 그리고 그 죄가 인간에게 접촉하도록 허용하신 것인가? 이 문제를 풀기 위해서는 죄와 관련하여 하나님께서 정작 의도하신 것이 무엇인지를 알아야 한다. 하나님의 궁극적 관심은 죄가 아니다. 이 땅에서 하나님께서 정말 드러내시고자 하시는 것은 자신의 의다. 그런데 이 과정에서 하나님께서는 자기가 싫어하시는 죄를 이용해 자신의 의를 드러내시기로 작정하셨다. 하나님께서는 의와 극단적으로 반대되는 죄를 통해 자신의 의를 더욱 선명하게 드러내시기로 작정하신 것이다. 이러한 차원에서 죄는 필연적으로 세상에 출현해야 했다. 결국 죄는 하나님의 의를 실현시키려는 하나님 자신의 적극적인 의지에 의해 작정되었고, 그것을 이용하시는 섭리에 의해 이 땅에 드러났다. 이렇게 보면 하나님께서는 죄를 허용하신 것이 아니라 작정하신 것이 된다. 그래서 이를 죄에 대한 하나님의 '허용적 작정'(permissive decree)라고 부른다. 여기서 '허용적'이라는 말은 죄를 허락했다는 말이 아니라, 죄에 대해 책임을 지지 않고 자유롭게 그것이 일어나도록 했다는 것을 의미한다.

인류의 시조가 범죄함으로 말미암아 그 죄책은 그의 모든 후손들에게 전가되었다. 그리고 그 결과 사망의 형벌과 부패한 본성은 생육법을 통해 모든 후손들에게 전수되었다. 그런데 이러한 죄의 전가에 대해 우리가 조심스럽게 접근해야할 것이 있다. 그것은 다름아닌 아담의 죄책이 후손에게 전가되는 것을 인류 시조의 죄와 그에 따른 형벌을 죄 없는 후손들이 떠안는 것으로 이해해서는 안 된다는 것이다. 인류에게 생육법을 통해 아담의 죄가 전가되는 것은 아담과 함께 모든 인류가 죄를 지었기 때문이다. 즉, 이 말은 이 땅의 모든 인류가 죄의 비참함과 죽음의 형벌에 놓이게 된 것은 단지 인류의 조상인 아담이 범죄했다는 이유때문이 아니라, 아담 안에서 모든 인류가 다 죄를 지었기 때문이다. 결국 인류가받아야 할 형벌은 아담의 죄 때문이 아니라, 모두 자기의 죄 때문인 것이다. 뿐만아니라 모든 인류가 전적으로 타락한 것도 단지 아담의 죄 때문이 아니라 모든인류가 아담 안에서 범죄한 자신들의 죄 때문이다.[65]

죄로 인한 인간의 타락은 그가 선택받은 자이든, 유기된 자이든 모두에게 동일하다. 이 땅에 태어나는 사람은 누구나 할 것 없이 타락한 본성으로 태어난다. 뿐만 아니라 타락의 범위 또한 누구나 동일하다. 모두다 전적으로 타락한 상태다. 몸, 행동, 생각은 물론 인간이 관여하는 모든 것들이 다 죄로 오염되었다. 심지어 인간 본성의 부패는 성령으로 중생한 자들 안에도 현세 동안에는 그대로 남아 있다. 죽음으로 육체의 사슬을 벗어 버릴때 까지는 하나님의 양자가 된 자라도 여전히 인간은 부패한 상태로 살아간다. 비록 하나님의 양자가 되어 이 땅에서 하나님의 형상을 회복해 가는 성화의 삶을 산다 할지라도 그 속에 자리 잡은 오염되고 타락한 본성은 여전히 육체의 가시로 남아 신자의 삶을 방해한다. 원죄와 자범죄는 모두 인간에게 죄책을 안겨준다. 따라서 모든 인간은 하나님의 진노와 율법의 저주에 넘겨져 모든 비참을 동반한 사망에 처하게 되었다. 이 사망을피할 수 있는 자는 아무도 없다.[66] 죄의 결과 인간이 가졌던 원래의 의도 타락했다. 뿐만 아니라 하나님과의 교제도 함께 타락했다. 인간은 죄로 인해 죽었으며, 영혼과 몸의 모든 부분과 그 기능들이 모두 전적으로 더러워졌다.[67] 그리고 이 더러워진 본성 때문에 자범죄가 나오게 되었다.[68]

인간의 타락한 현재의 상태를 나타내는 가장 적절한 표현이 바로 '전적타락'이다. '전적타락'이라는 말은 인간이 완전히 타락하여 어떠한 도덕적 선이나 자연적인 선행도 행할 수 없는 상태가 되었다는 것을 말하는 것이 아니다. 인간은 비록 타락했지만 그럼에도 불구하고 나름의 선한 행위를 하기도 한다. 이는 중생한 자들뿐만 아니라, 그리스도를 모르는 자들에게서도 동일하게 나타난다. 그렇다면 인간이 전적으로 타락했다는 것은 무엇을 의미하는가? 이는 타락의 범위를 말하는 것이다. 인간의 어떤 부분도 타락하지 않은 부분이 없음을 의미하는 것이다. 다시 말해 이는 인간의 모든 부분인 지, 정, 의가 죄로 물들었다는 것을 말한다. 인간 안에 어떤 구석도 타락이 미치지 않은 부분이 없다는 말이다. 이러한 이유로 인간이 선하다고 생각하거나 행동하는 어떤 일도 실제로는 선한 것이 될 수 없는 것이다. 그 모든 것이 죄로 오염된 인간의 산물이기 때문이다. 인간이 전적으로 타락했기 때문에 인간으로부터 나오는 그 어떤 것도 선한 것이 없다. 그러한 이유로 하나님께서 받으실 만한 것을 인간은 결코 만들어 낼 수 없다. 이 때문에 인간은 어떠한 노력을 하더라도 스스로는 자신을 구원할 길을 찾을 수 없는 것이다.[69]

아담의 범죄로 예수님을 제외한 그의 모든 후손들은 죄를 전가받아 태어난다.[70] 생육법으로 태어난 모든 인류는 다 원죄를 가지고 태어난다. 이렇게 태어나는 모든 인류는 생명을 주시는 성령이 떠났기 때문에 도덕적·영적 사망에 이르게 되고 말았다. 그리고 출생하자마자 다시 흙으로 돌아가는 사망의 원리가 모든 사람의 육체에 적용된다. 하나님의 일반은총의 한 부분인 의학의 발달을 통해 이 땅에서의 수명을 어느 정도는 더 연장할 수는 있지만, 누구도 육체적 사망을 피할 수 없게 되었다. 이 땅에서의 인간의 삶이 죄와 비참함 속에 있을 수밖에 없는 것도 인간이 출생 때부터 부패하고 죄악된 본성을 가지고 태어나기 때문이다. 그래서 이 세상을 살아가는 그 어떤 사람도 하나님의 계명을 완전히 지킬 수 없는 것이며, 말과 행실에서 항상 죄를 범할 수밖에 없는 것이다.[71]

죄는 하나님의 법을 위반하는 것을 말한다. 뿐만 아니라 하나님의 어떤 법이라도 그것을 준행할 때 부족함이 있으면 그 또한 죄가 된다. 인간이 범하는 죄는 크게 두 가지가 있다. 먼저 소극적인 면에서의 죄가 있다. 이는 하나님의 계명의 말씀을 준행하지 않는 것이다. 순종하지 않는 것이다. 반면에 적극적인 면에서의 죄는 하나님의 계명을 위반하는 것을 말한다. 그렇다면 사람이 소극적으로든 적극적으로든 하나님의 계명에 반하는 일을 하지 않으면 죄에서 자유할 수 있는 것인가? 결코 그렇지 않다. 현세에서 하나님의 계명을 위반하는 행동을 하지 않았다 할지라도 사람은 원래 그리고 여전히 죄인이다. 아담의 후손들은 하나님을 거역하는 행동을 행하기 때문에 죄인이 되는 것이 아니라, 죄인이기 때문에 그 속에 하나님의 말씀을 준행할 의지가 없는 것이다.[72]

인류가 타락하면서 만난 첫 비극은 하나님과의 교제가 상실된 것이다. 이렇게 상실된 하나님과의 교제를 인간은 어떠한 수단을 사용해도 회복할 수 없다. 오직 그리스도께서 중보자가 되어 주셔야 가능하다. 따라서 그리스도를 통해 구원받지 못한 자들은 결코 하나님과의 교제를 회복할 수 없다. 하나님과의 교제가 상실되면서 인류는 본질상 진노의 자녀(엡 2:3)가 되었다. 이는 우리가 죄를 미워하시는 하나님의 미움의 대상이 되었음을 의미한다. 이렇게 타락한 인류 중 어떤 이들은 결국 사탄의 종노릇까지 하게 된다. 구원받지 못한 자들이 여기에 해당한다. 하나님께는 사탄에게 이들을 주관하도록 공의롭게 허용하셨다. 이러한 이유로 영생으로 선택받지 못한 자들은 사탄에 의해 영혼뿐 아니라 육체까지 속박을 받게 된다. 반면에 중생을 선물로 받아 구원에 이른 자들은 더 이상 사탄의 종이 아니다. 그럼에도 불구하고 타락하여 하나님과의 교제를 상실한 인간에 대한 사탄의 공격과 유혹은 그리스도 안에 있는 신자에게까지 미친다. 이는 중생한 사람들 속에도 여전히 죄악된 본성의 흔적이 남아 있기 때문이다. 이러한 사탄의 공격 때문에 신자들도 종종 유혹에 빠지거나, 유혹의 영향 가운데서 잠시 방황하기도 한다. 물론 하나님께서 사탄에게 타락한 인간들을 속박할 수 있도록 허용하셨다 할지라도 사탄이 완전히 자유롭게 활동할 수 있는 것은 아니다. 사탄의 행동은 그들에게 활동을 허용하신 하나님에 의해 언제나 제한된다.[73]

죄에 대한 일반적인 오해는 이를 단순히 인간이 직면한 하나의 불행이나 재앙으로 보는 것이다. 또한 치료가 필요한 질병으로 보거나 세척이 필요한 도덕적 오염으로 보는 것이다. 그러나 분명히 우리가 알아야 할 것은 죄는 용서와 형벌이 필요한 범죄라는 것이다. 죄에는 반드시 형벌이 있다. 이 형벌은 현세뿐 아니라 내세에도 있다. 현세에서의 죄의 형벌은 내적으로는 굳은 마음, 타락한 지각, 고집, 양심의 공포 등이 있다. 반면에 외적으로는 우리의 몸, 지위, 이름, 직업 등에 생긴 모든 악을 들 수 있다. 죄의 형벌 중 현세에서 받는 가장 큰 형벌은 사망에 이르는 것이다. 반면에 내세에서 있을 죄의 형벌은 영원히 지옥 불에서 벌을 받는 것이다.

전적으로 타락한 인간들이 항상 느끼는 죄의 특징 중 하나가 바로 죄의식이다. 죄의식은 죄에 대한 애통한 마음과 함께 형벌에 대한 두려움을 동반한다. 이러한 형벌 속에서 인간이 더욱 비참한 것은 인간 스스로나 다른 어떤 피조물의 도움을 통해서도 이 형벌을 면할 길이 없다는 것이다. 그러나 그리스도께서 모든 형벌을 대신 받으시고 구원한 자들의 경우는 이 죄의식을 통해 겸손한 마음으로 죄를 미워하는 마음 갖고, 죄를 멀리 하려는 의지를 갖게 된다. 또한 신자들에게 죄의식은 이전에 행하던 죄를 버릴 뿐 아니라, 그것에서 돌아서서 새로운 삶을 살기를 원하는 동력이 되기도 한다.[74]

원죄는 부모로부터 유전되는가?

모든 인류는 태어날 때 원죄를 가지고 태어난다. 이런 이유로 아담의 자손 중 생육법을 통해 태어난 사람이라면 누구도 죄인이 아닌 상태로 인생을 시작하는 사람은 없다. 그렇다면 이것은 모든 사람이 태어날 때 부모로부터 원죄를 유전 받는다는 것을 말하는 것인가? 부모가 죄인이기 때문에 그 죄가 유전되어 자녀도 죄인으로 태어난다고 보는 것이 적절한가?

중생하지 못한 자들에게는 죄악된 본성이 부모로부터 유전된다고 해도 틀렸다고 할 만한 근거는 없다. 왜냐하면 부모도 죄의 문제를 해결하지 못한 자들이고, 그들의 자녀들도 모두 죄악된 본성을 가지고 태어나기 때문이다. 그러나 중생한 자들의 경우는 다르다. 만일 사람의 죄악된 본성이 유전된다면 중생하여 그 본성이 회복되고 정화된 부모들에게서는 깨끗한 본성을 유전 받은 자녀들이 태어나야 하기 때문이다. 그러나 성경은 중생한 부모들이 낳은 자녀들도 모두 원죄의 그늘 아래서 태어난다고 말한다. 따라서 우리가 일반적으로 사용하는 유전의 개념으로는 결코 원죄를 설명할 수 없다는 결론이 나온다.

유전은 일반적으로 육체나 정신적인 것에 해당한다. 또한 이것은 사람은 물론 동물과 식물에게도 동일하게 적용된다. 부모의 육체나 정신적인 특성을 자녀들이 물려받는 것이다. 이 또한 동물과 식물에서도 마찬가지다. 그런데 죄는 영적인 영역이지 결코 육체적이거나 정신적인 영역이 아니다. 따라서 죄악된 본성은 생물학적 유전을 통해서 옮겨진다고 보아서는 안 된다.

그럼 도대체 인간의 죄악된 본성이 생육법을 통해서 이어진다는 것은 무엇을 말하는 것인가? 또한 어떠한 방법을 통해서 이러한 현상이 일어나는 것인가? 이 문제를 푸는 열쇠가 바로 '전가교리'다. 인간의 죄악된 본성은 부모로부터 오는 것이 아니라 인류의 조상인 아담으로부터 받은 것이다. 이 죄악된 본성은 아담의 후손으로서 이 땅에 태어나면서 자연적으로 옮겨진다. 죄악된 본성은 부모의 중생과는 상관없이 자녀들에게 전가된다. 아담으로부터 모든 인류에게 전가되는 이 죄악된 본성은 아담으로부터 대가 멀어진다고 약해지는 것도 아닐 뿐더러, 부모가 심각한 죄를 범했다고 해서 그 자녀들이 더 악한 본성을 물려받는 것도 아니다. 아담의 모든 후손에게 전가되는 이 죄악된 본성은 아담이 타락하여 오염되고 비틀어진 것과 동일하게 전가된다. 그 이유는 이 원죄가 생육법을 타고 후손에게 전달되는 것이 아니라 생육법으로 태어난 자들에게 전가되는 것이기 때문이다. 다시 말해 실제 원죄의 전가는 부모를 통해서가 아니라 아담으로부터 직접 받는 것이다. 뿐만 아니라 이렇게 전가된 원죄는 오염의 정도가 아니라 오염의 범위로 후손들에게 영향을 미친다. 즉, 이는 아담이 죄를 지은 결과로 타락한 상태와 완전히 동일한 상태로 그 오염이 후손들에게 전가되기 때문이다. 이는 아담이 그랬던 것처럼 그의 모든 후손들도 지, 정, 의, 그리고 몸이 총체적이며 포괄적으로 오염된 것을 말한다. 결국 예수님을 제외한 아담의 모든 후손들이 아담의 죄악된 본성을 전가받아 태어나기 때문에, 이 땅에 살아가는 모든 사람 중에 지, 정, 의가 총체적이며 포괄적으로 오염되지 않는 사람은 한 사람도 없는 것이다.

아담의 죄와 하와의 죄

인류의 첫 조상인 아담과 하와는 하나님께서 맺어주신 행위언약을 어기는 죄를 범하므로 타락했다. 아담과 하와는 둘 다 하나님께서 금하신 선악과를 먹었다. 이것은 아담과 하와 둘 다 죄를 범했다는 것을 의미한다. 그럼 이 둘은 동일한 죄를 지은 것인가? 아니면 그렇다 할지라도 아담과 하와 둘 중에 한 사람의 죄가 더 심각한 것인가? 죄의 심각성은 어떠한 행동이나 생각으로 그것이 나타났는가도 중요하시만, 어떠한 과정으로 그 죄를 짓게 되었는가의 문제와도 상당한 관련이 있다.

하나님께서 금하신 선악과를 먹었다는 것만 볼 때 아담과 하와는 같은 종류의 죄를 지었다고 할 수 있다. 그러나 아담과 하와가 죄를 짓게 되는 원인과 그 과정은 차이가 있다. 하와의 경우는 사탄에게 속아서 죄를 범했다. 그러나 아담은 사탄에게 속지 않았다. 여기서 속지 않았다는 것은 사탄의 속임수를 잘 물리쳤다는 것이 아니다. 아담은 사탄으로부터 어떠한 유혹도 받지 않았다. 사탄의 속임수 공격을 안 받았으니, 당연히 사탄에게 속지 않은 것이다. 이러한 이유로 하와와 비교하여 아담의 범죄를 평가하자면 아담은 사탄의 속임수 공격을 받지 않았음에도 하나님의 명령을 어긴 것이다.

사탄에게 속아 죄를 범하게 된 하와의 죄도 물론 악하고 나쁘다. 그러나 속임을 당하지 않았음에도 같은 행동을 한 아담의 죄는 더욱 심각한 것이다. 하와는 사탄에게 속아서 잠시 하나님의 명령의 심각성을 잊었다. 그리고 그 상태에서 죄를 범했다. 그러나 아담은 정상적으로 판단하고 생각할 수 있는 상태였다. 먼저 선악과를 먹은 하와의 행동이 잘못된 것이었음을 분명히 알았을 것이다. 그리고 선악과를 먹어보라는 하와의 제안이 하나님을 대적하는 것도 몰랐을 수 가 없다. 그럼에도 불구하고 아담은 그 선악과를 먹었다. 이러한 아담의 행동은 스스로 판단하고 행동하여 하나님을 대적한 것이라고 밖에 볼 수 없다. 이러한 차원에서 아담의 죄가 하와의 죄보다 더욱 심각하다고 할 수 있다.

하나님 보시기에 더 악한 죄?[75]

모든 죄는 다 죄책이 따른다. 즉, 죄에 따른 형벌이 있다. 이는 하나님을 대항하는 어떠한 죄도 악하지 않은 것이 없기 때문이다. 다시 말해 모든 죄는 다

악하다. 그런데 그렇다고 모든 죄가 다 동일하게 악한 것은 아니다. 죄 중에 어떤 것들은 죄 그 자체로 혹은 여러 악화의 요소(in themselves, and by reason of several aggravations)가 있기 때문에 다른 죄보다 더 악한 것들도 있다. 죄를 더 악하게 만드는 악화의 요소들은 크게 4가지 부류로 구분할 수 있다. 범죄한 사람, 피해를 입은 상대, 범죄의 성질과 바탕, 그리고 때와 장소의 상황이 이에 해당한다.

먼저 범죄한 사람에 따라 더 악한 죄에 해당하는 경우들이다. 이는 연령이 높거나 더 많은 경험을 가진 자가 범죄를 저질렀을 경우를 말한다. 직업, 재능, 지위, 직임 등에서 탁월하고 다른 사람들의 모범이 되는 위치에 있는 사람이 죄를 범했을 때 그 죄는 그렇지 않은 사람들이 지은 죄보다 더 악한 죄가 된다. 두 번째는 피해를 입은 상대에 따른 경우다. 이는 주로 삼위 하나님에 대한 범죄에 해당한다. 즉, 하나님과 그의 속성과 그를 예배하는 일에 대항하거나, 그리스도와 그의 은혜에 대항하거나, 성령과 그의 증거 및 역사에 대항하는 경우의 죄들은 다른 죄들보다 더 악한 죄라는 것이다. 또한 이는 사람에 대해서도 동일하게 적용되는데 우리가 마땅히 공경해야 할 윗사람들을 대항하거나, 연약하여 섬김이 필요한 약자들에 대해 오히려 무시하고 학대하는 것이 이에 해당된다. 뿐만 아니라 여러 사람이나 공공의 유익을 해하는 것도 더 악한 죄에 해당한다 할 수 있다. 세 번째 부류는 범죄의 성질과 바탕에 따른 것으로 율법에 명시된 것을 정면으로 범한 경우가 여기에 해당한다. 또한 의도적으로 다른 사람에게 손해를 입히고도 배상할 의지가 전혀 없을 때 그의 죄는 더욱 악하다고 할 수 있다. 성경에서 그리스도인의 유익을 위해 권면하는 것들인 은혜의 방편, 긍휼을 베푸는 일, 양심적인 판결, 공적 혹은 사적인 훈계, 교회의 권징, 타인을 위한 기도 등을 방해하는 행위들도 여기에 해당한다고 할 수 있다. 뿐만 아니라 하나님의 심판, 목적, 약속, 서약, 언약 등에 관하여 고의로 대항하는 것들도 모두 하나님께서 더욱 악하게 여기시는 죄가 된다. 마지막으로 때와 장소의 상황에 따라 더욱 악한 죄로 분류될 수 있는 것은 주일이나 다른 예배의 때에 혹은 예배 직전이나 직후에 범하는 죄들이 이에 해당된다. 특히, 이러한 경우들은 미리 실수를 막았거나 고칠 수 있는 도움이 있었는지, 혹은 공식 석상이나 다른 사람들이 있는 곳에서 그들이 선동되었는지에 따라 그 죄의 경중이 달라지기도 한다.

사람이 천국에 가지 못하는 이유는?

사람이 천국에 가지 못하는 근본적인 이유를 물으면 대부분의 신자들은 '예수를 믿지 않아서'라고 대답한다. 물론 틀린 말은 아니다. 그러나 정답은 아니다. 사람이 천국에 가지 못하는 근본적인 이유는 죄인이기 때문이다(롬 2:12).

비록 예수님을 알지 못했다 하더라도, 아니면 교회에 다니지 않는다 할 지라도 정말 착하게 살고 선한 일을 많이 하는 사람들은 천국에 갈 수 있는 거 아니냐고 질문을 많이 한다. 물론 누구보다도 착하게 사는 사람이 있을 수 있다. 날개 없는 천사라는 말을 듣는 사람들도 많이 있다. 그러나 분명한 것은 그들도 다 죄인이라는 것이다. 이 세상에 의인은 없다. 하나도 없다. 따라서 그들도 다 천국에 들어갈 수 없는 존재들이다.

천국은 그럼 누가 가는가? 천국은 하나님께서 천국백성으로 택해 주신 자들이 간다. 하나님께서는 이들을 하나님 나라의 백성으로 부르신다. 택함을 받은 자들은 이 부르심에 반응한다. 그러나 이 또한 성령님께서 들을 귀를 주시고, 눈을 열어서 보게 하시기 때문에 가능하다. 그리고 마음을 열어 예수님을 구주로 믿는 고백을 하게 하시기 때문에 구원에 이를 수 있다.

믿음을 고백하지 않은 자들의 구원 가능성

구원은 믿음으로 고백하는 수단을 통해 주어진다. 따라서 구원과 믿음은 결코 뗄 수 없다. 그렇다면 믿음의 고백이 없이는 결단코 구원의 가능성이 없다는 것인가? 그렇지 않다. 믿음의 고백 없이도 구원이 가능한 경우가 있다. 보통 두 가지 경우가 여기에 해당한다고 여겨진다. 한 가지 경우는 '유아 때 죽은 택자'의 경우고 나머지 한 가지는 '정신적으로 박약하게 태어난 사람'들의 경우다. 유아 때 죽은 택자의 경우는 자기의 믿음을 고백할 기회를 가지지 못했지만, 그들의 구원을 의심할 수 있는 근거는 없다. 그러나 유아 때 죽은 자들 중 택함을 받지 않은 자들의 경우는 그들이 구원을 받았다고 말할 근거 또한 없다. 인간의 입장에서 어떤 아이가 택함을 받았고, 어떤 아이가 택함을 받지 못했는지는 전혀 알 길이 없다. 따라서 이 부분에 있어서는 신중하게 접근해야 할 필요가 있다. 그러나 그리스도인의 가정에 태어난 자녀인 경우는 그 아기를 언약의 자녀로 보아 택자로 인정하는 것이 지혜로운 방법이다. 또한 성인임에도 불구하고 정신적으로 박약하게 태어나서 말씀 사역을 통한 외적인 부르심을 받을 능력이 없는 자들의 경우를 생각해 보자. 이들의 경우도 비록 정신적인 약함으로 인해 자신들의 입으로 믿음을 고백하지 못한다고 할지라도 이들 가운데 일부는 분명 택자들이고, 또한 그들이 구원에 이를 수 있다는 것을 사실로 받아들이고 이들을 지도하는 것이 지혜롭다.[76]

사망에 이르는 죄 (성령 훼방죄?)

신자가 범하는 죄 중에 용서받지 못할 죄는 없다. 하나님의 형상으로 지음 받은 인간을 죄인으로 만들어 버린 원죄도 결국에는 다 해결된다. 물론 인간 스스로 이 문제를 해결할 수는 없다. 오직 그리스도의 속죄의 공로로만 가능하다. 그러나 어쨌든 하나님께서는 원죄까지도 해결될 수 있는 길을 마련해 놓으셨다. 그런데 성경은 모든 죄들 중에 결코 용서받을 수 없는 죄가 하나 있다고 말한다. 그리고 이것을 '사망에 이르는 죄'(요일 5:16)라고 말한다. 이 죄는 '성령을 모독하는 죄'(마 12:31; 막 3:29), '성령을 거역하는 죄'(마 12:32)라고도 불린다.

여기서 말하는 성령을 모독하는 죄는 성령의 부르심을 거절하는 것을 말한다. 다시 말해 이는 성령님께서 구원을 위해 초청하는 그 부르심에 믿음과 회개로 반응하지 않는 것이다. 이것이 용서받지 못하고 심지어 사망에 이르는 죄가 되는 것은 그 죄가 너무 크기 때문이 아니다. 이는 성령님의 부르심을 거부하는 것 자체가 구원의 가능성을 거부하는 것이기 때문이다. 구원은 사망에서 생명으로 옮기는 것이다. 그리고 이 구원은 성령님의 부르심에 믿음으로 반응할 때 가능해진다. 따라서 구원으로 부르시는 성령님을 무시한다는 것은 그 자체가 구원을 거부하는 것이고, 계속해서 사망에 머물러 있는 것이다. 결국 성령님을 모독하기 때문에 생명에서 사망으로 떨어지는 것이 아니라, 성령님을 인정하지 않음으로 생명에 이를 수 있는 가능성 자체를 얻지 못하는 것이다.

그럼 어떤 사람들이 성령님을 모독함으로 사망에 이르는 죄를 범하게 되는가? 바로 영적으로 무지한 자들이 이러한 죄를 범한다. 그런데 이 무지는 노력을 안 해서 지혜를 얻지 못했기 때문에 무지한 상태가 됨을 말하는 것이 아니다. 혹은 누군가가 가르쳐 주지 않아서 아직 그 사실을 모르는 상태의 무지를 말함도 아니다. 이러한 무지는 고의적 무지(deliberate ignorance) 혹은 죄악된 무지(sinful ignorance)라고 할 수 있다. 그것은 성령님의 부르심을 고의적으로 저항하는 것이며, 성령님의 구원 초청 사역을 하찮은 것이나 필요 없는 것으로 무시하는 것이다. 이들은 성령님의 부르심을 옳게 분별하지 못해서 실수로 거부하는 것이 아니다. 이러한 자들은 누가 그들에게 그 사실을 자세히 설명해 줘도 결코 자신이 잘못 이해한 것을 되돌리고 성령님의 부르심에 응하려고 하지 않는다. 이들은 성령의 음성에 대해 처음부터 철저하게 저항하는 자들이다. 그리고 이들의 성령에 대한 저항은 생을 마칠 때까지 지속된다. 이들은 자신들이 죄인인 것을 인정하지 않는다. 혹여 그것을 인정한다 하더라도 성령과 상관없이 그 문제를 해결할 수 있다고 장담한다. 따라서 이들의 성령 무시는 단순한 초청 거부로 끝나는 것이 아니라, 일생을 통해 지속되는 것이다. 또한 이들은 자신들뿐 아니라 다른 사람들이 성령의 초청을 받아들이지 못하도록 방해하기도 하며, 심지어 성령의 초청에 응한 사람들이 성령의 은혜를 의심하거나 올바로 누리지 못하도록 유혹하기도 한다.

성령을 모독하는 것이 사망에 이르는 죄인 이유는 이들이 받을 징벌이 바로 사망이기 때문이다. 좀 더 정확히 말하면 이들은 이미 사망의 징벌을 받고 있다고 할 수 있다. 성령이 이들을 다루시는 방법은 그들을 그들의 죄에 그대로 내버려 두시는 것이다. 간섭하지 않는 것이다. 스스로 그 죄에서 허우적거리며 사망의 구렁텅이 속에 빠져 살도록 무시하는 것이다. 성령을 모독하는 자들에게 성령님 께서 내리시는 징계가 바로 무시다. 이들에게는 어떠한 회복의 기회도 없다. 이 들이 용서받을 수 없는 것은 죄의 크고 작음이 아니라 성령님의 관심 밖의 사람 이 되었기 때문이다. 용서의 대상에서 제외되었기 때문이다. 결국 하나님께서 사 랑하지 않는 자들인 것이다.

그런데 '성령을 모독하는 것'의 의미에 대해 많은 한국 교회 성도들이 오해하 는 부분이 있다. 그중 가장 심각한 것은 성령을 모독하는 죄를 불신자의 죄가 아 니라, 신자의 죄로 생각하는 것이다. 신앙생활을 하는 신자들이라도 성령을 모 독하는 죄를 지으면 용서를 받지 못하고 심지어 사망에 이를 수 있다고 생각하는 것이다. 성도들이 이렇게 생각하게 된 데는 개역개정 이전의 성경이었던 개역한 글 성경에서 "성령을 모독하는 것"을 "성령을 훼방하는 것"(개역한글, 마 12:31; 막 3:29)으로 번역한 것이 큰 요인이었다. 이 성경의 표현만 보면 비록 예수님을 믿 고 구원을 받아 교회에서 함께 신앙생활을 하는 성도들이라 할지라도 성령의 사 역을 방해하는 행동들을 하면 결코 용서받지 못할 수도 있다는 생각을 할 수 있 다. 심지어 이러한 것이 확대 적용되면 목사님의 설교나 교회의 정책에 반대 의 견을 갖는 성도들은 교회를 통한 성령님의 사역을 훼방하는 자들로 평가될 수도 있게 된다. 또한 신앙생활을 잘 하다가도 한 번 실수하여 성령을 훼방하는 죄를 짓게 되면 결코 용서받을 수 없고, 사망에 이를 수 있기 때문에 언제나 깨어서 말 씀에 순종하는 삶을 살아야 한다는 식으로 이것을 적용하는 오류들이 한국 교회 에서 많이 발견되기도 한다.

물론 유형교회 안에는 택자와 유기된 자가 함께 섞여 있을 수 있다. 이들 중 유 기된 자들이 교회 안에서 성령을 모독하는 죄를 공개적으로 행할 수도 있다. 그 러나 교회는 이러한 현상을 다룸에 있어서 신중해야 한다. 누가 사망에 이르는 죄에 해당하는 죄를 지었는지 성도 간에 서로 단정하려 해서는 안 된다. 특히 성 령을 훼방하는 일들이 교회에서 일어나고 있다는 식의 표현은 삼가야 한다. 이 부분에 대한 판결과 징계는 오직 삼위일체 하나님께 있다. 교회는 누가 사망에 이르는 죄를 범했다고 판단이 들 때 그들을 바로 정죄하기보다는 죄의 유혹에 빠져 믿음이 약해졌거나, 경우에 따라 잠시 하나님을 떠났을 가능성을 생각하며 그들에게 하나님의 긍휼과 자비를 다시 베풀어 달라고 기도하고 권면해야 할 것이다. 즉, 징계보다는 회복에 초점을 두고 그들을 대하는 지혜가 필요하다.

	개역한글	개역개정
마 12:31,32	31 그러므로 내가 너희에게 이르노니 사람의 모든 죄와 훼방은 사하심을 얻되 **성령을 훼방하는 것**은 사하심을 얻지 못하겠고 32 또 누구든지 말로 인자를 거역하면 사하심을 얻되 누구든지 말로 **성령을 거역하면** 이 세상과 오는 세상에도 사하심을 얻지 못하리라	31 그러므로 내가 너희에게 이르노니 사람에 대한 모든 죄와 모독은 사하심을 얻되 **성령을 모독하는 것**은 사하심을 얻지 못하겠고 (but **the blasphemy against the Holy Ghost** shall not be forgiven unto men.) 32 또 누구든지 말로 인자를 거역하면 사하심을 얻되 누구든지 말로 **성령을 거역하면** 이 세상과 오는 세상에서도 사하심을 얻지 못하리라 (but anyone who speaks **against the Holy Spirit** will not be forgiven)
막 3:28,29	28 내가 진실로 너희에게 이르노니 사람의 모든 죄와 무릇 훼방하는 훼방은 사하심을 얻되 29 누구든지 **성령을 훼방하는 자**는 사하심을 영원히 얻지 못하고 영원한 죄에 처하느니라 하시니	28 내가 진실로 너희에게 이르노니 사람의 모든 죄와 모든 모독하는 일은 사하심을 얻되 29 누구든지 **성령을 모독하는 자**는 영원히 사하심을 얻지 못하고 영원한 죄가 되느니라 하시니(But whoever blasphemes against the Holy Spirit will never be forgiven; he is guilty of an eternal sin.")
딛 2:5	근신하며 순전하며 집안 일을 하며 선하며 자기 남편에게 복종하게 하라 이는 **하나님의 말씀이 훼방**을 받지 않게 하려 함이니라	신중하며 순전하며 집안 일을 하며 선하며 자기 남편에게 복종하게 하라 이는 **하나님의 말씀이 비방**을 받지 않게 하려 함이라(so that no one will malign the word of God.)
	βλασφημέω신성을 모독하다. βλασφημία(Matt. 12:31) 신성 모독하는 것	

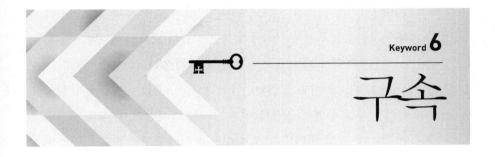

언약   인간은 이 땅에 창조될 때부터 하나님과 직접적인 교제를 할 수 없을 만큼 하나님과 큰 괴리를 갖고 있었다. 창조자로서 무한하신 하나님과 피조물로서의 유한한 인간이라는 존재 자체가 서로의 간격을 매울 수 없을 만큼 큰 괴리를 가져왔다. 이러한 괴리 가운데서도 인간과 교제하기를 원하신 하나님께서 자신과 인간과의 간격을 메우기 위해 마련하신 장치가 바로 행위언약이었다. 최초의 인간인 아담과 하와는 이 행위언약에 순종함으로 얼마 동안 하나님과 친밀한 교제를 나눌 수 있었다. 그러나 이들이 이 언약을 어김으로 하나님과 인간의 간격은 그 이전보다 더 멀어졌고, 둘 사이의 괴리는 더 이상 행위언약의 방법으로는 좁힐 수 없는 상태에 이르렀다. 이러한 상태에서 하나님께서 새롭게 적용해 주신 언약이 바로 은혜언약이다. 이 언약을 통해 하나님께서는 하나님과 인간의 막힌 담을 허시고 멀어진 관계를 다시 회복시키길 원하신다. 하나님과 인간의 교제의 차원에서 볼 때 행위언약과 은혜언약의 가장 큰 차이는 바로 중보자의 필요성이다. 행위언약이 적용되던 타락 이전의 인간은 중보자 없이도 언약에 순종하는 것만을 통해 하나님과 교제할 수 있었다. 그러나 타락한 후 인간이 살아가는 이 은혜언약의 시대에는 중보자 없이는 결코 하나님과 교제할 수 없는 상태가 되고 말았다.[77]

이러한 이유로 타락한 인류의 구속은 하나님의 전적인 은혜로 하나님께서 인류에게 맺으신 은혜언약에 기초한다. 인간이 타락하면서 벌어진 하나님과의 간격은 너무 커서 인간 스스로의 힘으로는 결코 좁힐 수 없다. 결국 이 간격을 좁히기 위해서는 하나님께서 어떠한 방식으로든 자신을 낮춰서 우리에게 오셔야 했다. 하나님께서 자신을 낮추셔서 우리에게 오신 방법이 바로 은혜언약이었다.[78]

쌍방이 합의하여 하나가 되는 방법에는 두 가지가 있다. 하나는 계약이고 나머지 하나는 언약이다. 그런데 계약과 언약의 차이는, 계약이 동등한 권위를 가진 쌍방이 합의를 통해 동일한 권리를 서로 가지는 것이라면, 언약은 상위의 권위를 가진 한 쪽이 하위의 권위를 가진 상대방과 일방적으로 관계를 맺는 것을 말한다. 따라서 하나님께서 인간과 계약하신 것이 아니라 언약을 맺으셨다는 것은 전적으로 하나님께서 주도하여 만드신 규약을 인간이 받아들이고 순종해야 하는 것을 말한다.

앞서 언급한 것처럼 하나님께서 인간과 맺으신 언약은 행위언약과 은혜언약이다. 행위언약은 하나님께서 인간과 처음으로 맺으신 언약으로 이 언약을 통해 아담과 그의 후손들에게 생명을 약속하셨다. 행위언약은 완전하고 인격적인 순종을 조건으로 했다. 반면에 인간이 타락한 후 하나님께서 인간과 새로 맺으신 언약이 은혜언약이다. 하나님께서 인간과 새로운 언약을 맺으시기로 하신 것은 인간이 타락하여 행위언약으로는 스스로 생명을 얻을 수 없게 되었기 때문이다. 인간에게 있어서 행위언약을 지킬 수 있었던 유일한 기간은 아담이 범죄하기 전이었다. 이때 인간은 언약을 지킴으로 영생을 받을 수 있는 가능성이 있었다. 그래서 행위언약을 생명언약이라고도 부른다.[79]

하나님께서 은혜언약을 맺으신 시점을 우리는 일반적으로 아담이 타락한 이후라고 말한다. 그리고 하나님께서 은혜언약을 맺으신 상대는 타락한 인간이라고 말한다. 그러나 엄밀한 의미에서 보면 이는 바른 지적이라고 할 수 없다. 실제 은혜언약이 맺어진 시기는 세상이 창조되기 영원 전이다. 또한 이 언약은 성부 하나님과 성자 하나님 사이에서 맺어진 것이다(엡 1:4). 즉, 행위언약의 실패로 은혜언약이 그 자리를 매우기 위해 새롭게 수립된 것이 아니라, 행위언약 이전에 은혜언약은 이미 수립되어 있었다. 그럼에도 이 은혜언약은 행위언약이 파기되기 전까지는 인간에게 알려지지 않고 감춰져 있었다. 그러다가 이 언약은 아담이 타락 한 직후 뱀에게 하신 말씀 속에서 처음으로 사람에게 계시되었다(창 3:15).

따라서 이를 요약해 보면 은혜언약의 수립 시점은 창세 전이고, 이 언약이 계시된 시점이 타락 직후라고 할 수 있다. 결국 우리가 일반적으로 타락 후에 하나님께서 은혜언약을 사람들과 맺었다고 하는 말의 정확한 뜻은 창세 전에 성부 하나님과 성자 하나님이 맺으신 은혜언약을 하나님께서 아담이 행위언약을 어기고 타락한 직후에 계시하셨다는 것이다.[80]

다시 말해 은혜언약의 체결 시점은 창세 전이다. 그러나 이 언약이 적용되어 효력을 발휘하는 시점은 아담의 타락 직후가 된다. 그런데 이 언약이 효력을 발휘하는 시점을 예수 그리스도의 십자가 사건과 연결시켜 설명하는 이들이 있다. 물론 예수 그리스도의 십자가와 부활로 이 언약은 성취되었다. 그런데 은혜언약이 성취되었다는 것과 그 적용이 시작된다는 것은 차원이 다르다. 그리고 이러한 견해는 예수 그리스도의 구원 사역을 오해하게 하는 약점을 낳기도 한다. 예수님의 십자가 사건과 부활을 은혜언약이 적용되는 시작으로 보게 되면 구약 성도들의 구원은 은혜언약과 상관없는 것이 되어버리는 것이다. 다시 말해 구약의 유대인들은 행위로 구원을 받았으며, 신약 이후의 그리스도인들만 이 은혜언약으로 구원을 받는다는 것이다. 그러나 성경은 아담의 타락 이후에 인간에게는 은혜언약만이 오직 하나의 구원의 길이라고 분명히 말한다.

은혜언약의 적용 시점에 대해 이렇듯 오해가 생기는 것은 이 언약이 율법 시대와 복음 시대에 각각 다르게 시행되었기 때문이다. 율법 시대에는 약속, 예언, 제사, 할례, 유월절 어린양, 그리고 유대 백성에게 주신 여타 모형과 규례들로 시행되었고, 이것들은 모두 오실 메시야를 예표했다. 그리고 이렇게 시행된 율법 시대의 은혜언약들은 성령의 사역에 의해 택자들로 하여금 약속된 메시야를 믿도록 교훈하고 세우는 역할을 했다. 이렇게 은혜언약에 참여한 택자들은 이후 메시야로 인해 완전한 사죄와 영생을 받았다.[81]

반면에 복음 시대에 언약을 배포하는 규례는 말씀의 설교와 성례(세례와 성찬)다. 복음 시대의 이 규례는 율법 시대의 규례보다 수적으로도 훨씬 적고, 형식적인 면에 있어서도 다소 간소화 된 방식으로 시행된다. 그러나 언약이 적용되는 영역은 율법 시대보다 훨씬 확장된다. 율법 시대의 은혜언약은 오직 이스라엘 백성들에게만 한정되어 적용되었다. 그러나 복음 시대의 그것은 유대인뿐 아니라 이방인과 모든 민족에게 보다 풍성하고 분명하게 제시된다. 즉, 복음이 선포되고 확장되는 만큼 언약이 미치는 영역은 더 확장되어 나타난다. 또한 복음 시대의 은혜언약은 율법 시대의 그것보다 더 영적이고, 효과적으로 제시된다고 할 수 있다. 율법 시대의 언약의 시행은 주로 참여하는 이들의 감각에 호소하는 경향이 있었다. 행해지는 의식을 눈으로 보고, 귀로 듣고, 또한 번제단에서 동물을 태울 때 나는 냄새들을 코로 맡으며 언약의식에 참여했다. 율법 시대의 이러한 방법은 영적 어린아이와 같은 당시 백성들에게 적절한 방법이었다고 할 수 있다. 이 시대의 이스라엘 백성들은 영적으로 아직 어린아이였다. 따라서 하나님께서는 이들에게 시청각 교재를 사용하여 언약을 가르치신 것이다. 반면에 복음 시대의 하나님의 백성들은 영적으로 성숙한 어른이라고 할 수 있다. 따라서 하나님의 언약의 배포도 그 이전보다 훨씬 더 영적인 방법으로 제시된 것이다. 말씀은 소리로, 성례는 눈으로 참여하는 차원에서 분명 복음 시대의 언약도 감각적인 요소가 완전히 사라졌다고 할 수는 없다. 그러나 이전에 비해 감각적인 부분보다 영적인 부분에 더욱 무게를 둔 것은 확실한 사실이다.[82]

율법 시대의 은혜언약을 구약이라 부르고, 복음 시대의 은혜언약을 신약이라 부른다. 그러나 이 둘은 시대에 따른 두 가지의 다른 언약을 말하는 것은 아니다. 신약과 구약은 모두 하나의 동일한 은혜와 구원을 공포하고 있다. 구약과 신약은 외적인 적용 형태가 다를 뿐 그 본질적인 의미에 있어서는 동일하다고 할 수 있다. 따라서 구약과 신약은 시대에 따라 배포만 다른 동일한 하나의 언약인 것이다.[83]

하나님께서는 은혜언약으로 죄인들에게 그리스도로 말미암은 생명과 구원을 조건 없이 제시하셨다. 은혜언약이 인간에게 요구하는 것은 구원을 위한 믿음이다. 그런데 이 믿음은 인간의 노력과 능력으로 절대 획득할 수 없고, 철저히 하나님의 은혜로 주어지는 선물이다. 특히 이것은 성령님의 사역으로 모든 택자들이 자발적으로 믿고자 하는 마음을 들게 하고, 또 믿을 수 있게 함으로써 가능하게 된다.[84]

성경에서 은혜언약은 유언이라고 자주 언급되는데, 이는 예수 그리스도의 죽음과 그의 영원한 유산, 그리고 이 유산에 속하여 언약으로 상속받는 모든 것들과 관련이 있기 때문이다.[85] 행위언약은 인간의 타락으로 그 효력을 잃었다. 그에 반해 은혜언약은 결코 파기되지도 변하지도 않는다. 하나님께서 자기 백성을 구원하시기로 작정하시고 세우신 은혜언약은 결코 취소되지도 효력이 약해지지도 않는다.

범죄하여 타락한 인류는 모두 죄와 비참함으로 인해 멸망해야 한다. 그러나 하나님께서는 인류 모두가 멸망하도록 버려두시진 않으셨다. 하나님의 선하신 뜻으로 멸망 받을 자 중에서 얼마를 구원하시기로 하셨다. 그리고 그들에게 그 약속의 표로 언약을 체결해 주셨다. 이 언약은 사망에서 생명을 주시는 약속이다. 이 모든 것이 하나님의 전적인 은혜의 선물로 주어진다. 따라서 이 언약은 은혜언약이 된다.

하나님께서 인간을 위해 제정해 주신 언약에 기초해 볼 때 창조 이후 인간의 역사는 크게 3가지의 세대로 나누어서 정리할 수 있다. 이는 행위언약의 세대와 이어지는 두 가지 은혜언약의 세대를 말한다. 첫 번째 세대는 행위언약의 세대로 하나님께서 인간을 창조하신 때부터 그들이 타락하여 에덴동산에서 쫓겨난 때를 말한다. 두 번째 세대는 구약 시대로 인간의 타락부터 그리스도의 십자가 사건까지를 말한다. 그리고 마지막 세 번째 세대는 신약 시대로 그리스도의 십자가 사건으로부터 시작해서 예수님의 재림에 있을 최후의 심판 때까지를 말한다고 할 수 있다.

성자 예수님　　하나님의 신격의 제2위이신 성자 예수님은 하나님의 독생자이시다. 그는 하나님의 영광의 광체로 그 본질에 있어서나 영원에 있어서, 그리고 모든 것에 있어서 하나님과 동등하신 분이시다. 이 세상의 창조에 대해 모세는 하나님께서 세상을 창조하셨다고 말하고 있고, 요한은 말씀에 의해 세상이 창조되었다고 말하고 있다. 즉, 성경은 하나님께서 예수 그리스도로 말미암아 모든 것을 창조하셨다고 말하고 있는 것이다. 미가 선지자는 예수님을

"상고에, 영원에 있는 분"(미 5:2)으로 묘사하고 있으며, 히브리서 기자는 "시작한 날도 없고 생명의 끝도 없는 분"으로 설명하고 있다. 즉, 하나님의 말씀인 성경은 예수님을 우리가 바라고 예배하며 섬겨야 할 참되고 영원하신 전능한 하나님으로 소개하고 있다.[86]

중보자 그리스도   하나님께서는 자기의 독생자인 예수님을 자기와 사람의 유일한 중보자로 세우셨다. 여기서 중보자란 단순히 둘 사이를 이어주는 역할을 하는 사람을 말하는 것이 아니다. 중보자는 서로 적대적인 관계에 있는 두 진영을 화해시키는 사람을 말한다. 인간이 하나님과의 관계를 회복함에 있어서 중보자가 필요한 이유는 죄 때문이다. 죄인인 인간은 결코 하나님의 의를 만족시킬 수 없다. 하나님의 의를 만족시키지 못하니 하나님과 화해할 수도 없다. 심지어 죄인인 인간은 스스로 죄값을 치를 수도 없다. 결국 이러한 죄 문제를 해결해 줄 중보자가 없이는 어떤 인간도 하나님 앞에 설 수 없다. 뿐만 아니라 모든 인간은 영원한 형벌 아래 놓일 수밖에 없다. 중보자 그리스도께서 죄인을 하나님과 화해시키는 방법은 죄로부터 구원하는 것이며, 영접하는 자들에게 영생을 제공하는 것이다. 즉, 은혜언약을 수행하는 것이다.[87]

그런데 은혜언약은 그 자체로는 실행되지 않는다. 은혜언약이 실행되기 위해서는 꼭 거쳐야할 수단이 있다. 그것은 바로 예수 그리스도를 믿는 것이다. 그러나 믿음 또한 전적인 하나님의 선물로, 성령의 특별한 역사를 통해 주어진다. 그렇다면 우리는 믿음이 선물로 주어질 때까지 마냥 기다려야만 하는가? 성경은 '주 예수를 믿으라(행 16:31)'고 하는데, 이 말씀에 따라 믿기 위해 적극적으로 노력해야 하는가? 죄인은 스스로 결코 하나님을 믿을 수 없다. 그러나 분명한 것은 구원을 얻기 위해서는 그리스도를 믿어야 한다. 그것이 구원을 이루는 유일한 수단이고 우리의 의무다. 이 문제는 내가 믿음을 선물로 받았는가에 대한 질문으로 풀어가야 한다. 그 이유는 내가 그리스도를 믿기 원하기 때문에 믿음이 생기는 것이 아니라, 내가 진정으로 그리스도를 믿고자 한다면 그것이 하나님께서 나에

게 믿음을 선물로 주신 증거며 표지가 되는 것이기 때문이다.[88]

예수님은 삼위일체의 두 번째 위격으로 아버지와 한 실체를 가지고 동등하지만 때가 되었을 때 사람이 되셨다. 그러한 예수님께서는 사람이 되었을 때 사람과 동일한 속성을 가지시고 심지어 사람처럼 연약해지셨으나 죄는 없으셨다. 성육하신 예수님 안의 신성과 인성은 서로 전환하지도(without conversion), 합성되지도(without composition), 혼합하지도(without confusion) 않고 불가분리(without separation)하게 결합했다. 신성과 인성의 연합으로 성육하신 예수님은 성령으로 거룩하여졌고, 또한 기름 부음을 받았다. 한 인격 안에 온전한 신성과 인성을 가지신 예수 그리스도의 본성은 그의 죽음에도, 무덤에 있을 때에도, 심지어는 부활하심으로 영생을 취하신 후에도 그 실재가 변하지 않고 밀접하게 연합되어 있다.[89]

예수님께서 하나님과 우리와의 중보자가 되시는 직무는 자기 스스로가 지신 것이 아니다. 중보자의 직무는 성부께서 주셨고, 성자는 이 직무를 기꺼이 맡기로 동의하셨다. 중보자로서의 직무를 수행하기 위해 예수님께서는 율법 아래 나시고 율법을 완전히 성취하셨다. 그리스도는 중보사역을 친히 감당하기 위해 영혼의 고뇌와 몸의 고난을 모두 받아들이셨다. 하나님과 본질상 동등한 예수님께서는 연약한 여인의 몸에 잉태되고, 탄생하여, 육신의 몸을 입고 인간으로 사셨으며, 십자가에서 죽으시고 장사되었고 결국 음부의 권세 아래 놓이셨다. 이후 장사된 지 3일 째에 예수님께서는 죽은 자들 가운데서 다시 부활하셨고, 하늘에 오르셨고 하나님 우편에 앉으셨다. 그리고 장차 산 자와 죽은 자들을 심판하러 다시 오실 것이다.[90]

예수님께서 실제로 구속 사역을 이루신 것은 성육하신 이후지만, 택함을 받은 자들에 대한 구속의 힘과 효력은 태초부터 모든 세대를 걸쳐 연속적으로 전달된 것이다. 그리스도는 자신이 획득하신 구속을 모든 선택받은 자들에게 효력 있게 적용하고 전달하신다. 그리스도께서 구속을 적용하시는 방법은 선택받은 자들을 위하여 중보기도 하시는 것과 그들에게 말씀 안에서 그리고 말씀을 통하여 구원의 비밀을 계시하시는 것이다. 또한 성령으로 말미암아 선택받은 자들을 설득하여 그들이 믿고 순종하도록 하신다. 말씀과 성령으로 선택받은 자들을 다스리시며, 모든 원수들을 물리치신다.[91]

'예수'
이름의 뜻

하나님과 인간 사이에 오신 중보자의 이름은 '예수'다. 하나님께서는 이 이름을 직접 지어서 예수님의 육신의 아버지인 요셉에게 일러 주셨다. 동시에 하나님께서는 이 이름의 뜻도 함께 말씀해 주셨다. 예수님의 이름의 뜻은 '그가 자기 백성을 그들의 죄에서 구원할 자'(마 1:21)다. 중보자 되신 예수님의 이름의 뜻은 그 자체로 인류에게 중보자가 어떤 존재이며, 인간에게 예수님의 중보 사역이 어떻게 적용되는지를 분명히 말해준다. 먼저, 예수님의 이름의 이 뜻은 구원 문제가 철저히 하나님의 일이라는 것을 말해준다. 인간은 어떤 노력과 방법을 동원하더라도 자신의 죄 문제를 해결하고 구원에 이를 수 없다. 인간의 구원은 전적으로 하나님께서 보내신 구속자에 의해 시작되고 또 성취된다. 즉, 인간의 구원은 인간 스스로의 힘이 아니라, 구원하실 분에 의해 성취되는 하나님의 은혜. 두 번째, 이 이름은 중보자가 구속 사역을 실제 행하시는 것을 의미한다. 인간에게 구원은 단순한 제안이나 기회로 제공되는 것이 아니다. 예수님은 실제로 그의 백성을 구원하신다. 따라서 그의 구속 사건은 어떤 상황에서도 반드시 성취된다. 즉, 이러한 차원에서 예수님의 이름은 구원에 대한 확실한 보장을 의미한다. 세 번째, 예수님은 '자기 백성'을 구원하시는 분이다. 예수님은 인류 전체를 구속하시기 위해 오신 분이 아니다. 그는 하나님께서 선택하신 자기 백성들을 구원하시기 위해 오셨다. 즉, 예수님의 이름은 아버지 하나님께서 선택하신 자들을 찾으러 오신 예수님의 목적을 분명히 드러내신다.[92]

'그리스도'의
뜻

예수님께서 그리스도라고 불리시는 것은 성령의 기름부음을 받았기 때문이다. 이 기름부음으로 예수님은 선지자, 제사장, 왕의 직책을 부여받았다. 뿐만 아니라 그는 이 직책들을 능히 행할 수 있는 모든 권위와 능력 또한 온전히 부여받았다. 그리스도가 이 세 가지 직책을 시행하는 시기는 이 땅에 성육신하여 오셔서 계셨을 때와 부활하여 천국에서 영광스런 상태에 계실 때다. 이러한 이유로 그는 교회의 머리와 구주이시며, 만물의 상속자와 세상의 심판주가 되신다.[93]

구약 시대에 그리스도가 선지자직을 수행하신 방법은 그의 영으로 성경의 기록자들에게 하나님의 뜻을 계시하시는 것이었다. 반면에 그리스도가 이 땅에 계셨을 때는 유대 백성들에게 복음을 전파하고, 그를 믿는 사람들과 12사도에게 복음을 교훈하고 설교하고, 12사도를 복음의 증인으로 훈련시키는 사역을 통해 선지자직을 수행하셨다. 오늘날도 여전히 그리스도는 자신의 선지자 직을 성실히 수행하신다. 우리의 마음과 지성을 조명해서 기록된 성경의 계시를 영접하고 이해할 수 있게 하는 성령님을 통해 그렇게 하신다.[94]

그리스도가 제사장의 직무를 수행하시는 첫째 방법은 그가 직접 하나님께서 선택하신 모든 사람들의 대표가 되는 것이다. 또한 그는 그의 백성들의 죄를 위해 직접 희생제물이 되셔서 돌아가심으로 그 직무를 감당하셨다. 그리스도는 지상에 계실 동안에 그의 백성들을 위해서 중보하셨을 뿐 아니라(요 17장), 현재도 하늘에 계신 하나님 우편에서 그의 백성들을 위하여 중보하고 계신다. 이를 통해 그리스도는 지금도 그의 제사장직을 성실히 수행하고 계신다(롬 3:34).[95]

그리스도는 유형적 교회, 무형적 교회, 세상 이렇게 세 가지 영역에서 그의 왕직을 행사하신다. 이중 무형적 교회는 모든 선택받은 자들의 모임으로 그리스도께서 왕직을 행하시는 궁극의 장이 된다. 먼저 그리스도는 세상에서 유형적 교회의 구성원이 될 사람을 불러내시고, 그들에게 성경에 기록된 대로 직분을 주어 교회를 봉사하게 하며, 그들을 계명과 권징으로 통치하심으로 왕직을 수행하신다. 그리스도가 왕으로서 무형의 교회로 회원을 유형의 교회로 부르시는 방법은 선택받은 자들의 마음과 삶 속에 성령으로 역사하셔서 그들을 효력 있게 불러 자신과 연합하게 하는 것이다. 그리고 하나님의 섭리로 그의 백성들을 통치할 뿐 아니라, 섭리적 통치를 통해 그의 백성들이 죄를 떠나 살아가도록 한다. 뿐만 아니라 선택받은 자들을 모든 유혹에서 보호하셔서 그들이 절망게 빠지지 않고 고난을 이겨낼 수 있도록 하신다. 마지막 때에는 심판을 통해 왕으로서 정의를 행사하신다.

세상에 대한 그리스도의 왕직은 선택받은 자들을 악한 적들의 공격으로부터 보호하는 것을 말한다. 이를 위해 그리스도는 적극적으로 적들을 제한하시기도 하신다. 그리스도는 왕으로 세상을 통치하시며 자신의 영광을 드러내신다. 뿐만 아니라 그는 선택받은 자들의 유익을 위해서도 세상을 통치하신다. 이러한 이유로 그리스도의 통치가 있는 곳에서는 심지어 악인들이 행하는 악한 행위들조차도 모두 선택받은 자들의 유익을 위하여 존재하게 되는 것이다. 그리고 이것이 가능한 이유가 바로 그리스도께서 왕으로 이 모든 것을 섭리하시기 때문이다. 세상에 대한 그리스도의 왕직 수행은 악인들의 행위에 보응하는 것에서 가장 잘 드러난다. 악인에 대한 보응으로써 그리스도의 왕직 수행은 이생과 이후의 세상에서 서로 다른 모습으로 나타난다. 이생에서는 그리스도의 섭리적 역사로 나타나지만, 세상의 마지막 때는 영원한 심판으로 나타날 것이다.[96]

Keyword **6** 구속
더 깊이 **이해**하고 **적용**하기

중보자의 조건

예수님께서는 우리와 하나님과의 중보자가 되시고, 우리의 죄를 속량하고 구원자가 되시기 위해 필요한 모든 조건을 갖추셨다. 먼저 중보자이신 예수님은 참인간이시다. 두 번째, 중보자이신 예수님은 참 신이시다. 세 번째 중보자이신 예수님은 참 인간이지만 죄는 없으시다. 예수님께서는 이 조건을 갖추시고 우리의 중보자와 구원자가 되셨다.[97]

우리의 중보자가 참 인간이어야 하는 이유는 무엇인가?[98]

예수 그리스도께서는 이 땅에 참 인간으로 오셨다. 여기서 참 인간이라는 것은 그가 입으신 인간의 육신만을 말하는 것이 아니다. 이 땅에 오신 예수 그리스도는 육신뿐 아니라 영혼까지도 모두 참 인간이시다. 그리스도께서 육신과 영혼에 있어서 모두 인성을 취하신 것은 중보자로서 구속 사역을 담당해야 하는 대상인 인간이 육신은 물론 영혼도 모두 타락했기 때문이다. 즉, 그리스도께서 이렇게 육신과 영혼에 있어서 모두 인성을 취하심으로 참 인간이 되신 것은 인간의 육과 영혼을 모두 구속하시기 위함이다.

그와 더불어 예수 그리스도께서 우리의 중보자로서 참 인간이어야 했던 실질적인 이유는 육신의 연약함을 따라 우리를 대신해서 고통받고 죽으셔야 했기 때문이다. 죄의 문제를 해결하려면 그 죄에 대한 벌을 받아야 한다. 죄에 대한 벌은 고통과 사망이다. 예수님께서는 이 땅에 온전한 사람으로 오셔서 사람이 받아야 할 고통을 모두 대신 받으셨다. 예수님 입장에서는 인간의 몸으로 태어나시고 살아가신 것 자체가 고난이었다. 그뿐 아니라 그는 십자가의 고통을 받으셨고, 죽으셨다. 그리고 무덤에 장사되셨다.

예수님은 영원 전부터 온전한 신이셨다. 그런데 신은 고통을 당할 수 없다. 또한 신은 죽을 수도 없다. 다시 말해 신이신 성자는 죄의 형벌을 받을 수가 없다. 그런데 인간의 죄 문제를 해결하시기 위해서는 고통을 받아야 하고, 또 죽어야 했다. 그래서 예수님께서는 인간이 되신 것이다. 우리를 대신해 고통받고 죽으시기 위해 참 인간이 되셔야만 했다.

예수 그리스도께서 참 사람으로 이 땅에 오신 것은 구속의 사역을 감당하기 위함만이 아니다. 그가 사람이 되어 우리에게 오신 것은 우리와 함께하시기 위함이다. 성자 그리스도께서는 사람으로 우리에게 오셔서 우리의 임마누엘이 되신다. 즉, 이를 통해 하나님이 우리와 함께하신다는 약속을 이루셨다. 또한 하나님이 실제로 우리와 함께하신다는 사실을 우리에게 알게 하셨다.

우리의 중보자가 참 인간이지만 죄가 없으신 이유는 무엇인가?

하나님의 의는 죄를 범한 자들에게 그 죄에 대한 책임을 요구하신다. 그러기에 죄인은 누구나 자신의 죄에 대한 책임을 져야 한다. 그런데 자기 자신이 죄인인 사람은 결코 자신의 죄에 대하여 책임을 질 수가 없다. 뿐만 아니라 다른 사람을 대신해서 그 죄값을 해결할 수도 없다. 그러나 참 인간이신 예수님은 이것이 가능하다. 왜냐하면 예수님께서는 죄가 없으시기 때문이다. 이 땅에 태어난 모든 사람은 다 죄인이다. 왜냐하면 모두가 다 원죄를 가지고 태어나기 때문이다. 예수님도 이 땅에 사람으로 태어나셨다. 그렇다면 예수님도 분명 원죄 아래 있어야 한다. 그런데 예수님은 참 인간으로 태어났지만 원죄의 그늘 아래 있지 않고, 죄 없는 인간으로 태어나셨다.

아담의 죄가 그의 모든 후손에게 전가되는 방법은 정상적인 자녀 출생의 방법이다. 이를 생육법이라고 한다.[99] 이 땅에 생육법으로 태어난 사람은 누구나 아담과 함께 범죄한 자들이기에 원죄의 사슬에서 벗어날 수가 없다.[100] 그렇다면 이 땅에 사람으로 태어나신 예수님께서는 어떻게 죄 없는 사람일 수 있는가? 그것은 바로 예수님께서 원죄가 전가되는 방식인 생육법을 통해 출생하지 않으셨기 때문이다. 예수님은 성령으로 잉태되고 동정녀 마리아를 통해 출생하셨다. 예수님은 이러한 신비한 출생을 통해 원죄가 전가되는 길을 차단하시고 죄 없는 인간으로 태어나신 것이다.

이러한 신비한 출생을 통해 죄 없으신 참 사람으로 예수 그리스도께서 이 땅에 중보자로 오신 것이다. 그리고 율법을 완전히 지키셨다. 율법을 완성하셨다. 타락한 인간은 누구도 율법에 온전히 순종할 수 없다. 율법을 온전히 이룰 수 있는 유일한 조건은 죄로 오염되지 않은 사람이 그것을 행하는 것이다. 이러한 이유로 예수님께서 죄 없으신 인간으로 이 땅에 오신 것이다. 결국 예수님께서 죄 없으신 참 인간으로 이 땅에 오신 것은 율법을 완성하실 우리의 중보자가 되시기 위함이었다.

우리의 중보자가 참 하나님이셔야만 하는 이유는 무엇인가?[101]

예수님은 참 인간으로 이 땅에 오셨다. 그렇지만 일반적인 생육법을 통해서 탄생하신 것이 아니다. 성령으로 잉태되고, 동정녀 마리아에게 나셨다. 이러한 방법을 통해 예수님께서는 아담의 원죄를 전가받지 않고 태어나셨다. 즉, 예수님은 참 인간으로 탄생하셨지만, 죄 없는 상태에서 탄생하셨다. 예수님은 죄가 없으신 인간이기에 하나님과 인간 사이에 중보자가 되기에 충분했다. 그러나 죄 없는 인간이라는 것만으로는 하나님의 구속 사역을 완수할 수는 없었다. 이는 구속 사역에 한계가 있기 때문이다. 예수님이 죄 없는 인간이라는 말을 좀 더 정확하게 말하자면 예수님은 이 땅에서 죄 없는 유일한 한 사람이라는 말이다. 죄 없는 예수님은 분명 죄인을 대속할 수 있다. 그러나 문제는 한 사람이신 예수님이 대속할 수 있는 사람도 오직 한 사람뿐이다.

예수님은 하나님께서 택하신 모든 사람을 위해서 이 땅에 오셨다. 예수님은 모든 택자들과 하나님의 중보자가 되셔야 한다. 그리고 이들 모두를 구속하셔야 했다(마 20:28).[102] 참 인간이 되셔서 직접 대속의 제물이 되실 뿐 아니라 참 하나님이 되셔서 모든 택자를 대속하실 수 있어야 했다. 이러한 이유로 우리의 중보자는 참 인간이며 동시에 참 하나님이어야 하는 것이다.

예수 그리스도가 참 하나님이셔야 하는 또 한 가지의 이유는 구속의 사역을 흠 없이 완성하기 위함이다. 만일 예수님께서 죄 없는 인간으로만 이 땅에 오셨다면, 그 상태는 타락하기 이전의 아담과 같은 상태였을 것이다. 이 상태는 분명 죄가 없는 순수한 상태지만, 동시에 죄에 오염될 가능성이 있는 약한 상태이기도 하다. 이러한 이유로 예수님께서 죄 없는 인간으로만 이 땅에 오셨다면 아담처럼 사탄의 유혹에 넘어갈 가능성에 충분히 노출될 수 있게 된다. 이는 예수님께서 감당해야 할 구속 사역이 실패로 돌아갈 수도 있다는 것을 의미한다.

그러나 이러한 걱정은 예수님께서 참 하나님이시라는 사실 하나로 단번에 해결된다. 예수 그리스도는 참 하나님이시다. 하나님으로서 예수 그리스도는 전능하시다. 그래서 그는 죄에 빠질 수도 없고, 어떠한 일에도 실패가 있을 수 없다. 결국 예수 그리스도가 참 인간임과 동시에 참 하나님이심은 그의 구속 사역이 결코 실패할 수 없고, 성공이 확실히 보장된 사역이라는 것을 분명히 드러내준다고 하겠다. 그리고 이것에 대한 확실한 증빙이 바로 사탄이 예수님을 시험하여 넘어뜨리려 했던 장면이다(마 4:1-11; 막 1:12-13; 눅 4:1-13). 사탄은 예수님의 구속 사역을 그 시작부터 방해하려 했지만, 예수님은 오히려 이를 통해 그의 구속 사역이 결코 실패할 수 없음을 객관적으로 드러내 보이셨다.

중보자로서 예수 그리스도가 순전한 하나님이어야 하는 또 한 가지의 이유는 사망의 법을 이기신 능력 때문이다. 죄의 삯은 사망이다. 죄인이 당해야 할 최종 형벌이 죽음이라는 것이다. 죄인인 인간 중 그 어느 누구도 이 형벌을 해결할 수 없을 뿐 아니라 피할 수조차 없다. 참 인간으로서 예수님도 죽음의 형벌을 받으셨다. 그러나 참 하나님으로서 예수님은 사망의 법을 이기시고 부활하셨다. 결국 인간 앞에 놓인 죽음의 문제를 해결할 분으로 예수님은 참 하나님이셔야만 했다.

한 인격의 두 본질

성육하신 예수 그리스도는 참 인간임과 동시에 참 하나님이셨다. 즉, 예수님 안에 신성과 인성의 두 본성이 동시에 존재하는 것이다. 성육하신 예수님의 신성과 인성은 각각 다른 인격으로 존재하는 것이 아니라 한 인격 안에서 연합을 이루었다. 중보자로 이 땅에 오신 그리스도는 인간이 당해야 할 고난을 몸소 당하셔야 했다. 그러면서도 그는 그 고난을 감당해 내셔야 했다. 성육하신 그리스도가 참 인간이어야 했던 것은 인간의 고난을 대신 당하시기 위해서다. 반면에 성육하신 그리스도가 참 하나님이어야 했던 것은 그 고난을 감당해 내셔야 했기 때문이다. 인성 없는 신성은 고난을 경험할 수 없고, 신성 없는 인성은 고난을 감당해 낼 수 없다. 이러한 이유로 성육하신 그리스도는 참 인간임과 동시에 참 하나님이셔야 했다. 그리고 이 두 본성이 한 인격 속에 연합함으로 이 두 사역은 통일성을 갖게 된다. 결국 그리스도의 죽음이 무한한 가치와 존엄이 있을 수 있는 이유는 그가 참 인간임과 동시에 참 하나님이시기 때문이다.[103]

예수 그리스도의 순종과 속죄

순종	속죄
능동적인 순종 하나님의 율법을 평생 온전히 지킴 완전한 의를 성취하심 획득한 의를 죄인들에게 전가함	수동적인 순종 고난과 죽으심을 통해 속죄 제물이 되심 우리의 죄값을 치룸

죄책과 죄의 형벌

그리스도의 구속은 죄책과 죄의 형벌로부터 구원

죄책	죄의 형벌
하나님의 공의에 대한 빚 형벌을 받을 의무 우리의 죄책이 예수님께 돌려 짐 신자는 죄책으로부터의 구원을 먼저 생각함 신자의 회개는 죄책에 대한 뉘우침	죄를 해결하는 유일한 방법 죄책의 결과 우리를 대신하여 예수님께서 형벌 받으심 중생하지 않는 자는 죄의 형벌을 면하는 것을 구원이라고 생각함 형벌에 대한 단순한 두려움은 거짓 회개

로마 가톨릭에서의 중보자들

우리는 오직 예수님만이 우리와 하나님 사이의 유일한 중보자이심을 믿음으로 고백한다. 그러나 로마 가톨릭은 예수님 외에 성모 마리아와 성인들도 중보자로 간주한다. 따라서 로마 가톨릭에서는 성모 마리아와 성인들이 성도들의 기도를 받아서 하나님께 전달하는 역할을 한다고 믿는다. 또한 이들이 쌓은 공덕(merit)은 자신들을 구원할 만큼 충분할 뿐 아니라, 다른 사람의 구원에 도움을 줄 정도로 넘친다고 말한다. 물론 로마 가톨릭도 인간의 죄를 구속하시는 분은 오직 예수 그리스도뿐임을 인정한다. 그러나 인간은 스스로 해결하지 못하는 자범죄들로 인해 천국의 길이 막히기도 하는데, 이때 성자의 반열에 들어간 사람들의 공덕이 죄인과 하나님과의 중보 역할을 해 줌으로 성도가 천국에 이를 수 있도록 도움을 줄 수 있다는 것이다.

그리스도의 제한속죄

속죄란 죄값을 치루는 것을 말한다. 그리스도께서는 죄인인 인간을 대신하여 죄값을 치르셨다. 그리스도의 속죄 사역으로 이제 인간은 죄에서 자유로운 몸이 되었다. 그렇다면 정말 모든 인간이 다 죄에서 자유롭게 된 것인가? 아니면 모든 인간이 다 죄에서 자유롭게 될 수 있는 기회를 얻은 것인가? 그것도 아니라면 어떤 특별한 사람들만이 이 자유를 얻을 수 있고, 누릴 수 있는 것인가?

이 질문에 대한 논란이 바로 보편속죄(Universal Atonement)와 제한속죄(Limited Atonement) 논쟁이다. 보편속죄와 제한속죄 논쟁의 핵심은 예수님께서 누구를 위해 죽으셨나 하는 것이다. 예수님께서 인류를 모두 구원하시기 위해 돌아가셨는지, 아니면 어떤 특정한 이들을 위해 돌아가셨는지에 대한 논쟁이다. 보편속죄와 제한속죄의 차이는 어떤 성경구절을 속죄의 중심 근거 구절로 보는가에 달려 있다. 보편속죄를 지지하는 이들은 주로 "하나님이 세상을 이처럼 사랑하사 독생자를 주셨으니"(요 3:16)와 "저는 우리 죄를 위한 화목제물이니 우리만 위할 뿐 아니요, 온 세상의 죄를 위하심이라"(요일 2:2)를 주로 인용한다. 반면에 "내가 저희를 위하여 비옵나니, 내가 비옵는 것은 세상을 위함이 아니요 내게 주신 자들을 위함이니다"(요 17:9), "누가 능히 하나님의 택하신자들을 송사하리요 의롭다하신 이는 하나님이시니"(롬 9:33), 그리고 "또 미리 정하신 그들을 부르시고, 부르신 그들을 또한 의롭다하시고, 의롭다 하신 그들을 또한 영화롭게 하셨느니라"(롬 8:30)는 제한속죄를 지지하는 쪽에서 주로 인용하는 구절이다. 제한속죄를 주장하는 이들도 "하나님이 세상을 사랑하사"(요 3:16)라는 말씀을 인용한다. 이때 핵심은 여기서 '세상'이 의미하는 것이 무엇인가에 하는 점이다.

개혁주의를 지향하는 교회에서는 그리스도가 택자들을 위해서만 죽었다고 가르친다. 그래야만 하나님의 예정과 그리스도의 구원사역에 일관성이 있기 때문이다. 반면에 아르미니우스주의자들은 그리스도가 택자들만을 위해 돌아가셨다면 하나님의 정의와 공평성에 문제가 있을 뿐 아니라, "하나님은 모든 사람이 구원을 받으며 진리를 아는 데에 이르기를 원하시느니라"(딤전 2:4)의 말씀과도 배치된다고 주장한다.

이 논쟁은 도르트총회(1618-19)의 핵심 논쟁 중 하나였다. 항론파인 아르미니우스주의자들이 보편속죄를 주장했다. 그렇다고 이들이 말한 보편구원이 모든 사람이 결국에 다 구원을 받게 된다는 것을 의미하는 것은 아니다. 아르미니우스주의자가 말한 보편속죄는 현대 신학자들이 말하는 보편구원과는 구분할 필요가 있다. 현대의 보편구원론자들은 예수 그리스도의 구속 사역의 효능은 세상의 모든 것을 다 회복시킬 수 있을 정도이기에, 결국 세상의 모든 만물이 다 하나님과의 관계를 회복할 것이라고 주장한다. 이들은 심지어 사탄까지도 이 회복의 범주에 들어간다고 주장한다. 이들의 주장에 의하면 세상의 끝은 결국 모든 사람과 만물들이 다 하나님과의 관계를 회복했을 때가 된다.

반면에 아르미니우스주의자들이 주장한 보편속죄는 세상의 모든 사람이 결국 다 구원을 받게 될 것을 말하는 것이 아니라, 세상의 모든 사람이 다 구원을 받을 수 있는 기회를 공평하게 받게 된다는 것을 의미한다. 다시 말해 그리스도의 속죄 사역의 효능이 세상의 모든 사람에게 구원의 기회를 골고루 그리고 충분히 제공할 수 있다는 것이다. 이 땅에 태어난 모든 사람은 어느 누구나 구원을 받을 수 있는 가능성이 있다는 말이다. 그렇지만 이들은 그렇다고 모든 사람이 다 구원을 받게 되는 것은 아니라고 주장한다. 비록 누구에게나 구원은 열려 있고, 기회는 주어지지만 누군가는 그것을 믿음으로 받아들이고, 누군가는 그것을 거절하기 때문에 구원을 받는 자와 그렇지 않은 자가 생겨난다는 것이다. 이들에 의하면 결국 구원이 인간의 자유로운 선택에 달려있는 것이다.

그런데 아르미니우스주의자들이 주장하는 보편속죄에는 논리적인 모순이 많이 발견된다. 먼저 이들의 주장은 그리스도의 속죄의 목적을 이루기 위해 필요한 합당한 수단을 제시하지 못한다. 아르미니우스주의자들은 그리스도가 모든 사람을 구속하기 위해서 십자가에 돌아가셨다고 말한다. 그러면 이제 모든 사람은 이 구속의 소식을 듣고 그것을 믿음으로 받아들일지, 아니면 거부할지를 결정해야 한다. 이런 차원에서 이들이 말하는 구속의 궁극적인 목적은 결국 모든 사람을 구원하는 것이다. 여기에서 생각해 볼 것은 만일 모든 사람을 구원하는 것이 구속의 궁극적인 목적이라면 그 목적을 이루기 위해서는 이 세상의 모든 사람들이 복음을 들을 수 있어야 한다는 조건이 생긴다. 다시 말해 이 땅에 태어난 모든 사람이 이 복음의 소식을 들어야 한다. 물론 이것이 불가능한 것은 아니다. 하나님께서 직접 모든 사람들에게 동시에, 혹은 각각 나누어서 그 소식을 전해주시면 된다. 그렇지 않으면 우리가 상상하지 못하는 어떤 특별한 방법을 통해서도 하나님은 분명 그렇게 하실 수 있다.

그러나 우리가 아는 한 현실은 그렇지 않다. 하나님께서 구원받을 자를 찾는 외적 수단으로 마련한 것은 먼저 믿은 자들의 전도다. 그런데 아무리 믿는 자들이 전도를 열심히 해도 이 세상에 한 사람도 빠짐없이 구원의 소식을 전하기는 불가능하다. 이는 역사가 증명한다. 이 땅을 거쳐 갔던 세계의 많은 사람들 중 예수님의 속죄의 소식을 듣지 못한 사람들이 상당하다. 그리고 지금도 복음의 소식을 한번도 들어보지 못한 채 생을 마감하는 사람들이 많이 있다. 이러한 현상은 하나님께서 보편속죄를 목적으로 세웠지만, 그에 맞는 수단은 마련하지 못한 꼴이 된다.

아르미니우스주의자들은 그리스도의 속죄는 보편적이지만, 실제 모든 사람이 그 구속의 혜택을 누리지는 못하기 때문에 속죄의 실행은 부분적이라고 주장한다. 이는 그리스도의 구속에 있어서 의도와 적용이 일치하지 않는다는 또 하나의 논리적 모순을 보여준다. 그들의 이러한 주장은 의도와 다르게 어떠한 일이 일어날 수 도 있다는 단순한 현상의 문제가 아니다. 이들의 주장은 삼위일체론에 위협을 주는 심각한 신학적 오류에 해당한다. 구속의 의도와 적용이 다르다는 것은 그리스도의 구속 사역과 구속을 적용하시는 성령님의 사역이 불일치한다는 것을 말한다. 뿐만 아니라 성부는 일부를 선택했는데, 성자가 모든 인류를 위해 구속을 행하셨다는 것도 성부와 성자의 사역이 일치하지 않는다는 신학적 오류를 낳게 된다.

결국 아르미니우스주의의 이러한 신학적 오류를 해결하고 구속을 삼위일체 하나님의 거룩한 합의의 사역으로 설명할 수 있는 방법은 그리스도의 속죄가 오직 선택된 자들만을 위한 것이고, 그 선택된 자들에게 성령님께서 구속의 효력을 발휘하신다고 말하는 것이다. 구속 사역에 있어서 성부, 성자, 성령의 사역은 하나다. 그러나 그 역할을 다르다. 구속 사역에서 성부의 일은 일정 수의 인간을 예정하시는 것이다. 성자는 성부께서 예정한 자들을 위해서 구속을 행하신다. 그리고 성령은 예정된 자들에게 구속을 적용시키신다.

아르미니우스주의자들이 주장하는 것처럼 요한복음 3:16에서 말하는 '세상'을 모든 사람을 가리키는 것으로 한번 가정해 보자. 그렇다면 여기서 성부는 세상의 모든 사람을 정말로 사랑하여 독생자를 주신 것은 맞지만, 독생자를 세상에 주시는 것 까지만 하시고 그 이상의 일은 못하시는 분이 되고 만다. 하나님의 사랑의 능력이 독생자를 주시는 한 가지 일로 제한되는 것이다. 그리고 그 나머지는 인간의 몫이 된다. 결국 하나님의 능력은 인간이 구원을 성취할 수 있는 조건을 마련해 주는 분밖에 되지 못하는 것이다. 여기에서의 하나님은 누가 구원을 받을지, 반대로 누가 구원의 선물을 거절할지에 대해 어떠한 영향도 미칠 수 없는 분이 된다. 심지어 그 부분에 대해 어떠한 지식도 없는 분이 된다. 단지 인간들의 선택을 기다리는 분밖에 되지 않는다. 결국 이렇게 추론되는 하나님은 성경에서 자신을 드러내신 하나님의 모습과는 완전 다른 모습으로 나타난다. 이렇게 나타나는 논리적 모순을 볼 때 요한복음 3:16에서 말하는 세상은 이 세상에 존재하는 모든 사람이 아니라, 이 세상에 존재하는 모든 택한 사람이라고 보는 것이 바람직하다.

하나님은 분명 사랑이시다. 그러나 하나님께서는 아무에게나 사랑을 주시지는 않는다. 오직 그가 택하신 자들에게만 구원을 주시고 사랑을 베푸신다. 하나님께서 야곱은 사랑하시고 에서는 미워하신 것도 바로 이런 이유에서 그렇다(롬 9:13). 하나님의 사랑을 그의 섭리와 혼동해서는 안 된다. 하나님께서는 그가 사랑하는 자나 그렇지 않은 자나 모두 섭리로 다스리신다. 하나님께서는 선한 자와 악한 자에게 동시에 해를 비추신다. 그러나 여기서 분명히 알아야 할 것은 악한 자에게 해를 비추시는 것이 그를 사랑하기 때문이 아니라는 것이다. 하나님은 악한 자들이라도 하나님이 창조하신 피조물이기 때문에 그 질서를 따라 다스리신다. 즉, 하나님의 섭리가 악한 자들에게도 미치는 것이다. 비록 하나님의 섭리가 의인과 악인 모두에게 미친다 할지라도, 하나님은 사랑하는 자들에게만 독생자를 주신다. 그것이 요한복음 3:16에서 말하는 세상이다. 결국 이 말씀은 하나님께서는 그가 선택한 자들에게는 독생자를 주시기까지 사랑을 표현하시는 분이심을 나타내는 것이다.

아르미니우스주의자가 말하는 보편속죄가 가진 또 하나의 신학적 오류는 그리스도의 죽으심과 부활의 관계를 너무 느슨하게 만들어 버린 나머지, 결국 그리스도의 이 두 사역을 분리시켜 버렸다는 것이다. 아르미니우스주의자들은 그리스도의 죽으심은 모든 사람을 구속하기 위해 의도된 것이라고 말한다. 그러면서도 모두가 다 구원받는 것은 아니라고 말한다. 이는 마지막 때에 영생으로 부활하는 사람들이 일부일 수 있다는 말이 된다. 결국 이들의 이러한 설명은 그리스도의 죽음의 효과와 부활의 효과가 일치하지 않을 수 있다는 것을 나타낸다. 따라서 이들에게 있어서 그리스도의 죽으심과 부활은 그의 구속 사역에 있어서 각각 분리된 사역으로 나타나게 된다는 신학적 오류에 빠지게 된다. 그러나 성경은 "예수는 우리 범죄함을 위하여 내어줌이 되고, 또한 우리를 의롭다 하심을 위하여 살아나셨으니라"(롬 4:25)라는 말씀을 통해 그리스도의 죽으심과 부활은 결코 분리될 수 없음을 분명히 한다.

아르미니우스주의자들이 주장하는 것처럼 성경 속에는 그리스도의 속죄가 모든 사람에게 미친다는 인상을 주는 표현들이 분명히 있다. 주로 이것은 "모든"과 "세상"이라는 단어와 관련이 있다. 그러나 이것은 이 단어들을 문자 그대로만 받아들였기 때문에 발생하는 오해들이다. 이 단어들을 해석할 때는 현대의 관점에서 문자 그대로 해석해서는 안 된다. 문맥에 따라 적절한 용래를 파악해야 한다. 성경에서 "모든"이라는 단어는 항상 같은 뜻으로 사용되는 것은 아니다. 그러나 분명한 것은 성경에서 "모든" 혹은 "세상"은 "많은"이나 "모든 족속"이라는 의미로 주로 사용되지, "모든 개인 하나 하나"를 가리키는 경우는 거의 없다. 예를 들어 "이것은 죄 사함을 얻게 하려고 많은 사람을 위하여 흘리는바 나의 피, 곧 언약의 피니라"(마 26:28)와 "인자의 온 것은 섬김을 받으려 함이 아니라 도리어 섬기려하고 자기 목숨을 많은 사람의 대속물로 주려 함이니라"(막 10:45)가 이를 분명히 보여준다.

이에 대해 개혁파에서는 '모든'을 문자적으로 해석할 것이 아니라, '차별 없이'의 의미로 이해해야 성경 전체 가르침과 일치한다고 주장한다. 뿐만 아니라 '그리스도의 속죄'는 가치와 능력, 의도, 적용을 구분해서 이해해야 한다고 설명한다. 즉, 그리스도의 보혈은 모든 사람의 죄를 속할 정도로 가치와 능력이 있지만, 하나님께서는 그리스도의 구속을 택한 자들에게만 적용시키시는 것을 기뻐하셨다. 이러한 이유로 그리스도의 죽음은 오직 택한 자들에게만 적용된다.

예수님의 속죄가 택자들만을 위한 것이라는 것은 요한복음 17장에 있는 예수님의 대제사장적 기도를 보면 잘 알 수 있다. 이 기도를 좀 더 간단히 말하면 예수님의 중보기도라고 할 수 있다. 예수님께서 지금 누군가를 위해 중보기도하고 계신 것이다. 예수님의 기도 내용 중 이 기도가 누구를 위한 중보기도인지를 알 수 있는 부분은 9절이다. 예수님께서는 "내가 비옵는 것은 세상을 위함이 아니요 내게 주신 자들을 위함이니라"(요 17:9)고 기도하셨다. 예수님의 이 기도 내용을 보면 지금 예수님께서는 세상의 모든 사람을 위해서 기도하고 계신 것이 아니라는 것을 바로 알 수 있다. 예수님께서는 '세상'이 아니라고 분명히 말씀하셨다. 그리고 '내게 주신 자들'을 위해서 기도하신다고 말씀하셨다. 다시 말해 예수님께서는 하나님으로부터 택함을 받아 자신에게 백성으로 주어진 자들만을 위해서 기도하고 계시는 것이다. 예수님의 구속이 모든 사람을 위한 것이 아니라 오직 선택받은 자들만을 위한 것이라는 것을 예수님께서 직접 암시해 주신 부분은 또 있다. 예수님께서 자신의 피를 가리켜 언약의 피라고 말씀하신 부분이다(마 26:26-29). 예수님의 이 말씀은 그리스도의 속죄 사역은 언약을 따라 성취된다는 것을 의미한다. 뿐만 아니라 그리스도의 이 사역을 이해 할때도 항상 언약과의 관계 속에서 다루어야 한다는 것을 보여준다. 언약이라는 것은 결코 모든 사람을 그 대상으로 하지 않는다. 언약은 하나님께서 특별히 약속을 주신 자들에게만 해당된다. 따라서 그리스도의 속죄 사역이 언약의 성취라면 이는 그리스도의 속죄 사역이 이 땅의 모든 사람들을 대상으로 한 것이 아니라, 오직 하나님께서 택하셔서 언약으로 묶어주신 이들에게만 제한적으로 그 효력이 적용된다는 것을 말하는 것이다.

예수님께서 우리를 사랑하시는 이유?

성부 하나님께서는 우리를 사랑하신다. 그래서 그 아들 예수 그리스도를 보내셔서 죄에 빠진 우리를 구원하셨다. 지옥 갈 죄인들을 위해 자신의 유일한 아들인 성자 예수님을 십자가 죽음에 내어주시기까지 하셨다. 이것이 하나님께서 자신이 택한 자들에게 보여주신 사랑이다. 이러한 면에서 볼 때 분명 예수님은 우리를 향한 하나님의 사랑 그 자체이시다. 성자 예수님께서는 성부 하나님의 절대적인 사랑의 표로 우리에게 오셨다. 성부 하나님의 이러한 뜻에 대해 성자 예수님은 전적으로 순종하셨다. 아버지의 뜻에 일평생 순종하심으로 율법을 성취하시고 율법의 의를 획득하셨다. 이를 통해 성자 예수님께서 획득하신 율법의 의는 죄로 물든 모든 택자들을 의롭다 하시기에 전혀 부족함이 없다. 또한 예수님께서는 십자가를 지시고 죽으심으로 우리가 죄로 인해 당해야할 모든 죄책을 다 해결하셨다. 결국 예수님을 우리의 중보자로 보내신 하나님의 사랑이 예수님의 일생과 죽으심 그리고 부활을 통해 완전히 성취되었다. 예수님의 온전한 순종을 통해 우리를 향한 하나님의 작정이 성취된 것이다.

예수님께서는 온전한 순종을 통해 우리를 향한 하나님의 사랑을 밝히 드러내 보이셨다. 이것은 분명한 사실일 뿐 아니라, 우리가 마땅히 믿어야 할 진리이다. 그런데 여기서 우리가 생각해 보야 할 점이 있다. 왜 성자 예수님께서 성부 하나님의 이 뜻에 순종하셨는가 하는 점이다. 예수님 입장에서 이 순종은 전적으로 고난의 삶을 말하며, 이 순종의 약속은 죽음을 통해서만 온전히 지켜질 수 있는데도 말이다.

우리를 위한 예수님의 고난과 죽음은 분명 아버지의 뜻에 대한 아들의 순종이었다. 그러나 예수님께서 단지 하나님의 뜻에 순종해야만 했기에 우리를 대신해 고난 받으신 것 만은 아니다. 중보자로서 예수님께서 고난당하시고 죽으신 것은 예수님의 자발적인 의지이기도 했다. 다시 말해 예수님 자신의 입장에서도 우리를 위해 고난당하시고 죽으실 만한 충분한 이유가 있다는 것이다. 예수님께서 우리를 위해 고난당하시고 죽으신 것은 그도 우리를 사랑하시기 때문이었다. 하나님께서 우리를 사랑하시는 만큼 예수님도 우리를 사랑하시기 때문이었다. 예수님께서 우리의 중보자로서 하신 모든 일들이 바로 예수님께서 우리를 사랑하시기 때문이었다. 그렇다면 여기서 또 한 가지 질문을 해 봐야 할 것이 있다. 예수님께서는 왜 우리를 사랑하시는 것일까? 무슨 이유로 예수님께서는 우리를 사랑하셔서 고난당하시고 죽기까지 하신 것일까? 하나님께서 영생으로 택하신 자들을 예수님은 왜 사랑하시는 것일까?

그 이유는 바로 우리가 예수님의 백성들이기 때문이다. 성부 하나님께서는 성자를 낳으셨다. 성부 하나님께서는 가장 먼저 성자를 택하셔서 자기의 큰 아들로 삼으셨다. 그리고 인격적인 피조물인 사람들 중 몇몇을 택하셔서 예수님께 동생들로 주셨다(요 6:37; 17:2, 6, 9). "하나님이 세상을 이처럼 사랑하사"(요 3:16)의 그 '세상'이 바로 하나님께서 예수님께 동생으로 준 자들을 말하는 것이다. 하나님께서는 이렇게 큰 아들과 그의 동생들을 택하셔서 그들로 구성된 특별한 왕국을 계획하셨다. 큰 아들인 성자를 왕으로, 그리고 그 동생들을 백성들로 하는 특별한 나라를 계획하신 것이다. 성부 하나님께서는 자신이 선택해서 예수님께 동생으로 준 자들을 사랑하신다. 그리고 예수님은 하나님께서 자기에게 주신 동생들을 사랑하신다. 성부 하나님께서 택하셔서 성자 예수님께 그의 백성으로 주신 이들을 사랑하시는 것이다. 그러면서 성자 예수님은 하나님께서 계획하신 그 왕국을 기대하셨다. 자신이 왕이 되고, 동생들이 백성이 되는 나라를 기대하신 것이다. 이것이 바로 예수님께서 우리를 사랑하시는 이유인 것이다.

그런데 이렇게 계획된 나라에 문제가 생기게 되었다. 하나님께서 예수님께 동생으로 주어 백성이 되게 한 자들이 죄에 빠지게 된 것이다. 이렇게 동생들이 죄인이 되면서 예수님께서 다스리실 나라의 백성이 되지 못하게 된 것이다. 영원한 새 하늘과 새 땅에서 살지 못하게 된 것이다. 천국의 시민권을 잃어버린 것이다. 뿐만 아니라 죄인의 신분으로 지옥에서 영원히 형벌을 받아야 하는 자들이 되고 말았다. 이렇게 죄에 빠진 이들은 전적으로 타락함으로 스스로의 노력으로는 결코 회복할 수 없는 상태가 되고 만 것이다. 결국 이 문제를 해결하기 위해서는 죄인이 아닌 어떤 누군가가 그들의 죄의 문제를 해결해야만 했다. 그들이 담당해야할 죄책을 대신 져야 했다. 이를 위해 예수님께서 직접 나선 것이다. 다시 말해 왕이 그의 백성들을 구하기 위해 그들이 받아야 할 벌을 대신 받으신 것이다. 이렇게 예수님은 왕으로서 벌을 대신 받고 자기의 백성들을 살리셨다.

결국 예수님은 자기의 동생들이자 백성들을 찾아 회복시키기 위해 그들이 있는 세상으로 오신 것이다. 이렇게 예수님께서 세상에 오셨지만, 세상은 결코 예수님을 환영하지 않았다. 심지어 세상은 예수님을 멸시하기까지 했다. 이렇게 하나님을 모르고 예수님을 멸시하는 이들은 예수님의 동생들도 멸시한다. 이들이 예수님의 동생들을 멸시하는 이유는 예수님께서 세상의 어두움을 드러내셨기 때문이고, 예수님의 동생들은 이러한 예수님을 따르는 자들이기 때문이다(요 15:18-20). 그런데 예수님의 동생들도 예수님께서 먼저 자신을 드러내 보이시기 전까지는 그들이 예수님과 어떤 관계인지 알지 못했다. 다시 말해 예수님의 동생들도 이 세상에서 살다 보면 세상의 죄에 물들어서 자신들이 예수님의 동생인지 전혀 알 수 없게 된다. 이러한 이유로 예수님께서 세상에 오셔서 가장 먼저 하신 것은 자신의 동생들을 찾으신 것이다. 자신의 백성들을 찾아서 자신을 드러내시고, 그들이 누군지를 깨닫게 하신 것이다. 이렇게 예수님께서 세상 속에서 그들에게 자신을 드러내셔서 자기들이 예수님의 동생이자 그의 나라의 백성이라는 것을 깨닫게 된 자들을 예수님께서는 자기의 제자들이라고 불러 주셨다. 그리고 이 땅에서의 사명을 다하시고 다시 하늘에 오르시면서 예수님께서는 자기의 제자들에게 자기가 했던 일을 맡기셨다. 세상에 예수님을 알리고, 예수님의 남은 동생들을 찾는 사명을 주신 것이다. 세상 속에 살고 있는 예수님의 백성들을 찾도록 한 것이다. 이것이 바로 복음 전파의 사명이다.

예수님께서 율법을 완성하셨다는 것이 의미하는 것은?

하나님께서는 이 땅에 살아가는 모든 사람들에게 마땅히 살아야 할 바를 율법을 통해 구체적으로 알려주셨다. 이는 하나님께서 택하신 자들뿐 아니라, 유기된 자들에게도 동일하게 요구된다. 그래서 이것을 도덕법이라고 한다. 이 도덕법은 이 땅을 살아가는 사람이라면 모두가 의무적으로 지켜야 하는 삶의 규칙이라고도 할 수 있다. 도덕법을 제정하신 분은 하나님이시다. 그리고 이 법을 인류에게 주신 분도 하나님이시다. 다시 말해 도덕법은 창조자인 하나님께서 피조물인 인류에게 지키라고 명하신 법이다. 따라서 인류에게 있어서 이 법은 선택의 문제가 아니라 의무의 영역이다. 그리고 이는 결코 거부할 수 없는 왕의 명령이라고도 할 수 있다. 이러한 이유로 이 법을 어기면 왕의 진로와 형벌, 즉 죽음의 형벌을 받게 된다.

이러한 원칙 가운데서 이 율법은 언약의 형태로 인류에게 주어졌다. 그런데 인류는 아담과 함께 이 언약을 어김으로 죽음이라는 영원한 형벌에 놓이게 되었다. 동시에 인류는 그 안에 죄가 들어오게 되어 이제는 더 이상 율법이 요구하는 의를 이룰 수 없게 되었고, 죄로 인해 더 이상 행위로는 의를 이룰 수 있는 능력을 상실했다. 그러므로 이 세상의 어떤 사람도 율법을 통해 하나님의 의를 만족시킬 수 없게 되었다. 여기에는 하나님께서 버리시기로 작정한 자들 뿐 아니라, 하나님께서 사랑하셔서 택하신 자들까지도 모두 포함된다. 이 말은 하나님께서 택하신 자들도 모두 율법의 저주에 빠지게 되었다는 것을 말한다.

그러나 하나님께서는 자기가 사랑해서 택한 자들은 모두 율법의 저주에서 구해 내시기로 이미 작정하셨다. 그리고 이를 위해 이 문제를 해결할 중보자를 마련하셨다. 그분이 바로 예수 그리스도이시다. 그리스도께서는 하나님의 이 뜻에 동의하셨다. 뿐만 아니라 그는 하나님께서 정하신 방법에도 동의하셨다. 택자들을 율법의 저주에서 구해내기 위해 하나님께서 정하신 방법은 자격을 갖춘 중보자가 이 일을 대신하는 것, 이 중보자가 율법을 완전히 지킴으로 율법의 의를 이루는 것, 그리고 인류가 율법을 어긴 것에 대한 정죄를 받음으로 율법의 마침이 되는 것이었다. 하나님께서는 이 세 가지가 완벽하게 수행될 때 율법의 완성을 선언하시고, 택자들을 율법의 저주에서 해방하시기로 작정하셨다.

성자 예수 그리스도께서는 성부 하나님의 이러한 뜻에 동의하시고 자신이 직접 이 땅에 중보자로 오셨다. 참 신이며 동시에 참 인간으로 이 땅에 오셨다. 그러면서도 죄 없는 자로 이 땅에 오셨다. 이는 예수 그리스도께서 중보자로서 충분한 자격 요건을 갖췄다는 것을 말한다. 이렇게 이 땅에 오신 예수님은 일생을 통해 완전한 순종으로 율법의 요구를 다 이루셨다. 이를 통해 예수님께서는 하나님께서 요구하시는 의를 다 이루셨다. 율법을 완전히 성취함으로 하나님으로부터 온전한 의를 획득하신 것이다. 예수 그리스도께서는 이렇게 획득하신 의를 신자들에게 전가시킴으로 그들 또한 하나님 앞에 의롭다고 인정받도록 하셨다. 뿐만 아니라 죄가 없으신 예수님께서 십자가에서 저주를 받아 죽으심으로 우리가 받아야 할 율법의 정죄를 대신 받으셨다. 즉, 예수님께서 십자가를 통해 율법의 저주를 끝내신 것이다.

이를 통해 예수님께서는 율법의 마침이 되었다(롬 10:4). 여기서 율법의 마침은 율법의 폐지를 뜻하는 것 아니다. 더 이상 율법이 필요 없다고 말하는 것이 아니다. 예수 그리스도가 율법의 마침이 되신다는 것은 오직 그분만이 율법을 성취할 수 있는 분이라는 말이다. 오직 예수님만이 율법을 완성할 수 있다는 말이다. 예수님 외에는 어느 누구도 율법을 통해 하나님의 의를 만족시킬 수 없다. 바울이 유대인들의 구원 문제를 다루면서 이 말을 한 이유는 자신들의 의를 세우려는 유대인들의 율법적인 노력이 헛된 것임을 드러내기 위함이었다. 그러면서 바울은 예수 그리스도께서 율법의 마침이 되신 목적은 모든 믿는 자들에게 의를 이루기 위함이라고 설명한다. 즉, 유대인이든 이방인이든 하나님 앞에 의롭다고 인정될 수 있는 근거는 오직 그리스도께서 율법을 성취하시고 획득하신 의를 믿음으로 받아들이는 것뿐임을 분명히 하는 것이다.

예수님께서 율법을 완성하셨다는 것이 의미하는 또 한 가지는 왜곡되었던 율법의 의미를 회복하셨다는 것이다. 분명 율법에는 여러 가지 기능이 있다. 보통 3가지의 기능이 있다고 알려져 있다. 첫 번째로 '죄를 억제하는 기능'을 들 수 있다. 이는 율법을 어겼을 때 우리가 감당해야 하는 형벌에 대한 두려움 때문에 율법에 따라 살 수밖에 없게 되는 것을 말한다. 이 기능은 율법에 따른 형벌에 대한 두려움이 강하면 강할수록 율법을 더 잘 지키게 되는 효과가 있다. 공공의 질서 또한 잘 지켜질 수도 있다. 그러나 이 기능을 통해 지켜지는 율법은 결코 적극적인 순종을 낳지 못한다. 두려움 때문에 억지로 지키는 율법은 결코 자발적인 순종이 될 수 없다. 이는 단지 벌을 피하기 위한 수단으로써 따라야만 하는 규율로 전락할 수 밖에 없다. 이것의 또 다른 역기능은 불평과 불만으로 가득찬 속 마음은 숨긴채 행동만 그럴듯하게 나타나게 하는 경우들이 생길 수 있다는 것이다. 즉, 진솔하지 못한 마음으로 율법의 조항들을 수행하는 시늉만 내는 경우도 생길 수 있다는 것이다.

율법의 두 번째 기능은 '자신을 돌아보고 죄를 회개하게 하는 것'이다. 우리는 율법을 지키려고 노력하면 할수록 율법을 완전히 지킬 수 없는 존재라는 것을 더 잘 알게 된다. 그뿐 아니라 율법에 비춰볼 때 우리가 얼마나 큰 죄인인가를 알게 된다. 그와 더불어 우리의 상태가 얼마나 비참한지도 깨닫게 된다. 이러한 상태에서 우리는 우리의 죄를 회개하지 않을 수 없게 된다. 이는 우리의 원죄 뿐 아니라, 우리가 매일 범하는 소소한 죄들도 모두 해당된다. 율법의 이 두 번째 기능을 통해 우리는 매일 매일 우리의 부족함을 고백하게 된다. 그리고 오염된 우리의 생각과 행동을 율법에 비춰 고백하고 회개함으로 또 다시 우리 자신을 정결하게 할 수 있다. 그러나 이 율법의 두 번째 기능도 그 자체만으로는 우리의 삶에 진정한 평화를 줄 수는 없다. 우리가 우리의 죄를 매일 매일 발견하고 회개한다는 것은 당연히 신자로서 바람직한 일이다. 그러나 율법에 대하여 우리 자신을 볼 때마다 우리의 부족한 모습과 잘못된 모습만 보게 된다면 우리가 느끼는 감정은 언제나 좌절뿐일 것이다. 아무리 선하게 살려고 노력해도 만나게 되는 현실이 언제나 회개할 것들로 꽉 차 있다면 얼마나 답답하겠는가?

율법의 세 번째 기능은 '감사로 표현되는 삶'이라고 할 수 있다. 이는 하나님께서 명하신 율법을 그리스도께서 베풀어 주신 구속의 은혜에 대한 감사를 나타내는 방편으로 여기는 것을 말한다. 다시 말해 이것은 율법을 신자의 삶의 표준으로 삼아 살아가는 것을 말한다. 더 이상 우리가 그것을 다 지키지 못한다고 우리에게 징계를 내리는 것으로 이해되지 않는다. 또한 이 율법을 통해 우리의 부족함을 발견하고, 또 다시 회개할 수밖에 없는 것이 우리의 모습이라는 것을 시인하게 되지만, 이 기능을 통해 율법은 더 이상 우리를 좌절시키지는 않는다. 왜냐하면 율법을 통한 회개의 삶이 더 이상 우리를 율법의 틀 속에 가둬 두는 것이 아니라 하나님의 형상을 좀 더 회복해 가는 과정이며, 좀 더 거룩해져 가는 삶이 되기 때문이다. 이러한 차원에서 신자는 더 많이 회개하면 할수록 더 많이 감사할 수 있게 되는 것이다.

율법은 그 자체로만 보면 처음의 두 기능이 강하게 드러난다. 이는 누구도 이 율법을 성취할 수 없기 때문이다. 다시 말해 율법은 예수 그리스도를 통해 온전히 성취되기 전까지는 사람들에게 죄를 제어하거나 죄를 뉘우쳐 회개하는 기능으로만 작용하였다. 그러나 그리스도께서 율법을 다 이루시고 율법의 마침이 되심으로 율법은 신자들에게 새로운 기능을 발휘하게 되었다. 율법이 신자가 살아가는 삶의 방식이 된 것이다. 그런데 엄밀하게 말해 이것을 율법에 새롭게 추가된 기능이라고 생각해서는 안 된다. 구속받은 자들이 감사하는 마음을 표현하는 것으로써의 율법 준수는 하나님께서 율법을 주실 때부터 있던 기능이었다(신 5:15). 그렇지만 이 기능은 그리스도께서 오실 때까지 분명히 드러나지 않고 있었다. 그리고 그리스도께서 율법의 요구를 다 성취하실 뿐 아니라, 구속의 사역을 완성하심으로 드디어 이 기능이 분명하게 드러나게 된 것이다. 이제 신자들은 율법을 대할 때 율법 그 자체가 아니라, 그리스도께서 율법을 완성하셨다는 사실에 근거하여 율법을 적용할 수 있게 된 것이다. 그리스도께서 율법의 마침이 되셔서 모든 신자들의 의가 되셨다는 사실을 바탕으로 율법을 대하게 되는 것이다. 이러한 이유로 율법은 하나님으로부터 의롭다고 여김 받고, 하나님의 자녀가 된 자들이 누리는 삶의 방식이 되는 것이다.

그러면 예수 그리스도를 통해 완성된 율법을 소유한 신자들은 이 율법을 어떻게 적용해야 하는가? 율법을 어떻게 살아내야 하는가? 이 또한 해답은 예수 그리스도에게 있다. 예수 그리스도께서 율법을 완성하셨다는 것의 최종적인 의미는 모든 율법이 그리스도를 중심으로 해석되고 적용되어야 한다는 것을 말한다. 다른 말로 하면 이는 그리스도를 통해 새롭게 해석되고 정리된 방식으로 율법을 따라야 한다는 것이다. 예수님께서는 하나님께서 모세에게 주셨던 율법들을 다시 해석해 주셨다. 물론 이것은 율법에 대한 다른 해석을 말하는 것이 아니다. 율법의 바른 의미를 구체적으로 풀어주신 것이다. 예수님께서 당시 사람들이 오해하고 있던 율법을 풀어서 그 의미를 자세히 설명한 것들이 산상수훈(마 5-7)에 잘 나타나 있다. 예수님께서는 율법의 문자 자체에 얽매여 외적인 순종만을 강조하던 당시 사람들에게 율법 안에 담긴 진정한 의미를 풀어주셨다. 예수님께서는 온 율법과 선지자의 강령으로 사랑을 말씀하셨다. 율법을 통한 신자의 삶을 통해 드러나야 할 것으로 하나님 사랑과 이웃 사랑을 말씀하신 것이다. 이것이 바로 그리스도께서 율법을 완성하심으로 밝히 드러내신 율법의 진정한 의미인 것이다.

십자가, 그리스도의 승리를 나타내는 표인가?

예수 그리스도께서는 십자가를 지심으로 우리의 죄에 대한 죄책을 모두 해결하셨다. 분명 이것은 사실이다. 그래서 우리에게 십자가는 우리가 받은 무한한 은혜의 확실한 표가 된다. 이 은혜를 받은 우리는 그 은혜에 감격하며 그리스도께서 지신 십자가를 찬양한다. 죄와 사망을 이긴 승리의 십자가를 찬양한다. 이러한 차원에서 그리스도께서 지신 십자가는 우리의 찬양의 대상이 된다.

그런데 여기서 우리가 생각해 보아야 할 것이 있다. 그리스도께서 지신 십자가가 정말 승리의 표인가 하는 점이다. 또한 그리스도의 십자가가 우리의 찬양의 대상이 될 수 있는가 하는 점이다. 먼저 정확히 해야 할 것은 그리스도의 십자가는 승리의 표가 아니라, 고통의 표라는 것이다. 십자가는 예수 그리스도께서 우리의 죄를 지신 표다. 우리를 위해 우리 대신에 죄와 저주가 되신 표가 바로 십자가라는 것이다.[104]

예수 그리스도는 분명 승리하신 분이시다. 이 땅에 오셔서 죄와 사망의 모든 문제를 해결하시고 결국 승리를 선포하셨다. 그런데 예수님께서는 이 땅에 오셔서 처음부터 승리를 선포하신 것이 아니다. 또한 처음부터 승리자로 이 땅에서 살아가신 것도 아니다. 예수님께서 이 땅에서 사신 모습은 승자이기 보다는 오히려 패자의 모습에 더 가깝다. 물론 예수님은 본질적으로 패자는 아니시다. 죄가 없으신 인간으로 이 땅에 오신 예수님은 결코 원죄 아래 있는 우리처럼 죄의 속박 속에 살아가는 패자는 아니셨다. 그러나 예수님은 우리를 위해 친히 패자의 모습까지 낮아지셨다. 탄생부터 시작해서 이 땅에서 사람으로 살아가신 것, 십자가에서 죽으신 것, 무덤에 묻히신 것까지는 모두가 예수님의 낮아지신 모습을 나타낸다. 예수님께서 인간과 같은 모습으로 낮아지셨다는 것을 신이신 예수님께서 잠시 인간의 모습을 체험하신 것으로 생각해서는 안 된다. 예수님께서는 실제로 인간이 되셨다. 그리고 인간이 당하는 모든 고난과 고통을 다 당하셨다. 인간처럼 고통을 당하신 것이 아니라, 인간으로서 고통을 당하신 것이다.

예수님의 십자가는 바로 이러한 차원에서 이해되어야 한다. 따라서 십자가는 예수님께서 인간으로 당하신 고난과 고통 중 최고치라고 할 수 있다. 십자가에서 예수님은 결코 존경을 받지 못하셨다. 십자가를 지신 예수님께서 받으신 것은 오히려 저주였다. 이는 예수님께서 죄인의 신분으로 십자가를 지셨기 때문이다. 십자가 위에서 하나님께서 택한 모든 이들의 죄가 그리스도께로 전가되었다. 이렇게 죄를 전가받은 그리스도는 이제 하나님 앞에서도 죄인이 되었다. 성자 예수님께서 성부 하나님께 죄인 취급을 받으신 것이다. 뿐만 아니라 예수님께서는 당시 유대인들에게도 죄인 취급을 받았다. 하나님을 모독하는 죄를 지었다는 것이다. 물론 이러한 유대인의 고소는 잘못된 것이다. 그럼에도 불구하고 예수님께서는 이들에게조차 저주를 받으신 것이다. 성부 하나님에게는 자기 백성들의 죄를 뒤집어쓴 죄인으로 저주를 받으셨으며, 유대인들에게는 참 신을 모독하는 죄인의 누명을 쓰고 저주를 받으신 것이다. 이것이 바로 예수님에게 있어서 십자가가 의미하는 것이다. 즉, 예수님에게 있어서 십자가는 승리의 표가 아니라, 오히려 저주의 표인 것이다.

그뿐 아니라 예수님께서 지신 십자가는 사망을 이기신 표도 결코 아니었다. 사망을 이긴다는 말의 단순한 의미는 죽지 않는다는 말이다. 예수님께서 십자가에서 정말 사망을 이기셨다면 십자가에 아무리 오래 달려 있어도 죽지 않으셔야 했다. 아무리 물과 피를 많이 흘렸다 할지라도 죽지 않으셔야 했다. 그러나 예수님께서는 여느 인간과 다를 바 없이, 예수님과 함께 달렸던 양 편의 두 강도들과 전혀 다를 바 없이 힘들어 하셨고 결국 숨을 거두셨다. 이것이 사망을 이기신 모습인가? 결코 아니다. 예수님께서는 분명히 사망에 지셨다. 그리고 무덤에 묻히셨다. 이런 면에서 볼 때 예수님께서 지신 십자가는 결코 사망을 이기신 표가 될 수 없다. 오히려 사망에 지신 표라는 것이 옳을 것이다.

결국 예수님의 십자가는 승리의 십자가가 아니라, 저주와 사망의 십자가다. 이 십자가를 예수님께서 지셨다. 결코 예수님께서는 본질상 저주를 받을 분이 아니시다. 그리고 예수님께서는 사망에 지실 분도 아니시다. 그럼에도 불구하고 예수님께서는 십자가를 지심으로 저주를 받으시고, 사망에 자신을 내어 주셨다. 예수님께서 이렇게 하신 것은 이 길만이 우리를 구속하는 유일한 길이었기 때문이다. 우리를 살리는 유일한 길이 바로 우리를 대신해 자신이 저주를 받고, 죄에 대한 벌을 받아 죽음에 자신을 내어 놓는 것이었기 때문이다. 죄로 인해 죽게 된 우리를 위해 성부가 작정하신 구속의 방법에 성자가 동의하신 것이다. 그리고 그는 그 모든 것에 순종하셨다.

그렇다면 우리를 구속하시는 예수님의 사역에는 단지 저주와 사망의 표밖에 없는 것인가? 승리의 표는 없는 것인가? 그렇지 않다. 부활과 승천이 바로 예수님의 사역에서 나타는 승리의 표가 된다. 예수님은 분명 사람과 같은 방식으로 죽으셨다. 그리고 예수님은 이 세상의 모든 사람들 처럼 사망에 지셨다. 그러나 예수님은 이 사망에 끝까지 매여 있지 않으셨다. 다시 살아 나셨다. 부활하셨다. 그래서 성경은 이를 "예수님께서 사망의 승리와 쏘는 것에서 이기셨다"고 표현한다(고전 15:55-58). 그리고 이를 통해 예수님께서는 부활의 첫 열매가 되셨다(고전 15:23). 그래서 우리는 예수님께서 죽음에 머물지 않고 부활하신 것을 '무덤을 이기신 것'으로도 표현한다. 결국 예수님께서는 죄인인 우리를 대신해 사망에 지시고, 무덤에 묻히시기까지 했지만, 그것으로 끝나지 않으시고 우리를 위해 사망의 승리를 깨시고, 무덤을 이기신 것이다. 그리고 부활과 승천을 통해 승리를 분명히 드러내신 것이다.

이러한 이유로 예수님의 부활과 승천이 그리스도의 승리의 표가 된다. 그런데 여기에서도 우리는 한 가지를 더 생각해 보아야 한다. 도대체 부활과 승천이 승리의 표가 되는 근거가 무엇인가 하는 점이다. 예수님의 부활과 승천이 확실한 승리의 표가 되는 것은 이것이 역사적일 뿐 아니라, 객관적인 사실로 드러났기 때문이다. 예수님의 부활과 승천이 실제 사람들이 눈으로 확인한 사건이었기 때문이다. 아무리 어떠한 사건이 실제 발생했다고 해도 사람이 눈으로 확인하지 않은 것은 절대로 신뢰할 만한 증거가 될 수 없다. 다시 말해 사람에 의해 확인되지 않은 것은 결코 증거로써 가치가 있는 객관적인 표가 될 수 없다는 것이다. 예수님은 부활 하신 후 많은 이들에게 자신을 보이셨다(고전 15장). 자신의 부활을 몸소 증명하셨다. 뿐만 아니라 예수님은 사람들이 보는 가운데 승천하셨다(행 1장). 이를 통해 예수님은 자신이 승천하는 모습도 사람들에게 보여주셨다. 이러한 이유로 예수님의 부활과 승천은 역사적인 사실일 뿐 아니라 확실한 표가 된다. 그리고 이 확실한 표를 통해 예수님께서는 죄와 사망이 묶어 놓은 모든 문제를 자신이 직접 풀어버리셨다는 것을 밝히 드러내 보이셨다. 즉, 죄와 사망의 모든 것에서 궁극적인 승리를 공개적으로 선포하신 것이다.

　이렇게 부활과 승천을 통해 승리를 선포하신 예수님은 자신이 구속한 모든 사람들을 백성으로 하는 나라의 왕으로 등극하셨다. 그리고 현재 하나님 보좌 우편에 앉아 계신다. 이제 이렇게 승리하신 예수님에게 남은 것은 오직 한 가지다. 그것은 이 승리를 최종 선포하고, 새 하늘과 새 땅의 통치를 시작하는 것이다. 이를 위해 예수님께서는 이 땅에 다시 오실 것이다. 그것이 바로 재림과 심판이다. 이를 통해 그리스도는 최종적으로 승리를 선포하실 것이다. 그뿐 아니라 그리스도께서는 이 최종 승리를 그의 모든 백성들에게도 적용하실 것이다. 즉, 구원받은 모든 자들도 그리스도와 함께 이 승리의 기쁨을 누리게 되는 것이다. 그리고 바로 이러한 사실이 이 땅에 살아가는 모든 신자들에게 소망이 된다. 십자가가 신자에게 있어서 그리스도가 받은 저주와 죽음의 분명한 표가 되고, 부활과 승천이 그리스도께서 승리하신 확실한 표가 되기에, 우리는 다시 오실 그리스도를 통한 최종 승리의 선언을 의심 없이 소망할 수 있게 된다.

조건으로서의 행위언약과 약속으로써의 은혜언약[105]

하나님께서 인류의 시조인 아담과 하와에게 체결하신 언약이 행위언약이다. 아담과 하와는 이 언약을 통해 영원한 생명과 복을 약속받았다. 동시에 이 언약은 하나님의 저주와 형벌에 대한 경고이기도 했다. 그 결과는 이들의 순종에 달려 있었다. 아담과 하와는 하나님께서 마련해 주신 동산에서 이 언약을 지키며 맡겨주신 직무를 성실히 감당했고, 행위언약 아래서 풍성한 복을 누리며 살았다. 그리고 이들의 삶을 통해 하나님께서는 스스로 영광을 받으셨다.

그러나 사탄의 유혹 앞에 이들은 넘어지고 말았다. 이들은 행위언약을 끝까지 고수하지 못하고 스스로 깨버렸다. 이로 인해 인류는 죄로 오염되어 버렸고, 하나님의 영원한 진노와 저주 아래 놓이게 되었다. 죄인이 되어 죽음의 형벌을 받게 된 것이다. 이제 인류는 스스로의 노력으로는 어떤 방법을 통해서도 깨진 행위언약을 회복할 수 없게 되었다. 이제 하나님 앞에서 어떠한 소망도 없는 자들이 된 것이다. 스스로의 힘으론 회복이 불가능한 상태가 되고 말았다. 인류에게 남은 것은 오직 절망뿐이었다. 하나님의 진노와 형벌에 대한 두려움뿐이었다. 뿐만 아니라 이들은 하나님과 세상 앞에서 발가벗겨진 자신들의 모습에 부끄러움을 느낄 수밖에 없는 자들이 되고 말았다. 이들이 이때 느꼈던 두려움과 부끄러움은 그 이전까지는 한 번도 경험하지 못한 감정이었다. 이것이 아담과 하와가 그토록 친밀했던 하나님을 피해 숨을 수밖에 없었던 이유였다.

이렇게 소망을 잃은 자들에게 하나님께서 다시 찾아오셨다. 하나님의 진노와 형벌에 두려워 떠는 자들에게 하나님께서 찾아 오셨다. 자신이 벗었음을 부끄러워하는 자들에게 하나님께서 직접 찾아 오셨다. 숨어 있는 자들에게 하나님께서 찾아 오셨다. 죄를 범한 아담과 하와에게 하나님께서 하신 일은 그들의 죄에 합당한 벌을 내리시는 것이었다. 이를 통해 하나님께서는 자신이 세운 언약은 그 자체로 공의롭다는 것을 보여 주셨다. 뿐만 아니라 하나님 자신도 언약에 신실하다는 것을 보여 주셨다.

죄를 범한 아담과 하와에게 찾아오신 하나님께서는 그들에게 진노와 저주만

드러내시고 사라지시지 않으셨다. 하나님께서는 아담과 하와에게 진노와 저주를 말하시면서 회복에 대한 약속도 동시에 주셨다. 깨진 행위언약을 대체할 새 언약을 주신 것이다. 이것이 바로 은혜언약이다. 중보자를 통한 회복에 대한 내용을 언약으로 주신 것이다. 행위언약이 조건으로 주어졌다면, 은혜언약은 약속으로 주어졌다. 행위언약의 조건은 그 언약을 어기지 않고 끝까지 잘 지키는 것이었다. 반면에 은혜언약은 그것을 믿음으로 받아들이는 자들에게 언약이 성취될 것이라는 약속이다.

죄의 결과로 하나님의 진노와 저주를 받은 인류의 시조는 결국 에덴동산에서 쫓겨났다. 이들을 쫓아내시면서 하나님께서는 이들이 다시 돌아와 영생하는 나무의 열매를 먹지 못하도록 동산의 출입을 막는 장치를 마련하시기까지 했다. 단순히 이 사실만 보면 하나님께서는 죄에 물든 아담과 하와를 더 이상 보고 싶어 하지 않으시는 것 같다. 이들과는 영원히 단절하고 싶어 하시는 것 같기도 하다. 그러나 하나님께서 그들을 에덴동산에서 쫓아내시는 과정을 조금만 자세히 살펴보면 하나님께서는 그들과 완전히 관계를 끊고자 하시는 것이 아니라, 오히려 관계를 더 돈독하게 하시고 있는 것을 알 수 있다.

하나님께서 아담과 하와를 에덴동산에서 내쫓기 이전에 그들을 위해 먼저 하신 일이 두 가지가 있다. 그 첫 번째가 새로운 언약을 체결하신 것이고, 두 번째는 옷을 지어 그들에게 입히신 것이다. 다시 말해 하나님께서는 먼저 회복에 대한 약속으로 은혜언약을 주시고, 또한 옷을 지어 입히심으로 부끄러움을 가려주신 후에 그들을 에덴에서 내쫓으셨다. 하나님께서는 두려움 가운데 있는 아담과 하와에게 소망을 품게 하시고, 부끄러움 속에 숨어 있는 이들에게 수치를 가릴 수 있게 하신 후에 동산에서 추방하신 것이다. 결국 이것은 하나님께서는 죄인이 된 아담과 하와에게 형벌을 집행하기 전에 먼저 회복에 대한 약속과 증표를 주어 그들과 하나님과의 관계가 완전히 끊어지는 것은 아니라는 것을 알도록 하신 것이다(창 3:15-21). 또한 하나님께서 에덴동산의 길을 막으셔서 그들로 하여금 영생하는 열매를 먹지 못하게 하신 것은 단지 그들이 그 열매를 먹고 영생하게 되는 것을 우려해서가 아니라, 영생하는 열매를 먹는 행위를 통해서는 죄의 문제를 해결할 수 없다는 것을 분명히 보여주는 증거라고 할 수 있다. 오직 은혜언약을 따르는 방법만이 인류가 당면한 문제에 답이 될 수 있다는 것을 알려주는 것이다. 이러한 것들을 통해 하나님께서는 비록 잘못을 행한 것은 아담과 하와지만 그 문제를 해결하시는 분은 오직 하나님 자신이라는 것을 더욱 분명하게 알게 하셨다. 이를 통해 하나님께서는 공의와 사랑을 동시에 그것도 충만하게 드러내신 것이다.

이러한 방식으로 인류에게 소개된 은혜언약은 분명 죄로 인해 진노와 저주에 빠진 이들을 회복하시는 하나님의 뜻이다. 그런데 우리는 여기서 이 은혜언약을 단지 인류를 회복하시는 하나님의 은혜로만 이해하고 넘어가서는 안 된다. 그 의미를 좀 더 구체적으로 따져 볼 필요가 있다. 먼저 이 은혜언약의 대상은 인류 전체가 아니다. 은혜언약의 대상은 하나님께서 사랑하는 자들이다. 다시 말하면 이들은 하나님께서 영원한 생명으로 선택한 자들을 말한다. 따라서 하나님께서 버리시기로 작정하신 자들인 유기된 자들에게는 이 언약이 효력을 발휘하지 않는다. 아담과 하와와 함께 인류는 모두 죄를 범했고, 그 결과 모든 인류는 다 죄의 형벌을 받도록 되어 있었다. 그러나 하나님께서는 이렇게 타락한 인류 중 자신이 선택해서 자기 아들에게 준 자들은 그 형벌에서 구해내기로 작정하셨다. 이러한 이유로 하나님께서 마련한 것이 바로 은혜언약이다. 따라서 은혜언약의 수혜자들은 모든 인류가 아니라 오직 택함을 받은 자들뿐이다. 그래서 이것이 전적으로 하나님의 은혜가 된다.

은혜언약에 있어서 명심해야 할 두 번째 사항은 이 언약은 우리에게 회복의 조건이 아니라, 회복의 약속으로 주어졌다는 점이다. 행위언약을 어겼기 때문에 그 대신에 새로운 언약을 지켜야 한다는 식으로 주어진 것이 아니라는 것이다. 행위언약의 파괴에 대한 책임을 지고 우리 스스로가 대체해야 할 무엇으로 주어진 조항이 아니다. 은혜언약은 말 그대로 은혜의 언약이다. 우리를 대신해서 문제를 해결하실 중보자에 대한 약속이다. 우리가 감당하지 못하는 것을 대신 해 주실 분에 대한 약속이며, 그분에 대한 자세한 소개라고 할 수 있다. 이러한 이유로 은혜언약에 추가되어 우리에게 전달된 사항은 결코 우리가 무엇인가를 해야 한다는 식의 의무조항이나 조건이 아닌 것이다. 반대로 은혜언약과 함께 우리에게 주어진 것은 그것을 수용하는 방법에 대한 설명이었다. 즉, 믿음으로 이 사실을 받아들이는 것이었다. 결국 회복에 대한 약속으로 주어진 이 은혜언약은 하나님께서 택하셔서 믿음을 준 자들이 바로 그 믿음을 통해 중보자를 받아들임으로써 실제 그 효력을 발휘하게 되는 것이다.

은혜언약을 다룰 때 세 번째로 우리가 꼭 명심해야 할 것은 은혜언약이 행위언약의 실패 때문에 만들어진 것이 아니라는 것이다. 다시 말해 은혜언약이 체결된 시점은 행위언약이 파괴된 시점 이후가 아니다. 행위언약은 하나님과 인류 사이에 체결된 언약이었다. 반면에 은혜언약은 하나님과 인류사이의 언약이 아니다. 이는 성부 하나님과 성자 예수님 사이에 체결된 언약이다. 은혜언약은 성부 하나님과 성자 예수님께서 영원 전에 거룩한 협의를 통해 이미 작정하심으로 체결되었다. 따라서 은혜언약을 행위언약이 실패했기 때문에 그에 대한 대안으로 갑자가 만들어진 것으로 결코 이해해서는 안 된다. 분명 은혜언약은 행위언약이 파괴되고 나서 인류에게 알려졌다. 그러나 이것은 은혜언약이 인류에게 적용되는 시점을 말하는 것이지, 이 언약이 이때 체결된 것을 말하는 것이 아니다. 결론적으로 말해 은혜언약은 영원 전에 성부와 성자께서 체결하셨고, 행위언약이 파괴 되었을 때 인류에게 소개되고 적용되기 시작했다. 따라서 은혜언약은 그 체결시점과 적용시점에 있어서 분명한 차이가 있다. 참고로 은혜언약은 그 효력을 발휘하는 시점 또한 다르다. 은혜언약은 택자 한 사람 한 사람에게 개별적으로 그 효력이 발휘되는데, 그 시점 또한 믿음으로 중보자를 영접할 때로 사람마다 다르게 나타난다. 그러나 분명한 것은 그 시기 또한 모두 하나님의 작정 속에 있다.

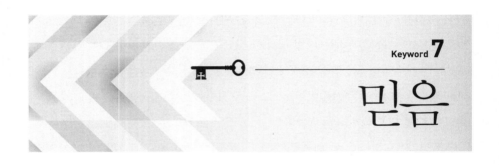

믿음

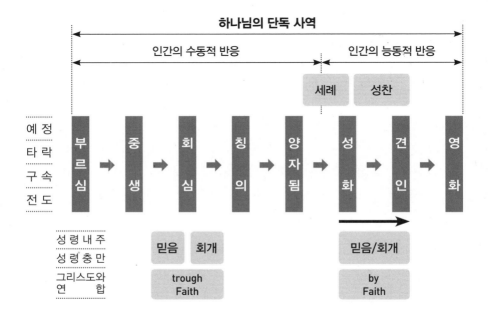

구원의 서정은 물리적 시간의 순서가 아니라, 논리적인 순서

부르심   하나님은 생명으로 예정하신 이들을 부르신다. 좀 더 정확히 말하면 하나님께서는 영원 전에 영원한 생명으로 예정한 이들만 부르신다. 그리고 하나님께서는 자신이 예정하신 이들은 한 명도 빠짐없이 모두 부르신다. 하나님께서 이들을 부르시는 때는 전적으로 하나님의 뜻에 달려있다.[106] 하나님의 부르심은 예수 그리스도의 구원의 은혜에 근거한다. 사람이 행한

선행이나 앞으로 행할 선행을 미리 보시고 부르신 것이 아니다.[107]

하나님께서 죄인들을 그리스도에게 나오게 하는 방법은 두 가지다. 첫 번째는 복음 초청이다. 이는 이 땅에 있는 모든 사람에게 증거되는 복음의 메시지를 말한다. 이 복음 초청에는 어떠한 차별도 없다. 그리고 이 초청은 결코 비밀스럽지 않다. 공개적이다. 이 땅에 살아가는 사람은 누구나 이 복음의 메시지를 들을 수 있다.[108] 따라서 복음 초청을 외적 소명이라고 한다. 이 초청을 받은 사람들은 이를 마음에 받아들이기도 하지만, 어떤 이들은 이를 거부하기도 한다. 심지어 어떤 이들은 이를 저항하기도 한다. 이렇듯 하나님의 외적 소명인 복음 초청은 항상 성공적인 결과를 낳는 것은 아니다. 많은 경우 복음 초청은 거부되고 실패로 돌아간다. 이러한 면으로 볼 때 복음 초청은 그 자체만으로는 죄인들을 그리스도에게 불러 구원에 이르게 하기에는 충분하지 않다. 그럼에도 불구하고 복음 초청만이 하나님께서 택한 자들을 찾는 필수적인 방법임은 분명하다. 이는 하나님께서 이 복음 초청을 중생케 하는 씨앗으로, 또한 영혼의 양식으로 정해놓으셨기 때문이다.[109]

하나님께서 죄인들을 그리스도에게 나오게 하는 두 번째 방법은 사람의 마음에 성령 하나님께서 직접 역사하시는 것이다. 성령님께서 죄인을 부르시는 것이다. 성령 하나님께서 죄인의 마음에 직접 부르시는 이 소명은 누구도 거부할 수 없다. 따라서 하나님께서 부르신 자들은 모두 그 부르심에 응답하게 된다. 이는 성령님께서 부르신 자들의 마음을 돕기 때문이다. 성령님의 부르심은 우리의 죄와 비참을 깨닫게 하고, 우리의 마음을 밝혀 그리스도를 알게 하며, 우리를 권하여 복음 가운데서 우리에게 값없이 주신 예수 그리스도를 믿도록 한다. 따라서 죄인들은 그리스도의 구원의 은혜와 성령님의 도우심으로 자발적이며 기쁨으로 부르심에 응답하게 된다. 그래서 이를 효력 있는 성령의 부르심(Efficacious Call of Spirit)이라고 부른다. 성령 하나님의 효력 있는 부르심이 복음 초청인 외적 소명에 더해지면 그 사람은 반드시 그리스도인이 된다. 이러한 이유로 복음에 의한 부르심에 순종하여 그리스도에게 돌이킨 자들은 그것이 자신의 자유의지에 의한 결단이라고 결코 생각해서도 또 그렇게 주장해서도 안 된다.[110]

반면에 말씀으로 부르심을 받았지만 깨닫지 못하고 회개하지 않는 사람들이 있다. 이들이 말씀에 반응하지 않는 것은 말씀이 잘못된 것도, 그리스도의 능력이 부족한 것도, 하나님께서 그들에게 주시고자 하는 은사가 부족해서도 아니다. 이러한 경우는 모두 인간 자체에 잘못이 있기 때문이다. 말씀의 부르심 앞에서 인간이 보이는 잘못들은 생명의 말씀을 정면으로 거부하거나, 당장은 그 말씀을 기쁨으로 받되 그 속에 뿌리가 없어 잠시 견디다가 환란과 핍박을 당할 때 곧 넘어지거나, 세상의 염려와 재리의 유혹에 말씀이 막혀 결실치 못하는 경우들이다 (마 13장).[111]

그러면 복음 초청과 하나님의 효력 있는 부르심의 관계는 어떻게 되는 것인가? 이 두 가지를 같은 것으로 볼 수 있는가? 그렇지 않다. 하나님의 효력 있는 부르심과 설교자나 복음 전파자의 복음 초청은 분명히 구분 되어야 한다. 복음 초청은 말 그대로 사람들에게 그리스도의 복음을 전하고, 그들을 이 은혜 안으로 초청하는 것이다. 복음 초청의 대상은 모든 사람이다. 이중에는 택자들도 있고, 유기된 자들도 있다. 그러나 하나님의 효력 있는 부르심은 오직 택자들 만을 대상으로 한다. 성령님께서는 복음의 초청을 받은 사람들 중에 오직 택자들에게만 역사하셔서 호의적인 반응을 불러내신다. 다시 말해 효력 있는 부르심이란 복음 초청이 하나님의 백성들의 마음과 삶 속에서 구원에 이르는 효력을 갖게 된다는 것을 말한다. 복음의 외적 소명과 효력 있는 부르심의 또 하나의 분명한 차이점은 복음의 외적 소명을 통해서는 죄인들을 향한 하나님의 은혜가 제공되는 반면에, 효력 있는 부르심을 통해서는 복음에 실제적인 반응이 일어난다는 것이다. 다시 말해, 외적 소명이 단순한 제안이라면, 효력 있는 부르심은 실제적인 역사이자 효력이라고 할 수 있다.

그런데 경우에 따라 택함을 받지 않은 자들 중에도 말씀의 사역을 통해 소명을 받았다고 생각하는 사람들이 있다. 다시 말해 말씀을 들을 때 감동을 받기도 한다는 것이다. 이는 우리가 영화를 보거나, 책을 읽거나, 연설을 들을 때 감동하는 것과 같은 이치다. 뿐만 아니라 택함을 받지 않은 자들이 성령님의 사역에 반응을 보이는 경우도 있다. 그런데 이것도 성령이 부르시는 사역은 아니다. 성령은 택자가 아닌 자들을 결코 직접 부르시는 경우가 없다. 그런데 택함을 받지 않은 자들이 성령의 사역을 체험한 것처럼 느끼는 이유는 성령님께서 어떠한 환경과 상황에 공통적으로 나타내시는 역사에 그들도 택자들과 함께 노출되었기 때문이다. 쉽게 말해 성령의 은혜가 임하는 자리에 함께 참석했다가 다른 사람들이 은혜 받는 광경을 보거나 그 주변의 분위기에 의해 자신도 동일한 은혜를 받았다고 착각하는 것이다. 이런 경우가 바로 스스로를 속이는 경우에 해당한다. 이렇게 소명을 받았다고 생각하는 이들의 반응이 결국 진실될 수 없는 것은 처음부터 소명이 없었고 그 반응은 착각이기 때문이다. 이러한 이들은 처음에는 마음의 감동을 따라 그리스도를 따를 것처럼 반응한다. 그러나 결국 그리스도께 진정으로 나아가는 것은 실패하고 만다.[112]

이러한 면에서 볼 때 말씀선포를 통한 복음 초청에 반응한 자들이라 할지라도 그들 모두가 성령의 부르심을 받은 자들이라고는 볼 수 없다. 이를 복음 초청을 받은 사람과 실제 효력 있는 부르심을 받은 사람의 숫자로 비교해보면 실제 성령의 효력 있는 부르심을 받은 사람들은 복음 초청에 반응한 사람의 수에 비교했을 때 더 적다는 것을 알 수 있다. 이는 단순한 이론적 추정이 아니다. 우리가 이것을 단정할 수 있는 것은 성경이 이를 분명히 말하고 있기 때문이다. 마태복음 22:14은 "청함을 받은 자는 많되, 택함을 입은 자는 적으니라"고 말씀한다. 여기서 '청함은 받은 자'들은 복음 초청, 즉 외적 부르심을 받은 자로 볼 수 있다. 반면에 '택함을 입었다'는 말은 성령님의 효력 있는 부르심을 받은 자들이라 할 수 있다. 따라서 이 말씀은 이 세상에서 복음 초청을 받은 사람들은 많을 수 있지만, 그 가운데 정작 효력 있는 부르심을 받은 사람들의 수는 그보다 훨씬 적을 수 있다는 것이다.

하나님께서는 크게 두 가지의 이유에서 사람을 부르신다. 첫 번째 경우는 이 땅에서 하나님께서 이루시기를 원하시는 어떤 사역을 맡길 사람을 부르시는 경우다. 이러한 경우에 하나님께서 부르시는 사람의 기준은 다름 아닌 재능이다. 하나님께서는 자신이 이루시고자 하는 일에 맞는 재능을 가진 사람을 부르신다. 그리고 그들이 자신의 재능을 최대한 살려 일하게 하심으로 하나님께서 기대하셨던 일을 결국 이루어 가신다. 이렇게 하나님께서 온전히 어떠한 사역만을 위해서 부르는 자들은 그가 선택받은 사람이든, 그렇지 않은 사람이든 별로 중요하시 않다. 왜냐하면 이런 경우에 하나님께서는 구원과 상관없이 단지 사역의 일꾼으로 사람을 부르시기 때문이다. 이렇게 하나님으로부터 불려서 쓰임 받은 사람의 예는 성경에서 많이 찾을 수 있다. 요셉을 감옥에 가둔 보디발, 이스라엘 백성들의 출애굽에 관여한 애굽 왕, 바벨론의 느브갓네살 왕과 바사왕 고레스 등 상당히 많은 예를 찾을 수 있다. 하나님께서는 심지어 선한 일을 수행하시고 드러내시기 위해 사악한 이들은 물론 사탄을 불러 사용하기도 하신다. 이렇게 하나님으로부터 단지 어떠한 일 때문에 불려서 쓰임 받는 이들은 자신들이 맡은 일 그 자체로 모든 임무가 끝난다. 이들에게는 하나님께서 어떠한 특별한 보상도 하지 않으신다. 오히려 이들은 자신들이 맡은 일을 하면서 행한 죄악들로 인해 심판과 벌을 받을 가능성이 더 높다.

하나님께서 사람을 부르시는 또 하나의 이유는 구원을 위함이다. 이것은 다른 의미로 선택받은 자들을 찾는 부르심이라고도 할 수 있다. 선택받은 사람이 구원의 신비에 대한 소식을 듣게 되면 그들은 마음을 열고 그 구원의 복음을 받아들인다. 이 과정에서 선택받은 자들이 복음의 소식을 거부감 없이 수용하는 이유는 성령님께서 택자들의 마음에 복음을 받아들일 수 있는 새로운 영적 기관을 불어넣어 주시기 때문이다. 다시 말해 택자들은 이 과정을 거치면서 그들 속에 그 전에는 없었던 새로운 기관이 하나 생겨나는데, 그것이 바로 믿음이다. 이러한 차원에서 믿음은 복음을 받아들이는 우리 안의 영적 기관이라 할 수 있다. 믿음은 하나님의 뜻을 수납하는 우리 속의 영적 기관이라 할 수 있다. 그리고 더 나아가 이 믿음은 신자의 행동을 조정하는 영적 기관이 된다. 하나님께서 사람을 구원으로 부르실 때 택자들에게는 이러한 일련의 사건이 분명이 일어난다. 다시 말해 택자들에게는 하나님께서 구원으로 부르시는 사역이 항상 그 효력을 발휘한다. 그래서 이 부르심을 효력 있는 부르심이라 부르는 것이다.

하나님은 자신이 선택한 자만 유효하게 부르신다. 따라서 하나님의 효력 있는 부르심이 없이는 누구도 구원에 이를 수 없다. 이러한 이유로 그리스도에 대한 믿음을 고백하지 않는 이들 또한 결코 구원에 이를 수 없다. 이는 이 세상의 누구도 자신의 노력이나 자신이 꾸민 종교적인 삶으로는 구원받을 수 없음을 말한다. 따라서 하나님의 부르심 없이도 자신이 고안한 방법으로 구원에 이를 수 있다고 말하는 것들은 모두 가증스런 죄에 해당한다.[113]

하나님께서는 선택한 자들을 한 명도 빠짐없이 모두 부르신다. 그러나 그들을 모두 동일한 시간에 부르시는 것은 아니다. 각 사람에 따라 하나님께서 부르시는 시기는 다르다. 이는 하나님께서 선택한 자들을 부르실 시간을 각각 미리 지정해 놓으셨기 때문이다. 따라서 어떤 이들은 유아 때에, 어떤 이들은 장년에, 심지어 어떤 이들은 죽음 직전에 부르기도 하신다. 그러나 하나님의 부르심의 공통점은 비록 시기는 다르지만 모두 이 땅에서 살아가는 동안에 하나님께서 부르신다는 것이다. 하나님께서는 죽은 자는 부르시지 않으신다. 다시 말해 하나님께서 선택한 자라면 죽기 전에는 꼭 부르신다. 그리고 만일 그가 하나님께 선택된 자라면 그는 죽기 전에 꼭 그 부르심에 반응한다. 이러한 차원에서 보면 죽은 자들을 위해 구원을 간구하는 것은 그 자체가 하나님의 뜻에 대한 반역이자 반항이라 할 수 있다. 이는 하나님이 하시지도 않는 일에 대해 간구하는 것이기 때문이다. 하나님이 뜻하지도 않는 일에 대해 소망하는 것이 되기 때문이다.

앞서 살펴본 바와 같이 하나님의 효력 있는 부르심의 대상은 모두 하나님의 예정에 근거한다. 그리고 부르심의 때도 모두 하나님의 작정 속에 미리 정해져 있다. 이것이 하나님의 뜻이고, 택자를 구원으로 부르시는 하나님의 방법이다. 그런데 하나님의 부르심의 방법에 대해 많은 사람들이 오해를 하는 부분이 있다. 어쩌면 이는 오해라기보다는 불평에 더 가깝다고 할 수 있다. 하나님께서 자기가 정한 대로 시간과 장소를 달리하여 사람을 부르시는 것에 대해서는 대부분의 사람들이 크게 문제를 삼지 않는다. 하나님께서 사람보다 힘이 강하고 권위가 있으신 신이시기 때문에 충분히 그렇게 할 수 있다고 생각하기 때문이다. 그런데 부르시는 대상을 하나님 마음대로 정한다는 것에는 많은 사람들이 상당한 거부반응을 보인다. 물론 이들도 하나님께서 어떤 이는 부르시고, 어떤 이는 안 부르실 수 있다고 말한다. 그런데 이럴 경우에 그 근거와 원인은 사람의 행동에 있어야 한다고 이들은 생각한다. 하나님께서 어떤 기준을 정해주시고 그 기준에 부합하게 행동하는 자는 부르시고, 그렇지 않은 자는 안 부르시는 것이 공평한 방법이라는 것이 이들의 주장이다. 결국 이들이 말하고자 하는 것은 인간에게는 어떠한 기회도 주지 않은 채 하나님 마음대로 부르실 자와 그렇지 않을 자를 미리 정해 놓으신 것은 그 자체로 정의롭지 못하고 공평하지 못하다는 것이다. 이들의 말도 논리 자체로만 볼 때는 물론 일리가 없는 것은 아니다. 그러나 이러한 불평은 효력 있는 부르심에 대해 제대로 알지 못해서 생긴 오해가 불러온 결과라고 할 수 있다. 이들이 이렇게 주장을 하게 된 것은 인간의 입장에서 공평을 잣대로 하나님의 부르심을 이해하려 했기 때문이다. 좀 더 구체적으로 말하면 이들이 이렇게 오해를 하는 이유는 하나님의 부르심에 대해 크게 두 가지를 잘못 생각하기 때문이다. 먼저 이들은 하나님의 잣대가 아니라, 인간의 입장에서 부르심을 해석하려 했다. 그리고 또 하나는 하나님께서 부르실 자를 선택하신 것을 공평의 관점에서만 판단하려 한 것이다. 이들이 이러한 방식으로 하나님의 부르심을 오해하는 것은 하나님께서 만물의 창조주로서 만물의 모든 것 하나하나를 자신의 뜻대로 할 수 있는 권위와 권리를 가진 분이라는 것을 인정하지 못하기 때문이다. 또한 이들이 하나님의 효력 있는 부르심을 공평의 영역으로 보고 있기 때문이다. 하나님의 효력 있는 부르심은 공평의 영역이 아니라 자비의 영역으로 이해해야 한다. 공평은 동등하게 대하는 것을 원칙으로 한다. 모두가 같은 조건에서 시작하고 같은 잣대로 평가하는 것이 바로 공평이다. 그러나 자비는 공평과는 전혀 차원이 다르다. 자비를 행함에 있어서는 동등할 필요도 없고, 균등할 필요도 없다. 심지어 공평할 필요도 없다. 자비에는 오직 사랑만 있을 뿐이다. 하나님께서는 자비하셔서 죄인들 중 일부에게 사랑을 베푸시기로 작정하셨다. 그리고 그 사람들을 죄의 속박에서 효력 있게 불러내신다. 이러한 이유로 효력 있는 부르심은 자비하신 하나님께서 택자들에게 베푸시는 은혜의 역사인 것이다.

그럼 하나님께서 택자들에게 효력 있는 부르심을 적용하시는 방법은 무엇인가? 그것은 말씀과 성령의 사역이다. 그런데 이 두 가지는 결코 각각 따로 역사하지 않는다. 말씀과 성령은 택자를 효력 있게 부르시기 위해 항상 함께 일하신다. 그뿐 아니라 이 둘은 항상 협동하신다. 즉, 하나님께서는 말씀과 성령의 협동 사역을 통해 택자들에게 효력 있는 부르심을 적용시키신다. 택자들에게 말씀이 주어지고 동시에 성령님께서 이들의 영적 기관인 믿음에 역사할 때, 부르심을 받은 자들의 의지는 새로워진다. 죄인인 인간은 본성적으로 말씀을 거부하고 복음에 대적한다. 하나님의 효력 있는 부르심을 통한 성령의 사역은 택자들에게 선물로 주어진 영적 기관인 믿음에 작용하여 죄인의 딱딱한 마음을 부드럽게 하고 복음을 수용할 의지를 생성하게 한다. 이렇듯 효력 있는 부르심은 그 근거, 시작, 반응, 그리고 적용까지 전적으로 하나님의 단독 사역으로 진행된다. 그러나 비록 이 모든 것이 하나님의 단독적인 사역으로 되어진다 할 지라도 하나님께서 택자들을 효력 있게 부르실 때 그들을 기계처럼 조정하시는 것은 아니다. 하나님께서는 택자를 부르실 때 그들을 인격적으로 대하시며, 그 마음에 역사하셔서 스스로 그리스도께 나아갈 마음을 갖게 하신다. 이러한 이유로 만일 어떤 사람이 그리스도께로 나아갈 마음이 생겼다면 그것은 분명 하나님께서 그의 마음을 새롭게 하신 결과며, 그를 효력 있게 부르신 증거라 할 수 있다.[114]

하나님의 효력 있는 부르심이 택자들에게 실제로 적용될 때 그들에게서 나타나는 가장 큰 변화가 있다. 그것은 바로 그리스도와의 연합이다. 하나님께서 택자들을 효력 있게 부르실 때 성령님이 그들에게 개별적으로 임하신다. 그리고 이렇게 임하신 성령은 그들 속에 영원히 내주하신다. 성령님께서 임하시는 방식은 충만이다. 성령님은 처음 임하실 때 이미 충만하게 임하신다. 그리고 이 충만함은 성령님이 내주하시는 동안 언제나 유지된다. 즉, 한번 충만히 임한 성령은 영원토록 충만히 내주하신다. 그럼 성령님께서 내주하시는 장소는 어디인가? 성령님께서는 우리의 마음에만 임하시지 않는다. 우리의 생각에만 임하시지 않는다. 우리의 몸에만 임하시지 않는다. 성령님께서 임하시는 곳은 인간 전체다. 즉, 전인(全人)이다. 인간의 지, 정, 의 그리고 몸까지 모든 곳에 성령님은 내주하신다. 성령님께서 전인에 충만히 임하시는 것을 통해 택자는 그리스도와 완전한 연합을 이루게 되는 것이다.

택자가 그리스도와 연합하기 위해서 한 것은 아무것도 없다. 내세울 공로가 하나도 없다. 이러한 이유로 이 연합인 전적으로 하나님의 은혜의 역사인 것이다. 그리스도와의 연합은 영적이며 신비적이다. 따라서 인간이 이 연합을 완전히 이해할 수는 없다. 성경은 그리스도와의 연합을 머리 되신 그리스도께 연합하는 것이라고 말한다. 또한 남편 되신 그리스도께 연합하는 것이라고 말한다. 택함을 받은 자들에게 하나님의 효력 있는 부르심은 일생에 한 번 있는 사건이다. 그러면서도 이 연합은 실제적이며 영구적이다. 다시 말해 이렇게 맺어진 그리스도와의 연합은 결코 단절되지 않고 영원히 지속된다. 일생 동안, 죽어서도, 그리고 부활 후 새 하늘과 새 땅에서도 이 연합은 지속된다. 그래서 효력 있는 부르심과 그에 따른 그리스도와의 연합을 영단번(once for all)의 사건이라 부르는 것이다.[115]

복음 초청과 효력 있는 부르심에 응답했다고 하는 자들 중에도 성령의 역사를 시인하지 않고 자신의 자유의지를 내세우는 사람들이 있다. 이들은 자신이 의지를 잘 사용했기 때문에 죄를 깨닫고 회개하여 복음을 받아들였다고 생각하는 자들이다. 즉, 이들은 믿음과 회심에 필요한 은혜들을 스스로 이루었다고 주장한다. 그러나 이러한 생각들은 모두 성령의 은혜를 거부하고 인간 속에서 구원의 출발점을 찾는 이단적 사고들이다. 혹은 인간의 극단적 교만의 모습이기도 하다. 이러한 이들에게는 부르심의 모든 원인이 오직 영원 전부터 생명으로 택하신 하나님께만 있다는 것을 알려줄 필요가 있다. 그리고 그것을 깨닫게 하시는 분은 오직 성령님이심을 알려주고, 성령님의 도움을 기도함으로 부르심에 대한 바른 지혜를 얻을 수 있도록 도와주어야 한다. 이때 만일 그들이 하나님께서 택한 자들이라면 분명 자신의 교만을 회개하고 성령의 은혜에 감사할 것이다. 그렇지만 만일 이러한 주장을 하는 자들이 하나님께서 유기한 자들이라면 이들은 더욱 완강히 그 사실을 거부하려 할 것이다. 심지어 이들 중 어떤 이들은 성령의 역사를 받아들이고 그리스도와의 연합을 누리는 자들에게 접근하여 그들 또한 자신들처럼 성령의 역사를 부인하도록 자극하려 할 것이다.[116]

중생　　　　　중생은 하나님께서 우리 속에서 역사하셔서 우리를 새롭게 만
　　　　　　　　드시는 것을 말한다. 성경은 이것을 죽음에서 부활의 새 생명을
얻게 하신 것이라 설명한다. 타락한 인간은 어떠한 수단을 사용한다 하더라도 자
신의 방법으로는 하나님께서 주시는 중생의 은혜를 온전히 누릴 수 없다. 왜냐하
면 중생은 결코 복음의 외침이나 도덕적 권면 같은 인간적인 수단으로 되는 것이
아니기 때문이다. 이러한 이유로 이 은혜가 인간에게 적용될 수 있는 방법은 이
은혜 자체에서 찾을 수밖에 없다. 중생의 은혜가 모든 택자들에게 주어지려면 누
구도 이 은혜를 거절할 수 없어야 한다. 결국 이 말은 중생의 은혜가 불가항력적
이어야만 한다는 것이다. 하나님께서 베푸시는 중생의 은혜가 택자들에게 불가
항력적으로 주어질 때, 비로소 오염된 인간은 지, 정, 의, 몸, 즉 전인이 새롭게
태어남을 경험하게 된다. 이러한 회복의 은혜를 받은 자들이 비로소 믿음을 고백
하고, 회개할 수 있게 되어 의롭다고 용납 받을 수 있게 되는 것이다. 중생이 놀
라운 하나님의 은혜인 이유는 하나님께서 택자들의 마음속에 역사하는 이 은혜
가 언제나 실제적이고, 분명하고, 정확하며, 효과적으로 작용하기 때문이다.[117]

　하나님께서는 택하신 자들을 성령을 통해 효력 있게 부르신다. 그리고 부르신
그들에게 새 생명을 주신다. 이 생명으로 새롭게 태어나는 것이 바로 중생이다.
거듭남이라고도 한다. 중생의 거듭남은 사망에서 생명으로의 완전한 변화를 말
한다. 죽을 운명의 사람이 다시 살아날 기회를 가진 것을 말하는 것이 아니다. 이
미 사망한 자가 실제로 다시 살아나는 것을 말한다. 그래서 이것을 생명으로 새
롭게 된 다고 하는 것이다. 따라서 중생은 전적으로 생명을 주관하시는 하나님의
몫인 것이다. 결국 사람에게 있어서 중생은 하나님께서 은혜로 베풀어 주시는 선
물이다. 앞서 말했듯이 하나님의 은혜의 선물인 중생 또한 하나님의 효력 있는
부르심과 같이 인간의 입장에서 수용하거나 거부할 의사를 표현할 수 없다. 이는
중생이 하나님께서 은혜로 값없이 주시는 선물인 동시에 택자들에게 강권적으로
부여되는 왕의 하사품이기도 하기 때문이다. 그래서 중생이 거부할 수 없는 은혜
인 것이다.

　생명으로 새롭게 됨을 선물로 받았다는 것은 인간이 받을 수 있는 가장 큰 선

물을 받은 것이다. 인간에게 있어서 이보다 더 큰 선물은 있을 수 없다. 이러한 이유로 중생의 은혜를 받은 자들은 하나님께서 우리를 위해 무엇인가를 더해 주어야 한다고 말할 수 없다. 다시 말해 하나님께 더 이상 어떠한 의무도 지울 수 없다. 그리고 그래서도 안 된다. 여기서 중생의 은혜를 받은 자들이 명심해야 할 것이 또 하나 있다. 그것은 바로 인간의 노력이나 공로는 생명의 거듭남에 어떠한 영향도 주지 못한다는 점을 분명히 인식하는 것이다. 중생은 하나님의 선물로 주어지는 것이기에 자신의 능력으로 이것을 얻었다고 말할 수 있는 사람은 이 세상에 아무도 없다. 생명의 거듭남에 있어서 자신의 능력이나 공로를 말하는 것은 그 자체가 교만이다. 그리고 동시에 이것은 하나님의 은혜의 풍성함을 깎아내리는 행위다. 또한 하나님께서 주신 중생의 은혜를 자신의 의지로 수용하거나 거부할 수 있다고 말하는 것도 잘못된 생각이다. 중생의 문제는 철저히 하나님의 은혜의 영역임을 결코 부인해서는 안 된다. 이러한 이유로 하나님으로부터 생명의 거듭남을 선물로 받은 자들이 보여야 할 반응은 오직 영원한 감사뿐이다. 그리고 중생을 선물로 받은 자들이 하나님께 간구할 수 있는 것이 있다면 그것은 아직 부르심을 입지 않는 자들을 위한 기도뿐이다.[118]

죄와 관련한 인간의 상태는 다음과 같이 4가지로 정리할 수 있다. 태초에 하나님께서 인간을 창조했을 때 인간은 '죄를 안 지을 수 있는 상태'(posse non peccare)였다. 그런데 인간이 타락하면서 '죄를 안 지을 수 없는 상태'(non posse non peccare)가 되고 말았다. 그러나 인간은 하나님의 중생의 은혜로 다시 '죄를 안 지을 수 있는 상태'(posse non peccare)로 회복된다. 그리고 신자가 죽어서 죄악 된 육체를 벗어버리게 되면 그 때부터는 '죄를 지을 수 없는 상태'(non posse peccare)가 된다. 이 마지막 상태는 그리스도의 최종 심판을 통해 더욱 분명해 진 후 영원히 유지된다. 아우구스티누스의 설명에 따른다면 타락한 인간은 '죄를 안 지을 수 없는 상태'로 오염되었기에 결코 자신의 힘으로는 자신의 중생에 조금의 힘도 보탤 수 없다. 반면에 불가항력적으로 임하시는 하나님의 중생의 은혜를 받게 되면 태초의 아담의 상태를 회복하게 된다. 결국 중생의 은혜 속에 사는 이들은 '죄를 안 지을 수 있는 상태'로 살아갈 수 있게 된다.

인간의 타락과 죄악은 인간을 파멸과 죽음으로 몰아넣었다. 그러나 그렇다고 해서 인간이 타락 이전에 부여받은 이성과 의지가 소멸된 것은 아니다. 타락한 인간에게도 이성과 의지는 그대로 존재한다. 즉, 인간의 본성은 그대로 유지된다. 문제는 타락 이후의 본성은 타락 이전의 본성과 다르다는 것이다. 타락으로 인해 인간 본성도 죄로 오염되어 버렸다. 타락한 인간도 그 본성은 소멸되지 않았다. 그러나 타락한 본성은 결코 그 자체로는 생명에 이를 수 없는 상태가 되었다. 이러한 차원에서 본성이 오염되었다는 것은, 이 본성으로 인간이 직면할 상황은 죽음뿐임을 말하는 것이다. 사망에서 생명으로 옮기는 것이 중생이다. 중생을 통해 인간의 본성 또한 다시 살아난다. 그러나 이것이 죽거나 소멸된 인간의 본성을 살리는 것을 말하는 것은 아니다. 중생을 통한 본성의 회복은 죄로 뒤틀려진 본성을 바로잡는 것을 의미한다. 우리의 본성을 영적으로 소생시키고 치료하며 바르게 해주는 것을 말한다. 중생의 은혜로 회복된 본성은 전에는 육적인 반역과 저항으로 가득 찼던 자들을 기꺼이 신실한 마음으로 순종하게 한다. 이 과정에서 인간의 참되고 영적인 의지의 자유가 회복된다. 즉, 중생한 인간에게는 자신의 자유의지 또한 죄를 거부할 수 있는 아담의 상태로 다시 회복되는 것이다.[119]

회심
(믿음과 회개)

죄를 지은 인간은 그에 대한 벌로 하나님의 진노와 저주 아래 놓이게 되었다. 그러나 하나님께서는 인간이 진노와 저주에서 벗어날 수 있게 해 주셨다. 이를 위해 하나님께서는 다음의 세 가지를 요구하신다. 먼저 우리가 하나님께 회개하길 요구하신다. 둘째는 예수 그리스도에 관한 믿음을 보이기를 요구하신다. 그리고 마지막으로 그리스도께서 자기의 중보와 혜택을 우리에게 전달하시는 외적 방편들을 부지런히 사용할 것을 요구하신다.[120]

구원에 이르는 믿음

우리는 믿음이라는 수단을 통하여 구원에 이르게 된다. 이는 예수 그리스도와 그의 속죄 사역을 믿는 것으로, 예수님을 우리의 구주로 영접하고 그 분 만을 의지하는 것을 말한다. 또한 이 믿음은 예수 그리스도 외에 그 어떤 것도 우리의 믿음의 대상이 될 수 없음을 고백하는 것이다. 이러한 믿음은 우리가 구원에 이르는 여러 길 중의 하나가 아니다. 믿음은 우리가 구원에 이를 수 있는 유일한 길이다. 죄 사함과 구원은 그리스도와 신자의 하나 됨에 있다. 오직 믿음만이 그 하나 됨을 가능하게 한다. 믿음이 하나님 앞에서 죄인을 의롭게 하는 것은 믿음에 어떠한 은혜가 동반되기 때문이 아니다. 믿음의 열매인 선행 때문도 아니다. 믿음은 오직 그리스도와 그의 의를 받아서 적용하는 방편일 뿐이다. 따라서 구원에 이르는 믿음은 전적으로 하나님의 은혜다. 비록 믿음을 표현하는 것은 인간이지만 이것을 행하게 하시는 분은 성령님이시다. 성령님께서 우리 속에 주신 믿음을 표현하는 방법은 그리스도를 우리의 유일한 구주로 영접하는 것이다. 우리가 믿음으로 그리스도를 우리의 유일한 구주로 영접할 때 하나님께서 우리를 의롭다고 용납해 주신다. 그리고 우리의 삶은 점점 그리스도를 닮아가는 삶이 된다.[121]

이 믿음은 보통 말씀을 듣고 접할 때 발생한다. 말씀을 들을 때 성령님께서 우리의 마음을 열어 주셔서 진리를 깨닫고, 죄를 회개하고, 그리스도를 향하게 하신다. 이렇게 우리 속에 생긴 믿음은 계속해서 자란다. 믿음이 자라는 요인은 설교되는 말씀을 듣는 것, 성례에 참여하는 것, 그리고 기도하는 것이다. 믿음이 각각의 사람 속에서 자란다는 것은 이 믿음이 상황에 따라 약할 수도 있고, 강할 수도 있다는 것을 말해준다. 그러나 분명한 것은 성령님께서 주신 이 구원의 믿음은 최종 확신에 이를 때까지 자라며 결국에는 승리하게 된다.[122]

구원에 이르는 믿음에 관해 두 가지의 오해가 있을 수 있다. 하나는 믿음이 구원의 조건이 아니라 단지 수단이라는 이유로 믿음의 가치를 격하시키는 것이다. 그리고 또 한 가지는 믿음이 나의 노력으로 만들어지는 것이 아니라 하나님의 선물이기 때문에 믿음에 관하여 우리 입장에서 할 것은 하나도 없으며, 하나님께서 성령님을 통해 믿음을 주실 때만 기다리면 된다고 생각하는 것이다. 분명히 믿음은 하나님의 선물이다. 하나님께서는 구원을 주시는 부분에 있어서 우리가 믿음을 가졌는지 그렇지 않은지를 보고 결정하시지 않는다. 물론 우리가 얼마나 강한 믿음을 가졌는지가 구원의 조건이 되는 것도 당연히 아니다. 하나님께서는 자신이 영원 전에 택한 자들을 구원하신다. 그 과정에서 택한 자들에게 믿음을 주시어 그리스도를 고백하고 영접하게 하신다. 결국 구원도 믿음도 모두 하나님의 은혜이고 선물이다. 그런데 이러한 사실 때문에 믿음의 중요성이 무시되는 경향이 나타나기도 한다. 구원은 물론 믿음도 인간이 타고난 운명과 같은 것으로 생각해서 믿음에 대해 우리가 할 수 있는 것은 없고 그냥 하나님께서 믿음을 주실 때를 기다리며 편하게 살면 된다는 것이다. 어차피 때가 되면 하나님께서 성령을 통해 믿음을 주시고, 또 강화시켜서 깨닫게 하시고, 고백하게 할 것이니 믿음에 관해 고민할 필요도 없다는 것이다.

그런데 여기서 우리가 꼭 생각해야 할 것은 분명 믿음이 구원의 조건이 아니라 구원을 이루는 수단에 불과한 것은 맞지만, 믿음이 중요하고 가치가 있는 이유는 믿음의 고백이 구원의 유일한 수단이기 때문이다. 다시 말해 믿음이 구원의 조건이 아니기에 무시될 수 있는 것이 아니라, 믿음이 구원의 유일한 수단이기 때문에 중요하고 필수적이라는 것이다. 하나님께서는 사랑하는 자들에게 믿음을 주신다. 여기서 하나님의 사랑은 그의 영원한 작정에 근거한다. 즉, 하나님께서는 그가 사랑하기로 작정한 자들에게만 믿음을 선물로 주시고, 그렇지 않은 자들에게는 믿음을 주시지 않는다. 그리고 이 믿음을 받은 자들이 그것을 마음으로 고백할 때 구원이 실제로 적용된다. 하나님께서는 우리를 구원하시기 위해 아들을 주시기로 작정하셨다. 이 하나의 방법으로 우리를 구원하신다. 그리고 구원받을 자들에게도 구원을 수용하는 한 가지 방법을 마련하셨다. 그것이 바로 믿음이다. 결국 믿음은 조건이 아니라 방법이지만, 믿음이라는 방법을 통하지 않고는 누구도 구원에 이를 수 없다. 물론 스스로 믿음을 고백하고 표현할 수 없는 영아와 정신적 핸디캡을 가진 자들은 이 방법에서 예외적일 수는 있다.[123]

구원의 필수적인 수단으로써의 믿음은 평생 계속해서 강화될 필요가 있다. 믿음의 강화는 신자에게 더욱 강한 구원의 확신을 준다. 또한 하나님의 뜻을 더욱 잘 분별하여 하나님을 기쁘시게 하는 삶을 살도록 한다. 이는 결국 하나님을 즐거워하는 삶을 이 땅에서 풍성하게 누리는 데 도움을 준다. 이러한 차원에서 믿음은 구원의 조건으로 오해되어 너무 과대평가 되어서도 안 되지만, 단지 구원의 방편일 뿐이라는 이유로 과소평가 되어서도 안 된다. 신자에게 있어서 믿음은 사랑하는 자를 구원으로 부르시는 하나님의 유일한 방편임을 분명히 하는 것이 중요하다.[124]

그럼 하나님께서 사랑하는 자에게 주시는 진정한 믿음이란 무엇인가? 크게 세 가지로 정리할 수 있다. 먼저 믿음은 지식이다. 이는 하나님께서 성경말씀 안에서 우리에게 계시하신 모든 것들을 참된 것으로 믿을 수 있는 확실한 지식을 말한다. 어떠한 믿음이나 확신도 성경말씀에 근거하지 않는 것은 바른 믿음일 수 없다. 따라서 우리가 가진 믿음이 진정한 믿음인지 아닌지는 우리가 얼마나 굳게 그것을 믿고 있느냐가 아니라 그것이 성경말씀에 기초한 지식에 근거하느냐에 달려 있다. 둘째 믿음은 성령이 복음을 통하여 우리 안에서 새롭게 만들어 내시는 전적인 신뢰다. 믿음은 내 노력으로 추구하거나 찾는 것이 아니다. 믿음은 수련을 통해 내가 만들어 내는 것도 아니다. 믿음은 마음가짐의 변화나, 내적 비움도 아니다. 또한 믿음은 내 속에 있던 작은 신뢰의 씨가 커지는 것도 아니다. 오히려 믿음은 없던 신뢰가 창조되는 것이다. 성령님께서 내 속에 없던 신뢰를 창조해 낸 것이 바로 믿음이다. 따라서 믿음은 가지는 것이 아니라 생기는 것이다. 이렇게 성령님께서 복음을 통해 내 속에 신뢰를 창조하시는 것이 바로 믿음이다. 그래서 우리는 이제부터 믿기로 했다고 말할 수 없고, 단지 그것이 믿어진다고 밖에 표현할 수 없는 것이다. 셋째로 이 믿음은 개인에게 구체적으로 적용될 때 진정한 믿음이 된다. 즉, 복음이 다른 이에게 뿐 아니라 나에게도 구원의 선물이 된다는 것이 받아들여질 때 구원에 이르는 믿음을 고백할 수 있는 것이다.[125]

생명에 이르는 회개

회개는 거듭난 사람이 자신의 행동은 물론 생각과 감정 그리고 의지를 죄로부터 하나님께로 온전히 돌이키는 것을 말한다. 이는 옛 사람이 점점 죽어가고 새 사람이 점점 살아나는 것으로도 표현될 수 있다. 여기서 옛 사람이 죽는다는 것은 죄를 진정으로 후회하고, 점점 더 죄를 미워하며, 죄로부터 멀리 달아나는 것을 말한다. 반면에 새 사람으로 거듭난다는 것은 그리스도를 통해 하나님을 완전히 기뻐하고 모든 선한 일에 있어서 하나님의 뜻에 따라 살기를 힘써 원하는 것을 말한다. 따라서 생명에 이르는 회개는 죄에서 완전히 돌아서서 하나님의 계명을 지키며 그분과 동행하려는 목표를 세우고 매진하는 것이라고 정리할 수 있다. 이러한 차원에서 칼뱅은 회개의 구성요소를 '육신을 죽이는 것'(Mortification of the flesh)과 '영을 살리는 것'(Vivification of the spirit)이라고 묘사했다.[126]

생명에 이르는 회개는 하나님의 구원적 은혜로 이를 통해 구원과 영생을 얻게 된다(고후 7:10). 이를 단순히 회개라고 하지 않고 생명에 이르는 회개라고 하는 것은 생명에 이르지 못하는 회개도 있기 때문이다. 그 단적인 예가 가룟유다의 경우다. 그는 자신이 잘못한 것을 뉘우치고 스스로 목매달아 죽었다(마 27:3-5). 그러나 가룟유다의 회개는 결코 구원과 영생으로 연결되지 않는다. 성경은 이러한 회개를 '사망을 이루는 세상 근심'(고후 7:10)이라고 표현한다.

회개는 사람이 하는 일이지만, 동시에 하나님의 일이다. 회개는 하나님께서 주셔야 가능하다.[127] 아무리 그 마음이 완고한 자라 하더라도 하나님께서는 자신이 택한 자들에게는 마음을 열어 믿고 회개하게 하신다. 반면에 택하지 않은 자들에게는 그들의 고집과 사악함에 그대로 내버려 두셔서 심판에 이르게 하신다. 이러한 이유로 생명에 이르는 회개가 복음의 은혜인 것이다. 회개가 그리스도 안에서 하나님께서 값없이 주시는 구원의 은혜인 것이다. 하나님께서 성령과 말씀으로 죄인의 마음속에 생명에 이르는 회개를 주시면 죄의 위험성과 더러움, 그리고 추악함을 느끼고 통회하게 된다. 자신이 죄로 얼마나 비참한 상태에 있는 지 깨닫는 것이 회개의 시작이다. 그 이전까지는 전혀 느끼지 못했던 죄에 대한 불쾌감 때문에 생각과 행동이 어색해지는 것이 바로 성령님께서 생명에 이르는 회개를 일으키시는 증거가 되기도 한다. 이때 죄인은 그리스도 안에서 베푸시는 하나님의 긍휼하심을 깨닫고 자신의 죄를 몹시 미워하고 슬퍼하며, 결국 죄에서 떠나 하나님께로 돌아오게 된다. 그리고 모든 일에 하나님께 순종하며 항상 하나님과 동행할 것을 목적으로 매사에 노력하게 된다. 이것이 바로 죄악의 멸망에 빠져 있는 이 세상 중에서도 결코 썩지 않는 믿음의 씨를 보존해 주시는 하나님의 은혜다.[128]

죄에 대한 하나님의 형벌을 두려워하는 마음이 회개를 이끌기도 한다. 그러나 지옥에 대한 두려움만으로는 생명에 이르는 회개에 이를 수는 없다. 단지 죄가 위험한 것이기 때문에 떠나는 것은 진정한 회개를 낳지 못한다. 죄는 그 결과가 지옥이기 때문에 피하는 것이 아니라, 그 자체가 잘못된 것이기 때문에 떠나는 것이다. 생명에 이르는 회개를 위해서는 죄 자체의 더러움과 추악함을 깨달아야 한다. 죄를 미워하는 마음이 있어야 한다. 그래야 스스로 죄를 떠나게 된다. 또한 생명에 이르는 참된 회개를 위해서는 그리스도 안에서 베푸시는 하나님의 무한한 긍휼을 느낄 수 있어야 한다. 만일 하나님의 긍휼하심 없이 죄에 대해 진노하시는 하나님에 대한 두려움만으로 회개하려 한다면, 그들은 결국 스스로 죄의 문제를 해결할 수 없다는 절망과 좌절 속에만 빠져 있게 될 것이다.

생명에 이르는 회개는 전적으로 하나님의 말씀과 성령의 사역으로 발생한다. 여기서 말씀은 예배 가운데 선포되는 말씀뿐 아니라 성경을 읽는 것과 복음 초청까지를 모두 포함한다. 말씀이 선포되고 전달된다고 생명에 이르는 회개가 항상 일어나는 것은 아니다. 성령님께서 말씀사역 가운데 역사해 주셔야만 생명에 이르는 회개가 발생한다. 이를 역으로 얘기하면 다음과 같다. 말씀이 없는 곳에서는 결코 성령님께서 생명에 이르는 회개를 일으키시는 법은 없다. 생명에 이르는 회개에 있어서 말씀과 성령의 협력 사역은 결국 복음이 선포되지 않은 곳에서는 성령님께서 어떤 사람도 진정으로 회개 하도록 하지 않으신다는 것을 의미한다. 다시 말해 복음 선포 없이는 어떠한 구원의 사역도 일어나지 않는다. 이것이 바로 생명에 이르는 회개의 교리도 구원에 이르는 믿음의 교리와 마찬가지로 복음의 사역자들에 의해 필수적으로 전파되어야 하는 중요한 이유다.[129]

죄는 사소한 나쁜 성향이나 단순한 선의 결핍이 아니다. 죄는 전적으로 악한 것이다. 따라서 어떠한 작은 죄라도 하나님의 영원한 저주와 진노의 대상이 된다. 이러한 이유로 잘못한 행위를 뉘우치는 단순한 태도 정도로는 결코 생명에 이르는 회개가 될 수가 없다. 이 회개는 마음 뿐 아니라 전인이 죄를 미워하고 죄에서 돌이키는 것이어야 한다. 또한 이것은 단회적인 사건으로 끝나서는 안 되며 매일 매일 계속적인 행동으로 나타나야 한다. 그럼 생명에 이르는 참된 회개를 했는지 그렇지 않았는지는 어떻게 알 수 있는가? 회개를 행할 때의 행동과 내용, 그리고 그 때의 감정만으로는 결코 이것을 판단할 수 없다. 생명에 이르는 회개를 구분할 수 있는 것은 오직 회개의 열매를 통해서만 가능하다. 회개를 통해 매일 매일 더 죄를 미워하고 더 경건한 삶을 살아갈 때 그 회개는 생명에 이르는 회개라고 할 수 있다. 그렇지만 이 세상에 그 누구도 하나님의 뜻을 따라 온전히 율법을 지킴으로 생명에 이르는 회개를 완전히 감당할 수 있는 사람은 없다. 진정한 회개와 삶의 변화를 통해 아무리 경건한 삶을 살아간다 해도 하나님의 뜻에 대해서는 단지 조그만 순종을 시작했을 뿐이기 때문이다. 그러나 이러한 상황에서도 신자가 감사할 수 있는 이유는 하나님께서는 우리가 다 채우지 못하는 부족한 양의 순종을 나무라시기보다는, 불순종과 반역의 삶에서 순종의 삶으로 변화된 모습을 더욱 기뻐해 주시기 때문이다. 즉, 하나님께서는 회개의 정도와 양이 아니라, 회개의 시작을 귀하게 보신다. 따라서 회개를 시작한 신자가 취할 태도는 하나님의 모든 계명을 지키려는 목표를 세우고 매사에 그것을 이루기 위해 최선을 다해 노력하는 모습을 보이는 것이다.[130]

회개할때는 구체적인 죄를 구체적인 방법으로 해야 한다. 회개하는 구체적인 방법에는 사적으로 하는 것과 공적으로 하는 것이 있다. 먼저 사적으로 하는 것은 자신이 범한 죄를 하나님께 사적으로 고백하고, 그 간구한 죄를 버리고 더 이상 동일한 죄를 짓지 않는 것이다. 반면에 형제나 그리스도의 교회에 걸림돌을 놓은 자는 사적인 고백은 물론 공적인 고백과 애통을 통해 피해자들에게 회개를 표시해야 한다. 이 경우 피해를 입힌 자가 진정한 공적 회개를 했다고 판단된다면 피해자들은 그와 화해하며, 그를 사랑으로 받아들여야한다.[131]

회개에는 용서가 따른다. 죄인은 죄의 용서를 기대하면서 회개의 자리에 나아간다. 그러나 회개가 모든 죄를 때마다 용서해 주는 이유가 되는 것은 아니다. 회개를 했다는 이유로 모든 죄가 항상 다 용서되었다고 스스로 단정할 수는 없다. 그렇지만 분명한 것은 회개하지 않고는 누구도 죄 용서함을 받을 수는 없다. 이는 모든 죄인이 죄를 용서받는 필수적인 요소가 바로 회개이기 때문이다. 아무리 작아도 심판 받지 않을 죄가 없는 것과 같이, 아무리 커도 진정으로 회개하는 자에게 심판을 임하게 할 수 있는 죄는 없다. 그런데 여기서 주의해야 할 한 가지는 아무리 생명에 이르는 회개를 통해 용서함을 받는다고 하더라도, 우리에게 전가된 아담의 죄책은 오직 그리스도의 보혈을 통한 속죄 사역으로만 없어질 수 있다는 것이다. 결국 생명에 이르는 회개는 죄인들의 죄책이 제거되는 수단이지, 조건이 될 수는 없는 것이다.[132]

칭의　　　아담의 후손은 모두 그로부터 죄를 전가받은 죄인으로 태어나서 죄인으로 살아간다. 이러한 죄인이 구원을 받기 위해서는 죄의 문제가 해결되어야 한다. 그런데 죄인인 인간이 스스로 자신의 죄의 문제를 해결할 수 있는 길은 전혀 없다. 이러한 이유로 인간의 죄 문제 해결은 오로지 인간 밖에서만 가능한 것이다. 오직 그리스도의 속죄 사역 만이 인간의 죄 문제를 해결할 수 있다. 그리스도께서 자신을 희생제물로 드려 택자들의 죄값을 대신 지불하심으로 모든 죄가 용서된다. 그리고 이 속죄의 은혜를 입은 자들은 모두 그들의 죄책에서 사면을 받는다. 그렇다면 죄를 용서받고 사면받은 이들은 구원을 받을 수 있는 것인가? 죄 용서가 구원의 조건이라면 이것만으로 충분한가? 그렇지 않다. 하나님께서 인간에게 요구하시는 구원의 조건은 죄 용서를 통한 죄책의 사면뿐 아니라, 죄인의 신분을 벗고 의인으로 인정된 상태까지 포함한다. 다시 말해 만일 모든 죄가 용서받았다고 하더라도 하나님께서 요구하시는 의가 우리에게 없으면 영생을 얻어 구원에 이를 수 없다. 이러한 차원에서 칭의는 구원의 필수적인 요소가 된다.

하나님께서는 자신이 택하신 자들을 효력 있게 부르신다. 그리고 그 부르신 이들을 의롭게 하신다. 이를 칭의라고 한다. 하나님께서는 의를 주입함으로써가 아니라, 죄를 용서하시고 그 죄인을 의로운 자로 용납하심으로 칭의를 행하신다. 칭의의 근거는 사람의 행함이 아니라, 전적으로 그리스도의 값없는 속죄의 은혜다. 다시 말해 속죄를 통한 죄 용서와 칭의는 두 가지 모두 그리스도의 사역이다. 칭의가 우리에게 이루어지는 유일한 수단이 바로 믿음이다. 그런데 이 믿음 또한

우리에게서 난 것이 아니라 하나님께서 선물로 주신다. 결국 믿음 또한 하나님의 전적인 은혜다.[133]

하나님께서 믿음을 선물로 주시는 것은 택자들을 향한 자기의 무한한 사랑과 자비의 표현이라고 할 수 있다. 만일 하나님께서 어떠한 조건으로 믿음을 주셨다면 이 땅의 죄인들은 그 누구도 믿음을 얻지 못했을 것이다. 이 땅에는 그 누구도 그 조건을 맞출 수 있는 사람이 없기 때문이다. 또한 만일 믿음을 각각의 사람들에게 맡겼다면, 이 땅의 죄인들은 그 어느 누구도 믿으려 하지 않을 것이다. 이는 죄로 타락한 인간이 본성적으로 복음을 거부하기 때문이다. 심지어 복음에 대적하려 하기 때문이다. 다시 말해 인간은 믿음의 조건을 맞추지 못할 뿐 아니라, 본성적으로 복음을 거부하기 때문에 믿음을 스스로 획득할 수 있는 사람은 아무도 없다. 결국 믿음을 조건으로 한 구원은 그 누구에게도 주어질 수 없다. 이러한 이유로 죄인들이 믿음을 수단으로 의롭다 함을 받을 수 있는 길은 오직 믿음이 선물로 주어지는 것뿐이다. 그리고 이 믿음은 거부할 수 없게 주어져야 한다. 누구도 믿음을 자랑할 수 없는 이유가 바로 이것이 거부할 수 없는 선물로 주어지기 때문이다(롬 3:27). 그러나 이것을 하나님께서 우리에게 믿음을 강압적으로 강요하는 것으로 이해해서는 안 된다. 거부할 수 없는 믿음을 억지로 우리에게 떠 넘기는 것으로 생각해서는 안 된다. 하나님께서 주시는 선물인 믿음은 분명 누구도 거부할 수 없다. 그렇지만 이것이 하나님께서 자신의 권위와 힘으로 믿음을 억지로 떠맡기는 것을 말하는 것은 아니다. 누구도 선물로 주시는 믿음을 거부할 수 없는 이유는 성령님께서 믿음을 환영하도록 그 마음을 변화시키시기 때문이다. 누구도 믿음을 억지로 받지 않도록 그 마음을 부드럽게 하시기 때문이다. 이러한 이유로 사람들은 하나님께서 믿음을 선물로 주실 때 기쁨으로 그것을 받아 들이는 것이다. 자발적으로 믿음을 수용하는 것이다. 하나님께서 영생을 주시기로 선택한 자들은 모두가 믿음을 선물로 받게 되고, 그 믿음을 통해 의롭다 여김을 받게 되는 것이 바로 이런 이유에서다.[134]

하나님께서 택하신 모든 자들은 이렇게 선물로 주어지는 믿음을 통해 칭의를 받는다. 따라서 이 믿음을 '의롭게 하는 믿음'이라고 할 수 있다. 그런데 이 믿음의 중요한 특징은 오직 말씀과 성령이 함께 역사할 때만 '의롭게 하는 믿음'이 주어진다는 것이다. 다시 말해 성령이 역사하시지 않는 복음 초청이나 말씀 선포에서는 누구도 '의롭게 하는 믿음'을 선물로 받을 수 없다. 이는 성령의 역사 없이도 복음 초청과 말씀의 선포가 실제 있을 수 있기 때문이다. 복음 초청과 말씀의 선포가 있다고 해서 그 자리에 항상 성령의 역사가 있는 것은 아니라는 것이다. 순수한 교리의 복음과 말씀이 선포되지 않는 곳에서는 통상적으로 성령의 역사도 없다. 그런데 그럼에도 불구하고 그 과정에서 어떠한 감동은 있을 수도 있다. 하나님 앞에서 어떠한 일에 대한 결단이 있을 수도 있고, 헌신에 대한 각오가 있을 수도 있다. 즉, 성령의 역사 없이도 어떠한 믿음이 생산될 수는 있다. 그러나 분명한 것은 그러한 믿음은 결코 '의롭게 하는 믿음'이 될 수 없다. 성령님께서 마음을 열어 수용하게 하신 믿음이 아니기에 이 믿음으로는 결코 칭의에 이를 수 없다는 것이다. 반면에 하나님께서 구원으로는 부르시지는 않았지만, 섭리적인 차원에서 동원하시길 원하는 일꾼의 경우 성령의 사역 없이도 이러한 믿음이 생성되기도 한다. 이러한 믿음으로 살아가는 자들은 분명 쓰임을 받기는 하나 구원에는 이르지 못하게 된다.

칭의가 하나님의 전적인 은혜인 이유는 받을 자격이 없을 뿐 아니라 그럴 만한 가치도 없는 자들에게 베풀어지기 때문이다. 그것도 무조건적으로 베풀어지기 때문이다. 칭의의 근원은 전적으로 하나님의 선하신 작정이다. 좀 더 정확히 말하면 하나님의 예정이다. 하나님께서는 영원 전에 몇몇은 의롭다고 용납하셔서 구원하기로 선택하셨고, 나머지는 유기하기로 예정하셨다. 그리고 때가 차매 영원한 생명으로 예정하신 이들을 위해 그리스도께서 이 땅에 오셨고, 고난 받으시고 죽으셨으며, 부활하셨다. 그리스도께서는 이 땅에 사는 동안 율법을 완전히 성취하셨다. 그리고 죄인들을 속량하시기 위해 자신의 생명을 우리의 죄값으로 내놓으셨다. 그리스도께서는 율법을 성취하신 것과 속죄 사역을 완수하심으로 회득하신 의를 죄인들 중 하나님의 택함을 받은 이들에게 값없이 주셨다. 아무 조건 없이 선물로 주신 것이다. 이러한 이유로 칭의가 전적인 하나님의 은혜인 것이다.[135]

그러나 그리스도의 이 두 가지 사역만으로는 칭의가 우리에게 주어졌다고 할 수 없다. 그리스도께서 의를 획득하셨다고 해서 그것이 바로 우리에게 전가되는 것은 아니기 때문이다. 그리스도의 의가 우리에게 전가되기 위해서는 그리스도와 우리와의 관계가 먼저 정립되어야 한다. 다시 말해 칭의가 우리에게 실제로 적용되기 위해서는 그리스도와 우리가 연합된 상태가 되어야 한다는 것이다. 그리스도와 우리를 연합시키는 분이 바로 성령님이시다. 결국 성령님께서 그리스도와 우리를 연합시켜 주어야만 그리스도의 의가 우리에게 전가된다. 칭의가 일어난다.[136] 우리가 의롭다고 여김을 받는 것은 우리가 의로운 사람으로 변했기 때문이 아니라, 그리스도께서 우리의 의가 되시기 때문이다. 연합하여 그리스도의 의를 입은 자들에게는 하나님께서 더 이상 죄를 묻지도 않으시고 기억하지도 않으신다. 심지어 우리 속에 여전히 내재하고 있는 죄악 된 본성도 간과하신다. 그리스도의 의로 말미암아 우리를 의롭다고 인정하신 하나님은 더 이상 우리를 죄인으로 여기지 않으신다. 이러한 이유로 하나님으로부터 의롭다는 선언을 받은 사람은 더 이상 어떠한 상황에서도 유죄 판결을 받지 않는다는 약속을 받은 것이라 할 수 있다.[137]

그럼 칭의의 본질에 대해 좀 더 구체적으로 생각해 보자. 우리가 죄인임에도 불구하고 하나님으로부터 의롭다고 용납될 수 있는 근거는 두 가지다. 하나는 하나님께서 하늘의 법정에서 우리를 의인이라고 선포하는 것이고, 나머지 하나는 그리스도의 의가 우리에게 전가되는 것이다. 첫 번째 근거를 법정적 의(forensic righteousness)의 선포라고 하는데, 이는 하나님께서 우리의 죄가 그리스도의 속량으로 완전히 용서되었음을 공식적으로 선포하는 것을 말한다. 또한 하나님께서 우리를 더 이상 죄인이 아니라, 의인으로 간주하신다는 것을 공포하시는 것이다. 하나님의 이 선포는 하늘나라 법정에서의 최종 공포로 어떠한 반박이나 수정도 용납되지 않는 영원한 법칙이 된다. 이러한 이유로 한 번 하나님께 의인으로 용납된 자는 어느 누구도 그를 죄인이라 말할 수 없게 되는 것이다. 두 번째 근거는 그리스도의 의가 전가(imputation of righteousness)되는 것이다. 의의 전가는 그리스도의 의로 우리의 죄를 덮는 것을 말한다. 여기서 우리에게 전가되는 그리스도의 의는 성육하신 그리스도께서 이 땅에서 완전히 이루신 의에 근거한다. 예수 그리스도는 이 땅에 계시면서 하나님의 율법에 온전히 순종하셨을 뿐 아니라, 모든 계명을 완전히 지키심으로 의를 성취하셨다. 그리스도께서는 이 땅에서 완전하고 흠 없는 순종의 삶을 사심으로 율법의 의를 이루신 것이다. 그리스도께서는 자신이 이루신 온전한 의를 죄인인 우리에게 전가해 줌으로써 우리 또한 그와 같은 의인으로 인정될 수 있는 근거를 제공해주셨다. 그의 의로 우리의 죄를 완전히 덮어 하나님 앞에서 우리가 의인으로 여겨질 수 있도록 하신 것이다. 비록 우리 속에 여전히 죄악 된 본성이 남아 있긴 하지만 그리스도는 자신이 이루신 의로 우리를 완전히 감싸서서 세상에 어느 누구도 우리를 죄인으로 취급하지 못하게 하신 것이다. 이러한 그리스도의 의를 통해 하나님께서도 우리를 의인으로 용납하시는 것이다.[138]

그리스도의 의가 전가되는 수단 이 믿음이다. 믿음은 그리스도의 의가 우리에게 전가되는 수단이지, 결코 근거나 이유가 아니다. 우리가 믿음이 있기 때문에 혹은 믿음을 보이기 때문에 의롭다 함을 받는 것이 아니라, 믿음을 통해서 의롭다 함을 받는 것이다. 칭의의 근거는 오직 그리스도의 속죄 사역과 그분이 이 땅에서 획득하신 의다. 이에 반해 믿음은 칭의에 있어서 단지 도구에 불과하다. 믿음이 칭의의 수단이라는 것은 우리에게 구원을 주는 의와 이에 관련된 모든 능력이 전적으로 하나님께 달려 있다는 것을 말한다. 이런 믿음이 칭의의 수단으로써 중요한 것은 이것이 의가 전가되는 여러 수단 중 하나가 아니라, 유일한 수단이기 때문이다.[139] 하나님께서는 칭의를 위해 믿음 외에는 우리에게 아무것도 요구하지 않는다.[140]

이러한 이유로 우리는 '오직믿음'(sola fide)을 말한다. 오직믿음은 의가 전가되는 수단이 믿음뿐임을 말하는 것이다. 그렇다고 오직믿음이 마음에 믿음만 있으면 된다는 것을 의미하는 것은 아니다. 오직믿음은 결코 선행을 배제하지 않는다. 삶은 어떻든 믿음만 있으면 된다고 결코 말하지 않는다. 오직믿음은 칭의의 문제에 있어서 믿음이 중요함을 말하는 것이지, 그리스도인으로서 어떻게 살 것인지에 관한 문제를 이차적인 것으로 돌리는 것은 아니다. 오직믿음이 선행을 언급하지 않는 것은 선행이 칭의의 근거는 물론 수단도 되지 않기 때문이지 그것이 중요하지 않기 때문이 아니다. 인간의 선한 행위는 칭의에 어떠한 역할도 하지 않지만, 하나님을 영화롭게 하는 점에 있어서는 절대로 중요하다. 또한 오직믿음은 맹목적인 믿음을 의미하는 것도 아니다. 칭의의 수단이 되는 믿음은 그리스도의 말씀에 대한 올바른 지식에 근거한 믿음이다. 그래서 이를 살아 있는 믿음이며, 구원을 일으키는 믿음(saving faith)이라고 한다.[141]

하나님께서 의롭다하고 용납해 주신 자들은 결코 그 상태로부터 타락하지 않는다. 이것은 하나님께서 칭의를 입은 자들의 죄를 계속 용서해주시기 때문이다. 그러나 이것이 하나님께서 의롭다함을 받은 자들의 방종을 허용하신다는 것을 의미하는 것은 아니다. 칭의를 받은 자도 죄를 지으면 하나님이 노여워하신다. 따라서 이들도 항상 겸비하여 죄를 고백하고 사죄를 구하며 믿음과 회개를 갱신하는 삶을 살아야 한다.[142] 칭의에 대한 확신이 방종을 이끈다는 생각은 칭의가 구원의 전부라고 생각하기 때문이다. 다시 말해 하나님께서는 인간의 죄를 용서하시고 의롭다하시는 것 말고는 인간의 구원을 위해 더 이상 아무것도 하지 않는다고 생각하기 때문이다. 그러나 칭의는 구원의 서정의 한 단계로 영원한 예정부터 미래의 영광에 이르는 과정에 중 한 단계이지 구원의 완성이 절대 아니다. 택자를 의롭다하신 하나님은 이제 성령님의 역사를 통해 그들에게 거룩한 삶을 추구할 마음과 선한 삶을 살고자 하는 마음을 주신다. 칭의를 통해 죄의 문제를 해결 받아 의롭다함을 받고 영생을 선물로 받은 자들은 그에 대한 감사와 헌신의 표를 삶의 열매로 나타내야 한다. 인간의 선한 행실은 구원의 근거가 아니라 구원받은 자들이 마땅히 맺어야할 열매이기 때문이다(엡 2:8-10; 빌 2:12-13).

양자됨　　　　하나님께서는 자신의 풍성하신 은혜로 의롭다고 공포해 주신 모든 자들을 자기의 양자로 삼아 주신다. 분명 그리스도만이 하나님의 영원하신 아들이시다. 그러나 하나님께서는 그리스도의 구속의 공로에 근거하여 우리를 그의 양자로 삼아 주신다. 하나님의 양자가 된다는 것은 하나님의 자녀의 총 수에 들어가는 것이며, 또한 자녀의 자유와 특권을 누리는 것이다. 이들은 하나님을 '아빠 아버지'라고 부를 수 있으며, 아버지로부터 모든 필요한 것을 공급받게 된다. 아버지가 자녀를 대하듯이 징계를 받기도 하지만, 결코 버림을 당하지는 않는다. 양자는 영원한 구원의 상속자가 되어 약속을 유업으로 받는다.[143]

우리가 하나님의 양자가 되었다는 것은 하나님과 우리가 아버지와 자녀의 관계가 된 것을 말한다. 우리가 하나님의 아들이 될 때, 동시에 하나님께서도 우리의 아버지가 되셨다. 여기서 하나님께서 우리의 아버지가 되셨다는 사실이 중요한 이유는 하나님께서 우리의 아버지가 아닌 때가 있었다는 것을 말하기 때문이다. 아들이 양자로 입적되기 전에는 아들이 아닌 것처럼, 아버지도 양자를 받아들이기 전까지는 그의 아버지가 아니었다. 하나님께서는 믿음으로 그리스도를 주로 고백하고 의롭다함을 받은 자들만 양자로 삼으신다. 이 말은 동시에 하나님은 자신이 의롭다고 선포한 이들만의 아버지가 되신다는 점을 의미한다. 결국 이것은 하나님께서는 모든 인류의 아버지가 되시는 것은 아니라는 것이다. 모든 인류 중에서 성부 하나님께서 택해 아들 삼아 주신 자들에게만 하나님은 아버지가 되신다. 인류 중 하나님께서 양자로 입적해 준 자들만이 하나님을 아버지라고 부를 수 있다. 이러한 면에서 오직 양자의 은혜를 받은 자들만이 하나님을 아버지라 부를 수 있는 특권을 누릴 수 있다.

하나님께서는 그리스도 안에서 우리를 양자로 삼으신다. 우리가 하나님을 아버지라 부를 수 있는 것은 분명 값없는 은혜다. 우리는 어떠한 비용도 지불하지 않고 하나님의 자녀가 되었다. 그러나 정작 우리가 하나님을 아버지라 부를 수 있도록 하기 위해 치러진 비용은 엄청나다. 하나님께서 우리를 자녀로 삼기 위해 치러야 했던 비용이 상당하다는 것이다. 이를 위해 하나님께서 지불하신 것이 바로 자신의 하나뿐인 아들이다. 하나님께서는 우리를 양자 삼는 값으로 아들을 내놓으셨다. 그런데 이것은 단지 아들을 주는 차원에서 끝나는 것이 아니다. 하나님께서 아들을 우리를 입양하는 비용으로 지불하신 다는 것은 아들이 당할 고통뿐 아니라 아들의 생명까지도 포함된 것이기 때문이다. 하나님께서는 자신의 독자를 종으로 뿐만 아니라 제물로 내놓으신 것이다. 결국 하나님께서는 독자이신 그리스도의 온전한 순종과 생명을 값으로 지불하시고 우리를 양자 삼아 주신 것이다. 이것이 바로 우리가 그리스도 안에서 하나님의 자녀가 되었다는 것이 의미하는 바다. 이러한 이유로 우리의 양자됨은 결코 그리스도를 떠나서는 성립할 수 없다. 역으로 그리스도 밖에서는 결코 하나님의 양자가 될 수 없는 것도 바로 이런 이유에서다.

또한 하나님은 그리스도를 위해서 우리를 양자로 삼으신다. 우리가 하나님의 자녀가 되었다는 것은 동시에 우리가 그리스도의 형제와 자매가 되었다는 것을 말한다. 하나님께서 양자로 삼는 자들은 모두 영원 전에 하나님께서 그리스도에게 주신 자들이다(요 6:37; 17:9) 성부는 인류 중 일정 수의 사람을 택하여 성자에게 주셨다. 성자는 성부께서 주시는 이들을 기쁨으로 받으셨다. 그러면서 동시에 이들을 자기의 형제와 자매로 맞이하기 위해 치러야 할 값에 동의하셨다. 그리고 이들 모두가 하나님의 양자가 될 수 있도록 기꺼이 자기의 생명을 내놓으신 것이다. 이를 통해 성자는 성부께서 자기를 위해 주신 모든 자들을 죄와 사망에서 다시 찾아 자기의 형제와 자매가 되게 하셨다. 이러한 면에서 하나님의 모든 양자들은 그리스도를 위해 하나님께서 영원 전에 이미 주신 선물인 것이다.

성화　　　　칭의가 우리의 죄책에 대한 하나님의 은혜라면, 성화는 죄의 오염에 대한 하나님의 은혜라고 할 수 있다. 죄책이란 인간이 하나님의 법을 침해했기 때문에 받아야 하는 형벌의 상태를 말한다. 반면에 오염은 죄의 결과로 죄인인 인간이 또 따른 죄를 낳게 되는 본성적인 부패 상태를 말한다. 이런 차원에서 아담 이후의 인간은 죄를 짓기 때문에 죄인이 되는 것이 아니라, 죄로 오염된 상태이기 때문에 죄를 짓게 되는 것이다. 성화가 하나님의 은혜인 것은 이 과정을 통해 우리 속에 있는 죄의 오염이 제거되기 때문이다. 이러한 차원에 볼 때 결국 성화의 삶을 살 수 있는 것 자체가 하나님의 은혜임을 고백하게 된다. 뿐만 아니라 성화의 삶을 살아야 하는 것은 구원으로 선택받은 자들이

감당해야할 의무라는 것을 깨닫게 된다.[144]

부르심을 받고 믿음으로 거듭나 의롭다함을 받은 자들 속에는 새 마음과 새 영이 창조된다. 그리고 그들 속에 거하시는 그리스도의 말씀과 성령으로 진정한 인격적 성화가 일어난다. 이 성화는 더 이상 죄의 몸이 우리를 전적으로 주관하지 못하게 되는 것을 말한다. 따라서 몸의 정욕들이 점점 약화되고 죽는 것을 말한다. 반면에 성화는 모든 구원의 은혜 가운데 우리의 전인이 점점 소생하고 강건해져서 진정한 거룩함을 실천하게 되는 것을 말한다. 이를 요약하자면 성화는 성령님께서 우리에게 은혜를 주입하셔서, 소극적으로는 우리의 죄가 억제되고 적극적으로는 더욱 그리스도의 선을 추구하는 삶을 살게 되는 것을 말한다. 이러한 이유로 신자는 말씀을 들을 때마다 하나님께서 의롭다하시며 새로운 피조물로 변화시켜 주심을 확신하게 된다. 또한 죄의 사슬에서 해방되었음을 감사하게 된다. 그뿐 아니라 성령님께서 신자의 삶을 더욱 거룩하게 해 주실 것을 기대하게 된다. 그런데 이 과정에서 신자가 명심해야 할 것이 두 가지가 있다. 먼저 신자는 거룩하고 경건한 삶에 있어서 결코 태만해져서는 안 된다. 분명 신자를 거룩한 삶으로 인도하시는 분은 성령님이시다. 그러나 성령님은 언제나 우리의 인격에 작용하시는 분이라는 것을 잊어서는 안 된다. 이러한 이유로 신자가 거룩의 영이신 성령님의 인도를 적극적이고 부지런하게 따를 때 진정한 성화를 경험할 수 있음을 잊어서는 안 된다. 또한 반대로 하나님의 진노와 형벌에 대한 두려움 때문에 거룩한 삶을 살아야 한다고 생각해서는 안 된다. 만일 신자가 하나님의 진노에 대한 두려움으로 성화를 추구한다면 이 또한 하나님께서 원하시는 신자의 삶이 아님을 기억해야 한다. 신자의 경건한 삶은 하나님을 사랑함으로 나타나는 자발적이고 적극적인 모습이어야 한다. 그럴 때 하나님께서는 더욱 그 삶에 확신과 위로를 주신다는 것을 명심해야 한다.[145]

칭의와 양자됨이 무조건적인 하나님의 '은혜의 행위'(an act of God's free grace)라면, 성화는 하나님의 '은혜의 사역'(a work of God's grace)이다. 칭의와 양자됨이 은혜의 행위인 것은 순간적인 시간에 하나님께서 하시는 일이기 때문이다. 반면에 성화가 은혜의 사역인 것은 중생의 시점에서 시작하여 죽음을 통해 영혼이 몸과 분리되어 영광의 상태에 진입하게 될 때까지 지속되는 과정이기 때문이다. 중생한 자에게서 성화가 일어나는 범위는 인간이 타락하여 오염된 범위와 같다. 인간은 전적으로 타락했다. 이는 전인 즉, 지,정,의뿐 아니라 몸까지 인간의 어느 부분도 오염되지 않은 부분이 없다는 것을 말한다. 이러한 이유로 성화는 죄로 오염된 인간의 모든 부분이 갱신되고 회복되는 상태와 그 과정을 말하는 것이다. 그럼 성화의 최종 목표는 무엇인가? 이는 인간이 이 땅에서 어느 정도까지 거룩해질 수 있는지에 관한 문제가 아니다. 즉 인간의 능력에 대한 문제가 아니라는 것이다. 오히려 성화의 목표는 하나님께서 인간이 이 땅에서 어느 정도까지 회복되도록 작정하셨는지에 달려 있다.

하나님께서 작정하신 성화의 최종 단계는 "하나님의 형상"이다. 즉 죄로 인해 황폐화되고 오염된 하나님의 형상을 회복하는 것이다. 그런데 하나님의 형상을 회복하는 것을 성화의 목표로 둘 때 우리가 꼭 고려해 봐야 할 것이 있다. 이것이 하나님께서 지향하시는 목표인지, 아니면 우리가 이 땅에서 달성해야할 목표로 하나님께서 주신 과제인가 하는 점이다. 하나님의 형상을 회복하는 것이 성화의 최종 목표라는 말을 단순히 문자 그대로 이해하면 이 말은 성화의 과정을 통해 뒤틀리고 오염된 하나님의 형상을 회복하기 위해 우리가 부단히 노력해야 한다는 뜻으로 풀이된다. 다시 말해 우리는 성화의 과정을 통해 하나님의 형상을 이루어내야 할 의무가 있다는 것이다. 물론 하나님의 형상을 회복하는 것이 우리가 목표로 삼고 지향해야 할 부분인 것은 분명하다. 그러나 이것이 인간에게만 의무로 주어진 것은 아니라는 것도 우리는 알 필요가 있다. 다시 말해 성화의 과정에서 하나님의 형상을 회복하도록 우리가 적극적으로 노력해야 하는 것은 맞지만, 근본적인 부분에서 성화는 인간의 일이 아니라 하나님의 사역이라는 것이다. 즉, 성화의 과정에서 우리가 하나님의 형상을 회복해 갈 수 있는 이유가 인간의 능력이나 노력에 있는 것이 아니라 하나님께서 우리를 위해 일하시기 때문이라는 것이다. 그래서 성화를 '하나님의 은혜의 사역'이라고 하는 것이다. 이러한 차원에서 보면 성화를 통해 우리가 하나님의 형상을 회복하는 것은 하나님께서 명하신 목표치를 우리가 채워 나가는 것이 아니라, 하나님께서 자신이 세우신 목표치를 스스로 채워 나가시는 것이라 할 수 있다. 이 과정에서 하나님께서 일하시는 방법이 바로 우리 안에서 그리고 우리와 함께 일하시는 것이다. 이는 결국 성화가 우리의 일이 아닐 뿐더러, 하나님과 우리의 협력 사역도 아니라는 것을 말해준다. 성화도 구원의 서정의 다른 단계들처럼 하나님께서 일하시는 것이라는 것을 말해준다. 결국 구원이 전적으로 하나님의 단독 사역임을 분명히 밝혀준다. 그렇다면 성화의 과정에서 하나님의 형상을 회복하기 위해 인간이 하는 일은 도대체 무엇인가? 성화는 인간이 더 거룩하게 살아내는 것을 말한다. 그래서 성화는 분명 인간의 삶을 통해 드러난다. 그런데 여기서 중요한 것은 아무리 인간이 거룩한 삶을 살아낸다 하더라도 그것이 구원을 위한 인간의 사역은 결코 될 수 없다는 것이다. 성화의 과정에서 구원에 관한 사역을 하시는 분은 하나님이시다. 그럼 성화의 과정에서 인간이 하는 일은 무엇인가? 그것은 바로 구원에 관한 하나님의 은혜의 사역에 적극적이고 능동적으로 반응하는 것이다. 하나님께서는 성화의 과정 가운데 은혜의 사역을 행하심으로 자신의 자녀들의 뒤틀려진 형상을 회복하신다. 하나님의 사역에 자녀들이 능동적이고 적극적으로 반응할 때 자녀들의 삶 속에 회복된 하나님의 형상이 풍성히 드러난다. 반면에 자녀들이 소극적으로 반응하거나, 잠시 하나님의 사역에 관심을 끊게 되면 하나님의 형상이 회복되는 속도는 그만큼 느려진다.[146]

성경은 성화의 과정을 "죄에 대하여는 죽고 의에 대하여는 사는 것"(벧전 2:24)으로 표현한다. 이는 우리가 '죄에 대하여는 십자가에 못 박혀 죽었기 때문'에 이제는 사소한 어떤 죄라도 용납하지 않는 자세를 취해야 한다는 것을 말한다. 또한 '의에 대하여 살게 되는 것'이 의미하는 것은 죽은 자가 결코 스스로 살아날 수 없는 것처럼 성화의 과정에서는 우리가 이 땅에서 이루는 어떠한 것도 공로가 될 수 없기에, 모든 것이 전적인 하나님의 은혜의 사역이라는 것을 의미한다.[147]

성화는 우리의 전인에 걸쳐서 일어난다. 그러나 현세에서 온전한 성화를 이룰 수 있는 이는 아무도 없다. 이는 우리의 모든 지체에 부패의 잔재가 여전히 남아 있기 때문이다. 하나님께 의롭다고 인정 받은 자라 할지라도 우리 안에서 성령과 육은 항상 싸운다. 육의 정욕은 성령을 거스르고 성령은 육을 거스른다. 성화의 과정에서 종종 육의 정욕이 우세하게 나타나기도 하지만, 그리스도로 중생한 자들은 그리스도께서 공급하시는 성령의 능력으로 결국 이긴다. 이 과정에서 성도들은 은혜로 자라가며, 하나님을 경외하는 가운데 거룩함을 완성해간다.[148]

이러한 차원에서 성화의 과정을 살아가는 그리스도인들은 하나님으로부터 의를 이룰 수 있는 은혜와 능력을 항상 공급받으며 그와 함께 평화를 누리며 살아갈 수 있게 된다. 그런데 그와 동시에 항상 죄와 싸워야 하는 투쟁의 삶도 살아가게 된다. 반면에 구원의 대열에 들지 못한 자들은 그 반대의 삶을 살아간다. 이들은 세상의 죄와 평화를 누리면서, 하나님과는 적대적인 관계 속에서 이 땅을 살아가게 된다. 이러한 차원에서 볼 때 만일 누군가가 매일 매일 죄와 힘들게 싸우는 전쟁의 삶을 살고 있다면 그는 분명 그리스도의 구원의 은혜 속에 있는 사람일 것이다. 그런데 이러한 자들이라도 하나님이 주시는 평화의 은혜를 누리는 훈련이 충분히 되어 있지 않으면, 죄와의 싸움에서 지치기도 하고 좌절하기도 한다. 이때 그리스도의 지체들이 이들을 돕는 최고의 수단이 바로 '성도의 교제'다. 죄와의 싸움에서 힘들어하는 지체들에게 하나님이 주시는 평화의 은혜를 나누는 것이 바로 성도의 교제인 것이다. 반면에 어떤 사람이 죄와 전혀 갈등하지 않고 삶을 살아간다면 그는 구원받지 못한 죄인일 가능성이 높다고 할 수 있다.

거듭나고 의인으로 용납된 자들은 더 이상 옛 사람이 아니라 새 사람이다. 그리스도의 은혜로 옛 사람이 새 사람으로 거듭나는 것이다. 옛 사람은 옛 자아, 새 사람은 새 자아로 표현하기도 한다. 거듭난 새 사람은 새 본성을 선물로 받는다. 이 새 본성으로 성화를 이루어간다. 그런데 문제는 거듭난 새 사람에도 아직 죄에 물든 옛 본성이 남아 있다는 것이다. 다시 말해 새 본성을 선물로 받았다는 것이 옛 본성이 새 본성으로 대체되었다는 것을 의미하는 것이 아니라는 것이다. 그리스도의 속죄 사역으로 죄가 용서되었다는 것은 우리가 감당해야할 죄책에서 자유로워졌다는 것이지 죄악된 본성이 제거되었다는 것을 말하는 것이 아니다. 뿐만 아니라 그리스도의 의가 우리에게 전가되어 하나님으로부터 우리가 의인으로 용납되었다고 해서 우리의 죄악된 본성이 제거되거나, 새 본성으로 바뀌는 것이 아니다.

이를 간단히 요약하면 다음과 같다. 인간은 옛 사람일 때는 죄악된 옛 본성으로 산다. 그러나 중생과 칭의의 은혜로 새 사람이 되면 새 본성을 선물로 받는다. 따라서 새 사람은 옛 본성을 가지고 있으면서도 새 본성으로 살아간다. 즉, 새 사람은 옛 본성과 새 본성이라는 두 개의 본성으로 살아간다. 따라서 신자가 성화의 과정을 잘 살아가고 있다는 것은 그 안에 새 본성이 점점 힘을 발휘하고, 옛 본성은 그 힘을 잃어가는 것이라고 할 수 있다. 그러나 아무리 옛 본성이 그 힘을 잃어간다 하더라도 성화의 과정 속에서 옛 본성은 결코 사라지지는 않고, 여전히 남아서 신자의 성화를 방해한다. 결국 이 옛 본성이 완전히 제거되는 때는 마지막 심판 때다. 마지막 심판 때에 신자들이 모두 완전한 무죄 사면을 받게 된다. 이때 우리의 모든 죄 문제가 해결되고, 이제는 더 이상 죄와 상관없는 상태가 된다. 죄악된 옛 본성도 심판을 통해 완전히 사라지게 되는 것이다.[149]

따라서 비록 중생하고 구원받아 새 사람이 되었다 할지라도, 여전히 옛 본성은 우리 속에 남아 새 본성이 추구하는 거룩한 삶을 방해한다. 신자가 기도와 다른 영적인 의무들을 행함에 있어서 힘들고 어려움을 겪는 것도 다 우리 안에 죄와 관련된 육체의 가시인 옛 본성이 남아 있기 때문이다. 뿐만 아니라 우리 속에 남아 있는 옛 본성 때문에 인간이 행하는 어떠한 선한 일도 하나님 보시기에는 언제나 불완전할 뿐이다. 그리고 이렇게 인간이 추구하는 모든 선도 결국 죄로 오염된 인간 행동의 결과일 뿐이다. 이러한 이유로 중생하고 칭의를 받은 자들도 끊임없이 죄와 싸우며 자신을 갱신해야 한다.[150] 이러한 점에서 볼 때 성화는 새 사람 안에서 옛 본성과 새 본성이 끊임없이 싸우는 과정이라 할 수 있다. 신자는 새 사람으로서 비록 이 땅에서 구원의 확신을 가지고 살아가지만 아직 속에 남아 있는 악한 옛 본성에 언제든지 넘어질 수 있고, 잠시 하나님을 떠날 수도 있다는 것을 알고 항상 성령님의 도우심을 구하는 겸손한 자세를 취해야 한다. 이것이 성화를 이루는 신자의 바른 자세다. 이럴때 신자는 이 과정을 통해 점진적으로 새로워지게 된다. 이것이 가능한 것은 신자의 성화가 신자 스스로가 감당해야 하는 일이 아니라 하나님의 은혜의 사역이기 때문이다. 다시 말해 하나님께서 일하셔서 신자의 삶을 통해 성화를 이루시기 때문이다. 그리고 또한 이는 신자 안에 아직 옛 본성이 남아 있기는 하지만, 새 사람이 된 신자는 더 이상 죄의 노예는 아니기 때문이다.

성화의 과정을 살아가는 신자들이 가진 별명이 바로 '그리스도인'이다. 신자들이 그리스도인으로 불리는 이유는 믿음을 통해서 그리스도의 지체가 되었을 뿐 아니라, 그리스도의 기름부음에 참여했기 때문이다. 그리스도인으로서 신자는 항상 그리스도의 이름을 말과 삶으로 고백하는 자들이다. 그리고 이들은 그리스도에 대한 감사의 제물로 자신을 바치는 삶을 살아간다. 이 과정에서 그리스도인은 자유롭고 선한 양심으로 항상 죄와 싸운다. 그리스도인이 자신을 감사의 제물로 바칠 수 있는 것은 그리스도의 권능으로 옛 사람이 못 박혀 죽었을 뿐 아니라, 그리스도와 함께 매장되어, 더 이상 죽음의 악한 충격이 그들을 지배하지 못하기 때문이다. 이뿐 아니라 그리스도인은 그리스도의 몸을 먹고 그의 흘리신 피를 마심으로 성령을 통해 그리스도의 몸에 점점 더 연합된다. 이를 통해 마음은 물론 몸도 거룩한 영에 의해 살아가게 된다. 그리스도와 연합되어 거룩한 영의 인도를 받는 그리스도인의 삶의 가장 큰 특징은 선한 행동을 통해 세상과 구별되는 것이다. 이때 그리스도인에게서 나타나는 선한 행동은 전적으로 하나님의 새롭게 하시는 은혜의 결과며 열매다. 이러한 이유로 그리스도인은 자신에게 나타나는 선한 행동을 보고 성령을 통한 그리스도와의 연합을 체험한다. 뿐만 아니라 성령의 인도를 따라 더욱 적극적으로 선한 행동을 개발하고 행함으로써 하나님에 대한 무한한 감사를 표현하게 된다. 그리고 이렇게 나타나는 그리스도인의 선한 행동들은 아직 그리스도와 복음을 알지 못하는 이웃들을 그리스도에게로 인도하는 복음 전파의 유용한 수단이 되기도 한다.[151]

견인 기독교 신앙으로 정리된 여러 교리들 중 성도들이 실재 신앙생활에서 많이 민감해하면서도 가장 혼동스러워 하는 것이 있다면 그것은 바로 성도의 견인 교리일 것이다. 먼저 용어에 있어서 '견인'이라는 말 자체도 '끌고 가준다'는 말인지, '잘 견딘다'는 말인지를 혼동한다. 다시 말해 하나님께서 매 순간 성도들을 잘 끌고 가 주실 것이기 때문에 성도는 안심하고 있으면 된다는 말인지, 아니면 하나님께서 힘을 주셔서 성도들이 끝까지 잘 견디게 될 것을 말하는 것인지를 혼동한다는 것이다. 간단히 말하면 성도의 견인(堅忍)은 하나님께서 성도를 끌고 가 주시는 것을 말하는 것이 아니다. 다시 말해 성도를 하나님께서 견인(牽引)하시는 것이 아니다. 하나님께서 우리의 손을 꼭 잡고 이끌고 가시는 것을 말하는 것이 아니다. 또한 성도의 견인은 한번 성도가 된 사람은 어떠한 일이 있어도 좌로도 우로도 치우치지 않고 스스로 굳게 견딜 수 있는 능력을 가지게 된다는 것을 말하는 것도 아니다.

성도의 견인은 하나님으로부터 택함을 받은 자들은 어떠한 상황에서도 은혜의 상태에서 끝까지 견디게 된다는 것과 그들의 구원이 결코 취소되지 않고 확실히 완성된다는 것을 가르치는 교리다. 성도가 견인할 수 있는 이유는 그 근거가 성도의 의지나 힘이 아니라 변치 않는 하나님의 작정에 있기 때문이다. 하나님은 가장 지혜로우시며 전능하시며 무소부재하신 분이시다. 따라서 그의 작정은 오류가 없을 뿐만 아니라, 결코 변하지 않는다. 이성적인 존재인 천사와 사람에 대한 하나님의 작정인 예정도 마찬가지다. 하나님께서 행하신 선택은 결코 중단되지도, 변하지도, 취소되지도, 그리고 무효화 될 수도 없고, 그렇게 되지도 않는다. 이러한 이유로 택함을 받은 자는 버림을 받지도 않으며, 그 수가 감소될 수도 없다. 결국 성도의 견인은 성도의 삶이 전적으로 하나님의 불변하는 작정에 의존하고 있기에 성도는 어떠한 상황에서도 인내할 수 있게 되는 것을 말한다.[152]

그러나 비록 하나님께서 선택하신 자들이 최종적인 구원에서 탈락되는 일은 없다 할지라도, 그들은 삶 속에서 신앙의 좌절을 맛볼 수도 있고, 스스로 죄의 길에 빠질 수도 있으며, 심지어 잠시 하나님을 떠날 수도 있다. 즉, 스스로 죄에 빠져 하나님의 진노하심 아래 떨어질 수도 있다. 이렇듯 성도의 견인이 완벽한 신앙생활에 대한 보증이 되는 것은 아니다. 그러나 성도의 견인 교리가 진리이며 분명한 것은 하나님께서는 적절한 때에 실족한 이들을 회개해서 다시 돌아오게 하시기 때문이다. 그리고 그렇게 돌아온 이들을 다시 회복시키시기 때문이다.[153] 이러한 이유로 성도의 견인은 성도의 신앙생활에 관한 교리라기보다는 하나님의

작정의 신실함을 보여주는 교리로 이해하는 것이 훨씬 바람직하다(롬 8:38-39).[154]

좀 더 자세히 설명하면 중생한 자라 할지라도 죄를 범하게 되면 성령을 근심시키게 된다. 또한 믿음의 사역을 방해할 뿐 아니라 잠시 하나님을 떠나기도 한다. 여기서 잠시라는 것은 중생한 자라도 부분적이고 한시적으로는 하나님의 은혜의 상태에서 떨어질 수 있다는 것을 의미한다. 반면에 이 잠시라는 말은 중생한 성도는 어떠한 상황에서도 중생의 은혜에서 완전히 떨어지지는 않는다는 것을 동시에 의미한다(렘 31:3). 결국 성도의 견인 교리가 우리에게 주는 은혜는 중생한 자들은 어떠한 죄에 빠지더라도 회개하고 돌아서면 하나님의 사랑의 빛이 다시 임한다는 것이다. 이것은 택하심에 기초한 하나님의 은혜가 결코 변치 않기 때문이다. 하나님께서는 비록 성도들이 심각한 죄에 빠지더라도 결코 성령을 거두지 않으시며, 양자의 권한을 빼앗지 않으시기 때문이다. 또한 이는 하나님께서 성도들이 성령을 거스르는 죄악을 범하도록 내버려 두지 않으시기 때문이다. 결국 이 은혜는 성도들 속에 썩지 않는 믿음의 씨를 보존해 주심으로써, 말씀과 성령을 통해 진정으로 회개하게 하여 다시 새롭게 될 수 있는 기회를 주는 것이다. 성도들이 믿음과 은혜에서 전적으로 떨어져 나가지 않는 것은 그들이 비록 실수하여 죄를 범한다 할지라도 구원에 관한 하나님의 약속은 결코 변하지 않으며, 그리스도의 공로와 그의 중보기도 또한 결코 좌절되거나 무효화 되는 일이 없기 때문이다.[155]

성도가 견인에 대한 확신을 가질 수 있는 근거는 그것이 계시된 말씀과 성령의 증거에 기초하며, 하나님의 약속 안에서 믿음을 통해 이뤄지기 때문이다. 그렇지만 성도라도 심한 육신적 유혹에 빠지게 되면 믿음과 성도의 견인에 대한 확신을 잃게 되는 경우도 있다. 심한 경우 하나님의 자녀라는 신분에 대한 의심을 가지고 하나님을 떠나고자 하는 유혹에 빠져 잠시 방황하기도 한다. 그러나 하나님의 택하심에 기초한 그의 풍성한 은혜는 비록 성도들이 심각한 죄에 빠져 있을 때에도 결코 성령을 거두시지 않는다. 하나님의 자녀가 된 은혜를 제거하지도 않으신다. 비록 유혹에 빠져 여러 가지 죄를 실제로 범한다 할지라도 의롭다고 인정하신 것을 결코 취소하시지도 않으신다. 하나님께서는 자신이 의롭다하시고 자녀

삼은 자들을 결코 죄의 고통 속에 지속적으로 남겨두지 않으신다. 그리고 그들이 성령을 거스르는 죄악을 범하여 영원한 멸망에 빠지도록 하지도 않으신다. 하나님께서는 성도가 감당하지 못한 시험을 주시지 않으시며, 또한 시험할 즈음에 피할 길을 내사 능히 감당케 하시는 분이시다(고전 10:13).[156]

신자가 가진 믿음은 사람에 따라 그 깊이가 다르다. 같은 사람이라 할지라도 그 믿음은 약해지기도 하고 때론 강해지기도 한다. 그러나 분명한 것은 신자의 믿음은 결국 승리한다는 것이다. 이 과정에서 신자의 믿음은 믿음의 조성자와 완성자이신 그리스도를 통해 넘치는 확신에 이르기까지 자라나게 된다. 이때 성도는 두 가지의 확신을 가지게 된다. 구원의 확신과 함께 성도의 견인에 대한 확신이 바로 그것이다. 구원의 확신과 함께 성도의 견인에 대한 확신이 성도에게 주는 유익은 경건한 삶을 무시하거나 세상적인 방법으로 행동하는 것을 억제하게 하는 것이다. 또한 주님이 정하신 길 안에서 조심스런 마음을 계속 가지고 그 길로 행할 수 있는 의지를 북돋아 주는 것이다. 성도의 견인에 대해 신자가 확신을 갖게 되면 하나님께서 주시는 은혜를 남용하여 그 은혜가 그들을 떠나는 일이 없도록 성령의 도움을 항상 구하게 된다. 뿐만 아니라 신자는 이 확신으로 마음에 위로와 안식을 느끼게 됨으로 더 이상 양심의 고통 속에서 살지 않을 수 있게 된다.[157]

성도의 견인 교리를 혼동하는 이들은 하나님께서는 성도들이 인내할 수 있도록 충분한 힘을 주시는 것은 맞지만, 성도가 실제 끝까지 인내할 수 있는 것은 성도가 자신의 의지를 가지고 그렇게 하길 결정했을 때 비로소 가능해진다고 생각한다. 이들이 이렇게 생각하는 이유는 인간이 자신의 구원 문제를 스스로 결정할 수 있다는 착각 때문이다.[158] 또한 이들은 중생한 자들이라도 사망에 이르는 죄를 지을 수 있으며, 성령을 거스르는 죄를 범할 수 있고, 심지어 이러한 죄 때문에 구원에서 벗어나 영원히 버림을 받을 수도 있다고 믿기 때문이다. 그런데 분명한 것은 중생한 자들은 결코 사망에 이르는 죄나 성령을 거스르는 죄를 지을 수 없다는 것이다. 이것들은 모두 선택받지 못한 자들이 범하는 죄이기 때문이다. 하나님의 구속 사역은 어떠한 상황에서도 무효화 될 수 없기 때문에 성도가 신앙생활을 실패함으로 구원을 잃어버리는 일은 결코 없다(요 10:28; 롬8:35-39).

또한 성도의 견인 교리를 오해하는 다른 이들 중에는 미래에 있을 성도의 견인에 대해서 확신을 가지려면 어떠한 특별한 계시가 추가적으로 필요하다고 말하기도 한다. 이들의 이러한 생각은 로마 가톨릭교회의 잘못된 신앙을 답습한 것이라 할 수 있다. 성경은 성도의 견인에 대한 확신을 결코 어떤 특별하거나 비정상적인 계시에서 찾지 않는다. 성경은 성도의 견인에 대한 확신을 오직 말씀에 기초하여 하나님의 자녀에게 임하는 표적과 하나님의 일관된 약속에서 찾고 있다. 따라서 신자는 특별한 계시를 추구할 것이 아니라, 말씀과 그것에 기초한 섭리를 통해 자신의 부르심과 택하심을 확신할 수 있도록 힘써야 한다. 신자는 오직 말씀을 통해 성령님께서 주시는 확신을 갖게 될 때 하나님에 대한 감사와 사랑이 더욱 깊어지게 된다. 그뿐 아니라 하나님의 뜻에 더욱 적극적으로 순종하고자 하는 마음과 힘이 생겨나게 된다.[159]

성도의 견인은 결국 하나님께서 성도의 구원을 끝까지 책임지신다는 것이다. 그런데 이 교리를 오해하는 이들 중 어떤 이들은 이러한 생각을 한다는 것 자체가 인간의 나태한 마음 때문이라고 비판한다. 이들은 그리스도인들이 거룩한 삶을 추구하는 이유가 지옥에 빠질지 모르는 두려움 때문이라고 생각한다. 그래서 성도의 견인 교리를 통해 지옥에 대한 염려가 사라지면 사람들의 삶은 당연히 문란해질 것이라고 생각한다. 이러한 이유로 이들은 성도의 견인 교리가 성도의 선한 행동과 경건한 일들에 방해가 된다고 주장한다. 그래서 이들은 그리스도인의 경건 생활을 방해하는 이러한 확신은 오히려 의심해봐야 한다고 말하기까지 한다. 그런데 이러한 주장은 하나님의 은혜의 능력과 내재하는 성령의 역사를 전혀 알지 못하기 때문에 나타나는 현상이다. 성경 속 어느 성도들도 구원의 확신과 성도의 견인에 대한 확신 때문에 기도와 경건 생활을 게을리했다는 기록은 전혀 없다.

좀 더 부연해서 말하면 성도의 견인에 대한 확신이 교만한 마음이나 혹은 나태함으로 세상의 안일함에 성도를 빠지게 하는 법은 결코 없다. 이는 오히려 성도들이 더욱 겸손한 마음과 충성심으로 경건에 힘쓰게 한다. 성도의 견인에 대한 확신은 믿는 자에게만 주시는 하나님의 은혜다. 이는 성도가 더욱 열심히 주님의 길을 따라가게 되는 동력이 된다. 따라서 이 확신을 가진 성도가 해야 할 것은 하나님께 감사하며 더욱 선한 일을 행함으로 그 은혜에 대한 감사를 표현하는 것이다. 또한 성도의 견인에 대한 확신은 그리스도인이 최상의 예배와 봉사로 하나님을 섬기게 하는 큰 동력이 된다. 성도의 견인에 대한 확신이 없어서 은혜의 상태에서 떨어지거나 멸망당할 지도 모른다는 두려움에 처한 사람은 결코 하나님을 기쁨으로 예배 할 수 가 없다. 오직 구원의 은혜를 충분히 누리고, 성도의 견인을 확신하는 자들만 기쁨으로 충만한 예배를 할 수 있는 것이다. 따라서 만일 우리의 예배가 기쁨과 은혜로 충만하다면 그 예배에 참여한 예배자들은 구원의 감격은 물론 성도의 견인에 대한 확신 속에 살아가는 그리스도인이라 할 수 있다.[160]

그럼에도 불구하고 비록 중생한 자라 할지라도 육체의 정욕을 따른 유혹에 빠져 잠시 하나님을 떠나기도 한다. 이때 성도의 견인 교리는 이들에게 다시 하나님의 자녀로 새롭게 될 수 있는 기회를 준다. 이는 아들의 지위를 잃었다가 다시 그 지위를 얻게 되는 것을 말하는 것이 아니다. 이것은 오히려 세상의 유혹에 빠져 잠시 하나님을 떠났지만, 그순간에도 그는 여전히 하나님의 자녀였다는 것을 알려주는 것이다. 이러한 상황에 대해 성경은 하나님의 씨는 썩지 아니할 씨(벧전 1:23)이기 때문에 잠시 육체의 유혹에 이끌려 하나님을 떠났다 하더라도 중생의 은혜를 잃어버린 것은 아니라고 말한다. 뿐만 아니라 하나님의 은혜 속으로 다시 돌아올 때에는 새로운 회복을 누릴 수 있다고 분명히 말하고 있다. 성도들에게 익숙한 탕자의 비유가 성도의 견인 교리를 잘 지지해 주는 예라 할 수 있다(눅 15:11-32). 성경은 하나님께서 선택한 자들은 은혜의 상태에서 결코 떨어져 나갈 수 없음을 분명히 말한다(시 138:8; 빌 1:6). 또한 한 번 그리스도와 이룬 연합은 결코 뗄 수 없는 영원한 연합이라는 것도 분명히 명시하고 있다(롬 8:35-39; 시 23:6; 73:24; 요 17:24). 성도의 견인 교리는 예수님께서도 직접 거론하셨다. 심지어 예수님을 이를 놓고 기도하시기까지 하셨다. 예수님은 베드로에게 "내가 너를 위하여 네 믿음이 떨어지지 않기를 기도하였노니"(눅 22:32)라고 말씀하셨다. 또한 요한복음 17장의 예수님의 기도는 하나님께서 택한 자들이 끝까지 신앙을 지킬 수 있

기를 바라신 예수님의 마음을 잘 표현해 준다고 하겠다(요 17:9; 히 7:25).[161]

　　반면에 지역교회의 회원들 중에도 성도의 견인 교리의 적용을 받지 못하는 자들이 있을 수도 있다. 이들은 스스로가 기독교인임을 자처하지만 실제로는 중생을 받지 못한 자들을 말한다. 이들 중에는 실제로는 믿음이 없으면서도 신자인 체 하는 사람들이 있다. 그리스도가 구주로 믿어지지 않지만, 거짓으로 이를 고백하고 교회의 회원이 된 사람들이 여기에 해당된다. 자신이 원하는 어떠한 다른 목적을 이루기 위해 교회의 회원 자격을 유지하는 자들을 말한다. 반면에 어떤 부류는 실제 택함을 받지도 않았고, 중생의 은혜를 선물로 받지 않았음에도 불구하고, 스스로 그런 줄 알고 신앙생활을 하는 지역교회의 회원들도 있다. 이런 이들을 스스로 속이는 자들이라고 한다. 그런데 이들의 이러한 신앙생활은 결코 오래 지속되지 못한다. 이들은 주로 시험과 어려움이 닥쳐 올 때 교회를 떠나거나 그렇지 않다면 교회에 남아 중생한 자들을 실족하게 만든다. 그 뿐 아니라 또 한 부류의 거짓 회원들이 있다. 이들은 중생에 관해 무지할 뿐 아니라 관심도 없는 자들로 선한 인격과 선한 행실로 구원을 받을 수 있다고 생각하는 사람들이다. 이러한 부류의 사람들에게 성도의 견인 교리는 오히려 그들의 위선적인 교회 생활에 방해가 될 뿐이다.

영화　　　　　삼위일체 하나님의 작정의 궁극적인 목적은 하나님 자신을 영화롭게 하는 것이다. 하나님은 창조와 섭리를 통해 작정을 이루시며 자신을 스스로 영화롭게 하신다. 이를 위해 하나님께서는 죄인들을 부르시고 의롭다하시고 아들 삼아 주시고 영화롭게 하신다. 이러한 차원에서 보면 근본적으로 영화는 하나님의 영역이지 피조물의 영역이 아니다. 그러나 하나님께서는 자신이 구원하는 자들에게는 자기의 영화에 참여할 수 있는 특권을 주셨다. 즉, 하나님께서 거룩한 예정을 통해 영원한 생명으로 선택한 자들은 모두 하나님의 영화에 참여하도록 지음 받은 자들이라고 할 수 있다. 이것이 바로 피조물인 인간이 영화를 소망할 수 있는 근거가 된다. 인간이 하나님의 영화에 참여를 시작하는 시점은 이 땅에서 성령으로 새롭게 될 때다. 그리고 죽음을 통해 죄악된 육체를 벗어버리게 되면서 영화의 상태에 진입하게 된다. 그리고 몸이 부활할 때 완전한 영화에 참여하게 된다.[162]

신자는 분명 이 땅에서 하나님의 영화에 참여한다고 할 수 있다. 그런데 여기서의 참여는 실제 그 영화를 이루는 것을 말하는 것이 아니다. 오히려 이것은 신자들도 그리스도께서 현재 천국에서 누리시는 영광에 동참할 자격을 부여받았음을 의미하는 것이다. 즉, 이 땅에서 천국의 영화를 미리 보증 받았음을 말하는 것이다. 신자가 이 땅에서 하나님의 영광에 완전히 참여할 수 없는 이유는 여전히 신자 안에 남아 있는 죄악된 본성 때문이다. 또한 신자의 육체는 아직 영원할 수 없는 상태, 즉, 연약하고 죽어 없어질 상태이기 때문이다. 그뿐 아니라 신자를 둘러싼 죄와 고통의 존재들도 신자가 이 땅에서 완전한 영화를 누릴 수 없게 한다.[163]

신자의 죄악된 본성은 신자가 죽음을 맞을 때 드디어 끝이 난다. 신자는 즉각적으로 영과 육이 분리되어 영은 천국으로 옮겨지며 영화의 상태에 진입하게 된다(히 12:23). 이때 육체는 흙으로 돌아가게 되는데, 사멸하여 흙으로 돌아간 육체일지라도 그리스도와의 연합은 그대로 유지된다(살전 4:14). 여기서 신자의 죽은 몸이 여전히 그리스도와의 연합을 유지한다는 것은 그리스도께서 신자의 몸을 여전히 귀하게 여기신다는 것을 의미한다. 즉, 부활의 때까지 신자의 몸을 그리스도께서 주의 깊게 보살피신다는 것이다. 신자는 그리스도의 심판 때에 육체의 부활과 함께 하나님으로부터 완전한 영화를 수여받는다. 이때 인간의 육체의 연약함은 모두 사라지고, 더 이상 사멸하지 않는 육체를 가지게 된다. 이 땅에서 인간이 하나님의 영화를 못 누리도록 방해했던 세상의 죄와 고통은 죽음 뒤에도 분명 세상에 남아 있다. 그러나 심판의 날에 이 또한 완전히 사라지게 된다.[164]

비록 신자들이 이 땅에서 완전한 영화에는 참여할 수 없다 할지라도, 심판 이후에 수여 받을 영화에 대한 보증은 경험할 수 있다. 이는 하나님의 사랑을 즐거워하고 성령 안에서 기뻐하며 심판을 통해 주어질 영화를 소망하는 것을 통해 가능하다. 그렇다고 해서 모든 신자가 항상 그 영화를 미리 맛보면서 살아가는 것은 아니다. 이는 죄악된 본성에서 오는 유혹과 의심이 신자로 하여금 소망의 끈을 놓게 만들기 때문이다. 그러나 아무리 신자가 영화에 대한 소망의 끈을 놓는다 하더라도 마지막 영광의 보증이 사라지는 법은 결코 없다. 반면에 이 땅의 악인들에게 심판은 하나님의 진노와 공포일 뿐이다. 이들에게는 죽음과 부활 이후에 오직 진노와 형벌의 심판만 있을 뿐이다. 신자가 이 땅에서 장차 받을 영광을 맛보듯이, 악인들도 죽음 직전에 심판의 두려움을 경험하기도 한다. 악인들은 이 두려움을 "세상에서 경험하는 지옥"이라고 부를 만큼 강력하게 느끼기도 한다.

심판　　　세상 끝날에는 심판이 있다. 하나님께서는 심판의 날을 정하시고 그리스도에게 심판권을 주셨다. 이 심판의 날에 그리스도께서 의로 심판하신다. 심판의 대상은 이 땅에 생존했던 모든 사람들과 배도한 천사들이다. 하나님께서는 선택하신 자들을 영원한 구원으로 심판하심으로 자비의 영광을 드러내려하신다. 반면에 유기된 자들의 심판을 통해서는 공의의 영광을 드러내려 하신다.[165] 하나님께서 심판의 날이 있다는 것을 우리에게 알려 주신 것은 사람들을 죄에서 떠나게 할 뿐 아니라 어려움을 당하는 신자들을 위로하시기 위함이다. 반면에 그 날을 감추어 두신 것은 사람들이 항상 깨어서 주님의 오심을 기대하며 기다리게 하기 위함이다. 이러한 차원에서 성경은 그리스도의 재림에 대해 신자들이 취해야 할 태도를 분명히 말해 주고 있다. 신자들은 "아멘 주 예수여 오시옵소서"(계 22:20)라고 하며 주님의 재림을 소망해야 한다. 성경은 계속해서 "하나님의 날이 임하기를 바라보고 간절히 사모하라"(벧후 3:10-14)고 말씀 할 뿐 아니라, "복스러운 소망과 우리 크신 하나님 구주 예수 그리스도의 영광이 나타나심을 기다리게 하셨으니"(딛 2:13)라고 표현하고 있다.[166]

심판이 일어나는 시점은 이 땅에서 죽은 모든 자들의 부활이 있은 직후다. 이때의 심판자는 우리 주 예수 그리스도시다(요 5:22, 27). 예수 그리스도는 심판 때에 산자와 죽은 자를 모두 심판하신다. 또한 신자와 불신자를 모두 심판하신다. 즉, 그는 인류 전체를 심판하신다. 예수 그리스도께서 인류 전체의 심판자가 되실 수 있는 것은 한 인격 안에 두 본질이 연합되어 계시기 때문이다. 예수님께서는 한 인격 가운데 신성과 인성을 모두 가지신 분으로 이 땅에 오셨다. 그리고 그는 부활하셔서 하나님 우편에 계신 지금도 여전히 한 인격에 두 본성으로 계신다. 또한 심판하러 다시 오실 때도 동일한 상태로 오실 것이다. 이는 인류를 심판하실 때 예수님은 모든 것을 아시는 하나님이시며 동시에 유혹과 고난을 경험하신 사람이시라는 것을 의미한다. 이러한 이유로 예수 그리스도께서는 온 인류의 의로운 심판자가 되실 자격이 있는 것이다. 또한 그의 심판이 정당한 것도 바로 이런 이유에서다.

신자들의 심판[167]

심판의 날에 신자들은 구름 속으로 끌려 올라가 그리스도를 영접하게 된다. 이때 하늘로 올라가는 신자들은 두 종류다. 무덤 속에서 부활한 신자들과 이 세상에 살아 있는 신자들이다(살전 4:17). 여기서 신자들이 자연법칙을 거슬러 하늘로 올라가는 것은 부활하신 예수님께서 하늘로 올라가신 바로 그 방법이다. 이는 심판의 날 이후로 신자들은 더 이상 자연법의 지배를 받지 않는다는 것을 나타낸다. 하늘로 올라간 신자들은 그리스도의 우편에 앉게 된다(마 25:33). 또한 신자들은 심판자이신 그리스도로부터 '죄로부터 값 주고 구속한 자'라는 것을 공적으로 인정받게 된다. 뿐만 아니라 그리스도께서 자신의 의가 전가된 것을 공적으로 확인해 줌으로 완전한 무죄 선고를 받게 된다(마 10:32).[168]

심판대 앞에서 신자들은 그리스도와 함께 유기된 천사들과 사람들을 심판하는 일에 참여하게 된다(고전 6:2-3). 물론 이것이 신자들에게 심판권이 주어진다는 것을 말하는 것은 아니다. 심판권은 오직 그리스도에게만 있다. 심판에 대한 신자들의 참여는 그리스도께서 유기된 천사들과 악인들에 대해 최종 선고를 내리실 때 그것이 완전히 의롭다는 것을 동의하고 지지하게 됨을 말한다. 이는 사탄과 악인들에 의해 핍박 받았던 의인들에게 주시는 그리스도의 위로이자 보상이기도 하다. 또한 신자들은 천국을 상속받게 되는데(마 25:34, 46), 이는 더 이상 흠 없는 육체와 영혼의 상태로 그리스도께서 영원히 다스리시는 새 하늘과 새 땅에 거할 수 있는 완전한 조건을 갖추게 된다는 것을 말한다. 즉, 천국 시민으로서 결격 사유가 없음을 의미한다. 결국 천국의 상속은 어떠한 방해도 없는 완벽한 축복(perfect blessedness)을 누릴 수 있게 됨을 말하는 것이다.

천국을 상속받은 자가 누릴 수 있는 가장 큰 축복은 하나님을 직접 대하고 하나님과 함께 기쁨은 나누는 것이다(요일 3:2; 고전 13:12). 여기서 하나님을 직접 대하여 본다는 것은 하나님과 성도들 사이에 더 이상 어떤 방해물도 없는 것을 말한다. 이 땅을 살아가는 성도는 누구도 하나님을 직접 대하여 볼 수 없다. 성도가 하나님을 볼 수 있는 방법은 그의 말씀인 성경을 통해서다. 그리고 이 땅을 다스리시는 섭리 속에 반영된 하나님을 보는 것이다. 이 땅에 그 누구도 이를 통하지 않고는 하나님을 볼 수 없다. 다른 어떤 방법도 하나님을 볼 수 있는 길은 없다. 성경과 하나님의 섭리는 분명 이 땅에서 성도가 하나님을 볼 수 있게 하는 유일한 방법이다. 그러나 분명한 것은 이것을 통한다 하더라도 하나님을 완벽하게 볼 수 있는 것은 아니다. 뿐만 아니라 인간의 죄악된 본성과 세상의 유혹은 성도가 하나님을 바로 볼 수 없도록 하는 직접적인 방해물이 된다. 그런데 성도들이 의의 심판을 통과하게 되면 그들과 하나님과의 관계를 방해했던 죄와 유혹들이 모두 제거된 상태에서 하나님을 볼 수 있게 된다. 뿐만 아니라 이 땅에서 하나님을 볼 수 있는 귀중한 도구였지만, 결코 우리가 완벽하게 이해할 수 있도록 하나님을 보여주지 않았던 성경도 필요 없게 된다. 그리고는 하나님을 직접 얼굴과 얼굴로 보는 것이다. 이 얼마나 큰 축복이고 감동인가?

성도는 천국은 물론 새 하늘과 새 땅에서 영원토록 하나님과 함께 기쁨을 누리게 된다. 하나님께서는 모든 것을 자신의 영광을 위해 작정하셨다. 그리고 하나님께서는 자신이 작정한 것은 결코 변경하시지 않고 그대로 다 실행하신다. 이는 영원 전부터 심판 이후 영원까지 불변의 진리다. 이 과정에서 하나님께서는 인간을 만드셨다. 인간을 만드실 때 하나님의 작정은 곧 그가 인간을 만드신 목적이 된다. 하나님께서 인간을 만드신 목적은 인간이 자신에게 영광을 돌리고 영원토록 자신을 즐거워하는 것이다. 그런데 죄로 오염된 인간은 이 땅에서 결코 그 목적을 완벽하게 이룰 수 없다. 심지어 죄악된 세상의 유혹과 악인들의 핍박은 이를 더더욱 힘들게 한다. 그에 반해 성도가 천국에서 영원토록 하나님의 기쁨을 누리게 된 다는 것은 성도가 하나님께 영광을 돌리고 기뻐하는 일에 있어서 천국에서는 어떠한 방해 요소도 작용하지 않는다는 것을 말한다. 즉, 모든 죄가 사라진 상태에서는 하나님께 온전한 영광을 드릴 수 있을 뿐 아니라, 영원토록 그를 즐거워하게 된다는 것이다. 결국 천국과 심판 후 영원히 펼쳐질 새 하늘과 새 땅에서의 성도의 삶은 하나님께서 인간을 창조하신 목적이 완벽히 성취 될 것을 보여주는 것이다.

또한 성도는 천국에서 영원한 안식을 누리게 된다. 이는 영원히 하나님과 교제하며 기쁨과 즐거움 속에 살게 됨을 말한다. 그렇다고 이 안식이 아무 일도 안하고 항상 놀고 쉬기만 한다는 것을 의미하는 것은 아니다. 성도가 천국에서 누리는 안식은 아담이 범죄하기 전에 에덴동산에서 누렸던 삶을 상상하면 이해가 쉬워진다. 물론 천국의 삶이 이와 완전히 일치 할 것이라고 말할 수는 없지만 우리가 상상할 수 있는 범위 내에서는 그렇다고 할 수 있다. 아담은 에덴동산에서 하나님께서 위임하신 일들을 성실히 수행했다. 그러나 그에게는 어떠한 피로도, 일의 불만도, 그리고 고통도 없었다. 이는 가장 왕성한 활동을 하면서도 가장 완전한 안식을 누릴 수 있었기 때문이다. 이로 미루어 볼 때 천국에서 성도들이 하는 활동은 결코 힘의 고갈이나 재충전을 필요로 하지 않는 일일 것이다. 하나님도 6일간 일하시고 하루를 쉬셨다. 하나님께서 너무 고된 업무에 힘이 고갈 돼서 하루를 안식하신 것이 아니다. 재충전이 필요해서 하루를 쉬신 것이 아니다. 하나님은 안식하시면서 자신이 하신 일을 보시고 스스로 영광을 취하셨다. 성도가 천국에서 누리는 안식도 이와 같을 것이다. 성도는 가장 적극적이고 생산적인 활동을 통해 하나님께 영광을 돌릴 것이다. 그러면서도 가장 기쁘고 행복한 상태에서 하나님을 영원토록 즐거워하는 안식을 누리게 될 것이다. 이것이 바로 성도가 천국에서 누리게 될 안식인 것이다.

불신자들의 심판

심판의 날에 신자들은 그리스도의 오른편에 있을 것이지만, 불신자들은 그 반대편인 왼편에 있게 될 것이다(마 25:32-33). 이는 단지 오른쪽과 왼쪽의 위치를 말하는 것이 아니다. 이것은 심판 때에 신자들과 불신자들이 완전히 분리될 것임을 이르는 말이다. 이 분리는 단순히 두 부류로 사람을 나누는 것이 아니다. 이것은 신자들을 불신자들에게서 완전히 구별해 내는 것을 말한다. 이러한 분리를 통해 이제 신자와 불신자들은 영원히 어떤 교제도 할 수 없는 상태가 된다. 이렇게 신자와 분리된 상태에서 불신자들은 그들의 불신앙과 그들이 지은 모든 죄들에 의해 정죄를 받게 된다. 물론 이들은 모두 영원한 사망으로 예정된 자들이다. 그러나 이들이 심판을 받은 것은 그들의 운명이 그렇기 때문이 아니라 그들의 죄 때문이다.

불신자들도 신자와 같이 죽은 몸이 살아나는 부활을 한다. 그런데 신자와는 달리 불신자의 부활은 심판의 부활이다. 불신자도 신자와 마찬가지로 죽음과 동시에 영과 육이 분리된다. 그리고 즉시 영은 지옥으로 떨어져서 심판의 날을 기다리게 된다. 반면에 육은 썩어서 흙의 상태로 돌아간다. 불신자의 부활은 영과 육이 다시 결합하여 함께 심판을 받게 되는 것을 의미한다. 이 심판에서 그들은 정죄되고 그 즉시 영원한 지옥의 형벌을 받기 시작한다. 이들이 형벌을 받은 지옥은 단순한 어떤 상태의 변화를 말하는 것이 아니다. 부활한 불신자들이 가게 되는 지옥은 영과 육이 영원히 형벌을 받는 실제적인 장소다. 불신자들은 지옥의 형벌을 받으며 드디어 후회하고 뉘우치기도 할 것이다. 그러나 최후의 심판으로 정죄 받은 죄인에게는 더 이상 회개의 기회도 구원의 기회도 없다(눅 16:19-31).

마가복음 9:43-48에는 불신자의 지옥 형벌에 관하여 예수님께서 묘사하신 내용이 담겨 있다. 예수님은 지옥에 대해 두 가지를 특히 강조하신다. 예수님께서는 지옥이 얼마나 무서운 곳이지를 먼저 말씀하시면서 어떠한 값을 치루더라도 꼭 피해야 할 곳으로 지옥을 묘사하신다. 범죄하는 손과 발을 찍어 버리든지, 혹은 눈을 뽑는 한이 있어도 지옥으로 떨어지는 것은 결코 피해야 할 정도로 지옥은 무서운 곳이라고 설명하신다. 예수님은 이러한 묘사를 통해 악을 범하는 이들에 대한 하나님의 진노가 얼마나 크신지를 알려주신다. 또한 악인들에 대한 형벌로써의 지옥이 얼마나 무서운 곳인지를 분명히 드러내신다. 뿐만 아니라 예수님께서는 지옥은 실제 존재하는 장소이기에 그곳에서는 반드시 육체적인 고통이 있을 것이라는 것도 말씀하신다. 그러면서 그는 그 고통은 영원할 것이라는 것을 구체적인 예를 통해 생생히 묘사하신다. 예수님의 표현에 의하면 지옥에는 구더기도 죽지 않고, 불도 꺼지지 않는다. 여기서 구더기도 죽지 않는다는 말은 구더기가 파먹을 인간의 육체가 있다는 것을 암시한다. 다시 말해 부활한 불신자들은 그들의 혼뿐만 아니라 몸도 함께 고통의 형벌을 받게 된다는 것이다. 이런 면에서 볼 때 불신자의 몸이 부활하는 것은 오직 심판받고, 지옥에서 고통을 받기 위함이 분명해진다. 그리고 불이 꺼지지 않는다는 것은 그 형벌이 영원하다는 것을 말한다. 치욕의 부활체로 영원히 형벌 받는 불신자들이 지옥에서 겪는 가장 큰 고통은 그곳에도 하나님의 임재가 미친다는 점일 것이다. 그들은 지옥에서도 자신들의 정당성을 계속해서 주장할 것이다. 그러나 하나님의 임재와 통치는 지옥에도 미쳐서 그들의 핑계와 변명을 모두 막아버리신다(마 7:21-23).

더 깊이 **이해**하고 **적용**하기

성령의 구원적 역사와 일반적 역사

성령님은 오직 이성적인 존재에게만 역사하신다. 해, 달, 별 등 우주를 운행하시는 섭리적 사역은 성령님의 직접적인 사역이 아니다. 물론 이 땅의 모든 섭리는 영원 전에 삼위일체 하나님께서 협의하신 뜻을 따르지만, 섭리의 구체적인 적용에 있어서는 성부, 성자, 성령이 각 각 그 맡으신 역할을 담당하신다. 성령님은 사람의 마음에 역사하신다. 이러한 성령님의 역사는 구원적 역사와 일반적 역사로 나누어 이해할 수 있다. 성령님의 구원적 역사는 택자를 효력 있게 부르시고, 의롭다시고, 양자로 삼으시고, 거룩하게 하시는 등 인간의 구원의 서정 속에 적극적으로 개입하시는 사역을 말한다. 반면에 성령님의 일반적 역사는 택자는 물론 그 외의 모든 사람들이 경험할 수 있는 역사를 말한다. 이는 인간의 양심에 자극을 주어 죄를 깨닫게 할 뿐 아니라 그 죄를 억제하게 하는 것 등을 말한다. 그리고 이 성령의 역사는 더 나아가 자신의 삶을 선한 방향으로 수정하게 하기도 한다. 성령의 일반적 역사는 때때로 개인적인 삶의 개선을 넘어 사회적인 의와 공평을 이루기 위해 자발적으로 자선을 행하는 데까지 이르게 하기도 한다. 예수님을 믿지 않는 자들 가운데서도 스스로 선하게 살고 이웃을 돌아보며 다양한 선한 일에 동참함으로써 사회적인 선에 기여하는 사람들이 있는 것은 바로 성령님의 이 일반적인 사역 때문이라고 할 수 있다.

성령님의 구원적 역사와는 달리 일반적 역사는 구원의 문제와는 전혀 관련이 없다. 다시 말해 성령님의 일반적 역사에 반응하여 아무리 착하게 살아도 그것만으로는 결코 구원에 이를 수 없다는 것이다. 인간이 구원을 받아야 하는 이유는 인간이 착하게 살지 않아서가 아니라 죄인이기 때문이다. 인간이 구원을 받으려면 이 죄 문제가 해결되어야 한다. 그런데 성령님의 일반적인 역사는 인간이 참 믿음으로 회개하여 그리스도와 연합을 이루는 데는 어떠한 작용도 하지 않는다. 여기서 좀 더 정확히 집고 넘어가야 할 것이 한 가지 있다. 성령님의 일반적 역사를 말할 때 이것을 단순히 '인간이 구원을 받는데 충분하지는 않다'라고 표현해서는 안 된다는 것이다. 이는 성령님의 일반적인 역사가 인간의 구원에 어느 정도는 영향을 미칠 수 있다는 오해를 낳을 수 있기 때문이다. 분명한 것은 성령의 일반적인 역사는 인간의 구원에 있어서는 어떠한 작용도 하지 않는다는 것이다.

인간을 구원에 이르게 하는 성령님의 역사는 오직 구원적 역사다. 따라서 인간이 구원을 받으려면 성령님께서 이 구원적 역사를 행해 주셔야 한다. 그런데 성령님께서는 이 구원적 역사를 모든 사람들에게 행하시지는 않는다. 누군가에게는 구원적 역사와 일반적 역사를 다 행사하시지만, 또 다른 부류의 사람들에게는 오직 일반적 역사만 행하시고 구원적 역사는 행하시지 않는다. 그럼 성령님께서는 어떤 기준으로 구원적 역사를 행할 자들을 모든 사람들 가운데서 분류하시는가? 사람이 어떠한 조건을 충족시켜야 성령님의 구원적 역사의 혜택을 받을 수 있는 것인가? 이 질문에 대한 대답은 오직 한 가지다. 성령님의 구원적 사역은 성령님의 단독 결정도 아니고 인간의 어떠한 공로에 대한 보상도 아니다. 성령님의 구원적 사역은 전적으로 영원전에 삼위일체 하나님께서 협의하여 영원한 생명으로 선택하신 자들에게만 행해진다. 즉, 성령님의 이 사역은 오직 택자들에게만 적용되는 하나님의 은혜다. 신자가 이 세상에서 성령님의 사역을 완전히 이해하는 것은 불가능하다. 그럼에도 불구하고 구세주를 믿고 사랑하도록 하기에는 조금도 부족함이 없다.[169]

복음의 문을 여는 전도와 복음의 문을 닫는 전도

전도는 먼저 믿은 자들이 자신들이 만난 그리스도를 아직 그리스도를 모르는 사람들에게 전하는 것이다. 그래서 전도는 다른 말로 복음 전파라고도 한다. 복음 전파의 대상은 이 세상의 모든 사람이다. 죽은 자들은 전도의 대상이 될 수 없다. 다시 말해 전도는 이 세상에 살아 있는 모든 사람에게 그리스도의 복음을 전하는 것이다. 그러나 전도자는 자신이 전하는 복음을 모든 사람이 받아들이고 구원에 이를 것을 기대하지는 않는다. 그 이유는 복음을 들은 사람들 중 오직 택자들만 그 초청에 반응하기 때문이다. 다른 말로 표현하면 이 복음 전파가 오직 택자들에게만 효력 있는 부르심이 되기 때문이다.

전도는 분명 택자들을 교회로 부르도록 하나님께서 정하신 방법이다. 우리의 전도를 통해 하나님께서는 택자를 찾으신다. 동시에 우리의 전도는 유기된 자들에게도 그 효력을 발휘한다. 유기된 자들에 대한 전도의 효력은 복음을 막는 것이다. 유기된 자들에게는 복음의 소식이 들려진다 할지라도 성령님께서 그들과 함께하지 않으신다. 이러한 이유로 유기된 자들은 복음의 소식을 들을 때 그것을 대적한다. 그들은 복음을 거부할 뿐 아니라 심지어 모독하기까지 한다. 이러한 행동을 통해 이들은 성령을 모독하는 죄를 범하게 되는 것이다. 이러한 원리로 볼 때 결국 전도는 택자들에게는 복음의 문을 열고, 유기된 자들에게는 복음의 문을 닫는 기능을 한다.

우리가 복음을 아무리 열심히 그리고 잘 전하다 할지라도 전도할 때마다 항상 교회로 사람을 인도하는 데 성공하는 것은 아니다. 그리고 심지어 전도를 하다보면 복음을 배척하는 사람들을 만나기도 한다. 이러한 이들은 당연히 인도도 거부한다. 그렇다면 이러한 경우에 우리는 우리의 전도가 실패했다고 보아야하는가? 실패한 전도이기 때문에 그 실패의 요인을 분석하고 또 다른 방법을 동원해서 새로운 전도를 해야 하는 것인가? 물론 우리는 한 영혼도 포기하지 말고 꾸준히 복음을 전하고, 가능하면 그들을 모두 교회로 인도할 수 있도록 최선을 다해야 한다. 그러나 우리가 전도를 시도한 사람이 복음을 거부하거나 인도를 거부할 때 우리가 행한 전도를 실패한 것으로 볼 필요는 없다.

앞서 언급했듯이 전도는 하나님께서 택하신 자들을 찾는 것이다. 좀 더 정확히 말하면 성부 하나님께서 택하시고 성자 하나님께서 구속하신 자들을 그리스도의 몸인 교회로 부르는 것이다. 동시에 전도는 유기된 자들에게 복음을 막는 역할도 한다. 그들의 마음의 완악함을 자극하는 것이다. 성령을 모욕하도록 자극하는 것이다. 하나님께서 이사야를 선지자로 부르시는 장면을 한 번 살펴보자(사 6). 하나님께서 이사야를 부르신 목적은 백성들에게 하나님의 뜻을 전해서 그들로 하여금 회개하고 돌아오게 하는 것이 아니었다. 오히려 백성들의 눈과 귀를 막아 그들이 복음을 듣지 못하게 하는 것이 이사야의 임무였다. 그렇다고 이사야가 백성들에게 아무 말도 전하지 않은 것은 아니었다. 이사야는 그들에게 불순종에 대한 하나님의 진노를 강하게 전해야 했다. 그럼에도 불구하고 완악한 백성들은 이사야를 통해 전달되는 하나님의 경고를 무시했다. 이렇게 하나님의 경고를 무시하고 복음의 초청을 거부한 자들은 하나님의 진노의 때에 결코 변명할 수 없게 된다.

전도가 유기된 자들에게는 복음의 문을 막는다는 것이 바로 이것을 의미한다. 유기된 자들은 성령의 도움을 받을 수 없기에 복음을 배척하기 마련이다. 이들은 이렇게 복음을 배척한 사실 때문에 심판을 당할 때 자신들에게 선고되는 형벌에 대해 어떠한 변명도 못하게 된다. 그리고 전도자는 그리스도가 이들을 심판하실 때 증인으로 서서 그들의 불의를 증명하는 역할을 한다. 이러한 차원에서 보면 유기된 자들에 대한 우리의 전도는 그리스도의 심판이 정의롭다는 것을 보증하고 증명하는 아주 중요한 작용을 하게 된다고 할 수 있다. 십자가의 도를 미련한 것으로 여기는 자들은 멸망을 당한다. 반면에 구원받는 자들에게 십자가의 도는 능력이 된다. 이러한 양극단의 결과가 우리의 전도를 통해 이루어진다. 이것이 바로 전도의 미련한 것으로 믿는 자들을 구원하시는 하나님의 방법이다(고전 1:18-21). 이를 종합해 보면 전도는 환영을 받을 때 뿐 아니라 거부될 때에도 성공적인 사역이라고 할 수 있다. 그리스도를 전파한다는 그 자체가 성공이다. 택자들에게는 복음의 문을 열어 줌으로써 성공적인 사역이 되며, 유기된 자들에게는 복음의 문을 닫음으로써 성공적인 사역이 되는 것이다.

중생의 은혜와 타락한 본성

하나님으로부터 중생의 은혜를 받았다는 것은 전인이 성령에 의해 새로운 생명으로 회복된 것을 말한다. 죄로 뒤틀리고 오염된 상태에서 회복된 것을 말한다. 인간은 죄로 인해 전적으로 타락한 상태에 빠졌다. 이는 인간의 어느 부분도 타락하지 않은 부분이 없다는 것을 의미한다. 반면에 인간이 중생의 은혜를 입었다는 말은 타락한 상태에서 전적으로 거듭나는 것을 말한다. 이는 오염되었던 전인 중 회복되지 않은 부분이 없다는 것을 의미한다. 다시 말해 인간의 모든 부분이 다 성령으로 새롭게 된다는 것이다.

그렇다면 인간이 중생의 은혜를 받으면 타락한 본성에 실제 변화가 오는 것인가? 타락한 본성이 순수해지고, 뒤틀렸던 본성이 바로 잡히고, 오염되었던 본성이 정화되는가? 성령의 거듭남으로 새롭게 태어난다는 것이 인간의 타락한 본성에 획기적인 변화가 일어남을 의미하는 것인가? 결코 그렇지 않다. 인간이 성령에 의해 거듭남의 은혜를 풍성히 받는다 하더라도 타락한 본성의 상태는 그대로 유지된다. 거듭난 자라 할지라도 그의 본성은 여전히 오염된 상태고, 뒤틀린 상태다. 이러한 이유로 거듭남의 은혜 속에서도 인간은 여전히 사탄의 유혹에 노출된다. 다시 말해 거듭난 자라도 여전히 타락한 본성을 따라 하나님 앞에서 죄를 짓는다. 이는 중생의 은혜가 원죄를 지우는 것은 아니기 때문이다. 거듭난 자도 여전히 원죄의 속박 속에 있다. 이러한 이유로 성령으로 거듭난 자도 여전히 죄인이다.

성령으로 거듭난 자라 할지라도 그 본성이 여전히 타락한 상태라면, 거듭남으로 우리의 전인이 새롭게 태어났다는 것은 도대체 무엇을 의미하는가? 전적으로 타락한 인간이 전적으로 회복되는 것이 중생이라는 말은 도대체 어떤 뜻인가? 타락한 본성의 변화 없이, 성령으로 새롭게 회복된다는 것이 과연 논리적으로 가능한가? 또한 이것이 실제적으로 가능한가? 만일 이것이 가능하다면, 그 근거는 무엇인가? 그리고 성령으로 새롭게 태어난다는 것의 바른 의미는 무엇인가?

전적으로 타락한 인간이 성령으로 거듭났다는 것은 여전히 타락한 상태의 인간이 성령님의 인도를 받기 시작했다는 것을 의미한다. 중생에 있어서 성령을 통한 회복은 인간의 본성의 회복을 의미하는 것이 아니다. 이는 인간과 하나님과의 관계가 회복되는 것을 말한다. 성령과의 교제가 전인에서 나타나기 시작하는 것을 말하는 것이다. 인간의 지, 정, 의, 그리고 행동의 모든 영역에서 성령님과의 교제가 시작되는 것을 말한다. 다시 말해 중생의 은혜가 임할 때 성령님을 통해 우리의 전인(全人)이 회복된다는 것은 우리의 지, 정, 의, 그리고 행동까지 모두 성령님께서 간섭하시기 시작한다는 것을 의미한다. 인간의 모든 부분이 성령님의 지도와 인도를 받기 시작한다는 것을 의미한다. 결국 중생의 은혜로 새롭게 되는 것은 인간의 죄악된 본성이 아니다. 인간과 성령님의 관계와 그에 따른 전인이 살아가는 방식이 새롭게 되는 것이다. 따라서 중생의 은혜는 성령님께서 지, 정, 의 그리고 행동을 하나님께서 기뻐하시는 방향으로 인도하시기 시작하는 것이다. 요약하자면 거듭남은 타락한 본성이 변화되는 것을 말하는 것이 아니라 타락한 본성을 지닌 인간을 성령님께서 인도하시기 시작하는 것을 의미한다. 이러한 차원에서 볼 때 중생의 은혜는 오직 하나님의 효력 있는 부르심 때에 성령이 내주하기 시작한 이들에게만 주어지는 하나님의 특별한 은혜의 사역인 것이다.

중생한 자에게 있어서 하나님의 뜻과 자유의지

중생의 은혜로 인간의 모든 요소들이 새로워질 때 자유의지도 함께 새로워진다. 죄로 오염되었던 자유의지도 함께 정화되며 뒤틀렸던 자유의지가 바로 자리를 잡게 된다. 성령으로 자유의지가 회복되는 것을 말한다. 자유의지란 스스로 생각하고 판단하고 결정하는 것을 말한다. 따라서 중생의 은혜로 자유의지가 회복되었다는 것은 인간이 스스로 생각하고 판단하고 결정하는 것이 중생의 은혜로 인해 회복되었다는 말이 된다. 그렇다면 이것이 의미하는 것이 도대체 무엇인가? 자유의지가 회복되면 인간에겐 어떠한 변화가 일어나는가? 특히, 하나님의 뜻에 반응하는 인간의 자유의지는 어떤 식으로 회복된다는 것인가? 또한 자유의지가 회복되기 전과 중생의 은혜로 그것이 회복 된 후는 무엇이 어떻게 다른가?

먼저 중생의 은혜로 인해 자유의지가 회복되었다는 것을 생각할 때 우리가 주의해야 할 점들이 몇 가지 있다. 첫째, 이 의미는 의지를 사용하는 자유의 폭이 더 넓어졌다는 것을 말하는 것이 아니다. 또한 더 많은 영역에서 자유의지를 사용할 수 있게 되었다는 것을 의미하는 것도 아니다. 둘째, 이는 자신의 의지를 자유롭게 사용할 수 있는 권리를 더욱 많이 보장받게 된다는 것을 의미하지도 않는다. 셋째, 이것은 하나님의 뜻을 순종할 것인지, 그렇지 않을 것인지를 스스로 결정할 수 있는 완전한 자유가 생겼다는 것을 나타내는 것도 아니다.

그렇다면 중생의 은혜로 자유의지가 회복되었다는 말의 의미는 도대체 무엇인가? 이 의미를 바로 이해하기 위해서는 '중생의 은혜로 자유의지가 회복되었다'는 표현에서 '자유'나 '의지'가 아닌 '회복'에 초점을 두어야 한다. 즉, 중생의 회복, 거듭남의 회복, 중생을 통한 새로운 탄생이 무엇을 의미하는지를 먼저 생각해야 한다. 중생의 회복이 일어날 때 타락한 본성이 회복되는 것이 아니다. 중생으로 새롭게 되었다고 하더라도 인간의 본성은 여전히 타락한 상태로 남아 있다. 그럼 중생의 은혜로 새롭게 된다는 것은 무엇을 말하는가? 중생의 은혜로 회복된다는 것은 도대체 무엇인가? 중생의 은혜로 새롭게 되는 것은 다름 아닌 하나님과의 교제다. 중생하기 전의 인간은 하나님과 교제가 없는 삶을 살았다. 따라서 하나님께서는 이들의 생각과 삶에 대하여 이들 안에서 어떠한 직접적인 간섭도 하지 않으셨다. 하나님께서는 이들을 찾아가시지도 않는다. 이들의 마음에 어떠한 말씀도 하지 않으신다. 하나님께서는 이들을 사탄의 통치 가운데 오히려 그냥 내버려두신다. 이들에게 하나님께서 관계하시는 방법은 오직 피조물 전체를 통치하시는 섭리뿐이다. 따라서 하나님께서 섭리하시는 영역 안에서 중생하지 않은 자들은 자신들의 의지를 따라 마음껏 자유를 누린다. 이때 이들이 하나님의 뜻에 부합하는 의지를 표명하든지 반하는 의지를 표명하는지에 대해 하나님께서는 전혀 관심을 보이시지 않으신다. 하나님께서는 자신과 교제의 관계가 단절된 인간에게는 어떠한 직접적인 관심도 보이지 않으신다.

중생의 은혜로 하나님과의 교제가 회복된다. 이렇게 회복된 교제를 통해 하나님께서 중생한 자들을 간섭하시기 시작한다. 하나님께서 성령님을 통해 이들 속에서 몸과 영의 모든 요소를 간섭하시기 시작한다. 여기서 성령님께서 중생한 자를 간섭하시는 방법과 목적은 이들을 선한 길로 인도하는 것이다. 그리스도의 길로 인도하시는 것이다. 이들의 전인에 직접적으로 간섭하셔서 이들이 생각하는 것, 감성적으로 느끼는 것, 그리고 의지로 행동하는 모든 것이 하나님의 뜻에 부합하도록 인도하는 것이다. 이것이 바로 성령님을 통한 전인의 회복이다. 따라서 중생의 은혜를 통해 인간의 자유의지가 회복된다는 것의 의미도 이러한 차원에서 생각해야 한다.

결국 중생의 은혜 가운데 성령으로 인간의 자유의지가 회복된다는 것의 실제적인 의미는 성령님께서 인간이 자유의지를 바르게 사용하실 수 있도록 돕기 시작한다는 것을 의미한다. 인간이 자기 마음대로 자유의지를 상용하는 것을 멈추고 성령님께서 인도하시는 데로 자유의지를 사용하게 되는 것을 말한다. 이러한 차원에서 볼 때 중생한 자의 자유의지가 회복되었다는 것은 자신의 자유의지를 드디어 하나님의 영광을 위해 사용할 수 있게 되었다는 뜻이 되는 것이다.

이러한 이유로 중생한 인간의 자유의지는 항상 성령의 지도를 받는다고 할 수 있다. 그렇다면 중생한 인간이 성령의 지도로 사용하는 자유의지는 항상 바른 결정을 하는 것일까? 항상 하나님의 뜻에 부합하는 판단을 하게 되는 것인가? 다시 말해 회복된 자유의지로 내리는 결정은 항상 선할 수 있는가? 만일 이것이 옳다면 중생한 인간의 생각과 행동은 언제나 선한 결과를 낳아야 한다. 그런데 인간의 실제 삶에서 나타나는 현상들은 항상 그렇지만은 않다. 그렇다면 이것은 또한 무엇을 나타내는 것인가? 중생한 인간 속에서 역사하시는 성령님의 능력이 충분하지 못하다는 말인가? 인간의 의지를 완전히 주장할 수 없을 정도로 성령님의 힘이 약하다는 말인가? 만일 그것도 아니라면 중생한 인간이라 할지라도 하나님의 뜻에 대한 인간의 자유의지에는 어떠한 경계가 있는 것인가?

성령에 의해 자유의지가 회복된 사람은 대부분 그 의지를 통해 하나님의 뜻에 순종하려 한다. 그러나 자유의지가 회복되었다 하더라도 그 의지를 통해 여전히 하나님을 거역할 수 있는 존재가 바로 인간이다. 중생한 자는 하나님으로부터 믿음이라는 영적 기관을 받은 자들이다. 그리고 성령님은 이 믿음에 작용하신다. 이러한 이유로 이제 중생한 자는 믿음으로 생각하고, 믿음으로 판단하고, 믿음으로 행동하고, 믿음으로 보고, 믿음으로 듣고 모든 것을 믿음으로 하게 된다. 이러한 원리로 자유의지 또한 믿음에 의해서 조절되는 것이다. 그런데 성령의 지도를 따라 믿음으로 모든 것을 한다 할지라도 여전히 인간은 하나님의 뜻을 거역할 가능성이 남아 있다. 왜 그럴까? 여기에는 크게 두 가지의 이유가 있다. 하나는 인간의 본성에 관한 문제고, 나머지 하나는 성령님께서 믿음에 역사하시는 방법에 관한 문제다.

먼저 인간의 본성에 관한 문제를 보자. 모든 인간은 원죄를 가지고 있다. 이 때문에 인간은 본성적으로 타락했다. 전적으로 타락했다. 인간의 어떤 부분도 타락하지 않은 부분이 없다. 타락한 인간은 본성적으로 사탄의 속임수에 귀를 기울인다. 그리고 그것을 따라가려 한다. 문제는 중생한 인간이라 할지라도 본성은 여전히 타락한 상태라는 것이다. 그 속에 믿음이라는 영적 기관이 작용함에도 불구하고 타락한 본성은 여전히 사탄의 달콤한 유혹의 손을 뿌리치지 못한다. 이것이 인간의 본질이다. 이러한 이유로 중생한 인간도 여전히 죄를 짓게 된다. 하나님의 뜻과 반대되는 것을 생각하고 행동하려 한다. 많은 경우에 있어서 뜻과 반하는 방향으로 의지가 반영되기도 한다.

그 다음은 성령님께서 믿음에 작용하시는 방법의 문제다. 성부, 성자, 성령님은 모두 인격으로 존재하신다. 삼위일체 하나님께서는 사람을 그의 형상을 따라 만드셨다. 그 말은 사람 또한 자신들처럼 인격체로 만드셨다는 뜻이다. 사람을 인격체로 만드신 삼위일체 하나님은 세 인격이 서로를 존중하듯이, 인간도 하나의 인격체로 대해 주신다. 이 땅의 다른 피조물과 달리 하나님께서 인간을 대하시는 방법이다. 하나님께서는 사람을 인격체로 대하시기 때문에 사람의 생각과 판단을 존중해주신다. 즉 사람의 의지를 존중해주신다. 이러한 이유로 하나님께서는 인간이 자신의 의지를 자유롭게 사용할 수 있도록 해 주셨다. 물론 의지의 자유와 함께 그 결과에 대한 책임도 동시에 부여하셨다. 성령님께서 중생한 인간 속에 있는 영적 기관인 믿음에 역사하시는 원리와 방법도 이와 동일하다고 할 수 있다. 즉, 인격체로 대하는 것이다. 이러한 차원에서 인간의 자유의지가 회복되었다는 것은 이 자유의지에 성령님의 지도와 간섭이 시작되었다는 뜻이 된다. 그렇다면 성령님께서 중생한 자의 자유의지에 인격적인 방식으로 지도하시고 간섭한다는 것은 무엇을 의미하는 것인가? 그것은 바로 성령님께서 중생한 사람의 자유의지를 직접적으로 조정하시지는 않는 다는 것을 말하는 것이다. 즉, 성령님은 중생한 자가 자유의지를 사용하는데 있어서 어떠한 강압도 하지 않는 다는 것이다. 그러면서 성령님은 중생한 자가 자유의지를 잘 사용할 수 있도록 지도하신다. 성령님께서 중생한 자유의지를 지도하시며 돕는 구체적인 방법은 옳은 방향이 어느 쪽인지를 알려주는 것이다. 하나님의 뜻이 무엇인지를 알게 해 주는 것이다. 어떻게 의지를 사용하는 것이 하나님께서 기뻐하시는 것이고, 어떤 것이 하나님의 마음을 아프게 하는 것인지를 깨달을 수 있도록 해 주시는 것이다. 이렇듯 성령님은 중생한 인간이 자유의지를 바로 사용할 수 있도록 안내해 주는 역할을 하신다.

이러한 이유로 자유의지를 사용하는 것은 결국 사람의 몫이다. 그리고 그 책임 또한 사람에게 있다. 중생한 사람이라 할지라도 선한 방향으로 자유의지를 사용하지 않는 이들이 있는 것이 바로 이러한 이유 때문이다. 이는 성령님의 도움이 충분하지 않아서가 아니라 우리의 죄악된 본성 때문이다. 그리고 성령님께서 우리를 인격체로 대하시기 때문이다. 중생하지 못한 자들에게는 성령님께서 전혀 간섭하지 않으신다. 그냥 내버려 두신다. 따라서 이들은 무엇이 죄인지 아닌지를 모른다. 그들은 그냥 자기 소견에 옳은 대로 판단하고 결정한다. 모든 결정은 자신의 양심의 소리에 따른다. 반면에 중생한 자들은 성령님께서 자유의지를 바로 사용할 수 있는 방법을 일러 주신다. 이들은 먼저 성령님께서 알려 주시는 기준과 방법을 듣고 나서 자신의 자유의지를 사용한다. 다시 말해 어떻게 자유의지를 사용하는 것이 하나님을 기쁘시게 하는 것인지를 먼저 알고 판단한다. 심지어 이들은 자유의지를 잘 못 사용하는 것이 무엇인지도 먼저 안다. 자유의지를 잘못 사용하게 되면 어떤 결과가 있을지도 먼저 알게 된다. 그리고 난 후 최종적으로 결정하고 행동한다. 결국 이러한 이유로 중생한 자는 하나님의 뜻을 확신하고 기쁨으로 자신의 의지를 자유롭게 펼쳐나갈 수 있게 되는 것이다. 이러한 차원에서 볼 때 중생한 자가 자신의 의지로 뜻을 어기는 것은 결국 알고도 짓는 죄에 행당한다고 할 수 있다.

그렇다면 중생한 자가 자유의지를 가지고 행하기도 하고 거부하기도 하는 하나님의 뜻은 무엇을 말하는 것인가? 하나님의 뜻과 중생한 자의 자유의지는 어떻게 상호 관련성을 가지는가? 이를 이해하기 위해서는 먼저 하나님의 뜻이 무엇을 의미하는지를 알아야 한다. 인간에 대한 하나님의 뜻은 크게 두 가지로 나타난다. 하나는 인간에게 순종을 요구하시는 하나님의 뜻이고, 또 다른 하나는 하나님의 선하신 작정이다. 먼저 인간에게 순종을 요구하시는 하나님의 뜻은 단적으로 말해 성경과 자연에 하나님께서 계시하신 도덕법이라고 할 수 있다. 하나님께서 '하라 혹은 하지 마라'로 분명히 말씀해 주신 삶의 법칙을 말한다. 이러한 하나님의 뜻은 누구에게나 분명하고 객관적으로 드러나 있는 것으로 가장 간단하게는 십계명을 들 수 있다. 반면에 하나님의 선하신 작정으로서의 하나님의 뜻은 인간과 상관없이 하나님께서 단독으로 가지고 행하시는 뜻을 말한다. 이는 주로 하나님의 섭리를 통해 나타난다. 쉽게 말하면 내일 어떠한 일이 일어날 것인지, 병이 나을 것인지 더 악화될 것인지, 삶의 환경이 더 윤택해 질 것인지 아닌지에 관한 것들이다.

이 두 가지 종류의 하나님의 뜻 중 인간의 자유의지는 첫 번째에 해당하는 도덕법에 적용된다고 할 수 있다. 이는 하나님께서 성경을 통해 객관적이고 명확하게 밝혀주신 뜻을 어떻게 삶에 적용시킬 것인지를 자신의 생각과 의지로 판단하고 결정하는 것을 말한다. 이러한 하나님의 뜻은 도덕법으로 모든 인류에게 주어졌다. 그러나 이것이 하나님의 뜻이며, 이 뜻을 통해 하나님께서 원하시는 것이 무엇인지를 아는 것은 인간 스스로의 능력으로는 불가능하다. 이것을 알게 하시는 분이 바로 성령님이시다. 이러한 이유로 오직 중생한 자 만이 도덕법을 통해 하나님께서 요구하시는 것이 무엇인지를 알 수 있다. 반면에 중생하지 못한 자는 도덕법 자체가 하나님의 뜻인 것을 알 수 없을 뿐만 아니라, 성령님께서 그 뜻이 의미하는 바를 가르쳐 주시지 않기 때문에 그들이 자신들의 의지로 결정하는 모든 것이 하나님의 뜻과는 항상 멀어져 있을 수밖에 없다. 결국 오직 중생의 은혜로 자유의지가 회복된 자만이 하나님께서 요구하시는 도덕법을 지킬 수 있는 것은 바로 이러한 원리 때문이다. 다시 말해 성령에 의해 회복된 자유의지만이 하나님의 뜻에 부합한 삶을 알게하고, 결단하게하며, 실천하게 하는 것이다.

중생의 은혜와 자유의지에 대한 아르미니우스주의의 주장

아르미니우스주의도 중생이 하나님의 은혜라는 것은 부인하지 않는다. 그러나 이들은 중생이 하나님의 전적인 은혜라고 말하지는 않는다. 즉, 이들은 오직 은혜에 의해서만 중생이 일어난다고 생각하지는 않는다. 이들은 인간에게는 하나님의 은혜를 선택하거나 거부할 수 있는 권한이 있다고 생각한다. 그리고 이것을 자유의지라로 부른다. 아르미니우스주의가 생각하는 중생은 성령님께서 인간의 의지의 변화를 돕는 것이 아니라, 인간의 의지가 도덕적으로 설득 받는 것이다. 이들은 이것을 구원에 관한 부드러운 충고 내지는 회심하는 사람 속에 움직이는 고상한 태도라고 말한다. 중생에 있어서 하나님의 은혜는 인간에게 하나님의 부르심에 호응할 수 있는 외적인 환경들과 능력을 제공하는 것이지, 성령님께서 전적으로 역사하는 사역이 아니라는 것이 이들의 주장이다. 결국 인간의 중생은 하나님의 은혜를 인간이 가진 자유의지로 어떻게 받아들이느냐에 달려 있다는 것이다.[170]

중생에 관련하여 불가항력적인 하나님의 은혜를 거부하는 이들이 주장하는 것은 인간의 모든 것이 하나님의 뜻대로만 되어 진다면, 인간의 자유의지는 전혀 효력 없는 것으로 전락해버린다는 것이다. 아르미니우스주의도 하나님의 모든 은혜를 인간이 거부할 수 있다고 생각하지는 않는다. 그들도 인간의 지정의 중에서 지와 정은 불가항력적인 은혜의 영역이라고 생각한다. 그러나 그들은 인간의 의지의 영역은 결코 불가항력적일 수 없다고 주장한다. 이것이 불가항력적이라면 인간의 자유의지는 전혀 쓸모없는 것이 되거나, 많은 손상을 입게 된다고 그들은 말한다. 이러한 이유로 이들은 하나님의 은혜 없이는 결코 중생이 발생할 수 없다는 것은 인정하지만, 결국 그 중생을 효력 있게 하는 것은 인간의 자유의지라고 주장한다.[171]

그러나 이들의 이러한 주장이 터무니없는 이유는 인간의 모든 부분인 지정의가 비틀어지고 오염되었다는 전적타락의 교리와 모순되기 때문이다. 인간은 전적으로 타락했기에 지성과 정신뿐 아니라 의지의 부분도 오염되었다. 이 말은 그들이 말하는 자유의지 또한 오염된 의지라는 것이다. 따라서 이 자유의지로는 결코 하나님을 만족시킬 수 없다. 다시 말해 오염된 인간의 자유의지는 어떠한 수단을 사용한다 하더라도 중생의 은혜를 받아들이지도 만족시키지도 못한다. 타락 이전에 아담에게 있었던 자유의지와 그 이후 인간에게 있는 자유의지는 같은 것이 아니다. 행위언약 앞에서의 아담의 의지는 오염되지 않은 의지였다. 그러나 그 이후 인간의 의지는 모두 오염된 의지다. 따라서 현재 인간이 가진 자유의지로는 하나님의 중생의 은혜를 수용하거나 거부할 수 있는 능력이나 권한이 있다고 주장할 어떠한 근거도 없다.

결국 아르미니우스주의의 주장을 따르게 되면 택함을 받은 사람들이 구원에 이른다는 것은 분명 사실이지만, 하나님의 작정에도 불구하고 택함 받은 사람들 중에 얼마의 사람들은 멸망 받을 수도 있다는 결론에 이르게 된다. 쉽게 말해 하나님께서 택한 사람이라 할지라도 자신의 의지를 잘못 사용하여 하나님의 은혜를 거부하면 구원을 못받을 수도 있다는 것이다. 아르미니우스주의자들의 이러한 주장은 하나님의 은혜로 택함을 받은 자들의 마음에 불안감만 심어 줄 뿐이다. 뿐만 아니라 하나님을 변덕스러운 분으로 만드는 꼴이 된다. 이들의 이러한 주장이 옳지 않은 가장 분명한 이유는 다름이 아니라 성경의 가르침과 직접적으로 모순되기 때문이다. 성경은 하나님께서는 그가 택하신 자를 자신의 선하신 뜻에 따라 부르시고 의롭다하시며 결국 영화롭게 하실 것이라고 분명히 밝히고 있다(요 6:39; 롬 8:30).[172]

그렇다면 그리스도인에게 있어서 자유의지란 무엇을 말하는 것인가? 먼저 그리스도인은 자신이 가진 자유가 아담이 범죄하기 전에 가졌던 자유와는 분명히 다르다는 것을 알아야 한다. 범죄하기 전에 아담이 가졌던 자유는 하나님께서 세우신 언약에 따라 생명과 사망의 결과를 초래했다. 그러나 그리스도께서 복음 아래 있는 신자들을 위하여 값 주고 사신 자유는 죄책, 하나님의 진노, 그리고 율법의 저주에서의 해방을 의미한다. 성경은 이 자유에 대해 악한 세상과 사탄의 종 됨에서 해방, 죄의 지배에서 해방, 고통의 악, 사망의 쏘는 것, 무덤, 그리고 영원한 멸망에서의 해방으로 표현한다. 이러한 자유를 얻은 그리스도인은 더 이상 노예와 같은 공포가 아니라 어린아이 같은 순수한 마음으로 순종하며 하나님께 더욱 편하게 나아갈 수 있게 된다. 뿐만 아니라 구약의 의식적 율법의 멍에에서 해방되었기 때문에 은혜의 보좌 앞에 더욱 담대히 나아갈 수 있으며, 율법 아래 있던 신자들 보다 하나님의 영과 더욱 친밀한 교제를 나눌 수 있게 되었다.[173]

자유의지에 관한 여러 견해들

칼뱅주의	중생의 은혜로 회복된 자유의지로 하나님께서 성경을 통해 명하신 것들을 순종하거나 불순종 할 수 있는 의지를 말한다. 이 의지를 통해 자발적으로 말씀에 순종함으로 하나님께 영광을 돌리게 된다. 반면에 이 의지를 통해 하나님의 뜻에 불순종하게 되면 하나님의 진노와 형벌을 받을 수 가 있다. 그러나 이때 하나님께서 행하시는 진노는 형벌적인 진노가 아닌 교정적인 진노다.
아르미니우스주의	하나님이 주시는 은혜를 받아들이거나, 거부할 수 있는 인간 본연의 의지를 말한다. 인간이 이러한 자유의지를 가지는 것은 인간이 타락한 것은 틀림이 없지만, 전적으로 타락한 것은 아니기 때문이다.
웨슬리안 (감리교)	인간은 하나님이 주신 예비적인 은혜인 자유의지를 통해 은혜를 받아들일 수도 있고 거부할 수도 있다. 인간은 전적으로 타락했기에 인간 속에는 구원을 받아들일 수 있는 자유의지가 없지만, 하나님께서 보편적인 은혜로 누구에게나 이 의지를 주셨다. 인간이 이 의지를 바르게 사용하면 구원의 은혜를 누리며 성화를 완성하는데 까지 이를 수 있다. 그런데 구원의 예비적인 은혜를 받았다 할지라도 성화의 과정에서 이 자유의지를 악한 방식으로 사용하게 되면 받은 은혜를 다시 잃을 수도 있다.

로마 가톨릭	주입된 구원의 은혜위에 행함을 통해 구원을 완성시킬 수 있는 자유의지가 신자들에게 있다.
펠라기우스 주의	인간은 원죄가 없기에 신을 선택할 수 있는 자유의지를 본성적으로 가진다.

신앙고백서 및 교리교육서들에서 중생의 위치

인간의 구원에 있어서 중생, 즉 거듭남은 결코 빠져서는 안 되는 아주 중요한 요소다. 심지어 거듭남이라는 말은 구원과 거의 같은 용도로 사용되기도 한다. 개혁주의 구원론에서는 구원의 서정 중 중생을 부르심 다음의 단계로 설명한다. 즉, 구원의 서정의 두 번째 단계로 중생을 설명한다. 성부 하나님의 예정과 성자 예수님의 구속을 성령님께서 택자들에게 적용시키는 과정을 구원의 서정이라고 할 수 있다. 따라서 장로교 교리의 표준문서에 해당하는 웨스트민스터 신앙고백서와 대·소교리교육서는 구원의 서정의 각 요소들을 다소 자세히 다룬다. 이중 회심에 해당하는 믿음과 회개는 각 문서의 교육 목적에 따라 조금씩 그 배치를 달리하는 경향이 나타나기는 하지만, 모든 문서가 구원의 서정의 각 요소들을 중요하게 다루고 있는 것은 부인할 수 없는 사실이다. 그런데 구원의 서정을 다룸에 있어서 세 문서에서 모두 공통적으로 나타나는 특이한 점이 하나 있다. 그것은 바로 세문서 모두 중생(거듭남)의 의미를 구원의 서정의 다른 요소들 같이 구별해서 설명하고 있지는 않다는 것이다. 다시 말하면 웨스트민스터 신앙고백서도 소교리교육서도 그리고 대교리교육서도 중생을 한 항목으로 설명하고 있지 않다. 하이델베르크 교리교육서도 마찬가지로 중생을 구별된 하나의 주제로 다루지 않는다. 하이델베르크 교리교육서에서 중생은 세례를 설명할 때 '중생의 씻음'이라는 표현으로 나올 뿐이다. 하이델베르크 교리교육서는 믿음과 회개 외에는 구원의 서정의 다른 요소들을 구별하여 다루지 않기 때문에 중생이 다뤄지지 않는 것에 대한 이유는 분명 웨스트민스터 교리표준 문서들과는 다르다고도 할 수는 있다.

웨스트민스터 문서들이 구원을 설명할 때 중생을 구별해서 다루지 않은 이유는 그럼 과연 무엇일까? 분명 구원의 문제에 있어서 중생을 중요하게 보지 않은 것은 아닐 것이다. 그렇다고 중생을 구분해서 가르칠 필요가 없다고 생각한 것도 아닐 것이다. 뻔한 말이지만 이 문서들을 만들 때 실수로 중생을 안 다룬 것도 당연히 아닐 것이다. 그렇다면 어떠한 이유에서 중생을 구분해서 다루지 않은 것일까? 그것은 바로 중생은 구원에 있어서 구분해서 다룰 수 없는 요소이기 때문이다. 그러니 당연히 구분해서 가르칠 수도 없는 것이다. 이러한 이유는 우리의 구원에 있어서 중생이 어떤 한 시점에 단회적으로 일어나고 끝나는 것이 아니라 구원의 전 과정에 묻어 있기 때문이다.

중생은 분명 하나님께서 단독적으로 하시는 일이다. 그리고 중생은 점진적인 사건이 아니라, 단회적인 사건이다. 또한 한 번 주어진 중생의 은혜는 결코 사라지지 않는다. 그러나 그렇다고 해서 거듭난다는 것이 우리가 단번에 어떤 다른 존재로 완전히 바뀐다는 것을 의미하는 것은 아니다. 거듭남은 효력 있는 부르심의 단계에서 내주하시기 시작한 성령님께서 우리의 전인을 자극하기 시작하는 것, 성령님께서 죄로 오염된 우리의 전 요소요소에 역사하기 시작하는 것, 성령님께서 우리의 모든 요소에 내주하며 동행하시기 시작하는 것을 말한다. 이러한 이유로 거듭난 사람은 성령님의 내적 사역이 전인에서 일어나는 사람이다.

이러한 면에서 볼 때 거듭남은 구원에 있어서 어떤 단회적인 사건으로 끝나는 것이 아니다. 효력 있는 부르심을 통해 성령님께서 내주하시는 그 순간부터 죽음에 이르는 때까지 거듭남은 계속 된다고 할 수 있다. 신자와 불신자의 차이가 바로 거듭난 자와 거듭나지 않은 자의 차이라는 것이 바로 이것을 말한다. 신자가 거듭났다는 것은 내주하시는 성령님께서 지속적으로 역사하신다는 것을 말한다. 반면에 불신자가 거듭나지 않았다는 것은 성령님께서 내주하시지 않기에 당연히 성령의 내적 사역이 없다는 것을 말한다.

이러한 차원에서 보면 아직 구원에 이르는 믿음을 고백하지 않은 자들도 거듭난 자일 수 있다. 다시 말해 객관적으로 신앙이 확인 되지않은 사람도 이미 거듭난 자일 수 있다는 것이다. 그런데 이를 역으로 말하면 구원에 이르는 믿음과 생명에 이르는 회개를 통해 회심한 자들은 거듭난 자들이 분명하다. 그래서 회심을 공개적으로 고백하고 세례를 받은 자들을 우리는 거듭난 자라고 말할 수 있는 것이다. 결국 구원의 서정 가운데 일어나는 모든 일들은 거듭남의 결과라고 할 수 있다. 중생의 이러한 특성 때문에 구원의 서정에서 중생(거듭남)을 부르심의 바로 다음 위치에 놓고 설명하는 것이다.

'믿음 때문에'(by faith)인가? '믿음을 통해서'(through faith)인가?

하나님께서는 믿는 자에게 구원을 주신다. 믿음으로 예수님을 구주로 영접하는 자들에게 구원을 베푸신다. 이 사실을 인간의 입장에서 말하면, '우리는 믿음으로 구원을 받는다.'가 된다. 그렇다면 여기서 '믿음으로'가 '믿음 때문에'(by faith)를 말하는 것인가? 아니면 '믿음을 통해서'(through faith)를 말하는 것인가? 이를 '믿음 때문에'(by faith)로 보면 믿음은 예정의 조건이자 구원의 근거가 된다. 반면에 이를 '믿음을 통해서'(through faith)라고 하면 믿음이 예정의 결과이자 구원의 수단이 된다.

믿음은 구원의 근거가 아니다. 하나님께서는 우리의 믿음 때문에 우리를 선택한 것이 아니다. 하나님께서는 영원 전에 택자들을 정하셨다. 그리고 그 택자들을 적절한 때에 부르신다. 이때 하나님께서는 택자들에게 믿음을 선물로 주신다. 믿음을 선물로 받은 택자들은 이 믿음을 통해 하나님의 부르심에 반응한다. 따라서 믿음은 택자들이 하나님의 부르심에 호응하는 방법이 된다. 인간이 하나님의 부르심에 호의적으로 반응하기 때문에 인간에게 구원이 주어지는 것이 아니다. 반대로 하나님께서 선택한 자들이기 때문에 믿음으로 반응하는 것이다. 그리고 이 믿음의 반응을 통해 구원을 주시는 것이다. 따라서 택자는 '믿음 때문'(by faith)이 아니라, '믿음을 통해서'(through faith) 구원을 받는다.

이러한 차원에서 신자는 오직 믿음을 통해서(through faith) 의롭다고 여겨지게 되는 것이다. 이 또한 신자가 자신의 믿음의 가치에 의해서(by faith) 의롭다함을 받는 것이 아님을 말한다. 인간이 의롭다고 인정받을 수 있는 근거는 전적으로 그리스도께서 성취하신 의와 그가 이루신 구속 사역이다. 이것이 바로 택자가 하나님께로부터 받은 믿음으로 고백하는 내용이다. 즉, 이는 그리스도께서 성취한 의와 이루신 구속 사역을 받아들이고 자신의 것으로 만드는 방법은 믿음 이외에는 없다는 것을 의미한다. 이 믿음은 결코 인간의 노력이나 의지 만으로는 만들어지거나 강화되지 않는다. 성령이 실제로 그리스도를 믿게 하실 때 생성되고, 성령의 지속적인 도우심이 있어야 강화된다. 따라서 하나님께서 정하신 때에 성령이 그리스도에 대한 믿음을 주시기 전까지 인간은 결코 그리스도를 주로 고백할 수도 없고, 의롭게 될 수도 없다. 이러한 차원에서 믿음은 인간이 구원을 성취하기 위한 조건이 아니라, 하나님께서 택자에게 구원을 위해 허락하신 유일한 통로가 되는 것이다.[174]

우리가 믿음에 의해서(by faith)가 아니라, 믿음을 통해서(through faith) 의롭게 된다는 것은 우리의 의로움에는 우리의 어떠한 공로도 영향을 주지 않는다는 사실 또한 포함한다. 오직 그리스도께서 행하신 모든 의로운 공로가 우리에게 전가되는 것으로 하나님께서 우리를 의롭다고 인정해주신다. 이것은 하나님께서 그리스도의 의를 우리에게 주입하셔서 우리를 의롭게 하시는 것을 말하는 것이 아니다. 또한 이것은 우리가 그리스도의 의를 흡수해서 의인이 되는 것도 아니다. 우리는 여전히 죄인이지만, 그리스도께서 우리의 의로움이 되시는 것이다. 이 과정에서 믿음은 우리와 그리스도가 교통할 수 있는 도구가 되어 준다. 이러한 이유로 우리가 그리스도와 교통할 수 있는 것도 우리의 믿음에 의해서(by faith)가 아니라, 하나님께서 선물로 허락해 주신 믿음을 통해서(through faith) 되는 것이다.[175]

믿음은 선물, 구원은 은혜

"너희는 그 은혜에 의하여 믿음으로 말미암아 구원을 받았으니 이것이 너희에게서 난 것이 아니요 하나님의 선물이라"(엡 2:8). 이 말씀은 우리가 현재 사용하는 개역개정의 표현이다. 이 문장에서 '이것'이 나타내는 것은 누가 봐도 구원이다. 이는 초등학교 수준의 국어 문법을 가진 자라면 누구나 알 수 있다. 이 문장의 의미를 잘게 쪼개서 보면 구원을 받은 자는 '너희'다. 구원은 은혜에 의해서 그리고 믿음으로 말미암아 받았다. 그래서 이 구원은 우리에게서 난 것이 아니라 하나님의 선물인 것이다. 이렇게 문장을 풀어보면 분명 맞는 말 같다. 은혜롭기도 하다. 그런데 중요한 것은 성경이 정말 이렇게 말하고 있느냐 하는 점이다. 좀 더 깊이 들어가서 생각해보면 바울이 의도한 것과 우리가 개역개정을 통해 이해하는 것과 정확히 일치하는가 하는 점이다.

이러한 문제의 답은 원어성경에 있다. 원어성경에서 '이것'에 해당하는 대명사는 구원이 아니라 믿음을 나타내고 있다.[176] 이는 대부분의 영어성경도 마찬가지다.[177] 즉, 바울이 여기서 우리의 구원이 전적으로 하나님의 은혜인 것은 구원의 수단이 되는 믿음이 우리에게서 난 것이 아니라 하나님의 선물이기 때문이라는 것을 말하고 있다. 만일 믿음이 하나님의 선물이 아니라 우리가 생산하고 발전시켜야 하는 것이라면, 이 믿음으로 구원을 받을 수 있는 사람은 아무도 없을 것이다. 아니 구원의 근처에도 이를 수 없을 것이다. 반면에 만일 누군가가 이 원리로 구원을 이뤄냈다고 한다면, 그것은 구원이 결코 하나님의 은혜가 아니라는 것을 증명하는 것이 될 것이다. 이렇게 획득한 구원은 전적으로 자기 공로의 산물이기 때문이다. 성경은 분명히 선포한다. 구원은 하나님께서 우리에게 선물로 주시는 믿음을 통해서만 가능하다. 이러한 이유 때문에 구원이 하나님의 은혜인 것이다.

"예수를 믿는 것"과 "예수 그리스도와 연합하는 것"은 같은 뜻의 다른 표현

"예수를 믿으라"를 영어로 하면 "Believe in Jesus"가 된다. 여기서 in은 in의 의미만 있는 것이 아니라 into의 의미도 있다. 이 문장을 먼저 "Believe into Jesus"의 의미를 살려서 살펴보면 "예수 안으로 믿음을 넣어라"의 뜻이 된다. 즉, 예수님을 믿으라는 것은 우리의 믿음을 예수님 안에 들어가게 하라는 말이다. 이를 통해 우리가 예수님 안으로 들어가고, 동시에 예수님이 우리 안으로 들어오시게 된다. 즉, 이는 믿음을 통해 그리스도와의 연합이 시작됨을 말하는 것이다. 예수님을 믿는 것은 그리스도와의 연합이 시작되는 것을 말하는 것이다. 반면에 "예수를 믿으라"를 "Believe in Jesus"의 의미를 살려서 살펴보면 이는 "예수 안에 우리의 믿음이 머문다"는 것을 뜻한다고 할 수 있다. 즉, 이는 우리가 그리스도 안에, 그리고 그리스도가 우리 안에 거하신다는 것을 나타내다. 결국 이 표현은 우리가 그리스도와의 신비적 연합 속에 있다는 것을 보여준다고 할 수 있다.

믿음과 회개의 관계

회개는 삶이 죄로 가던 방향에서 하나님께로 돌아서는 것을 의미한다. 그리고 회개는 획기적이며 단회적인 사건으로 끝나는 것이 아니기에 전 삶을 통해서 계속되어야한다. 이는 우리 안에 죄의 요소가 항상 남아 있기 때문이다. 참된 회개는 분명히 회개에 합당한 열매를 맺는다. 그러나 이 열매가 회개 자체는 아니다. 그리고 그러한 열매가 우리에게 죄 사함을 주는 것도 아니다. 진정한 회개를 했다는 것, 죄 사함을 받았다는 것의 확실한 증거는 삶의 변화로 나타난다. 회개를 했는데도 삶에 변화가 없다면 진정으로 회개를 하지 않았을 가능성이 많다. 그리고 그로 인해 죄 사함을 받지 못했을 가능성이 많다고 볼 수 있다. 죄 사함은 하나님께 죄를 뉘우치고, 고백하며, 돌이키는 죄인을 위해서 베푸시는 하나님의 은혜다. 그리고 이 은혜를 받는 유일한 길은 믿음이다. 이러한 이유로 회개는 반드시 믿음과 함께한다. 단지 죄를 뉘우치거나 슬퍼한다고 죄가 사해지는 것은 아니다. 믿음이 없이는 하나님을 기쁘시게 할 수도 없고, 죄 사함도 없다.

그럼 믿음과 회개는 서로 어떠한 관련이 있는가? 믿음이 회개를 낳는 것인가? 아니면 회개하는 자가 믿을 수 있는 것인가? 이 질문에 대해 칼뱅은 '회개와 믿음은 결코 서로 혼동해서는 안 된다. 왜냐하면 이 둘은 서로 결합될 수 없는 다른 개념이기 때문이다. 그렇다고 회개와 믿음은 서로 분리되지도 않는다. 구원의 서정에서 이 둘의 개념은 단지 구별될 뿐이다'라고 설명한다.[178] 그러면서도 그는 '회개는 항상 믿음을 따라 나타나며, 믿음의 산물이다'라고 말하면서 믿음이 회개를 낳는다는 식으로 믿음과 회개의 구별성을 설명한다.[179] 이는 회개의 근거가 믿음이 받아들이는 복음에 있기 때문이라고 그는 설명한다.[180] 뿐만 아니라 믿음과 회개가 서로 분리될 수 없는 것은 둘 다 중생한 사람에게서 나타나는 회심의 측면이기 때문이다.

교리교육서들에서 믿음과 회개의 다양한 배치

믿음과 회개가 교리교육서들에 따라 다르게 배치된 것은 중생한 자들에게 적용되는 믿음과 회개의 다양한 모습들을 더욱 분명하게 드러내기 위함이다. 이러한 배치는 칭의에 이르는 수단으로써 믿음과 회개의 위치의 중요성을 무시하는 것이 결코 아니다. 교리교육서가 구원의 서정과 다른 방식으로 믿음과 회개를 배치한 것은 철저히 교육적인 접근이다. 칭의에 이르는 회심으로써의 믿음과 회개는 분명 그 위치가 정해져 있다. 그러나 믿음과 회개는 한 번의 회심 때만 작용하는 구원의 요소로써 그 역할이 끝나는 것이 아니다. 신자의 전 생애에 걸쳐서 지속적으로 적용되어야만 하고, 또 실제 그렇게 적용되는 요소들이다. 즉, 칭의의 수단이 되는 구원에 이르는 믿음과 생명에 이르는 회개는 분명히 택함을 받은 사람에게 일생에 딱 한 번 일어나는 사건이지만, 신자는 이렇게 시작된 믿음과 회개를 자신의 전 일생을 통해 구체적으로 적용하며 살아가게 된다. 신자의 삶 속에서 믿음과 회개가 다양한 방식으로 나타나고 적용될 수 있다는 것을 학습자에게 가르치기 위해 교리교육서들은 믿음과 회개의 위치를 다양하게 배치한 것이다.

1. 웨스트민스터 소교리교육서

십계명 - **믿음** - **회개** - 은혜의방편

웨스트민스터 소교리교육서는 회심의 단계인 믿음과 회개를 구원의 서정 안에서 다루지 않는다. 그렇다고 이 교리교육서가 믿음과 회심을 다루지 않는 것은 아니다. 구원의 문제에 있어서 인간의 입장에서 볼 때 가장 핵심적인 단계라고 할 수 있는 믿음과 회개가 배치된 곳은 십계명과 은혜의 외적 방편의 사이다. 다시 말해 웨스트민스터 소교리교육서는 십계명 바로 뒤에 믿음과 회심을 배치한다.

이 교리교육서는 믿음과 회개를 십계명 바로 뒤에 배치함으로써 율법과 행위가 아니라 오직 믿음으로 구원에 이르게 됨을 강하게 드러낸다. 즉, 믿음과 회개만이 구원의 필수적인 수단이 됨을 이러한 배치를 통해 분명히 드러내는 것이다. 이 교리교육서는 믿음과 회개를 십계명 뒤에 배치함으로 이신칭의의 교리를 선명해 드러낸 것이라 할 수 있다. 또한 믿음과 회개 뒤에 바로 은혜의 외적 방편인 말씀, 성례, 그리고 기도를 배치함으로써 믿음과 회개를 통해 칭의 받고 양자된 자들이 하나님의 형상을 회복해 가는 성화의 과정에서 꼭 필요한 것으로 은혜의 외적 방편인 말씀, 성례, 그리고 기도를 소개하는 것이다.

2. 웨스트민스터 대교리교육서

칭의 - **믿음** - 양자 - 성화 - **회개** - 견인 - 영화 - 교회 - 부활과 심판 - 십계명 - 은혜의 방편

웨스트민스터 대교리교육서에서의 믿음과 회개는 소교리교육서와 다를 뿐 아니라 하이델베르크 교리교육서와도 다르다. 믿음과 회개의 배치로 볼 때 이 교리교육서가 소교리교육서나 하이델베르크 교리교육서와 확연히 다른 점은 구원의 서정 속에서 믿음과 회개를 다루고 있다는 점이다. 그럼에도 불구하고 대교리교육서도 개혁주의에서 정리한 구원의 서정과 같은 자리에 믿음과 회개를 배치하

고 있지는 않다. 개혁주의에서 이해하고 정리한 구원의 서정에서 회심의 단계인 믿음과 회개는 중생과 칭의 사이에 있다. 그 전체 순서를 보면 다음과 같다. 부르심 – 중생 – 회심(믿음과 회개) – 칭의 – 양자됨 – 성화 – 견인 – 영화. 그런데 대교리교육서는 믿음과 회심을 분리하여 믿음은 칭의 다음에 그리고 회개는 성화 다음에 배치하고 있다.

대교리교육서는 믿음을 칭의 뒤에 배치하여 믿음만이 칭의의 유일한 수단이 됨을 설명한다. 이 교리교육서는 칭의의 수단으로써의 믿음을 '의롭게 하는 믿음'으로 표현한다. 그러면서 의롭게 하는 믿음의 중요한 두 가지 기능을 설명한다. 이 교리교육서가 설명하는 의롭게 하는 믿음의 첫 번째 기능은 죄인들이 자신의 죄를 깨닫게 할 뿐 아니라, 스스로는 이 죄의 문제에서 회복할 능력이 없음을 깨닫게 하는 것이다. 그리고 두 번째 기능은 도구로써 작용하는 믿음의 역할을 말한다. 이는 의롭게하는 믿음은 죄인이 그리스도와 그분이 성취하고 획득하신 의를 받아들이는 작용을 하는 도구로써 기능한다는 것을 말한다.

의롭게하는 믿음이라는 표현 자체가 말해 주듯이 이 교리교육서는 칭의의 유일한 수단으로써 믿음을 강조한다. 그러면서도 이 교리교육서는 우리가 믿음을 다룰 때 결코 간과해서는 안 될 것이 두 가지가 있음을 말한다. 그중 하나는 믿음의 정확한 출처가 어딘가 하는 점이고, 나머지 하나는 믿음이 기능하도록 하는 동력이 무엇인가 하는 점이다. 먼저 믿음의 출처에 대해 말해보자. 의롭게하는 믿음은 우리가 소망한다거나 노력한다고 만들어지는 것이 아니다. 또는 우리가 믿기로 작정했다거나 믿어 주기로 마음을 열었다는 것을 의미하지도 않는다. 믿음의 출처는 전적으로 하나님이시다. 믿음은 하나님께서 택한 자에게 주시는 선물이다. 선물로 주어지는 이러한 믿음의 또 하나의 특징은 결코 거부할 수 없다는 것이다. 믿음은 아무에게나 주어지지 않는다. 노력한다고 얻을 수 있는 것도 만들어 낼 수 있는 것도 아니다. 믿음은 오직 하나님께서 사랑하시는 자들에게만 주시는 선물이다. 동시에 거부할 수 없는 왕의 선물이다.

믿음에 관해 두 번째로 우리가 간과해서는 안 될 것으로 대교리교육서가 말하는 것은 이 믿음은 오직 성령과 하나님의 말씀으로만 작용한다는 점이다. 다시 말해 믿음의 운용체계는 전적으로 성령과 말씀에만 의존한다는 것이다. 이는 우리가 믿음을 우리 마음대로 조정할 수 없다는 것을 말한다. 인간이 자신의 의지로 믿음의 활동을 제어할 수 없다는 것이다. 이런 차원에서 보면 사람이 다른 사람의 믿음을 조정할 수 없는 것은 당연한 이치다. 하나님께서는 사랑하는 자에게 선물로 믿음을 주셔서 그것을 그들 속에 내재시키신다. 이러한 이유로 이 믿음은 하나님의 백성들 속에 내재하는 영적 기관이 되는 것이다. 오직 하나님의 백성들만이 가진 특별한 영적 기관인 것이다. 그리고 하나님께서는 이 기관을 직접 제어하신다. 이때 하나님께서 이 영적 기관인 믿음을 제어하시는 방식이 바로 성령과 말씀이다. 오직 성령과 하나님의 말씀만이 믿음에 작용하여 믿음이 바른 기능을 하도록 돕는다.

다음은 회개다. 대교리교육서는 믿음과 회개를 바로 이어서 설명하지 않는다. 칭의 다음에 믿음과 양자됨 그리고 성화를 다룬 후 이어서 회개를 다룬다. 회개는 영적 기관, 즉 도구로 주어진 믿음에 성령과 하나님의 말씀이 역사하실 때 나타나는 현상이라 할 수 있다. 즉, 성령과 하나님의 말씀이 하나님께로부터 선물로 받아 영적 기관으로 내재된 믿음을 자극할 때 나타나는 현상이라는 것이다. 이때 이 믿음은 그리스도와 그가 이루신 의를 수용한다. 동시에 이 믿음은 자신의 죄와 비참함을 깨달아 참회하게 한다. 이것이 바로 회개다. 이러한 이유로 대교리교육서는 회개 또한 믿음과 같이 성령과 하나님의 말씀으로 죄인들 속에 역사하는 구원의 은혜라고 설명한다.

그런데 여기서 한 가지 의문점이 있다. 회개를 믿음과 같은 구원의 은혜로 설명할 것 같으면 소교리교육서와 같이 믿음과 연결해서 회개를 다루는 것이 더욱 적절할 것이다. 그런데 대교리교육서는 회개를 믿음과 분리하여 성화 뒤에 배치하고 있다. 도대체 어떠한 의도에서 이 교리교육서는 회개를 성화 뒤에 배치한 것일까? 그것은 회개를 설명하는 내용을 자세히 살펴보면 알 수 있다. 이 교리교육서는 회개를 구원에 이르는 회심으로만 설명하고 있지 않다. 이 교리교육서가 설명하는 회개는 참회를 통해 구원에 이를 뿐 아니라, 지속적으로 자신의 죄를 슬퍼하고 미워하여 모든 죄로부터 하나님께로 돌이키는 것이 중요하다는 것을 강조한다. 거기에 더해서 대교리교육서는 신자가 돌아선 자리에 머물러 있지 않고 적극적으로 하나님의 말씀에 순종할 뿐 아니라, 하나님과 동행하려고 더욱 노력하는 것이 진정한 회개의 삶이라고 설명한다.

여기서 죄를 슬퍼하고 애통하여 죄에서 돌아서는 것을 회개의 소극적인 면이라고 한다면, 새로운 결단으로 하나님께 순종하며 하나님과 동행하며 살기를 노력하는 것은 회개의 적극적인 면이라고 할 수 있는 것이다. 즉, 대교리교육서는 회개의 소극적인 면 뿐 아니라, 적극적인 면 또한 강조하고 있다. 결국 이 교리교육서는 이러한 배치를 통해 성화의 과정이 하나님의 형상을 회복해 가는 과정이라는 것을 더욱 분명히 드러낸다. 구원받은 자의 삶은 이미 회심한 사람의 삶일 뿐만 아니라, 날마다 회개하는 자의 삶이라는 것을 나타내는 것이다. 거룩함을 이루라는 하나님의 말씀에 순종하는 방식으로 회개를 설명하는 것이다. 결국 대교리교육서는 회개를 성화 뒤에 배치함으로 적극적인 회개를 통해 신자가 더욱 거룩한 삶을 추구해야 할 것을 가르친다. 이를 통해 신자의 삶 전체가 하나님의 형상을 회복해가는 거룩한 여정이라는 것을 분명히 드러내는 것이다. 즉, 이 교리교육서는 야고보가 말하는 행함으로 증명되는 믿음의 삶을 적극적인 회개의 삶으로 설명하고 있다고 할 수 있다.

3. 하이델베르크 교리교육서

인간의비참함 - 중보자의조건 - **믿음** - 사도신경 - 성례 - 천국의열쇠 - **회개** - 십계명 - 주기도문

하이델베르크 교리교육서는 죄로 완전히 오염되어 비참한 상황에서 허우적거리는 인간의 상태를 적나라하게 묘사한다. 게다가 인간은 스스로의 능력으론 이 상황에서 한발짝도 벗어날 수 없다는 것 또한 분명하게 언급한다. 이러한 상황에 처해있는 인간들 중 하나님께서 사랑하시는 자들을 구해 내시기 위해 중보자를 보내셨다. 그리스도께서는 죄와 비참함에 빠진 이들의 중보자가 될 수 있는 충분한 조건을 갖추신 분이시다. 그는 참 인간이며 동시에 의로운 인간으로 이 땅에

오셨다. 그뿐 아니라 그리스도께서는 이 땅에 인간으로 계신 그 순간에도 여전히 하나님이셨다.

하이델베르크 교리교육서는 중보자가 되신 그리스도의 구속 사역이 한 사람 한 사람에게 적용되는 방식으로 믿음을 소개한다. 그리고 이러한 믿음을 참 믿음이라고 설명한다. 그리고 이어서 이 믿음의 내용으로 사도신경을 설명한다. 이 교육서는 믿음이 시작되는 것은 성령이 거룩한 복음을 전달해 주시기 때문이라고 설명한다. 그리고 이 믿음은 신자의 삶 속에서 말씀과 성례전을 통해서 확인되고 더욱 강화된다고 가르친다. 특히 교회를 통해 선포되는 말씀은 천국을 열기도 하고 동시에 닫기도 하는데, 이러한 차원에서 말씀이 천국의 열쇠가 된다고 설명한다. 이렇게 이 교리교육서는 은혜의 방편을 성례와 말씀의 순서로 배치하여 설명한다.

그리고 바로 이어서 배치된 것이 회개다. 회개를 다루고 십계명과 주기도문을 설명한다. 이 교리교육서도 옛 사람이 죽고 새로운 사람으로 거듭나는 것으로 회개를 설명한다. 그러나 이 교리교육서가 회개를 이렇게 배치한 이유는 회개가 단지 사망에서 생명에 이르는 수단으로만 여겨져서는 안 된다는 것을 가르치기 위함이다. 회개가 생명에 이르기 위한 방편뿐만 아니라, 삶을 통해 하나님께 영광 돌리는 방편이 됨을 가르친 것이다. 그래서 이 교리교육서는 신자가 선한 일을 즐겨하게 되는 상태로 거듭나는 것을 회개의 참 모습이라고 설명하는 것이다. 그리고 신자가 하나님의 영광을 위해 이 땅에서 행할 선한 일들에 대한 내용으로 십계명을 소개한다. 이 교리교리교육서는 이러한 배치를 통해 구속받은 자들이 선물로 받은 은혜를 오용하여 방종에 빠지지 않도록 가르치는 것이다.

신자의 삶 속에서 선한 일로 드러내야 할 하나님의 뜻인 십계명은 분명 구원을 주신 은혜에 대한 감사로 나타나야 한다. 따라서 신자는 자발적이면서도 기쁨으로 이 계명을 준수하며 하나님께 영광을 돌려야 한다. 그러나 문제는 우리가 아무리 이 율법을 지키려고 노력한다 하더라고 이 땅에서 이 법을 완벽하게 지킬 수 있는 사람은 아무도 없다는 점이다. 원죄 아래 전적으로 타락한 인간이 이 율법을 완전히 지킨다는 것은 불가능하기 때문이다. 이러한 상황에서 결국 인간은 좌절할 수밖에 없다. 그러나 그럼에도 불구하고 인간에게는 기도를 통해 성령님의 도움을 의지할 수 있다는 소망이 있다. 주기도문은 그리스도께서 가르쳐주신 바른 기도의 모범이다. 그러면서도 동시에 신자가 삼위일체 하나님의 도움을 의지하고 기대할 수 있는 가장 합당한 방법이다. 그래서 이 교리교리교육서는 율법 뒤에 주기도문을 배치하여 하나님께 영광을 돌리는 삶도 전적으로 성령의 도움으로 가능하다는 것을 분명히 가르친다

로마 가톨릭의 믿음

로마 가톨릭은 믿음을 공로적 은혜로 본다. 이는 믿음도 공로를 쌓는 선한 행위의 한 방편이라는 것이다. 이들은 믿음, 소망, 사랑을 하나님의 은혜 혹은 은사로 본다. 이들에게 이 은사들은 구원에 필수적인 공로들을 수행할 수 있는 중요한 도구들이 된다. 즉, 로마 가톨릭교회가 생각하는 믿음은 구원에 필수적인 공로를 쌓기 위한 중요한 은사들 중 하나인 것이다. 이들도 분명 하나님의 도움이 없이는 누구도 스스로 구원을 이룰 수 없다고 말한다. 그러나 하나님께서 도와주신다면 믿음과 같은 다양한 은사들을 사용하여 구원에 필요한 공로들을 많이 쌓을 수 있다고 말한다. 그리고 그 결과로 구원에 기꺼이 도달할 수 있다고 생각한다. 반면에 구원에 필요한 충분한 공로를 쌓지 못한 자들은 죽은 후 연옥에서 잠벌을 받으며 부족한 공로를 보충해야 한다. 이때 이 땅에 살아있는 자들이 그 부족한 공로를 보충해 줄 수도 있고, 자신을 구원하고도 남을 공로를 쌓은 성인들의 도움을 받아 부족한 공로를 채워 연옥을 탈출 할 수도 있다고 믿는다.

의의 전가(Imputation)와 은혜의 주입(Infused)

전가는 우리가 일상생활에서 자주 사용하는 단어는 아니다. 이것은 법률적 용

어다. 이 단어는 어떤 무엇인가를 누군가의 것으로 인정해준다 뜻이다. 즉, 전가는 이전까지는 자신의 것이 아니었는데 이제는 자신의 것이 되었다는 것을 법적으로 인정받는 것이다. 그렇다고 소유권이 그 이전 사람에게서 자신에게로 완전히 이전되는 것을 의미하는 것은 아니다. 전가가 실행된다고 해도 소유권은 여전히 이전 주인에게 있다. 전가는 그것을 받는 사람도 이전 사람과 같이 그것의 혜택을 누릴 수 있게 된다는 것을 말한다. 뿐만 아니라 전가가 이전 사람의 것을 누군가에게 나눠주는 것을 의미하는 것도 아니다. 다시 말해 분할이 이루어진 것을 의미하는 것도 아니다. 따라서 전가가 행해졌다고 해서 이전 사람의 그 무엇이 줄어들거나, 전가를 받는 사람이 이전 사람보다 조금 부족한 양을 받는 것이 아니라는 것이다. 즉, 전가가 실행되더라도 전가를 해 준 사람에게는 어떠한 변화도 없다. 그는 자신의 원래 상태를 그대로 유지한다. 그와 함께 전가를 받은 사람도 전가를 해 준 사람과 동일한 상태가 된다. 조금도 부족하지도, 넘치지도 않고 동일한 상태로 모든 것이 전가된다.

하나님께서 영원 전에 영생으로 선택한 사람들은 모두 세 가지의 전가를 경험하게 된다. 먼저 아담의 죄가 그의 후손들에게 전가됨으로 이 세상에 태어나는 모든 사람은 원죄를 가지게 된다. 두 번째는 그들의 모든 죄가 십자가상에서 죄 없으신 그리스도에게 전가되는 것이다. 이러한 방식으로 그리스도는 그들의 모든 죄를 지시고 십자가에서 돌아가심으로 그들의 죄책을 해결하셨다. 그리고 세 번째는 그리스도께서 이 땅에서 완성하신 율법의 의가 그리스도를 구주로 영접하는 모든 자들에게 전가되는 것이다.

전가는 그것을 가졌던 당사자가 해 주는 것이 아니다. 즉, 아담의 죄가 우리에게 전가되었다는 것이 아담이 자신의 죄를 우리에게 전가시켰다는 것을 말하는 것이 아니다. 우리의 모든 죄가 십자가상에서 그리스도에게 전가되었다는 것도 우리가 그리스도에게 죄를 전가시켰다는 것이 아니다. 뿐만 아니라 그리스도의 의가 우리에게 전가되었다는 것도 그리스도께서 우리에게 자신의 의를 전가했다는 말이 아니다. 앞서 말했듯이 전가는 법률적 용어다. 따라서 오직 법정에서만 누군가의 것이 다른 이에게 전가된 것을 선언할 수 있다. 그리고 전가를 선언할 수 있는 사람은 오직 판사다. 따라서 전가가 실행되는 방식은 법정에서 판사가 선언하는 방식과 같다. 이러한 차원에서 볼 때 우리의 전가는 하늘 법정에서 일어난 사건이다. 그리고 하늘 법정의 판사이신 하나님에 의해서 실행된 사건이다. 결국 이 말은 아담의 죄가 그의 후손들에게 생육법을 매개로 전가되는 것도 하늘 법정에서 하나님의 판결에 의해 된 것이고, 우리의 죄가 십자가상에서 그리스도에게 전가된 것도 하늘 법정에서 하나님의 판결에 의해 된 것이고, 그리스도의 의가 우리에게 전가된 것도 하늘 법정에서 하나님의 판결에 의해 된 것을 나타낸다. 전가되었다는 것은 법정에서 판사에 의해 공포되었다는 것을 말한다. 이는 그 사건이 법률적으로 정리가 끝났다는 것을 의미한다. 따라서 특별한 다른 법적 조치가 없이는 한 전가된 것은 저절로 변하지 않는 것을 원칙으로 한다. 이러한 차원에서 볼 때 아담의 죄가 후손에서 전가되는 것은 결코 피할 수도 없는 현실이라는 것이 분명해진다. 뿐만 아니라 인류의 죄가 십자가상에서 그리스도에게 전가되는 것도 하늘의 법으로 이미 정해진 것으로 결코 변개할 수 없는 것이었음을 알 수 있다. 이와 같이 택자들이 믿음의 고백을 통해 그리스도의 의를 전가받는 것 또한 하늘의 법으로 공포된 것이기에 그 누구도 그리고 그 무엇도 그들을 그리스도의 사랑에서 끊을 수 없는 것이다.

반면에 주입은 누군가에게 무엇인가를 넣어 주는 것을 말한다. 택자에게 그리스도의 의는 전가된다. 그렇지만 은혜와 능력은 주입된다. 하나님께서는 믿음을 고백하는 자들에게 그리스도의 의를 전가시켜 그들을 의인으로 인정해주신다. 그뿐 아니라 하나님께서는 의인으로 인정된 자들이 실제 거룩한 삶을 살아갈 수 있도록 도우신다. 하나님께서 칭의를 받은 자들의 삶을 돕는 방식이 바로 은혜와 능력을 주입하시는 것이다. 그런데 이때 하나님께서 주입하시는 은혜와 능력은 단순히 우리가 이 땅에서 잘 살고 풍요롭게 됨을 말하는 것이 아니다. 이 은혜와 능력은 우리에게 전가된 그리스도의 의와 깊이 관련되어 있다. 하나님께서 의롭다 하신 이들의 마음에 은혜와 능력을 부어주시는 목적은 그들이 전가받은 의를 스스로 개발할 수 있도록 하시며, 그리스도께 전가받은 의가 신자의 삶에 실제로 적용되고 응용되게 하기 위함이다. 결국 하나님께서 선물로 주입해 주시는 이 은혜와 능력은 성도가 이 땅에서 성화의 과정을 성공적으로 이루어 갈 수 있도록 돕는 역할을 한다. 이러한 원리로 신자에게 주입된 은혜와 능력은 성도가 이 땅을 살아가면서 먼저 그의 나라와 의를 구할 수 있는 동력이 되는 것이다(마 6:33). 또한 이는 신자가 그리스도의 의를 그 뿌리로 하여 삶 속에서 성령의 열매를 잘 맺을 수 있도록 신자의 의지와 행동을 돕는 역할을 하게 된다. 다시 말해 주입된 은혜는 전가된 의를 삶 속에서 활성화 하는 촉매가 된다고 할 수 있다. 신자에게 있어서 은혜는 의를 사용하는 도구가 되고 의를 드러내는 방법이 되며 의가 적용되는 통로가 되는 것이다. 신자에게 은혜가 주입되는 방법은 크게 3가지다. 말씀, 성례, 그리고 기도가 바로 그것이다. 그래서 이 세 가지를 은혜의 외적 방편이라고 한다. 이러한 차원에서 볼 때 의의 전가가 법적인 신분의 변화를 말한다면, 은혜의 주입은 개인적인 인격의 변화와 관련 있다고 할 수 있다.

참고로, 개혁주의가 말하는 '은혜와 능력의 주입'과 로마 가톨릭에서 말하는 '의의 주입'은 분명히 구분되어야 한다. 은혜와 능력의 주입은 성화를 이루기 위해 하나님께서 주시는 선물이다. 반면에 로마 가톨릭에서는 하나님께서 의를 주입하심으로 죄인을 의인으로 만드신다고 주장한다. 그래서 로마 가톨릭은 의의 전가에 의한 칭의를 말하지 않고, 의의 주입을 통한 의화를 주장한다.

칭의와 의화

로마 가톨릭은 칭의를 부정하고, 의화를 말한다. 이들은 하나님께서 의롭지 않은 자를 의롭다고 말하는 것은 있을 수 없는 일이라고 여긴다. 심지어 이들은 만일 하나님께서 의인이 아닌 자를 의인이라고 부른다면 그것은 하나님을 거짓말쟁이로 만드는 꼴이라고 주장한다. 하나님은 거짓말 하시는 분이 아니다. 그러니 하나님께서 누군가를 의인이라고 부른 다는 것은 실제 그가 의인이기 때문이다. 같은 원리로 그들은 하나님께서 죄인을 의인으로 부르시길 원하신다면, 먼저 그를 의인으로 변화시켜 놓고 나서 그를 의인으로 부른다고 설명한다. 이러한 원리로 이들은 하나님께서는 실제로 죄인을 의인으로 변화시키신다고 믿는다. 이들의 설명에 의하면 하나님께서 죄인을 의인으로 변화시키는 것이 바로 의화다. 그리고 의화의 방법이 바로 의를 하나님께서 사람에게 직접 주입하시는 것이다. 즉, 이들은 하나님께서 죄인에게 의를 주입하는 방식으로 의인을 만든다고 설명한다. 따라서 로마 가톨릭에서 말하는 의화는 죄인이 의인이 되는 것을 말한다. 뿐만 아니라 이들은 덜 의로운 사람이 더 의로운 사람이 되는 것도 의화의 과정으로 본다. 결국 로마 가톨릭은 개신교에서 말하는 칭의와 성화를 같이 묶어서 의화라고 칭한다.

로마 가톨릭에서 말하는 의화는 하나님께서 죄인에게 의를 주입해주시는 것에서 시작한다. 그러면 의의 주입은 언제 시작되는가? 이들이 말하는 의의 주입의 시작이 바로 세례다. 세례를 받을 때 그리스도의 의가 수세자에게 주입되면 그는 죄인의 신분에서 의인의 신분으로 변화된다. 이렇게 세례를 통해 의가 충분히 주입되어 의인이 되면, 이제 이들에게는 사죄가 선언된다. 이 사죄 선언을 통해 원죄에 대한 죄책과 영원한 형벌이 사해졌음이 공포된다. 물론 로마 가톨릭도 세례를 통한 사죄가 자범죄까지 확장된다고는 말한다. 하지만 이들이 선포하는 사죄는 완전한 사죄가 아니다. 따라서 신자는 이 땅에서 자신들이 짓는 죄에 대해서는 계속해서 용서를 구하고 사죄의 선언을 받아야한다. 신자가 자범죄에 대해 지속적인 사죄의 선언을 받아야 하는 이유는 주입된 의를 보존하기 위해서다. 이들은 세례로 충만한 의를 주입받았다고 할지라도, 이 땅을 살면서 짓는 죄를 통해 상당한 양의 의가 상실된다고 말한다. 이러한 이유로 이들은 그 상실된 의를 다시 보충해야 한다. 이들도 한 번의 세례만을 인정하기 때문에 세례를 통해 다시 의를 보충할 수는 없다. 그래서 이들이 주장하는 것이 바로 선행이다. 선행을 통해 쌓은 공로로 부족한 의를 채울 수 있다는 것이다. 죄인인 인간은 공로로 인정될 수 있는 선행을 행할 수 없다. 그러나 세례를 통해 의인이 된 자들은 선행을 행할 수 있는 자들이 된다. 이들은 의인의 선행은 크게 두 가지의 효과가 있다고 말한다. 먼저 선행은 세례 때 주입된 의를 보존하는 기능을 한다. 그리고 이 선행은 구원을 위한 공로를 쌓은 효과도 있다. 따라서 신자는 지속적인 선행을 통해 의를 보존하고, 동시에 공로를 쌓을 수 있다. 이를 통해 구원에 있어서 부족한 의를 채울수 있게 된다.

성경은 그리스도로부터 전가받은 의는 어떤 상황에서도 빼앗기지 않는다고 가르친다. 그 이유는 이것이 하나님에 의해 하늘 법정에서 선포된 것이기 때문이다. 그러나 로마 가톨릭은 비록 세례를 통해 의가 충분히 주입되어 의인이 되고, 또한 선행을 통해 구원을 위한 공로를 쌓아가는 과정에 있다 할지라도 경우에 따라 주입된 의를 완전히 다 잃어버릴 수도 있다고 말한다. 불신앙(unbelief)과 어떠한 치명적인 죄(any mortal sin)들이 여기에 해당한다. 그래서 로마 가톨릭에서는 의화의 과정에서 주입된 의를 잃어버리는 상황에 대비해서 의를 다시 회복하는 길을 마련해 놓았다. 고해성사가 바로 그것이다. 죄책과 영원한 형벌은 세례를 통해 의인이 되고 사죄 선언을 받으면 해결된다. 그러나 현세적인 죄는 고해성사를 통해 용서받아야한다. 그 뿐 아니라 죄의 문제가 완전히 해결되려면 그에 합당한 형벌 또한 받아야 한다. 그런데 로마 가톨릭은 이 형벌을 면하는 방법 또한 마련해 놓았다. 고해성사 시 신부가 정해주는 속죄의 행위인 보속(satisfaction)이 바로 자범죄에 대한 형벌을 면하는 방법이다. 이러한 방법을 통해 로마 가톨릭은 죄인이 의인이 되고, 덜 의로운 사람이 더 의로운 사람이 되는 것이다. 이것이 바로 로마 가톨릭이 가르치는 의화의 과정이다.

이러한 면에서 볼 때 로마 가톨릭의 의화는 최종적인 의를 이루는 과정이라고 할 수 있다. 다시 한 번 요약하면 다음과 같다. 로마 가톨릭의 의화는 세례 시 그리스도의 의를 주입해 주시는 하나님의 은혜로 시작한다. 신자는 주입된 의와 협력하며 선행의 공로를 쌓으면서 최종적인 의를 소망한다. 하나님께서는 자신이 주입해 주신 의와 신자가 쌓은 선행의 공로를 통해 쌓아진 최종적인 의를 보시고 신자를 구원하신다. 그런데 대부분의 신자는 이 땅에서 범하는 죄들로 말미암아 결코 최종적인 의를 이를 수가 없다. 그래서 대부분의 신자들은 연옥을 통해 정결함을 받아야 천국에 이를 수 있게 되는 것이다.

반면에 개신교는 이 땅에 의인은 한 명도 없고, 또한 의인이 될 수 있는 사람도 없다고 말한다(롬 3:10-12). 하나님 앞에 의인이 하나도 없다는 것은, 믿음을 가진 신자도 여전히 죄인일 뿐이라는 말이다. 개신교에서 말하는 의인은 죄인임에도 불구하고 하나님께서 의롭다고 용납해 주시는 자들이지, 실제 의인의 자격을 갖춘 사람을 말하는 것이 아니다. 의로운 이는 오직 그리스도 한 분이시다. 오직 그리스도의 의로 우리가 의롭다 인정을 받는 것이다. 이러한 점에서 개신교는 죄인이 의인이 되는 것이 아니라 하나님께서 죄인을 의인이라고 칭해 주신다고 말한다. 그래서 이를 칭의라고 하는 것이다.

루터의 이신칭의

칭의를 좀 더 자세하게 이해하기 위해서는 종교개혁 당시 로마 가톨릭이 전통적으로 가르쳤던 의의 개념과 이신칭의의 교리를 깨닫고 주창한 루터가 말하는 의가 어떠한 차이가 있는지를 살펴볼 필요가 있다. 로마 가톨릭에서 말하는 의는 의인을 의인이라고 하고 죄인을 죄인이라고 부르는 것이다. 따라서 어떤 사람이 의인으로 불리려면 그 안에 의인의 요소가 있어야 한다. 이들은 죄인이 의인이 되는 것을 의화라고 한다. 또한 덜 의로운 사람이 더 의로운 사람이 되는 것도 의화라고 한다. 로마가톨릭에서도 인간 스스로는 의화를 이룰 수 없다고 말한다. 이들도 죄인이 의인이 되기 위해서는 외부적인 은혜가 필요하다고 말한다. 이 은혜가 죄인에게 주입(infused)될 때 그는 의인이 된다. 이렇게 의가 주입되어 의인으로 변한 이들을 하나님께서는 의인이라고 부른다. 의인이 된 사람은 더 이상 죄인의 삶이 아니라 의인의 삶을 살 수 있게 된다. 의인으로서 사는 삶은 곧 의로운 행위가 된다. 그리고 이 행위를 이들은 공로라고 부른다. 결국 로마 가톨릭은 하나님을 믿고 의를 주입받아 의인이 된 자들이 행하는 의로운 행위들인 공로의 질과 양을 보시고 하나님께서는 그것에 걸맞은 영생의 상을 주신다고 가르친다. 이러한 차원에서 볼 때 로마 가톨릭의 의는 존재론적인 개념이라 할 수 있다.

반면에 루터에게 있어서 의는 관계적인 개념이다. 루터는 죄의 문제가 하나님과 우리와의 관계가 회복되었기 때문에 이루어진다고 생각했다. 비록 신자라 할지라도 그는 여전히 하나님 앞에서 죄인이다. 그러나 하나님께서 더 이상 신자들을 죄인으로 보지 않으신다. 그것은 우리 밖에 있는 그리스도의 의를 우리의 것으로 간주하시기 때문이다. 이러한 차원에서 루터가 구원받은 자들을 '죄인인 동시에 의인이다'라고 표현한 것이다. 이는 우리가 현실적으로는 죄인이지만, 희망적으로는 의인이라는 의미다. 루터는 이것을 의사로부터 처방을 받은 환자의 예로 설명한다. 환자는 의사를 믿고 병이 완치될 것을 확신하며 의사의 처방을 따른다. 의사가 처방한 약을 먹고, 그가 조언한대로 삶의 태도를 바꾸기도 한다. 그렇다면 환자는 지금 병이 완쾌된 상태인가? 그렇지는 않다. 그렇지만 환자는 의사의 확실한 약속을 믿고 건강한 삶을 살아가게 된다. 의사 앞에서 환자는 분명 병들어 있다. 그러나 의사의 치료가 시작되었기에 환자는 건강하다.

루터가 이신칭의를 발견하기 전까지 하나님의 의는 '능동적 의'로 이해되었다. 여기서 말하는 능동적인 의는 하나님께서 정해주신 의의 기준이 있고, 우리가 노력하여 그 기준에 도달 할 때 그 의로움을 취할 수 있게 됨을 말한다. 그리고 이렇게 의를 획득하면 그 사람은 의인이 된다. 이러한 방법으로 의인이 된 사람에 대해서는 하나님도 더 이상 그를 죄인이라고 말할 수 없게 된다. 의인은 의인에 대한 가치에 따라, 죄인은 죄인에 대한 가치에 따라 대우해 주는 것이 바로 '하나님의 의'이기 때문이다. 이러한 이유로 하나님께서는 사람이 획득한 의에 따라 누군가는 의인이라고 부르고, 누군가는 죄인이라고 부르신다.

루터는 이 세상에서 하나님의 의를 만족시키려면 어떻게 해야 할지를 깊이 고민했다. 그렇게 말씀을 묵상하던 중 하나님의 '능동적 의'의 개념이 로마서 1:17의 '복음에는 하나님의 의가 나타나서'라는 말씀과 매끄럽게 연결되지 않는다는 것을 발견하고 고민하게 된다. 심지어 이 능동적인 의는 '의인은 믿음으로 말미암아 살리라'와도 결코 짝을 이룰 수 없다는 것도 발견하게 되었다. 그러던 중 루터는 로마서 1:17의 말씀 속에서의 의는 죄인이 노력해서 쟁취하는 것이 아니라 하나님의 의를 덧입는 것이라는 것을 깨닫게 된다. 하나님께서는 의를 요구하시는 분이 아니라, 의를 수여하시는 분이라는 것을 알게 된 것이다. 루터에게 있어서 하나님의 의는 더 이상 죄인을 정죄하는 의가 아니라 죄인을 의롭게 하는 의가 된 것이다. 다시 말해 죄인의 입장에서 하나님의 의는 '능동적인 의'가 아니라, 철저히 '수동적인 의'라는 것을 알게 된 것이다. 이제 루터에게 있어서 의로우신 하나님은 정죄하는 하나님이 아니라 우리를 의인으로 부르시는 하나님이시다. 이 말씀을 깨닫기 전까지 루터에게 있어서 의로우신 하나님은 심판하시는 무서운 하나님이었다. 그러나 의로우신 하나님은 더 이상 사랑의 하나님과 대치되는 분이 아니라는 것을 루터는 깨달았다. 죄인을 의롭다고 하시는 하나님의 의는 오히려 하나님께서 사랑을 표현하는 또 다른 방식이었다.

누가 하나님을 "아빠 아버지"라고 부르는가?

하나님의 자녀가 된 자들이 하나님을 "아빠 아버지"라고 부르게 된다는 내용은 로마서 8:15과 갈라디아서 4:6 두 군데에 기록되어 있다. 이 두 표현 모두 바울에 의해 기록되었다. 기록된 서신 자체를 보아 알 수 있듯이 하나는 로마에 있는 성도들에게 한 표현이고, 나머지 하나는 갈라디아 지방에 있는 성도들에게 표현한 내용이다. 내용을 좀 더 자세히 살펴보면, 로마에 있는 교회 성도들에게는 "너희는 다시 무서워하는 종의 영을 받지 아니하고 양자의 영을 받았으므로 우리가 아빠 아버지라고 부르짖느니라"(롬 8:15)고 설명한 반면, 갈라디아교회 성도들에게는 "너희가 아들이므로 하나님이 그 아들의 영을 우리 마음 가운데 보내사 아빠 아버지라 부르게 하셨느니라"(갈 4:6)고 설명했다.

바울이 이 두 표현에서 공통적으로 나타내고 있는 것은 모든 성도들은 하나님으로부터 양자의 영을 받은 자들이라는 것, 양자의 영을 받은 자들은 하나님의 자녀가 되었다는 것, 그리고 하나님의 자녀가 된 자들은 하나님을 아빠 아버지라고 부를 수 있다는 것이다. 즉, 바울은 로마에 있는 성도들과 갈라디아에 있는 성도들 모두에게 전과는 다른 신분으로서 하나님의 양자됨을 강조하며 설명했다. 뿐만 아니라 그는 모든 성도들이 단순한 신분의 변화만이 아니라 하나님의 자녀로서 하나님과 친밀하고 끈끈한 교제를 누릴 수 있다는 것을 어린 아이가 아버지를 부르는 호칭인 "아빠 아버지"라는 표현을 통해 더욱 생생하게 강조한다.

그런데 성도들의 양자됨을 설명하는 이 두 부분에서 바울이 분명하게 구분하여 표현하는 것이 하나 있다. 로마에 있는 성도들과 갈라디아 지역에 있는 성도들에게 하나님의 양자됨을 설명하면서 바울이 다르게 설명한 것이 하나 있다는 말이다. 그것은 바로 하나님을 "아빠 아버지"라고 부르는 주체가 다르다는 것이다. 좀 더 엄밀하게 말하면 바울은 한 군데에서는 하나님을 "아빠 아버지"라고 부르는 주체를 분명히 '하나님의 양자가 된 우리'라고 밝히고 있는 반면, 다른 한 군데에서는 그 주체를 명시하고 있지 않다. 이는 우리의 성경인 개역개정만 봐도 분명히 구분이 간다. 로마서는 분명히 "우리가 아빠 아버지라고 부르짖느니라"라는 표현을 통해 양자의 영을 받은 자들이 하나님을 "아빠 아버지"라고 부르게 된다고 밝혀준다. 그러나 갈라디아서는 "아빠 아버지라 부르게 하셨느니라"라는 표현을 통해 누가 하나님을 "아빠 아버지"라고 부르게 되는지를 다소 애매하게 밝히고 있다. 심지어 이 표현은 양자된 자들이 아니라 다른 누군가가 그들에게 하나님을 "아빠 아버지"라고 부를 수 있도록 해 준다는 의미로 해석된다. 그런데 설령 그렇다 하더라도 도대체 어떤 존재가 양자된 자들이 하나님을 "아빠 아버지"라고 부를 수 있도록 해 주는지에 대해서는 침묵하고 있는 것처럼 보인다.

이 부분에 대한 답은 우리의 한글성경만으로는 결코 찾을 수 없다. 그러나 바울이 갈라디아 교회에 보낸 서신의 그리스어 원문을 보면 그 답은 오히려 간단하다. 바울이 갈라디아 교회 성도들에게 "아빠 아버지"를 부르는 주체로 지적한 이는 다름 아닌 성령님이었다.[181] 바울의 표현에 의하면 하나님의 양자가 된 자들 속에 함께하시는 성령님께서 그들 속에서 하나님을 "아빠 아버지"라고 부른다는 것이다. 결국 바울은 이를 통해 하나님을 "아빠 아버지"라고 부르는 것은 성도의 의지나 주관에 의한 것이 아니라, 하나님의 자녀가 된 자들 속에 함께하시는 성령님의 내적 사역이라는 것을 강조하며 설명하고 있는 것이다.

바울은 갈라디아서를 통해서 성도는 하나님의 자녀가 된 자들이라는 것을 잘 알려준다. 뿐만 아니라 바울은 이 서신을 통해 성도가 하나님을 "아빠 아버지"라고 부를 수 있는 마음을 주시는 분이 성령님임을 알려준다. 즉, 성도들에게 주어지는 양자됨의 확신을 전적으로 성령님의 내적 사역으로 설명하고 있는 것이다. 반면에 로마서를 통해서는 성령님의 이러한 내적 사역이 성도들의 입을 통해 분명히 고백된다는 사실을 설명한다. 이를 종합해 볼 때 양자됨에 대한 바울의 이러한 두 가지의 설명 방법은 성령이 내주하는 성도에게는 성령의 내적 사역이 반드시 일어나며, 성령의 이 사역은 성도의 말과 삶을 통해 분명히 외적으로 드러나게 된다는 것을 잘 나타낸다고 할 수 있다. 그리고 그 중심에 우리를 자녀 삼아 주시는 하나님의 은혜가 있다는 것 또한 확실히 밝히고 있다.

양자들에 대한 아버지의 돌봄과 진노

하나님은 양자가 된 자들을 돌보시고 보호하신다. 아버지로서 자기의 자녀들을 돌보신다. 이것이 바로 양자들에 대해서 하나님께서 섭리하시는 기본적인 방식이다. 동시에 하나님은 양자들을 연단하시기도 하신다. 자기의 자녀들이 바른 길로 가지 않을 때 훈육하시며 경우에 따라 진노하시기도 하신다. 하나님의 진노는 크게 두 가지의 형태로 나타난다. 하나는 징벌적 진노(Punitive Wrath of God)고, 다른 하나는 교정적 진노(Corrective Wrath of God)다. 징벌적 진노의 목적은 형벌이며, 사망에 이르게 하는 것이다. 반면에 교정적 진노의 목적은 잘못된 곳에서 돌이켜 아버지와의 관계를 회복할 뿐 아니라 아버지와 더욱 친근해 지는 것이다. 그럼 하나님께서는 어떨 때 징벌적으로 진노하시고 어떨 때 교정적으로 진노를 하시는가? 또한 하나님께서 목적과 방법을 달리하여 진노하시는 기준과 그 이유는 무엇인가? 하나님께서 달리 진노하시는 것이 각 사람마다 악한 정도가 다르기 때문인가? 많이 악한 이들에게는 징벌적 진노를 내리시고, 그에 비해 상대적으로 덜 악한 이들에게는 교정적 진노를 내리시는 것인가? 그렇지 않다. 아니 그럴 수가 없다. 왜냐하면 인간은 본성적으로 모두 악하기 때문이다. 그리고 모두 극도로 악하다. 누가 더 악하고 누가 덜 악하다고 구분할 수 없을 정도로 모두 하나님 앞에서 악한 존재들이다. 따라서 이것은 하나님의 진노의 기준이 될 수 없다. 그렇다면 인간이 살면서 얼마나 큰 죄를 지었는지에 따라 하나님께서는 진노를 구분하시는가? 하나님께서 나름의 기준을 두시고 어느 정도까지는 교정적인 진노로 반응하시고, 그 이상의 죄는 징벌적 진노로 반응하시는가? 이 또한 그렇지 않다. 하나님 앞에 짓는 죄는 모두 극도로 악하다. 하나님을 반하여 행하는 행위는 모두 최고로 악한 죄들이다. 따라서 이것도 구분된 진노의 기준이 될 수 없다. 그렇다면 하나님께서 진로를 구분하시는 특별한 기준이 없는 것인가? 모든 것이 하나님의 소유고, 하나님께서는 모든 것을 다스릴 권한과 능력이 있으신 분이시니, 하나님께서는 자신의 마음에 따라 그때그때 구분하셔서 진노하시는 분이신가? 그렇지 않다. 공평과 정의의 하나님께서는 결코 그렇게 진노를 나타내시지 않으신다.

그렇다면 하나님께서 진노를 구분하시는 기준은 도대체 무엇인가? 그것은 바로 하나님과 진노의 대상이 되는 사람과의 관계다. 즉, 사람의 신분이다. 그리고 그 기준은 양자됨이다. 하나님의 자녀인지 아닌지가 하나님께서 진노를 구분하시는 기준이라는 것이다. 하나님께서는 자신의 자녀가 아닌 이들에게는 징벌적 진노를 내리신다. 반면에 자기의 사랑하는 자녀들에게는 교정적 진노를 내리신다. 그래서 이 교정적 진노를 다른 말로 부성적 진노라고도 하는 것이다. 그리고 이것이 바로 하나님께서 자기의 자녀들을 사랑하시는 방법이다. 자기의 자녀들을 돌보시고 보호하시는 방법이다. 결국 하나님께서 징벌적 진노와 교정적 진노를 구분하시는 이유는 바로 자기의 자녀들을 구별하여 돌보시고 보호하시기 위함인 것이다. 이 땅의 모든 인류는 하나님의 진노 앞에서 두려움으로 떨 수밖에 없다. 왜냐하면 모두가 다 극악한 죄인이기 때문이다. 또한 모두가 악한 죄를 지으면서 살아가기 때문이다. 그러나 하나님의 양자가 된 자들은 더 이상 하나님의 징벌적 진노를 두려워할 필요가 없다. 이는 그리스도께서 이미 십자가 위에서 이들을 향한 하나님의 징벌적 진노를 모두 받으셨기 때문이다. 또한 하나님께서는 교정적 진로를 통해 자기의 양자들을 연단하시며 훈육하시기 때문이다. 택자들을 향한 하나님의 진노는 노여움의 표현이 아니라, 무한한 사랑의 표현이기 때문이다.

칭의와 양자됨

칭의가 우리의 신분이 법적으로 변화된 것을 말한다면, 양자됨은 우리의 신분이 사적으로 변화된 것이라고 할 수 있다. 칭의가 하나님께서 하늘 법정에서 우리를 의롭다고 선언하는 것이라면, 양자됨은 우리를 하나님의 자녀로 삼아 주시는 것이다. 칭의를 통해 우리는 하나님 나라의 시민이 되고, 양자됨 통해 우리는 하나님 가족의 구성원이 된다. 하나님은 칭의를 행하시므로 우리의 심판자가 되시고, 우리를 아들로 받아들여 우리의 아버지가 되신다. 논리적인 순서로 볼 때 의롭다 함을 받은 자들이 하나님의 자녀가 된다. 다시 말해 칭의를 받은 후에 양자가 되는 것이다. 그러나 실제 칭의와 양자됨은 동시적으로 발생한다고 할 수 있다. 따라서 의롭다 함을 받은 자가 양자가 되지 못하는 법은 없다. 역으로 하나님의 자녀가 된 자 중에 의롭다고 용납되지 못할 자도 없다. 칭의와 마찬가지로 양자됨도 일생에 한 번 발생하는 사건이다. 뿐만 아니라 한 번 하나님의 자녀가 된 자는 어떠한 상황에도 결코 그 신분을 잃지 않는다. 영원히 하나님의 자녀로 하나님과 특별하고 친밀한 관계를 유지한다. 또한 하나님의 자녀로서 모든 권리와 특권을 지속적으로 누린다. 그러나 구원이 상실될 수 없음에도 불구하고 구원의 확신은 어느 정도 희미해질 수 있는 것처럼, 양자됨의 특권과 즐거움 또한 잠시 동안 상실될 수도 있다.

양자됨, 칭의와 성화의 사이에 꼭 있어야 할 이유

구원의 서정에 있어서 양자됨은 칭의와 성화 사이에 있다. 칭의는 의로운 사람이 자신의 의를 인정받은 것이 아니다. 칭의는 불의한 자임에도 불구하고 의롭다고 인정해 주는 것을 말한다. 우리의 의가 아니라 예수 그리스도의 의가 우리에게 전가되었기 때문에 우리의 불의가 하나님 앞에서 가려지는 것이다. 이러한 차원에서 볼 때 하나님으로부터 의롭다고 인정받은 자라 할 자라도 우리는 여전히 불의한 자들이다. 근본이 불의한 자들은 그들의 삶 또한 불의할 수밖에 없다. 다시 말해 불의한 자들은 거룩한 삶을 살 수 없다. 그런데 구원의 서정은 우리에게 성화되어야 한다고 말한다. 그러면서 의롭다고 인정을 받기는 했지만 근본적으로는 여전히 불의한 자들의 삶을 성화의 삶이라고 설명한다.

그럼 도대체 어떻게 이것이 가능한가? 어떻게 불의한 자들이 거룩한 삶을 살 수 있는가? 그리스도의 의가 우리의 불의를 가렸기 때문에 우리의 삶에서 나타나는 모든 불의 또한 다 가려진다는 것을 말하는가? 그러니 우리는 아무렇게나 살아도 우리의 모든 삶은 성화의 삶이라는 말인가? 당연히 그렇지 않다. 그럼 칭의 받은 불의한 자가 성화의 삶을 산다는 것이 도대체 어떻게 가능한 것인가? 이러한 궁금증에 대한 해답이 바로 양자됨에 있다. 구원의 서정에서 칭의와 성화는 바로 이어지지 않는다. 비록 논리적인 순서이긴 하지만 분명히 칭의와 성화 사이에는 또 한 가지의 단계가 있다. 바로 양자됨이다.

이 순서로 본다면 성화의 시작은 칭의가 아니라 양자됨이다. 다시 말해 양자된 사람이 성화의 삶을 시작하는 것이다. 칭의는 양자됨의 근거다. 하나님께서 의롭다고 인정해 주지 않는 사람은 결코 하나님의 자녀가 될 수 없다. 칭의와 양자됨은 순서상으로는 구분되어 있지만 분명 동시에 일어나는 구원의 과정일 것이다. 그러나 칭의와 양자됨이 분명하고 명확하게 구분되어야 하는 이유는 이 두 단계를 거치면서 신자에게 엄청난 변화가 발생하기 때문이다. 뿐만 아니라 이 변화가 바로 여전히 불의한 자가 성화의 삶을 살아가게 되는 이유가 되기 때문이다.

칭의와 양자됨 사이에 일어나는 획기적인 변화는 바로 하나님과의 관계에 있다. 비록 하나님으로부터 영원 전에 선택받은 자라 할지라도 구원의 서정에 있어서 칭의의 단계까지 우리는 여전히 하나님 앞에서 남이었다. 그러나 양자가 되면서 우리는 하나님의 가족이 된다. 하나님의 자녀가 된다. 하나님을 아버지라 부를 수 있게 된다. 칭의는 하나님께서 우리를 의롭다고 인정해 주시는 것이다. 그러나 그럼에도 불구하고 그때까지 우리는 하나님의 자녀는 아니었다. 이제 하나님께서는 이 칭의를 근거로 우리를 자기의 자녀로 받아들이신다. 이러한 차원에서 볼 때 칭의는 우리를 자녀로 맞을 법적인 준비를 마치는 것이라 할 수 있다.

즉, 칭의는 우리 입장에서 보면 양자됨의 자격 요건이고, 하나님의 입장에서는 합법적으로 우리를 자녀 삼기 위한 마지막 절차인 것이다. 이를 다시 말하면 칭의를 근거로 하나님의 자녀가 되었다는 것은 하나님과의 관계 회복에 필요한 모든 법적 절차가 끝났다는 것이다.

그리고 이렇게 양자가 된 사람이 성화의 과정을 밟게 된다. 따라서 성화는 의롭다고 인정받은 자가 드러내려고 노력해야 할 거룩한 삶이라기보다는, 하나님의 자녀가 된 자들이 그들이 새롭게 부여받은 신분으로 살아가는 삶 자체를 말한다고 할 수 있다. 이러한 차원에 볼 때 성화가 말하는 것은 신자가 살아내야 할 삶의 모습이라기보다는 신자가 새롭게 누리게 되는 삶의 질을 말하는 것이라 하겠다. 즉, 성화의 삶은 하나님의 자녀의 신분을 누리는 삶인 것이다. 성화의 삶의 방향과 목표가 하나님의 형상을 회복하는 것도 바로 이런 이유에서다. 하나님 아버지께서 입양된 자녀들에게 요구하는 것이 바로 자신이 태초에 선물했던 그 형상을 회복하는 것이다.

하나님께서는 자기 자녀가 아닌 사람들에게는 하나님 자신의 형상을 회복하라고 요구하시지 않는다. 십계명(도덕법)을 모든 인류가 지켜야 할 삶의 원리로 제공했지만, 실제적인 거룩함을 요구한 이들은 오직 자기의 자녀들뿐이다. 하나님께서 자기의 자녀들에게 성화의 삶으로 하나님 자신의 형상을 회복하게 하시는 이유는 죄로 인해 단절된 교제를 회복하기 위해서다. 이러한 차원에서 성화의 삶은 하나님과 교제하는 삶이라고도 할 수 있다. 그런데 하나님께서 요구한 거룩함이 의인의 삶이라면 이 땅에서 그 조건을 만족시킬 사람은 아무도 없다. 왜냐하면 이 땅에 의인은 한 명도 없기 때문이다. 비록 그리스도의 의를 전가받았음에도 불구하고 우리는 여전히 불의한 죄인이기 때문이다. 결국 이렇게 본다면 이 땅에서 하나님과 교제할 수 있는 사람 또한 아무도 없게 된다.

그러나 하나님께서 제정하신 교제의 조건은 인간의 상태가 아니다. 하나님이 교제하기 위해 찾는 사람은 그와 교제할 수 있을 정도로 거룩한 사람이 아니다. 하나님께서 찾으시는 사람은 바로 자신과 교제할 수 있는 관계가 성립된 사람이다. 이를 위해 하나님께서 마련하신 것이 바로 아버지와 자식과의 관계다. 그래서 하나님께서는 자신이 사랑하는 자들을 합법적으로 자녀 삼으시는 것이다. 그리고 그들과 교제하는 것이다. 이렇게 자녀 된 이들이 이 땅에서 아버지 되신 하나님과 교제하는 삶이 바로 성화의 삶인 것이다. 비록 여전히 죄인이지만 우리가 이 땅에서 하나님과 교제할 수 있는 것이 바로 하나님께서 우리를 양자 삼아 주셨기 때문이다. 그리고 우리가 양자가 되었기에 우리는 당당히 이 땅에서 하나님의 형상을 회복해가는 성화의 삶을 살 수 있다고 말할 수 있다.

예정은 하나님의 가족계획?

하나님께서는 영원 전에 새 하늘과 새 땅에서 영원히 자신과 함께 살아갈 이들을 모두 예정하셨다. 이들의 총 수는 물론 그 수에 들어갈 한 사람 한 사람을 다 정해두셨다. 그리고 그들 모두를 성자에게 선물로 주셨다. 하나님께서는 성자의 구속 사역의 공로에 근거해서 이들을 모두 양자로 삼으신다. 이렇게 하나님의 양자가 된 자들은 그리스도를 맏형으로 서로 서로가 모두 한 형제와 자매가 된다. 이와 동시에 이들 모두는 하나님께서 구원하시기로 작정한 자들의 총 수에 들어가게 된다. 이러한 차원에서 보면 하나님의 선택 예정은 영원 전에 하나님께서 세우신 가족계획이라고 할 수 있지 않을까?

성화와 선행

사람에 의해 고안된 것은 어떠한 것도 선행이 될 수 없다. 선행은 하나님께서 말씀을 통해 명령하신 것이다. 따라서 하나님의 명령에 순종함으로 행하는 모든 일이 선행이라 할 수 있다. 이러한 이유로 선행은 신앙의 열매와 증거가 된다. 신앙의 열매로서의 선행은 그 자체가 하나님에 대한 감사의 표현이 되기도 한다. 선행은 열매이며 증거이면서도 동시에 신자의 신앙에 많은 유익을 준다. 먼저 구원의 확신을 더욱 강화시키는 작용을 한다. 자신의 삶 속에서 열리는 선행의 열매를 통해 하나님의 자녀라는 것을 더욱 확신하게 된다. 뿐만 아니라 선행은 형제들 사이에 덕을 세우며 복음의 전파를 돕는다. 신자들의 삶 속에서 나타나는 선행은 대적들의 입을 막아 교회와 그리스도를 비난하지 못하게 하는 역할도 한다. 결국 신앙의 열매로 나타나는 선행이 하나님의 영광의 도구가 되는 것이다.[182]

선행의 기원은 전적으로 그리스도의 영이다. 따라서 신자가 선행을 행하는 것은 모두 성령님의 감화를 통해서 되는 것이다. 그럼에도 불구하고 선행이 신자에게서 수동적이거나 기계적으로 나타나는 것은 아니다. 하나님께서는 자신의 뜻을 선행이라는 신자의 적극적이고 능동적인 의지와 참여를 통해 나타내시길 기뻐하신다. 즉, 선행이라는 방식의 순종을 통해 자신의 뜻을 드러내신다. 이러한 이유로 선행이 신자의 의무이자 책임이 되고, 신자가 선행을 행함에 있어서 결코 태만한 모습을 보여서는 안 되는 이유가 된다.[183]

그러나 신자의 선행은 신자를 의롭게 하는 데는 어떠한 영향도 주지 않는다. 그리고 그러한 가치도 없다. 하나님의 심판 앞에 서려면 절대적으로 완전한 의를 보일 수 있어야 한다. 그리고 그 완전한 의를 획득하기 위해 율법의 모든 조항을 다 이루어야 한다. 그런데 예수님을 제외하고 이 땅의 어떤 사람도 완전히 율법을 이룰 수 없다. 비록 신자라 하더라도 그 속에 있는 죄의 잔재로 말미암아 계속해서 시험에 빠지게 된다. 그리고 비록 시험을 극복했다 하더라도 여전히 불완전한 상태가 지속되는 것이 바로 인간이다. 따라서 인간이 선행으로 의를 이룬다는 것은 그 자체로 불가능하다. 심지어 인간은 스스로 선을 행할 수조차 없는 존재다. 인간이 비로소 선을 행할 수 있는 것은 하나님의 뜻이 무엇인지를 알기 시작할 때부터이다. 즉, 인간은 그리스도의 의를 전가받아 의인의 신분으로 살기 시작할 때부터 선행이 가능해진다는 것이다. 인간에게 있어서 의롭다 함을 받는 것은 선을 행하기 전에 이미 완료된 사건이다. 의로운 자가 선을 행할 수 있는 것이지, 선을 행하기 때문에 의로워지는 것은 아니다. 의롭지 않은 자가 행하는 모든 행동은 다 죄로 가득하다. 의롭지 않은 자는 그 삶의 목적이 하나님의 영광이 아니다. 하나님의 영광을 배제한 모든 행동은 하나님의 깊으신 뜻과 반할 수밖에 없다. 따라서 의롭지 않은 자들이 하는 어떠한 행실도 선행이 될 수 없다. 의로움 전에는 선행이라는 것 자체가 존재할 수 없다. 이러한 논리로 본다면 선행이 의로움의 조건의 될 수 있는가에 대해서 따져 본다는 것 자체가 모순이다.[184]

그럼 구원받은 자가 성화의 과정 속에 있다는 증거와 열매로써 선행은 어떠한 가치가 있는가? 이미 구원의 은혜를 받았는데, 꼭 선행을 행해야 하는 이유는 무엇인가? 이 문제에 대한 답은 '열매와 책임'이라는 두 단어로 설명이 가능하다. 먼저 선행은 구원받은 신자의 열매이기 때문이다. 정상적인 과일 나무에 열매가 열리는 것이 자연스러운 것처럼, 참 믿음에 의해 그리스도에게 접붙임을 받은 사람들이 선행이라는 감사의 열매를 맺는 것이 당연한 것이기 때문이다. 즉, 신자의 선행은 칭의와 성화의 자연스런 열매인 것이다. 그리고 이 열매가 증거가 되어 신자는 더욱 강한 구원의 확신을 갖게 된다. 또한 더욱 거룩한 삶을 살고자 하는 의지가 강화된다. 그와 함께 선행은 신자의 의무이며 책임이기도 하다. 신자는 선행을 통해 자신을 구원해 주신 그리스도에게 감사를 나타내야 할 의무가 있다. 또한 신자는 자신의 선한 삶을 통해 자신뿐 아니라, 주위의 사람들이 하나님께 영광을 돌리게 해야 할 의무도 있다. 이것들이 바로 신자가 더욱 적극적으로 선행을 행하기 위해 노력해야 하는 이유다.[185]

칭의와 성화의 차이점[186]

칭의	성화
1. 하나님의 무조건적 은혜의 행위 2. 그리스도의 의의 전가 3. 죄의 용서 4. 모두에게 동일한 은혜 5. 이생에서 완전한 성취 6. 하나님의 진노와 정죄에서 해방되는 　법정적 선언	1. 하나님의 무조건적 은혜의 역사 2. 하나님의 은혜와 능력의 주입 3. 죄의 억제 4. 각각 사람에게 다르게 적용되는 은혜 5. 이생은 성취의 과정 6. 하나님께서 심으시고 물 주시는 　영적 성장의 과정

'결정적인 성화'(Definitive Sanctification)[187]

성화를 설명할 때 칼뱅이 강조하는 것은 성화의 점진성과 불완전성이다. 칼뱅은 믿음을 통해 의롭다고 인정받은 자들이 점진적으로 하나님의 형상을 회복해 가는 과정으로 성화를 설명했다. 성화에 대한 칼뱅의 이러한 설명은 이후 그의 신학적인 견해를 따르는 개혁주의 신학 노선에서도 그대로 받아들여져 왔다. 즉, 종교개혁 이후 성화에 관한 개혁주의의 설명은 언제나 점진성과 불완전성을 강조하며 거기에 초점을 맞춰 온 것이 사실이다. 이러한 이유로 개혁주의는 성화의 점진적인 측면만 강조할 뿐, 즉각적인 측면에 대한 신학적인 고찰은 약하다는 비평을 받아왔다. 칼뱅주의 성화론을 비판한 대표적인 사람들 중 한 사람이 바로 웨슬리(John Wesley)였다. 그는 개혁주의 성화론에 대한 반동으로 성화의 점진성에 대해서는 '획기적인 성화'(instantaneous sactification)를 주장했으며, 성화의 불완전성에 대해서는 '완전한 성화'(entire sanctification)를 주장했다. 성화에 대한 웨슬리의 이러한 주장은 이후 '획기적인 2차 축복의 체험'을 강조하는 성령운동으로까지 발전했다.

그런데 칼뱅에게는 오직 점진적인 성화의 개념만 있고, 즉각적인 성화에 대한 통찰은 전혀 없었던 것일까? 그렇지 않다. 칼뱅도 칭의와 함께 신자에게서 일어나는 즉각적인 성화를 분명히 인지했고 또한 강의와 글을 통해 가르쳤다. 그런데 그럼에도 불구하고 개혁주의가 이러한 비평을 받는 것은 어떠한 이유 때문일까? 그것은 바로 칼뱅의 이러한 통찰이 개혁주의 전통에서 잘 전수가 되지 않았기 때문일 것이다. 뿐만 아니라 이는 성화를 즉각적인 특성을 가진 칭의와 명확히 구별하여 설명하려는 과정에서 생긴 오해이기도 하다. 다시 말해 개혁주의가 성화에 대한 칼뱅의 설명을 풀어내는 과정에서 신자의 삶 속에서 점진적으로 일어나는 하나님의 형상의 회복이라는 점을 강조하면서 성화 자체가 가지고 있는 즉각적인 특성에 대한 언급을 비중 있게 다루지 못했기 때문일 것이다.

개혁주의 성화론이 안고 있었던 이러한 오해는 1960년대 웨스트민스터 신학교의 조직신학 교수였던 존 머레이(John Murray)가 『결정적인 성화』(Definitive

Sanctification)이라는 논문에서 개혁주의 성화론 속에 있는 성화의 즉각적인 측면을 소개하면서 드디어 풀리게 되었다. 그리고 뒤를 이어 한국에서는 박영돈이 존 머레이의 '결정적인 성화'의 개념을 정리하여 '근본적인 성화'로 설명했다. 존 머레이의 '결정적인 성화'라는 용어가 성화의 즉각적인 면을 부각시키는 표현이라면, 박영돈의 '근본적인 성화'는 이 즉각적인 성화가 '점진적인 성화'의 바탕과 기초가 된다는 것을 잘 드러내는 표현이라고 할 수 있다.

박영돈은 근본적인 성화의 특성을 다음의 몇 가지로 정리 했다. 첫째, 근본적인 성화는 예수 그리스도의 구속 사역에 근거하다. 이는 예수 그리스도의 구속 사역이 우리의 옛 사람의 문제를 해결할 뿐 아니라, 우리가 새 사람으로 행할 수 있는 능력을 주신다는 것을 의미한다. 즉, 그리스도의 구속 사역이 칭의는 물론 성화의 원천이 됨을 나타내는 것이다. 둘째, 근본적인 성화는 그리스도 안에서 일어난 단회적인 사건이다. 칭의가 단회적인 것처럼 근본적인 성화도 단회적이다. 이는 신약성경에 성화를 나타내는 단어들이 단회적인 의미로 사용된 것을 보아 알 수 있다. 셋째, 근본적인 성화는 죄의 지배에서 자유하고 하나님께 성별되었다는 것을 의미한다. 성경의 표현을 빌리면 우리가 근본적인 성화로 말미암아 죄에 대하여 죽었다는 말인데, 이는 죄의 결과에 대하여 우리가 죽었다는 말이다. 예수 그리스도께서 우리를 대신해 죽으심으로 우리가 당해야 할 죄에 대한 형벌을 다 해결하셨기에 우리에게는 더 이상 죄의 형벌이 남아 있지 않다는 것을 의미한다. 넷째, 근본적인 성화는 전적인 하나님의 은혜로 이루어진다. 점진적인 성화에서는 신자의 역할과 책임이 있지만, 근본적인 성화에서 신자는 전적으로 수동적이다. 이는 칭의가 선물인 것처럼 근본적인 성화도 하나님의 선물이라는 것을 의미한다. 따라서 신자는 칭의와 함께 근본적인 성화도 기쁜 소식으로 전해야 한다. 이러한 의미로 볼 때 성화는 지속적으로 옛 사람을 뜯어고치는 작업만을 말하는 것이 아니다. 오히려 성화는 옛 사람의 죽음과 새 사람의 탄생으로 새 삶을 사는 것을 말한다. 다섯째, 근본적인 성화가 이차적인 체험을 의미하는 것은 아니다. 우리는 예수를 믿어 그리스도와 연합할 때부터 근본적으로 죄에서 해방되고 새 사람이 되고 성령의 사람이 되었다. 그리고 우리는 세례를 받을 때도 칭의는 물론 근본적인 성화에 근거하여 세례를 받는다. 따라서 이미 새사람이 된 사람에게는 이차적인 성화의 체험이 필요하지 않다. 오직 근본적인 성화에 기초하여 점진적인 성화의 삶을 산다. 여섯째, 근본적인 성화는 신분적인 변화가 아니라 실제적인 변화를 말한다. 이것은 우리가 예수를 믿을 때 신분적인 변화와 법적인 선언의 칭의와 함께, 실제적으로 우리에게 나타나는 변화를 말한다. 근본적인 성화로 우리에게 실질적으로 나타나는 변화는 죄의 지배에서 해방되는 것, 하나님께 성별된 종이 되는 것, 성령이 거하는 전이 되는 것 등을 말한다. 따라서 칭의의 관점에서 변화된 우리를 '의롭게 된 죄인'(a sanctified sinner)로 표현한다면, 근본적 성화의 관점에서 우리는 '거룩하게 된 성도'(a sanctified saint)라고 말할 수 있다. 우리가 그리스도와 연합함으로 실제적으로 변화되었다는 사실은 우리가 실제 그 변화를 누릴 수 있게 하는 동력이 된다. 다시 말해 우리가 하나님으로부터 의롭다 인정받을 때 일어나는 근본적인 성화가 바로 점진적인 성화의 출발점이 된다.

옛 사람과 새 사람

옛 사람	새 사람
옛 본성(옛 자아)	옛 본성(옛 자아) + 새 본성(새 자아)

옛 사람은 타락한 본성인 옛 본성에 의해 전적으로 지배되는 사람을 말한다. 불신자들이 이 경우에 해당된다. 뿐만 아니라 하나님으로부터 택함을 받은 자라 할지라도 아직 부르심을 받지 못하고, 성령님께서 내주하시지 않은 상태의 사람도 여기에 해당된다. 다시 말해 중생하지 못한 모든 사람이 옛 사람에 해당된다. 반면에 새 사람은 중생한 사람을 말한다. 성령님께서 내적인 사역을 행하시는 사람들이 여기에 해당된다. 이 사람들에게는 하나님의 은혜의 선물인 믿음이 주어진다. 그리고 성령님께서 이 믿음을 통해 우리를 이끌어 가시는 새 본성을 소유

하게 된다. 이렇게 새 본성을 소유하게 된 사람을 새 사람이라고 부른다. 새 사람이 된 자들은 더 이상 옛 본성을 따르는 육체의 정욕에 얽매여 있어서는 안 된다. 성령의 지배를 받는 새 본성을 따라 살아야한다.

그런데 실제 현실은 그리 녹녹하지 않다. 새 사람이 된 자들에게서도 여전히 옛 자아가 살아서 움직이는 것들이 발견되기 때문이다. 분명 성령님께서 내주하심에 대한 확신이 있다. 또한 성령의 인도하심을 따라 사는 삶에 기쁨을 누리기도 한다. 그런데 자신의 모습을 돌아보면 여전히 속에서 선보다는 악을 추구하는 모습을 발견하게 된다. 이럴 때 많은 신자들은 스스로 실망할 뿐 아니라, 절망에 빠지게 된다. 이러한 상황이 반복되다 보면 심지어 자신의 구원의 문제까지 의심하게 되는 경향을 보이게 된다. 자신이 아직 중생하지 못한 것은 아닐지 불안해하기도 한다. 이런 경우 극단적으로는 구원에 이르기 위해 내가 뭔가를 더 해야한다는 강박에 빠지기도 한다. 심지어 내가 이미 받은 구원을 잃을 수도 있다는 불안감에 빠지기도 한다.

그렇다면 신자들이 왜 이러한 고민을 하게 되는 것일까? 물론 우리가 새 사람인지 아직 여전히 옛 사람인지 정확히 단정할 수는 없다. 이 부분은 오직 하나님만이 아신다. 그러나 우리는 공적인 신앙고백이라는 방법을 통해 세례를 받게 되면서 새 사람 되었음을 교회를 통해 인증 받게 된다. 이러한 외적인 표와 더불어서 신자의 마음속에 역사하시는 성령님의 내적인 사역을 통해 우리는 자신이 새 사람이 되었다는 것을 확신하게 된다. 그러나 이러한 확신을 가지고 신앙생활을 하면서도 종종 우리의 생각과 행동 속에서 불쑥불쑥 일어나는 옛 자아의 모습들은 우리를 적잖게 당황하게 한다. 그러면서 신자는 자신의 신앙생활에 회의를 느끼기도 하고 자괴감에 빠지기도 한다.

그런데 이 부분에 대해 성경은 새 사람이 된 신자의 삶 속에 옛 자아의 모습이 여전히 남아 있는 것을 당연한 현상이라고 설명한다. 성경이 말하는 새 사람은 옛 자아가 새 자아로 대체된 사람이 아니다. 다시 말해 죄의 지배를 받는 옛 자아가 사라지고 그 곳에 성령의 인도를 받는 새 자아가 새롭게 자리매김을 한 사람이 새 사람이 아니라는 것이다. 성경에 의하면, 우리가 새 사람이 되었다는 것은 죄로 오염된 옛 자아만 가졌던 사람에게 성령이 이끄시는 새 자아가 선물로 주어졌다는 것을 말하는 것이다. 따라서 새 사람은 옛 자아와 새 자아를 동시에 소유하고 있는 사람이 된다. 이를 다른 말로 하면, 새 사람에게도 여전히 죄를 쫓는 옛 자아가 그대로 남아 있다는 것이다. 이는 그리스도의 속죄의 은혜를 믿음으로 고백하고 구원을 받은 자라 할지라도 우리가 이 땅을 살아가는 한 여전히 원죄 아래 있는 것과 같은 원리로 생각하면 이해가 쉬울 것이다.

그럼 비록 새 사람이라 하더라도 여전히 옛 자아가 살아서 죄를 쫓는다면 이것이 옛 사람과 다른 점은 도대체 무엇인가? 그것은 바로 우리 속에서 일어나는 영적 전투다. 죄를 추구하는 옛 자아만 있는 옛 사람에게는 이러한 영적 전투가 결코 일어나지 않는다. 이들은 오직 죄만을 추구할 뿐이다. 이들 속에는 죄를 막는 어떠한 요소도 없기 때문이다. 반면에 새 사람은 그 속에서 계속해서 전투가 일어난다. 옛 자아와 새 자아가 계속해서 싸운다. 죄를 추구하는 옛 자아를 성령의 인도를 받는 새 자아가 자꾸 막아선다. 동시에 하나님의 영광을 위한 일을 생각하고 추구하는 새 자아를 우리 속에 있는 옛 자아가 시시탐탐 방해하고 나선다. 이러한 영적 전투가 새 사람의 생각과 삶 속에서 일어나기에 신자는 더 많은 고민을 하게 되고, 힘들어 하게 되는 것이다.

이러한 상황은 심지어 바울에게서도 나타났다. 바울은 자신이 하나님의 은혜로 구원을 받은 자임을 확신함에도 불구하고 자신 속에 거하는 죄가 여전히 성령님께서 원하지 않는 것들을 하게 한다고 진솔하게 고백했다(롬 7:15-24). 이러한 차원에서 볼 때 만일 어떤 사람이 죄에 대한 애통함이 전혀 없다면 그 사람은 여전히 옛 사람일 수 있다. 반면에 누군가가 죄로 인해 애통해 한다면 그 사람은 분명 새 사람일 것이다. 여전히 옛 자아에서 벗어나지 못해서 안타까움이 있다면, 그것은 분명 성령님께서 새 자아를 통해 일하시고 계신다는 증거일 것이다. 이러한 이유로 마음으로는 하나님의 법을 따르나 여전히 육신으로는 죄의 법에 있는 자들이 있다 할지라도 좌절할 것이 아니라, 오히려 이것이 우리 주 예수 그리스도로 말미암아 하나님께 감사의 조건이 된다는 것을 잊지 않는 것이 더욱 중요하다(롬 7:25).

구원과 구원의 확신

　인간 입장에서 누가 선택받았고, 누가 그렇지 않은지 알 수 있는 명확한 방법은 없다. 오히려 그런 것이 있다고 말하는 것이 거짓이다. 하나님께서는 이 문제를 명확히 알려주지 않으셨다. 따라서 우리는 이것을 거룩한 무지(holy ignorance)의 영역으로 다루어야 한다. 그렇다고 우리가 이 문제에 대해 어떠한 정보도 얻을 수 없는 것은 아니다. 하나님께서는 선택받은 자들에 대해서는 그 사실을 감지할 수 있는 길을 어느 정도는 열어주셨다. 내가 선택 받은 자인지를 깨닫는 길은 예수 그리스도를 믿고, 죄를 회개하는 것이다. 그리고 우리에게 은혜를 주시는 수단인 말씀, 성례, 기도를 지속적으로 사용하는 것이다. 이 과정 속에 하나님께서 선택 받은 자들에게 은혜를 주신다. 이 은혜는 단순한 생활의 윤택함을 말하는 것이 아니다. 이 과정에서 주시는 하나님의 은혜가 바로 구원의 확신이다. 구원의 문제는 앎의 문제가 아니고 확신의 문제다. 비록 하나님께서는 누가 택자고 누가 유기자인지 명확히 구분할 수 있는 법을 사람들에게 허락하지는 않으셨지만, 그리스도를 영접하고 은혜의 수단으로 살아가는 택자들에게는 구원의 확신을 주셔서 끝까지 신앙을 지킬 수 있게 하신다. 이러한 이유로 선택받은 자들은 이렇게 말할 수는 있다. "나는 내가 선택받은 자인지 알 수는 없지만, 내가 선택받은 자라는 것을 확신할 수는 있다."[188]

　구원은 신앙의 본질적 요소다. 구원 없는 그리스도인은 존재할 수 없다. 반면에 구원의 확신이 신앙의 본질적 요소는 아니다. 따라서 구원의 확신 없는 그리스도인은 있을 수 있다. 이는 참된 구원의 믿음이 구원의 확신 없이도 존재할 수 있기 때문이다. 다시 말해 실제 구원을 받은 자라 할지라도 구원의 확신을 갖지 못하고 살아가는 자들이 있을 수 있다는 것이다. 구원과 구원의 확신은 서로 밀접한 관련이 있지만, 그러면서도 두 가지는 분명 다른 주제다. 구원받은 자들이 모두 구원의 확신 속에서 살아가는 것은 아니다. 그리스도를 자신의 구주로 고백한다고 해서 모두가 구원의 확신을 당장 다 가질 수 있는 것은 아니다. 구원받은 자들이라도 구원의 확신 없이, 혹은 자신의 구원의 문제를 의심하며 살아가기도

한다. 신자에게 구원의 확신은 믿음을 고백할 때 즉각적으로 생기기도 하지만, 처음에는 확신을 갖지 못하다가 신앙생활을 하면서 점차적으로 그 확신이 강화되기도 한다. 그리고 실제 그리스도를 영접하고 신자의 삶을 살아가는 자들에게는 즉각적인 구원의 확신보다 점진적인 구원의 확신이 더 일반적이다. 갑작스럽게 회심을 경험한 자들이 예수님을 자신의 구주로 영접하는 순간 구원의 확신을 갖는 경우도 있지만, 대부분의 그리스도인들은 회심도 점진적으로 진행될 뿐 아니라 자신의 구원의 문제에 대해 확실하고 충만한 확신을 갖는데도 어느 정도의 시간이 걸리는 것이 보통이다. 이 기간은 사람에 따라 다르며 경우에 따라 상당한 오랜 시간이 걸리기도 한다. 심지어 끝까지 이 확신을 누리지 못하고 죽는 자들도 있다. 예를 들어 하나님께서 택한 자임에도 불구하고 평생을 그리스도를 부인하며 살아가다가 임종에 가까웠을 때 회개하고 돌아온 자들의 경우는 구원의 확신 없이 생을 마감할 수도 있다.[189]

또한 구원의 확신을 가지고 살아가다가도 그 확신이 약화되는 경우도 있다. 주로 육신의 정욕과 시험에 빠져 죄를 짓게 되면서 '내가 이렇게 살아서 천국 갈 수 있을까'라고 생각하는 경우가 여기에 해당된다. 심지어 하나님을 배반하고 교회를 떠나면서 구원의 확신이 중단되는 경우도 있다. 그러나 분명한 것은 하나님께서 택하시고 구원을 주신 자들은 비록 구원의 확신을 잃었다 할지라도 그의 구원에는 원칙적으로 문제가 없다. 구원의 확신이 없거나, 그것을 잃어버린 상태에서 살아가는 그리스도인들을 다음과 같이 묘사할 수 있다. 먼저 구원의 확신이 아직 없는 자들이다. 그들은 분명 택함을 받았고 성령님의 인도로 그리스도를 구주로 고백했다. 이러한 이들은 구원을 받았다고 볼 수 있다. 구원받은 자는 이제 영생의 문제에 있어서는 안전하다. 그런데 그는 구원의 확신이 없다. 여기서 구원의 확신이 없다는 것은 자신이 안전함에도 그것을 의심하고 확신하지 못한 상태로 살아간다는 것을 말하는 것이다. 두 번째로 구원의 확신을 상실한 경우다. 이 또한 안전한 상태에 있음에도 불구하고 자신의 안전을 의심하게 된 것을 말하는 것이다. 두 경우 모두 구원받고 영생의 문제에 있어서 안전한 상태에 있는 것은 분명하다. 문제는 단지 그것을 누리지 못하는 것이다.[190]

구원은 그리스도를 믿음으로써 얻는다. 반면에 구원의 확신은 자신이 그리스도를 바로 믿고 있다고 믿음으로써 갖게 된다. 좀 더 구체적으로 말하면 우리는 구원을 받기 위해 그리스도와 그가 우리를 구원하시기 위해 과거에 행하신 일들을 믿어야 한다. 반면에 구원의 확신은 이뿐 아니라 그리스도께서 우리 안에서 지금도 일하신다는 것을 믿을 때 가능하다. 구원의 확신은 구원의 가능성을 기대하는 것이 아니라, 자신의 구원 문제가 완전히 해결되었다는 것을 믿는 것이다. 또한 자신의 구원에 대해서는 어떠한 변경도 있을 수 없다는 확고한 신념을 갖는 것이다. 이러한 이유로 구원의 확신이 신자에게 살아서나 죽어서도 위로가 되는 것이다.[191]

그런데 그리스도인이라는 이름으로 살아가면서 교회 안에서 그릇된 근거로 구원의 확신을 주장하는 이들이 있다. 보통 세 가지 부류의 사람들이 이에 해당된다. 첫째 도덕주의자들(Moralists)이라고도 불리는 율법주의자들(Legalists)이다. 이들은 자신들의 선한 인격과 선한 행실을 구원의 확신의 근거로 생각한다. 두 번째는 형식주의자들(Formalists)로 교회에서 행해지는 여러 의식들을 잘 준수하는 것을 구원의 확신의 근거로 여긴다. 세 번째는 감성주의자들(Emotionalists)인데 이들 중에는 신비주의자들(Mystics)도 포함된다. 이들은 자신들의 감정과 느낌, 심지어는 꿈, 환상과 같은 직통계시에 근거해 구원의 확신을 말하는 자들이다. 그러나 참된 신자가 구원의 확신을 가질 수 있는 근거는 율법도, 의식도, 그리고 직통계시도 아니다. 참된 신자는 하나님의 약속의 말씀, 변화된 삶의 증거, 그리고 성령님께서 마음에 주시는 확고한 증거를 통해 구원의 확신을 얻을 수 있다. 이 세 가지가 신자의 마음과 삶에 함께 작용할 때 신자는 확고한 구원의 확신을 가질 수 있다. 그런데 이중 하나만 불분명해도 신자는 확고한 구원의 확신을 갖기 힘들어진다. 뿐만 아니라 이 세 가지가 균형을 잃어도 신자는 자신의 구원에 혼동을 느낄 수 있다.

구원의 확신에 대한 정도와 그 방법은 다양하게 나타날 수 있다. 반면에 신자가 참된 구원의 확신을 갖게 되면 그의 삶에서 나타나는 몇 가지의 공통적인 현상들이 있다. 그릇된 구원의 확신은 영적 교만을 낳지만 참된 구원의 확신을 가진 자는 가식을 버리고 겸손한 삶을 살게 된다. 특히 이들에게는 죄에 대한 거룩한 탄식과 의를 추구하고자 하는 열망이 더 강해진다. 그러면서 동시에 말씀 앞에서 더욱 겸손한 자세를 취하게 된다. 잘못된 구원의 확신을 가진 자들은 그 결과에 만족하므로 인생을 게으르며 방종으로 살아가지만, 참된 구원의 확신을 가지고 살아가는 자들은 더욱 부지런히 경건을 훈련한다. 이들의 경건은 그리스도를 믿는 참된 믿음에 근거한 것이기에 이들은 말씀에 대한 경외함과 충성심을 삶을 통해 더욱 적극적으로 드러내려 한다. 거짓된 구원의 확신에 사로잡힌 자들은 자신의 외적인 모습에 만족하며 위선적인 삶을 살아가지만, 참된 구원의 확신은 성도를 더욱 정직하게 하며 항상 말씀을 통해 삶을 점검하는 자세를 갖게 한다. 바른 구원의 확신을 가진 자들은 언제나 하나님과의 교제를 갈망하며 살지만, 그릇된 확신 속에 살아가는 자들은 하나님과의 교제의 필요성 자체를 느끼지 않고 살게 된다. 그들은 오히려 하나님으로부터 받을 그 무엇인가에만 관심을 갖는다. 구원의 확신이 깊어질수록 신자는 자신이 하나님의 참 교회의 지체가 되었음을 더욱 감사하게 되어 교회 회원으로서의 소속감이 더욱 강화된다. 반면에 그릇된 확신을 가진 자들은 교회의 분열을 초래할 뿐이다.[192]

로마 가톨릭은 신자가 구원의 확신을 가지는 것 자체를 부인한다. 심지어 그들은 구원의 확신을 말하는 것 자체를 죄악된 것으로 간주한다. 이들은 하나님의 은혜에 대한 오류 없는 믿음을 가진 사람은 이 땅에 아무도 없다고 말한다. 따라서 누군가가 자신이 하나님께서 예정한 자들의 수에 들어간다고 말하는 것은 주제 넘는 것이라고 설명한다. 로마 가톨릭은 하나님께서 누구를 택했는지 알 수 있는 방법은 오직 특별계시를 통해서라고 가르친다. 이러한 이유로 누군가가 구원의 확신을 말한다면 그들은 저주를 받아 마땅하다고 주장한다. 로마 가톨릭이 이렇게 신자의 구원의 확신을 부정하는 이유는 구원을 하나님의 전적인 은혜가 아니라 인간과 하나님의 공동 노력의 산물로 보기 때문이다. 뿐만 아니라 이들은 선행을 행함으로 이 땅에서 구원을 유지할 수 있다고 믿는다. 결국 로마 가톨릭에서 구원은 선택과 약속의 개념이 아니라 일종의 복이라고 할 수 있다.

구원과 구원의 확신은 분명 하나님께서 주시는 선물이다. 근본적으로 이 두 가지는 모두 성령의 내적 사역에 해당된다. 하나님께서 주셔야 가질 수 있다. 그런데 구원과 달리 구원의 확신은 인간의 노력에 의해서 강화될 수 있는 것이 특징이다. 구원의 확신을 강화시키는 것이 바로 은혜의 외적 방편이다. 말씀과 성례와 기도를 통해 신자의 구원의 확신이 강화된다. 그리고 이 중에서도 성찬은 신자의 구원의 확신을 강화 시키는 데 가장 유용한 방편이 된다. 이는 성찬에 참여할 수 있는 권한이 주어졌다는 것 자체가 구원에 대한 공적 보증일 수 있기 때문이다. 이러한 이유로 비록 구원의 확신을 가지지 못한 사람이라 할지라도, 혹은 구원의 확신을 잃은 사람이라 할지라도 성찬예식 참여를 통해 구원을 보증 받음으로 자신의 구원에 대한 확신을 강화시킬 수 있게 된다.[193]

구원	구원의 확신
본질적인 문제	비 본질적인 문제
보증의 문제	확신의 문제
하나님과 자신의 관계	하나님과 자신의 관계에 대한 확신
단회적 사건	대부분 점진적 사건
한번 소유로 영원성 보장	유혹과 죄에 빠짐으로 종종 모호해짐
인간의 노력으로 강화되지 않음	인간의 노력으로 강화되기도 함
영원한 생명과 관련	신자의 이 땅에서의 삶과 관련
믿음을 통해 얻음	믿음을 확신함으로 얻음
모든 사람에게 동일	각 사람에 따라 다르게 나타남
하나님의 선물	하나님의 선물

구원, 구원의 확신 그리고 신앙고백

유형교회가 세례를 주는 기준은 세례후보자의 회심이 아니다. 교회가 세례후보자의 중생 여부를 평가해서 세례를 주는 것이 아니라는 것이다. 유형교회가 세례를 주는 근거는 전적으로 세례후보자의 신앙고백에 있다. 세례는 예수 믿고 구원받았다는 것을 확인 하고 베푸는 것이 아니다. 세례는 예수 믿고 구원받았다고 말하는 그 고백에 근거해서 교회가 베푸는 것이다. 교회는 어느 누가 구원받았는지 결코 알 수 없다. 이는 전적으로 하나님께 속한 영역이다. 이러한 이유로 교회는 세례후보자에게 자신의 구원을 증명할 것을 요구할 수도 없고 해서도 안 된다. 이는 세례후보자의 입장에서도 마찬가지다. 세례후보자는 자신이 구원받은 자임을 증명할 수도 없고 증명할 필요도 없다. 따라서 세례 문답 시 자신이 구원받았는지를 어떻게 아는지, 혹은 구원의 확신이 있는지를 묻고 대답하는 것은 적절하지 않은 행동이라고 할 수 있다.

성령의 내적 사역에 의해 중생한 자들은 분명 구원에 이르는 믿음을 고백하게 된다. 이것을 우리는 신앙고백이라고 한다. 따라서 교회는 이 신앙고백을 근거로 세례를 베풀고 유형교회의 회원이 된 것을 인정한다. 이렇게 세례를 받은 자들에게 하나님께서는 구원의 확신을 선물로 주신다. 이로 보건대, 올바른 구원의 확신이 있는 자는 분명 바른 신앙고백을 한 사람이라 할 수 있다. 그러나 바른 신앙고백을 했다고 해서 그 사람이 항상 올바른 구원의 확신 가운데 살아가는 것은 아니다.

구원은 결코 변치 않는 하나님의 선물이다. 그러나 그것이 누구에게 언제 주어졌는지는 오직 하나님만이 아신다. 이러한 이유로 교회는 구원을 기준으로 신자의 신앙을 평가할 수 없다. 구원의 확신 또한 하나님의 선물이다. 그러나 이는 사람에 따라 다르고, 한 사람 안에서도 때와 장소에 따라 유동적일 수 있다. 따라서 이 또한 신자의 신앙을 평가하는 기준이 될 수 없다. 이러한 이유로 교회는 오직 신자의 신앙고백에 근거하여 그의 신앙과 삶을 평가할 수 있고, 또 그래야 한다.

신앙고백이 모든 부분에서 신자의 신앙생활을 평가하는 잣대가 된다는 것은 신앙고백이 교회의 권징의 유일한 기준이 된다는 것과 직접적인 관련이 있다. 교회는 권징을 통해 성도를 훈육한다. 그런데 이때 신자의 구원이나 구원의 확신은 결코 권징의 근거나 기준이 될 수 없다. 교회는 오직 신자의 신앙고백에 근거하여 그의 직무 충성도를 평가한다. 또한 신앙고백과 삶의 관련성을 통해 교회는 필요에 따라 신자에게 권징을 행사한다.

이는 교회 내에서 성도들끼리 나누는 교제에서도 동일하게 적용되어야 한다. 성도는 다른 성도의 믿음을 평가할 권한이 없다. 다른 성도의 구원 문제에서는 더더욱 그러하다. 또한 성도는 서로 구원의 확신을 증명할 필요도 없고, 그것을 서로 요구해서도 안 된다. 그러나 성도가 서로 공유하며 나눌 뿐 아니라 서로 증명을 요구할 수 있는 것이 있다. 그것이 바로 신앙고백과 그에 따른 삶의 열매다. 성도는 신앙고백과 그 열매를 통해 서로를 판단할 수 있다. 또한 평가할 수도 있다. 필요하다면 서로 칭찬할 수도 있고, 권면할 수도 있다. 그러나 이 모든 것은 서로를 비난함이 아니라, 서로의 부족한 점을 채워주기 위한 관심과 사랑의 표현이어야 한다. 신앙고백과 그 열매에 대한 평가와 그에 대한 대처의 가장 이상적인 방법은 이 모든 것이 교회의 직원을 통한 권징으로 행사되는 것이다. 특히 천국의 열쇠권을 가진 교회의 직원이 신앙고백과 그 열매를 근거로 말씀의 권면과 함께 권징을 적절히 사용할 때 교회와 그 속의 모든 지체들이 건강한 신앙생활을 하게 된다.

구원을 확신할 수 있는 근거

진정으로 예수님을 구주로 고백하고, 자신이 지옥 갈 죄인이라는 것을 인정하면 구원받은 걸 확신해도 될 것이다. 다시 말해 이는 구원에 이르는 믿음을 고백하고 생명에 이르는 회개를 한 자라면 자신이 구원받았다는 확신을 가져도 될 것이라는 말이다. 왜냐하면 구원에 이르는 믿음의 고백과 생명에 이르는 회개는 오직 중생한 자, 내주하시는 성령에 의해 거듭난 자만이 할 수 있는 것이기 때문이다. 구원에 이르는 믿음과 생명에 이르는 회개를 한 사람이 진정으로 회심한 사람이다. 이 회심의 과정을 통과한 자가 의롭다함을 받고 양자가 된다. 그리고 성화의 과정으로 들어간다. 성화는 하나님의 형상을 회복해가며 영화를 소망하는 과정이다. 이 과정에서 믿음은 강해지기도 하고 약해지기도 한다. 믿음이 강해지고 약해짐에 따라 구원의 확신 또한 함께 강해지기도하고, 약해지기도 한다. 심지어 어떤 이는 자신의 구원에 대해 의심하기도 한다.

구원의 근거는 신자의 마음이나 행위가 아니다. 다시 말해 구원의 핵심이라고 할 수 있는 칭의와 양자됨의 근거는 결코 사람에게서 찾을 수 없다. 칭의와 양자됨의 유일한 근거는 그리스도께서 획득한 의다. 그리스도가 획득한 의가 믿음을 통해서 전가되고 양자의 신분이 주어질 때 하나님께서 준비하신 구원이 실제 신자에게 적용된다. 그렇기 때문에 구원받은 자는 결코 그것을 잃지 않는다. 만일 칭의와 양자됨의 근거가 우리의 행위나 의라면 우리는 성화의 과정에서 구원을 잃을 수도 있다고 말할 수 있다. 구원은 전적으로 불변하는 하나님의 작정에 그 기원을 둔다. 그렇기 때문에 구원은 켤코 변치 않는다. 이러한 이유로 성도는 어떠한 상황에도 끝까지 인내할 수 있다.

신자와 불신자의 죽음

우리가 죽음의 의미를 바로 알려면 먼저 우리의 생명을 잘 이해해야 한다. 생명이 없이는 죽음이 존재할 수 없기 때문이다. 보통 생명이 다하는 것을 죽음이라고 말한다. 그래서 죽음을 생명의 소멸로 본다. 그러나 성경은 결코 죽음을 생명의 소멸로 설명하지 않는다. 다시 말해 죽음으로 생명이 완전히 끝나는 것이 아니라는 것이다. 하나님께서 인간에게 주신 생명은 손수 흙으로 빚으신 육체에 생기를 불어 넣으심으로 시작되었다. 육체와 생기의 결합이 바로 우리의 생명인 것이다. 그럼 죽음은 무엇인가? 바로 이 결합이 다시 분리되는 것을 말한다. 육체와 생기, 즉 육과 영혼이 분리되는 것이 바로 성경이 말하는 죽음인 것이다.[194]

그런데 이 죽음이 몸과 영혼의 영원한 분리를 말하는 것은 아니다. 또한 여기서의 분리는 단순한 나눔을 말하는 것도 아니다. 죽음을 통해 분리된 육과 영혼은 각각 어떠한 상태로 변화한다. 뿐만 아니라 이 분리된 육과 몸은 각각 지정된 장소로 이동하여 거기서 머물게 된다. 신자가 죽을 때 그의 영혼은 즉시 그리고 완전히 거룩하게 되는 상태로 변한다. 반면에 그의 몸은 그리스도와 연합한 채로 부활할 때까지 무덤에서 안식하게 된다. 신자의 영혼은 천국에서 빛과 영광 중에 계시는 하나님을 보게 되며, 그곳에서 하나님과 교제하며 부활을 통해 몸 또한

구속될 날을 소망하며 살아간다.[195]

죽음의 이러한 원리는 불신자에게도 동일하게 적용된다. 그러나 그들의 죽음이 신자의 죽음과 다른 것은 그들이 살았을 때의 상태가 신자의 상태와 다르기 때문이다. 신자는 살았을 때 그리스도와 연합된 상태였다. 이 연합은 신자가 죽음을 맞이해도 그대로 유지될 뿐 아니라, 부활로 재창조 된 이후에도 동일하게 유지된다(롬 8:38-39). 반면에 불신자는 그리스도와 연합되지 않는 상태에서 죽음을 맞이한다. 따라서 불신자의 영혼은 즉시 지옥으로 던져진다(눅 16:23-24). 지옥 속에 던져진 불신자의 영혼은 극심한 불안 속에 마지막 심판을 기다린다. 이들에게는 오직 절망과 공포만 있을 뿐이며, 어떠한 사면도 기대할 수 없는 최후의 심판만을 기다릴 뿐이다. 이들이 지옥에 간 것은 죄에 대한 영혼의 판결을 받았기 때문이다. 따라서 이들이 지옥에서 하는 것은 오직 죄에 대한 형벌이 집행될 날만을 두려움 속에 기다리는 것뿐이다. 또한 아직 이루어지지 않은 몸의 심판을 대기하는 것이다. 마지막 때에 이들 또한 몸으로 부활할 것이다. 그리고 몸과 영이 하나 된 새로운 상태로 영원한 형벌을 받으며 살아가게 될 것이다.[196]

죽음을 통해 인간의 상태는 변한다. 신자의 영은 거룩한 상태가 되고, 몸은 썩어서 흙이 된다. 따라서 죽음을 맞이한 인간은 변화된 상태로 존재하는 것이지 결코 사라지는 것은 아니다. 이러한 이유로 신자는 죽음을 두려워할 필요가 없다. 불신자에게 죽음은 영원한 형벌의 시작이다. 반면에 신자에게 있어서 죽음은 지금껏 자신을 짓눌렀던 육체의 죄악 된 본성을 완전히 벗어 버리는 것이다. 신자의 죽음은 죄값을 치르는 것이 아니라 범죄를 그치고 영생으로 들어가는 문이기 때문이다. 그리고 영혼이 영화의 단계로 진입하는 것이다. 육체의 부활을 소망하며 영원히 새 하늘과 새 땅에서 누릴 행복을 소망하는 삶을 시작하는 것이다. 이것이 신자에게 주어지는 죽음의 유익들이다. 또한 이러한 이유로 죽음은 신자에게 슬픔과 아픔이 아니라 하나님의 특별한 사랑의 표현이라고 할 수 있다.[197]

신자와 불신자의 부활

이 땅에서 죽은 자들은 마지막 날에 모두 부활한다. 이는 신자와 불신자 모두에게 해당된다(행 24:15). 반면 부활의 때에 이 땅에 살아 있는 신자들은 죽음을 보지 않고 즉시 영광의 상태로 변하게 된다(고전 15:51-53; 살전 4:15-17). 이때 천국에서 그리스도와 함께 부활을 기다렸던 신자들의 몸은 그리스도의 영광스런 몸과 같이 신령하고 썩지 않는 몸으로 살아난다(고전 5:21-23, 42-44). 반면 지옥에서 두려움 가운데 심판을 기다렸던 불신자들은 심판주의 진노하심으로 수치스런 부활을 맞게 된다(요 5:27-29; 마 25:33; 계 20:13). 부활의 때는 "마지막 날"로 성경은 이를 "그 날과 그 시"라고 표현한다. 이는 이 날이 하나님께 속한 비밀스런 계획에 속해 있음을 의미한다. 그와 동시에 이는 마지막 날이 인간이 직감할 수 있는 분명한 연월일에 발생할 것임을 나타내는 표현이다. 이 날에는 그리스도께서 하늘 구름을 타시고 영광 가운데 오실 것이다. 이 날은 이 세상 역사의 마지막 날이 될 것이며, 그 후에 부활과 심판이 있을 것이다.[198]

신자가 부활할 때의 모습은 장사 될 때의 바로 그 모습과 동일하다. 이는 신자의 부활체의 정체가 이 땅에서의 모습과 동일함을 나타낸다. 그러나 성경은 질적인 면에 있어서는 죽기 전과 다를 것이라고 말한다. 즉, 부활의 몸의 정체는 죽기 전과 동일하나, 그 질적인 면에 있어서는 영광과 불멸을 옷 입은 새로운 상태가 될 것이다(고전 15:37, 42-44). 이러한 차원에서 부활의 몸은 "영적인 몸"이 될 것이다. 그런데 성경은 부활의 몸이 볼 수 있고, 만질 수 있는 물질적인 몸이 될 것임을 분명히 말하고 있다(눅 24:39). 따라서 여기서 "영적인 몸"이라는 것은 육체가 아닌 영으로 형성된 몸을 말하는 것이 아니다. 이는 "하나님의 성전" 혹은 "성령의 전"이 되기에 합당한 몸이라는 뜻에서 영적이라는 것이다.[199]

심판과 지옥 형벌을 부인하려는 불신자의 시도들

1. 진화론

진화론을 주장하는 자들이 말하는 핵심은 이 세상이 어떤 창조자에 의해 창조된 것이 아니라 우연히 형성되었다는 것이다. 그리고 시간이 흐르면서 그 우연 속에서 만들어진 어떠한 법칙에 의해 세상이 서서히 발전되어 간다는 것이다. 이렇듯 진화론을 주장하는 사람들은 이 세상의 시작과 발전이 성경에서 말하는 창조와는 확연히 다름을 강조한다. 그러나 진화론을 주장하는 자들의 진짜 속내는 이것과는 사뭇 다르다. 이들은 입으로는 세상의 시작과 발전을 말하지만, 정작 이들 생각의 중심은 세상의 끝에 있다. 그리고 이들은 이 세상 속에 잠시 왔다가 사라지는 사람들의 운명에 특히 관심을 가진다. 즉, 이들에게 있어서 인간은 진화의 과정 속에 우연히 나타났다가 허무하게 사라지는 존재인 것이다. 진화론은 인간을 이 땅에 잠시 왔다가 사라지는 존재로 이해하면서 인간의 운명에 대해 크게 두 가지의 잠정적 추론을 도출한다. 그 첫 번째 추론은 세상은 창조된 것이 아니기에 인간은 어떠한 상황에서도 창조자를 만날 일은 없다. 두 번째 추론은 모든 것이 그렇듯 인간의 몸과 영혼도 우연히 왔다가 때가 되면 사라지게 되기에 죽음 이후에 심판 같은 것은 없다. 결국 진화론은 창조주를 부인하는 방법을 통해 영원한 심판과 지옥의 형벌에 대한 탈출구를 찾으려는 시도인 것이다.

2. 영혼 소멸설

인간의 영혼의 특징은 불멸성이다. 인간의 영혼은 영원하다. 그렇지만 인간의 영혼이 근본적으로 영원한 것은 아니다. 이는 인간의 영혼이 영원한 근거가 인간 자체의 능력에 있는 것이 아니라는 말이다. 인간의 영혼이 영원한 것은 하나님께서 그렇게 창조하셨기 때문이다. 또한 하나님께서 인간의 영혼을 보존하고 계시기 때문이다. 하나님의 영혼 보존은 인간이 이 땅에서 살 때 뿐 아니라 사후에서도 지속된다. 장소적인 면으로 볼 때도 마찬가지다. 이 땅은 물론, 천국, 지옥, 그리고 새 하늘과 새 땅에서도 하나님께서는 인간의 영혼을 보존하신다. 다시 말해 인간의 영혼이 영원하다는 것은 죽음으로 몸과 영이 분리된 상태에도, 또한 다시 부활하여 부활체가 된 상태에도 영혼은 소멸되지 않는다는 것이다.

영혼 소멸설을 주장하는 이들은 인간이 죽을 때 몸이 썩어 없어지는 것처럼 영혼 또한 그 명을 다한다고 주장한다. 다시 말해 죽으면 몸과 영이 모두 사라져 버린다는 것이다. 결국 이들에게는 사후 세계는 없다. 따라서 이들에게는 천국도 지옥도 없다. 영혼 소멸설을 주장하는 이들 중 그리스도인의 영혼은 영원하지만, 불신자들의 영혼은 죽음과 동시에 소멸된다고 말하는 이들도 있다. 이들은 이러한 주장을 하면서 그리스도인들은 죽음 이후에 그 영혼이 천국으로 가는 은총을 누리지만, 불신자들은 영혼이 소멸되므로 그러한 은총을 누리지 못하게 된다고 말한다. 어떻게 보면 맞는 말 같기도 하다. 그러나 이들의 이러한 설명에는 죽음 이후에 심판과 영원한 지옥의 형벌을 피해 보려는 속셈이 들어 있다. 죽음과 동시에 영혼이 완전히 없어져 버렸는데, 어떻게 심판을 받고, 지옥의 형벌을 받을 수 있겠는가? 결국 영혼 소멸설은 심판과 지옥의 형벌에 대한 불안감을 떨쳐버리기 위해 마련된 하나의 자구책이라고 하겠다.

3. 몸의 부활을 부인함

이 땅에 태어났다가 죽은 모든 사람들은 주님께서 다시 오시는 마지막 때에 육체로 부활한다. 이때 신자는 영광의 부활로, 불신자는 치욕의 부활을 맞는다. 영광의 몸으로 부활한 신자들은 그리스도께서 다스리시는 새 하늘과 새 땅에서 영원히 살게 된다. 반면에 치욕의 부활을 맞은 불신자들은 부활된 몸으로 영원히 지옥의 형벌을 받게 된다. 이때 신자의 부활체가 영원히 영광스러운 것처럼, 불신자의 부활체도 영원히 소멸되지 않는다. 이는 어떠한 형벌을 받더라도 그렇다.

심판과 지옥형벌을 부인하는 또 한 부류의 사람들은 바로 육체의 부활을 믿지 않는 자들이다. 혹은 신자들의 육체의 부활은 인정하면서, 불신자들의 육체는 영원히 소멸된 상태로 있게 된다고 주장한다. 이러한 주장을 통해 자신들에게 임할 심판과 지옥의 형벌을 피하려 하는 것이다. 아니면 혹시 심판과 지옥의 형벌이 있다 하더라도 육체로 당하는 고통은 피할 수 있다고 기대하는 것이다.

사랑

장로교 교리교육서인 웨스트민스터 문서들은 구원의 은혜를 받은 자들이 어떻게 살아야 할지에 대한 구체적인 방법을 제시해준다. 이 문서들은 하나님께 받은 구원의 은혜는 신자의 삶을 통해 감사로 표현되어야 한다고 가르친다. 그리고 그 감사를 표현하는 실질적인 방법으로 십계명을 소개한다. 결국 이 문서에 의하면 십계명을 준수하는 신자의 삶이 바로 구원을 주신 하나님께 대한 감사의 표현이라는 것이다. 이를 역으로 말하면 하나님께서는 자신이 직접 만들어서 제공한 법을 백성들이 지키는 것을 보시며 영광 받으신다는 것이다. 십계명은 은혜를 베풀어주신 하나님께 대한 감사의 표현이다. 우리가 하나님께 대하여 갖고 있는 감사하는 마음은 꼭 외적인 행동으로 표현되어만 하나님께서 감지하시는 것은 아니다. 하나님께서는 우리의 마음 한 구석에 있는 작은 생각도 다 읽으신다. 다시 말해 하나님께서는 신자들이 십계명을 준수하는 것을 보실 때 비로소 하나님께 대한 감사하는 마음을 갖고 있는 줄을 알게 되시는 분이 아니라는 것이다. 그럼에도 불구하고 하나님께서는 신자가 말과 행동으로 표현하는 감사를 보기를 원하신다. 그리고 이를 통해 영광받기를 원하신다. 이러한 이유로 신자는 이 땅에서 살아가는 동안 최선을 다해 이 계명을 준수해야 한다. 십계명 준수가 신자의 자발적인 감사의 표현이면서 동시에 의무인 이유가 바로 여기에 있다.

그렇다면 신자는 어떻게 십계명을 준수해야 하는가? 십계명 준수는 우리의 자발적인 감사의 표현이지만 우리가 지켜야 할 의무이기도 하다. 그렇다면 만일 우리가 그것을 다 준수하지 못하면 어떻게 되나? 십계명을 잘 지키는지 그렇지 않은지에 대한 평가 기준은 또 무엇인가? 10가지 계명 중 몇 가지를 준수하는지로 평가되는가? 아니면 어느 정도 수준으로 각 계명을 지키는지로 평가되는가? 십계명 준수에 대한 전체적인 평균치로 평가되는 것인가? 아니면 모든 계명의 기준 선이 있는 것인가? 그리고 하나님께서 이것을 평가하셔서 신자들의 수준을 서로 비교하시는가? 다시 말해 이 계명들을 누가 더 많이 순종하고, 누가 덜 순종하는지를 하나님께서는 비교하며 보고 계실까? 이러한 것들은 하나님께서 인류에게 도덕법으로 주신 이 계명들을 대할 때 우리가 자연스럽게 하는 질문들이다.

그런데 이러한 질문들 앞에서 우리가 생각할 것은 각 질문들에 대한 답을 찾는 것 보다는 왜 우리가 십계명을 대할 때 이러한 질문들을 하게 되는가 하는 점이어야 할 것이다. 십계명 앞에서 우리가 이러한 질문을 하게 되는 이유는 오히려 간단하다. 딱 한 가지 밖에 없다. 그것은 우리가 하나님께서 제공하신 계명들을 모두 다 훌륭히 잘 지킬 수 없다는 사실을 알기 때문이다. 장로교 교리교육서들도 이러한 사실을 분명히 한다. 이 세상의 누구도 현세에서는 하나님께서 제시하신 도덕법을 완벽하게 지켜낼 수는 없다고 확실히 가르친다. 하나님께서는 십계명을 인류에게 주시면서 지킬 것을 요구하셨다. 그런데 이 땅에서는 그 계명을 지킬 수 있는 사람이 아무도 없다. 하나님께서 명하신 계명을 준행하면 그에 따른 복을 누릴 수 있다. 반면에 그 법을 준행하지 않으면 그에 따른 진노와 저주가 있다. 이것이 십계명을 대하는 우리의 모습에 대해 하나님께서 정하신 자신의 반응 방식이다. 그렇다면 이 말은 결국 이 땅의 모든 사람들은 이 도덕법을 제대로 지키지 못함으로 하나님의 진노와 저주 아래 놓일 수밖에 없게 된다는 말이 된다. 이렇게 되면 인류가 하나님께 받은 은혜에 대해 감사를 표현하는 방식으로 제공된 십계명이 결국 인류를 하나님의 진노와 저주 아래 빠뜨리는 방편이 되고 만다. 그리고 이러한 사실 때문에 인류는 십계명을 더욱 어렵게 생각하게 된다.

그런데 장로교 교리교육 문서들은 비록 인류는 십계명 앞에서 하나님의 진노와 저주를 피할 수 없어 좌절할 수밖에 없지만, 계명이 아닌 다른 방법을 통해 이 문제가 해결될 수 있다는 것을 알려준다. 그리스도를 믿는 것과 구원에 이르는 회개가 바로 그것이다. 다시 말해 십계명을 순종하지 못함으로 직면하는 하나님의 진노와 저주를 피하는 길로 믿음과 회개를 제시하는 것이다. 이 믿음과 회개가 하나님의 진노와 저주를 피하도록 하기에 이를 구원에 이르는 믿음과 생명에 이르는 회개라고 하는 것이다. 참고로 구원에 이르는 믿음과 생명에 이르는 회개는 구원의 서정의 세 번째 단계인 회심에 해당된다.

장로교 교리교육서중 하나인 소교리교육서는 구원의 서정을 설명하고 바로 이어서 십계명을 다룬다. 십계명이 구원의 은혜를 주신 하나님에 대한 감사의 표현이라는 것을 가르친다. 이것이 바로 율법의 제3용법이다. 그리고 십계명 설명에 바로 이어서 누구도 십계명을 완벽하게 지킬 수 없다는 사실을 언급함으로 인간이 본질적으로 죄인임을 알게 한다. 죄로 인해 하나님의 뜻을 하나라도 제대로 이루어 낼 수 없는 존재라는 것을 고백하게 한다. 이는 율법이 죄를 깨닫게 하는 기능이 있음을 말해주며, 이것이 바로 율법의 제2용법이다. 그러면서 심지어 인간이 짓는 죄는 모두 동일한 것이 아니라 어떤 것들은 다른 것들에 비해 더욱 악할 수 있다는 것을 가르친다. 이는 결국 어떠한 죄에 대해서는 하나님께서 더 많이 진노하시고 저주하신다는 것을 의미한다. 십계명에 대한 이러한 사실을 알게 되면, 인간은 하나님 앞에서 더욱 두려움에 떨게 되며 하나님의 진노가 무서워서 죄를 짓지 않으려고 노력하게 된다. 이것은 십계명이 죄를 억제하는 효과가 있다는 것을 말해준다. 이것이 바로 율법의 제1용법이다.

그런데 소교리교육서는 십계명 적용에 대한 이러한 설명 바로 뒤에 믿음과 회개를 다룬다. 어떻게 보면 어울리지 않은 배치처럼 보인다. 그러나 이는 상당히 깊은 뜻이 담긴 배치라고 할 수 있다. 장로교 교리교육서의 이러한 배열은 도덕법이 하나님의 진노를 두려워한 인간이 죄를 멀리할 뿐 아니라, 인간 자신이 죄인임을 깨달아 구원에 이르는 회개를 하게 하고 예수를 영접하게 하는 작용을 한다는 것을 보여주기 위함이다. 뿐만 아니라 이것은 율법을 지키는 행위로는 결코 구원에 이를 수 없음을 분명히 가르치는 것이다. 오직 하나님께서 택자들에게만 선물로 주신 은혜인 믿음을 통해, 그리고 회개를 거쳐야만 구원이 실제로 적용된다는 것을 가르치는 것이다. 그리고 이렇게 구원받은 자들이 최선을 다해 십계명을 지킴으로 하나님께 감사를 올려드리는 것이다. 비록 율법을 완벽하게 지키지 못해서 완벽한 감사를 드리지 못한다 할지라도 하나님께서는 그 모습 자체를 통해 기뻐하신다는 것을 신자들이 알도록 하신다.

그럼 이제 하나님께서 십계명을 주시며 우리에게 요구하신 것이 무엇인지 구체적으로 살펴보도록 하자. 하나님께서 사람에게 요구하시는 의무는 그의 계시된 뜻에 순종하는 것이다. 십계명이 제공되기 이전에 이미 하나님께서 인류에게 주신 법이 있었다. 이것은 언약이라는 형태로 주어졌다. 하나님께서 인류에게 준 첫 언약은 행위언약이다. 이 언약은 인류의 시조인 아담에게 주어졌다. 하나님께서는 이 언약을 주시면서 아담 자신뿐 아니라 그의 모든 후손도 지키도록 하셨다. 하나님께서 이 언약에 대해 인간이 어떻게 반응하는가에 따라 자신도 인간에게 그에 합당한 반응을 하실 것이라고 말씀하셨다. 하나님께서는 언약을 성취할 경우는 생명을 약속하시고 파기할 경우는 사망을 경고하셨다. 하나님께서는 아담과 언약을 체결하시면서 그에게 언약을 지킬 수 있는 힘과 능력도 부여하셨다. 그런데 그럼에도 불구하고 아담은 이 언약을 파기하고 말았다. 결국 이러한 이유로 인류는 타락하게 되었다.[200]

이렇게 타락한 인간에게 하나님께서는 동일한 의의 법칙을 새로 주셨다. 그것이 바로 도덕법이라고 불리는 십계명이다. 하나님께서는 십계명을 시내산에서 두 돌판에 새겨 주셨다. 첫 번째 돌판에 있는 네 계명은 하나님을 향한 우리의 의무를, 두 번째 돌판에 있는 여섯 계명은 사람을 향한 우리의 의무를 나타낸다. 도덕법과 함께 주신 것이 의식법과 재판법이다. 의식법은 미성숙한 교회인 구약의 이스라엘 백성에게 주신 예표적인 규례들이었다. 이 의식법은 그리스도의 은혜와 삶을 예표하는 예배에 대한 것과 도덕적 의무에 대한 교훈들로 구성되어 있었다. 이 예표의 법은 그리스도께서 이루신 새 언약 아래서 모두 폐지되었다. 재판법은 정치 조직체이기도 한 구약의 이스라엘 백성에게 주신 것이다. 그런데 이 재판법 또한 이스라엘 백성의 신분과 더불어 폐지되어 더 이상 구속력을 갖지 않게 되었다. 다시 말해 그리스도의 구속 사역으로 이스라엘 백성의 신분이 민족적인 성격을 넘어 이방인을 포함하는 모든 택자들의 모임으로 재정비되면서 구약의 재판법은 그 실효를 잃게 된 것이다. 그러나 재판법은 일반적인 공정성을 요

구하는 차원에서 부분적으로 나마 여전히 유용하다.[201]

　도덕법은 모든 인류에게 적용되는 법이다. 다시 말해 십계명은 신자들만의 법이 아니라 모든 인류가 순종하여 지켜야 할 법이다. 그리고 이 법의 구속력은 그리스도를 통해 더욱 강화되었다. 신자들에게 이 법은 삶의 법칙이 된다. 십계명은 우리가 마땅히 행해야 할 하나님의 뜻이 무엇인지를 알려준다. 또한 이것은 우리가 죄로 오염되어 있다는 것을 발견하게 한다. 그리하여 우리를 하나님의 뜻대로 행하도록 지시하는 역할을 한다. 이러한 이유로 신자들은 이 십계명을 통해 더욱더 자신의 죄를 확신하게 된다. 죄 때문에 더욱 겸손해질 뿐 아니라 죄를 미워하게 된다. 결국 신자들은 율법의 이러한 기능을 통해 자신들에게 그리스도가 필요함을 더욱 깨닫게 된다. 뿐만 아니라 율법을 통해 그리스도께서 이루신 완전한 순종이 무엇인지를 보게 되고 알게 된다.[202]

　율법은 죄를 금하여 인간 속에 있는 부패성을 제거하는 기능을 하기 때문에 중생한 자들에게도 계속해서 유익하다. 또한 율법은 비록 저주에서 자유함을 얻은 자라 할지라도 죄로 인하여 마땅히 받아야 할 벌에 대한 경각심을 불러일으킨다. 그와 동시에 이 율법은 순종했을 때 받을 수 있는 복을 기대하게도 한다. 이러한 율법은 결코 복음에 배치되지 않는다. 오히려 이 율법은 복음과 순조롭게 부합된다. 사람이 율법에 계시된 하나님의 뜻이 요구하는 바를 자유롭고 기꺼이 행할 수 있는 것은 성령께서 사람의 의지를 도와서 복종하게 하시기 때문이다. 즉, 오직 성령의 도우심이 있어야만 우리가 율법에 계시된 하나님의 뜻을 실천할 수 있게 된다. 이렇듯 성령으로 거듭난 자는 성령의 지속적인 인도를 따라 하나님께서 제정하신 법을 기쁨으로 지키며 살아가게 된다. 그러나 아무리 중생하여 성령의 인도를 받는 삶을 살아간다 할지라도 현세에서 하나님의 법을 완전히 지킬 수 있는 사람은 아무도 없다. 그러나 그렇다고 실망할 필요는 없다. 비록 신자가 하나님의 율법을 완전히 지킬 수 없다 할지라도 율법 앞에서의 신자의 모습은 그 자체가 은혜 가운데 있는 것이기 때문이다. 이는 성령의 지배를 받지 않는 불신자들의 모습과 비교해 보면 더욱 분명해진다. 성령이 내주하지 않는 불신자는 율법이 주어졌을 때 그 율법을 무시하거나 대적하는 모습을 보인다. 이러한 것을 통해 불신자가 율법을 대하는 태도는 결국 매사에 하나님의 뜻을 거역하는 것이다. 반면에 성령의 인도를 받는 신자는 비록 자신이 율법을 온전히 지켜낼 수 없다는 것을 앎에도 불구하고 하나님의 뜻을 힘써 지키려고 노력한다. 율법을 대적하거나 무시하지 않고 그 앞에서 순종적인 삶을 살기 위해 노력한다. 이러한 차원에서 율법은 신자의 삶에 아주 중요한 요소가 된다. 그러나 신자의 이러한 행동도 계명에 대한 조그마한 순종을 시작하는 것에 불과할 뿐이라는 것을 결코 잊어서는 안 된다. 다시 말해 율법 앞에서 신자가 아무리 노력한다 할지라도 신자의 행위는 결코 하나님의 의를 만족시킬 수 없다는 것을 명심해야 한다. 오히려 신자도 말과 행동에서 매일 계명을 범할 뿐임을 시인하고 겸손한 자세로 하나님 앞에 서야 한다.[203]

이 세상에서 율법을 지킴으로 하나님의 의를 만족시킬 수 있는 사람은 아무도 없다. 하나님도 이것을 아시고 우리도 기록된 성경을 통해 이러한 사실을 분명히 알고 있다. 그렇다면 하나님께서는 왜 이런 불가능한 일을 우리에게 지시하신 것인가? 우리는 왜 가능하지도 않은 이러한 일에 순종해야 하는 것인가? 여기에는 크게 두 가지의 이유가 있다. 먼저 하나님께서는 우리가 율법을 대할수록 우리 속에 있는 죄의 본성을 더욱 느끼고, 그리스도를 통한 죄 용서와 의를 더욱 사모하길 원하시기 때문이다. 둘째 이유는 우리가 율법의 의를 조금이라도 더 이루기 위해 성령의 은사를 추구하는 기도에 더욱 매진하도록 하기 위함이다. 이러한 과정을 통해 신자의 생각과 행동은 점점 거룩해진다. 그리고 그리스도를 닮아가게 된다. 결국 신자는 율법을 대할수록 자신의 죄 때문에 더욱 비참함을 느끼지만, 동시에 성령의 도우심을 더욱 의지하게 됨으로 그리스도와의 더 깊은 연합을 경험하게 된다. 그리고 이후 율법을 완전히 이루어 하나님의 의를 만족할 영화의 날을 더욱 기대하게 된다.[204]

십계명　　　중세 이후 십계명을 사도신경, 주기도문과 함께 예배와 교리교육서(Catechism)의 위치로 복귀시키는데 그 기초를 놓은 인물이 바로 루터(1483-1546)다. 루터는 참회신학에 길들여져 하나님께서 제정하신 율법을 따라 살아가는 삶은 무시하고 고해성사를 통한 죄값의 탕감에만 관심을 가진 교회와 성도들에게 십계명의 참 의미를 설교와 저술을 통해 전달했다.[205] 루터는 십계명이 우리의 죄를 깨닫게 하여 회개의 자리로 나아가게 한다고 설명했다. 이러한 루터의 영향으로 16세기 개혁교회들은 십계명의 중요성을 언급하게 되었고, 십계명은 실제 예배와 교육에서 점점 적극적으로 사용되었다. 그럼에도 불구하고 당시 많은 개혁교회들이 여전히 십계명을 단지 참회의 자료로만 사용하는 경향을 보였다. 즉, 십계명을 낭송함으로 죄를 깨닫고, 그 죄를 자백하면 사죄가 선언되는 방식이었다. 이러한 십계명의 위치를 사죄의 선언 뒤로 옮긴이가 바로 칼뱅(1509-1564)이었다. 그는 십계명을 우리의 죄를 깨닫게 하는 도구보다는, 구원받은 자들이 구원을 주신 하나님께 표현하는 감사의 구체적인 방법으로 설명했다. 다시 말해 칼뱅은 사죄를 선포 받은 자들이 그 감격과 감사를 표현하는 삶의 구체적인 방식으로서의 십계명을 가르친 것이다.[206] 칼뱅이 이러한 개념으로 십계명을 예배에 적용하면서 십계명은 더 이상 우리의 비참을 고백하게 하는 회개의 자료가 아니라 구원받은 신자가 구속의 은혜에 감사하여 이전과는 다른 의로운 삶을 살겠다고 다짐하는 징표가 되었다. 뿐만 아니라 십계명은 신자가 실제로 감사하는 삶을 살도록 안내하는 역할을 하며, 동시에 그렇게 행동할 수 있는 동력이 되었다.

십계명의 구조 이해

출애굽기 20:1-17과 신명기 5:6-21에 기록되어 있는 십계명은 칼뱅, 루터, 로마 가톨릭교회, 유대교가 그 구조에 있어서 조금씩 다른 견해를 보인다. 유대교는 십계명의 서론을 제1계명으로 보고 칼뱅이 정리하고 현재 장로교회가 이해하는 제1계명과 제2계명을 하나로 통합해 제2계명으로 본다. 비록 서론을 제1계명으로 보지는 않지만 루터와 로마 가톨릭교회도 유대교와 같이 제1계명과 제2계명을 통합한다.[207] 그러나 루터와 로마 가톨릭교회는 우리가 이해하는 제 10계명을 두 부분으로 나누어 '이웃의 집을 탐내질 말 것'을 제 9계명으로, 그리고 '이웃의 아내를 탐내지 말 것'과 그 이하를 제 10계명으로 구분한다. 이에 대해 칼뱅은 '나 외에 다른 신을 두지 말라'는 것은 우리의 신앙의 대상을 말하는 것이고, '우상을 만들지 말라'는 것은 신앙의 방법을 말하는 것으로 구분되어야 한다고 설명하며, 마지막 계명을 두 개로 나눈 것은 석의적인 근거가 약하며 이는 '모든 경건치 못한 것들'을 타나내는 같은 것들을 다르게 표현한 것이기에 하나의 계명이라고 설명한다.[208] 이러한 십계명 구조의 이해에 대한 상이한 견해는 각 교리교육서에 그대로 반영되어 나타난다. 루터는 그의 대교리교육서(1529) 십계명 설명에서 전통적 로마 가톨릭교회의 십계명 구조를 그대로 사용하고 있다. 반면에 칼뱅은 자신이 이해하고 주석한 구조에 따라 문답식 교리교육서(1542/1545)에서 십계명을 설명한다. 이는 현재 우리 장로교회가 받아들인 십계명의 구조를 말한다.[209] 하이델베르크 교리교육서가 독일의 루터교회와 스위스의 개혁교회를 통합하는 교리교육서를 만드는 것을 목표로 작성되었지만, 결국 칼뱅주의적 색채를 강하게 띠는 교리교육서가 되었다는 증거도 바로 이 교리교육서의 십계명 구조가 루터의 구조가 아닌, 칼뱅의 구조를 따르고 있다는 데 있다고 볼 수 있다.[210] 칼뱅주의적 신학을 반영하는 웨스터민스터 대교리교육서의 십계명 구조는 당연히 칼뱅이 제시한 구조와 일치한다.

칼뱅의 십계명 해석

칼뱅은 십계명의 명령에 나타나는 '외적 행동'뿐 아니라 그 명령이 내포하고 있는 '내적이고 영적인 의'가 무엇인지를 밝히는 것에 많은 관심을 가졌다.[211] 십계명에 대한 이러한 해석의 근거로 칼뱅은 예수님의 산상수훈을 제시한다. 예수님께서 산상수훈에서 재해석해서 풀어주신 율법이 바로 하나님께서 진정으로 원하시는 '내적이고 영적인 의'를 나타낸다는 것이 칼뱅의 설명이다. 또한 칼뱅은 부정적인 형태의 명령 안에서 하나님의 의도를 찾아 긍정적이고 적극적인 내용을 해석해야 한다고 설명한다.[212] 이러한 칼뱅의 십계명 해석 방법은 그의 교리교육서에 그대로 반영되었다. 그리고 이것은 이후 하이델베르크 교리교육서와 웨스트민스터 대교리교육서의 십계명 설명에서 더욱 구체적으로 적용되었다.

십계명 교육의 서론

루터의 대교리교육서는 초판 서문에 십계명의 10가지 항목을 적어 준 것 외에는 십계명에 대한 개괄적인 설명 없이 바로 제1계명 설명으로 들어간다. 반면에 칼뱅은 학습자의 선이해를 돕기 위해 십계명에 관한 개요를 5문항에 걸쳐 설명한다. 여기서 그는 하나님께서 우리에게 율법을 주신 이유는 우리가 우리의 삶을 이끌어갈 수 있도록 하기 위함이라고 설명한다.[213] 하이델베르크 교리교육서는 우리의 선행은 하나님의 은혜에 대한 감사의 표현이라고 가르친다. 그러나 인간이 자신의 생각으로 행하는 어떠한 것도 선행이 될 수 없으며, 오로지 참된 믿음으로 하나님의 율법을 따라 하나님의 영광을 위해 행한 것만 선행이라고 가르친다.[214] 웨스트민스터 대교리교육서는 각 계명을 설명하기 전에 총 12문항을 할애하여 십계명에 관한 서론적인 설명을 한다. 여기에서 이 교리교육서는 하나님께서 요구하시는 인간의 의무는 하나님의 뜻에 대해 순종하는 것이라고 단정한 후 십계명의 설명을 이어간다.[215]

나 외에 다른 신을 내게 두지 말라

루터가 이해한 제1계명은 '너는 나 외에 다른 신들을 내게 두지 말라'이다.[216] 그러나 루터는 칼뱅이 제2계명으로 분류한 '우상을 만들지 말라'는 명령을 제1계명에 포함시켜 이해하고 이를 설명한다. 루터는 사람들에게 있어서 신들(gods)은 마음으로 소망하는 모든 좋은 것들과 시련을 피할 수 있는 피난처가 되는 것이라고 설명한다. 즉, 이러한 신들은 이미 존재해 온 것이 아니라 사람들의 마음의 믿음과 신뢰를 통해 만들어지는 것이다.[217] 루터에게 있어서 제1계명은 다른 어떤 계명보다도 중요하다. 그는 순전한 마음으로 하나님만을 의지하면 모든 우상에서 벗어날 수 있을 뿐만 아니라 이어지는 다른 모든 계명들도 저절로 성취될 것이라 말한다. 칼뱅의 교리교육서에 따르면 교리교사는 먼저 학생에게 첫 계명이 무엇인지와 그 의미가 무엇인지를 묻는다. 여기서 십계명의 서론을 제1계명 설명에 함께 포함하여 하나님 자신이 율법의 권위자임을 스스로 나타내고 계신다고 설명한다. 첫 번째 계명에서 하나님께서 원하시는 것은 그에게 속한 위엄을 그를 위해서만 간직하는 것과 그것을 다른 것에는 돌리지 않는 것이라고 설명한다.[218] 하이델베르크 교리교육서는 우리는 하나님을 거슬러 행하거나 하나님 대신 섬김의 대상이 되는 모든 것을 포기해야 한다고 말한다. 왜냐하면 말씀으로 계시하신 하나님을 대신하거나 혹은 그와 나란히 두고 섬기는 것은 다 우상이기 때문이다. 게다가 이러한 것을 고안하고 만들어 소유하는 것도 금지해야 한다고 가르친다.[219] 웨스터민스터 대교리교육서는 칼뱅의 교리교육서와 같이 '나 외에'(before me)가 특히 무엇을 가르치는지를 설명하는데, 이는 우리가 다른 신을 두는 죄를 하나님께서는 매우 노여워하신다는 것을 알게 하여, 우리가 그러한 죄를 범하지 못하게 하는 효과가 있으며, 또한 하나님을 섬기는 모든 일을 그의 목전에서 하도록 설득하고 논증하는 역할을 한다.[220]

우상을 만들지 말라[221]

칼뱅은 영원한 영이신 하나님과 가시적이며 파괴될 존재인 피조물과는 어떠한 닮은 점도 없기 때문에 결국 아무리 아름답고 화려하게 만든다고 할지라도 인간이 만드는 하나님의 형상은 그 자체가 하나님의 위엄을 훼손하는 것이 된다고 설명한다.[222] 이러한 이유로 칼뱅은 이 계명을 소홀히 하게 되면 잘못된 예배에 빠질 수 있음을 경고한다.[223] 질투하시는 하나님으로 삼, 사대까지 벌을 내리신다는 말은 우리에게 극도의 공포를 주어 그에게 범죄하지 않게 하는 효과가 있다. 그러나 범죄한 자에게 벌은 삼, 사대까지 이르지만 계명을 지키는 자에게 천 대까지 은혜를 베푼다는 것은 인간을 향한 그의 자비하심이 엄격하심보다 비교할 수 없을 만큼 크다는 것을 보여준다고 설명한다.[224] 하이델베르크 교리교육서는 '평신도를 위한 책'이라는 명목으로 형상들이 만들어져 교회에서 사용되었던 것에 대해, 이는 우리가 하나님보다 더 지혜로운 체 하는 것과 다름이 없다고 말한다. 그리고 말 못하는 우상을 통해서가 아니라 설교되어지는 하나님의 말씀을 통해 교육이 이루어져야 함을 강조한다.[225] 웨스트민스터 대교리교육서에서 설명하는 제2계명의 요구는 하나님께서 그분의 말씀에서 정하신 대로 모든 종교적 경배와 규례를 받아서 준수하고 순전하고 흠 없이 지키는 것들로, 그리스도의 이름

으로 드리는 감사와 기도, 말씀을 읽고 전파하고 듣는 것, 성례를 시행하는 것 등이 있다.[226]

여호와의 이름을 망령되게 부르지 말라

루터는 여호와의 이름을 망령되게 부르지 말라는 것은 우리의 사욕을 위해 아무데나 하나님의 이름을 사용하지 말라는 것이라고 설명한다.[227] 이 계명에 대해 칼뱅은 하나님의 이름을 오용하지 않는 것이라고 가르친다. 이는 하나님의 이름으로 위증하지 않을 뿐 아니라 우상의 맹세를 하지 않는 것까지를 포함한다.[228] 하이델베르크 교리교육서는 하나님의 이름이 잘못 사용되는데 침묵하며 방관하는 것조차 계명을 어기는 죄에 참여하는 것이라 가르친다.[229] 게다가 맹세나 저주로 하나님의 이름을 욕되게 하는 것은 하나님께서 가장 진노하시는 죄로 사형의 형벌을 받을 것이라고 경고한다.[230] 웨스트민스터 대교리교육서는 하나님의 작정과 섭리를 불평하고 항변하는 것은 물론이거니와 그것을 호기심으로 파고드는 것 또한 잘못된 것임을 말한다. 이 교리교육서는 심지어 하나님의 말씀을 잘 못 해석하여 잘못 적용하는 것도 계명을 범하는 죄에 속함을 말함으로 학습자들이 계명을 온전히 지키기 위해서는 말씀을 올바로 깨닫는 것이 중요하다는 것을 강조한다.[231]

안식일을 기억하여 거룩히 지키라

루터는 안식일의 개념에 대해 그것의 구약적 배경을 설명하는 것을 넘어, 이 날이 어떻게 거룩한 날이 되었는지를 자세히 가르쳐준다.[232] 루터는 하나님께서 우리에게 안식일을 주신 가장 중요한 이유는 우리에게 예배할 수 있는 시간과 기회를 주신 것이기에, 이 날의 절정은 말씀의 선포인 설교가 되어야 한다고 강조한다.[233] 칼뱅은 우리가 안식일을 지키는 것은 기념하는 것 외에도 세 가지의 의미가 더 있다고 설명한다. 영적인 쉼, 교회의 통치 지원, 그리고 종들의 수고를 덜어주는 것이 바로 그것이다.[234] 특히 그는 주께서 일하시도록 우리 자신의 일을 중지하는 것이 바로 영적인 쉼이라고 말한다.[235] 칼뱅은 이 날을 '묵상의 날'이라고 칭하면서 우리가 이 날에 해야 할 것은 함께 모여 하나님이 말씀(doctrine)을 듣고 공동 기도에 참여하며 믿음을 증언하는 것이라고 가르친다.[236] 하이델베르크 교리교육서는 안식의 날에 하나님께서 원하시는 것은 말씀의 봉사와 이것을 위한 교육을 지속하는 것이라고 설명한다. 이를 위해 5가지가 요구되는데, 하나님의 교회에 참석하는 것, 하나님의 말씀을 경청하는 것, 성례에 참여하는 것, 주님을 공적으로 부르는 것, 가난한 자들에게 기독교적 자비를 베푸는 것이 바로 그것이다.[237] 웨스트민스터 대교리교육서는 안식일이 그리스도의 부활 이후부터는 매주 첫 날이 된 것을 분명히 지적해준다.[238] 웨스트민스터 교리교육서는 이 계명이 특히 가정의 가장을 비롯한 지도자들에게 주어졌고, 이들은 자신뿐 아니라 자신의 통솔 아래 있는 모든 사람들도 안식일을 지키도록 해야 하는 책임이 있다고 가르친다.[239]

네 부모를 공경하라

루터는 부모의 지위는 하나님께서 창조하신 것이기에 우리는 부모의 인품이 아니라 그 지위에 담긴 하나님의 뜻을 보고 공경해야 한다고 가르친다.[240] 그러면서도 루터는 이 계명 또한 하나님 공경에 종속된 계명임을 강하게 권면한다.[241] 루터는 이 계명에서 부모의 위치를 단순한 생육적 관계를 넘어 보살필 수 있는 힘과 권세를 부여받은 모든 사람에게로 확장시킨다. 이는 직업상 자신을 고용한 고용인에게도 해당되며, 더 확대되면 세상 정부[242]까지 우리의 공경의 대상이 된다고 설명한다.[243] 특히 루터는 영적인 아버지로서 말씀의 사역자에게 두 배의 공경을 해야 한다고 가르친다.[244] 이와 함께 그는 윗사람으로서 아랫사람에게 가져야 할 섬김의 책임에 대해여도 함께 권면하다.[245] 칼뱅은 부모를 공경하는 것은 부모에게 겸손하며 순종하는 것으로, 부모를 경외하고 도우며, 부모의 지시를 잘 따르는 것이라는 말로 간단하게 내용설명을 끝낸다.[246] 반면에 그는 부모를 공경했을 때 이 땅에서 주어지는 축복인 '장수'에 대해 더 많은 설명을 하고 있다.[247] 칼뱅도 루터와 같이 부모의 계념을 권위를 가진 모든 윗사람으로 확장시킨다.[248] 하이델베르크 교리교육서는 부모의 권위를 대하는 자세에 대해 크게 세 가지를 권면한다. 첫째는 위 권위에 대하여 공경과 사랑 그리고 신실함을 나타내는 것이다. 둘째는 그들의 가르침과 징계에 합당하게 순종하는 것이다. 그리고 마지막은 아랫사람은 위 권위의 약점을 드러내지 말고 인내해야 한다고 가르친다.[249] 웨스트민스터 대교리교육서도 앞의 교리교육서들처럼 육신의 부모는 물론 하나님께서 가정, 교회, 국가에 권위를 주어 우리 위에 세우신 이들이 모두 우리의 부모라고 가르친다. 심지어 더 뛰어난 은사(gift)를 가진 사람들도 부모의 권위를 가진다.[250] 웨스터민스터 대교리교육서는 이전의 교리교육서들과는 달리 '부모공경'의 문제를 인간 상호 관계의 관점에서 심도 있게 풀어 설명한다. 즉, 아랫사람의 의무와 윗사람의 책임뿐 아니라 동등한 사람끼리 서로 지켜야할 의무와 피해야할 죄까지 구분하여 다루고 있다.[251] 이는 이전까지의 교회 질서의 핵심이었던 성직자와 평신도와의 위계 구조에 큰 변화가 있음을 보여주는 한 증거이기도 하다. 다시 말해 하나님께서 특별히 위임하신 지위가 갖는 권위를 제외하고는 사람은 모두 동등한 권위로 존경받을 가치가 있다는 사상이 교회 내에서 더욱 편만해졌다는 것을 보여준다.

살인하지 말라

루터는 '살인하지 말라'는 계명이 공적 권한을 가진 자들에게는 해당되지 않고, 이웃과 관계하며 살아가는 개인을 위한 것이라고 먼저 전제한다.[252] 그러면서 살인을 교사하거나 방조하는 것도 이 계명을 어기는 죄라고 설명한다.[253] 루터는 하나님께서 이 계명을 통해 사람 사이의 일에 직접 개입하셔서 쌍방의 안전을 미리 보장해 주신다고 설명한다.[254] 칼뱅은 하나님께서 '살인하지 말라'고 우리에게 요구하시는 것은 다른 사람의 목숨을 우리의 임의로 빼앗아서는 안 된다는 문자적 의미와 더불어 우리의 이웃을 증오하거나 그들에게 악한 마음을 가져서도 안 된다는 것을 동시에 말씀하시는 것이라고 설명한다. 여기에서 칼뱅은 이러한 마음의 죄를 '내적 살인'(inward murder)이라고 부른다.[255] 하이델베르크 교리교육서는 살인의 대상을 타인 뿐 아니라, 우리 자신까지도 포함시켜 설명한다. 즉, 이 계명은 자기 자신을 해쳐서도 안 된다고 가르치며, 자신의 몸을 부주의하게 위험에 빠뜨려서도 안 된다는 것을 요구한다고 가르친다. 앞의 두 교리교육서와는 달리 이 교리교육서는 '살인금지'의 계명이 잘 지켜지기 위해 '국가'라는 외부적 힘을 제시한다. 그리고 이 국가는 살인을 막기 위해 '칼의 힘'을 가지고 있어야 한다고 설명한다.[256] 이 교리교육서는 이 계명을 좀 더 확대 적용하여 이웃들이 해악으로 빠지지 않게 보호할 뿐만 아니라 심지어 원수에게까지 선을 행하는 것이 이 계명을 주신 하나님의 뜻이라고 설명한다.[257] 이 계명에서 웨스터민스터 대교리교육서가 이전의 다른 교리교육서와 비교했을 때 나타나는 독특한 차이점이 있다면 그것은 바로 공적인 정의를 실행하는 것, 정당한 전쟁, 정당방위를 위해 행해지는 살인은 합법적인 것으로 인정한다는 것이다.[258]

간음하지 말라

루터는 모든 정결하지 못한 것들이 다 이 계명에 해당한다고 말한다.[259] 구체적으로 이 계명은 바른 결혼생활을 목표로 한다. 따라서 거짓 성직자들처럼 결혼을 천시하거나 멸시해서는 안 된다고 그는 가르친다.[260] 심지어 루터는 결혼은 그 자체가 하나님의 계명을 따르는 것이기에 결혼해서 부부가 서로 사랑하며 사는 것은 성직자의 직무보다 귀하고 위대한 것이라고까지 평가한다.[261] 따라서 부모의 권위를 가진 자들은 아이들이 성장했을 때 하나님의 말씀에 따라 명예롭게 결혼 할 수 있도록 성실히 결혼을 가르쳐야 한다고 권면한다.[262] 칼뱅은 우리의 몸과 영혼(souls)이 '성령의 전'이라는 말씀을 직접 인용하며, 우리가 몸과 영혼을 바르게 잘 보존해야 할 것을 이야기한다. 그는 우리의 행동뿐 아니라 마음에 바라는 것, 말, 손짓까지도 모두 순결해야 한다고 말하는데, 그렇게 할 때에 우리 전인이 불순함으로 오염되지 않을 수 있다고 가르친다.[263] 하이델베르크 교리교육서는 우리가 혼인 관계에 있든지 독신으로 있든지 어떤 부정도 미워하며 순결하고 단정하게 생활해야 한다고 설명한다.[264] 웨스트민스터 대교리교육서는 우리의 몸과 마음의 모든 영역에 있어서 행동의 순결함이 필요할 뿐 아니라, 우리 자신과 다른 사람들의 순결을 보존하는 데 최선을 다해야 할 것을 가르친다.[265]

도둑질 하지 말라

루터는 도둑질이란 다른 사람에게 속한 것을 정당하지 않는 방법으로 취하는 것이라 설명한다. 따라서 그의 설명에 의하면 자기의 이득을 위해 이웃에게 손실을 입히는 모든 거래가 도둑질에 속한다.[266] 특히 루터는 이 계명이 잘 지켜지기 위해서는 '견실한 정부'가 필요하다고 제안한다.[267] 루터가 이렇게 '견실한 정부'를 언급한 데는 크게 세 가지의 이유가 있다. 첫째, 당시 독일의 도덕적 상황이 권면을 통해 해결되기에는 너무 악화되었다고 판단되었기 때문이다. 루터가 당시 독일의 모습을 '도둑으로 가득한 거대한 마구간'같다고[268] 표현한 것으로 이것은 충분히 짐작 가능하다. 둘째, 루터는 이미 도둑질을 하고 있는 자들은 그들 스스로는 절대 돌이킬 수 없다고 여긴 것 같다. 그는 도둑질을 하는 오만한 상인과 노동자들에 대해 '그런 사람들은 자기들이 하고 싶은 데로 돈에 푹 빠져 살게 놔두라'고 말한다. 결국 그들은 절대 스스로 돌이킬 수 없기에 그들 앞에는 하나님의 징벌만 남아 있다고 설명한다.[269] 그러니 마지막 세 번째는 결국 외부적인 힘과 제도가 필요하다는 것이다. 공인된 외부의 공권력을 통해 도둑질 하는 자들을 정당한 방법으로 가려내고 재판하여 그 죄질에 따라 공정한 판결과 형벌로 다스릴 때 불법적으로 이웃에게 재산상의 피해를 주는 도둑질을 방지하고 사회에서 몰아내는 효과를 얻을 수 있다고 루터는 믿었던 것이다. 이러한 이유로 그는 영주와 정부가 무역과 상거래의 모든 분야에서 가난한 자들이 불이익을 당하지 않도록 공적 직무를 과감히 수행해야 한다고 강조한다.[270]

칼뱅은 하나님께서 허락하지 않으신 방법으로 이웃의 재물을 요구하는 모든 악하고 비양심적인 거래 수단을 모두 도둑질하는 것에 해당된다고 단언한다.[271] 루터처럼 칼뱅도 모든 사람들이 자신의 소유를 잘 보존할 수 있도록 힘쓰는 것이 이 계명을 통해 하나님께서 우리에게 요구하시는 의무라고 설명한다.[272] 하이델베르크 교리교육서도 앞선 두 교리교육서와 같은 내용으로 계명을 해석한다.[273] 그러면서 루터가 대교리교육서에서 언급한 '합법적 도둑'과 관련된 구체적인 실례들을 언급하는데, 눈금을 속여 이웃을 속이는 데 사용되는 저울, 자, 되는 물론 부정품이나 위조 화폐 등이 바로 그런 것들이다. 합법을 가장한 대표적인 도둑으로 고리대금업을 예로 든 것도 루터의 대교리교육서와 일치한다.[274] 하이델베르크 교리교육서는 하나님께서는 우리들에게 많은 선물들을 주셨는데 그것들이 조금이라도 잘못 사용되거나 낭비되는 것을 원치 않으신다고 설명함으로 하나님께서 '도둑질 하지 말라'는 계명을 주신 의도와 우리가 왜 이 계명을 지켜야 하는지에 대한 이유를 우회적으로 표현하고 있다.[275]

웨스트민스터 대교리교육서는 사람과 사람 사이의 계약과 거래에 있어서 진실과 신실함과 공정함이 하나님께서 '도둑질 하지 말라'는 계명을 통해 우리에게 원하시는 것이라고 가르친다. 특히 이 계명을 통해 모든 이에게 각자의 몫을 주는 정의와 평등의 원칙이 소개된다.[276] 반면에 하나님께서 금지하신 죄들은 불법적으로 남의 재물에 손해를 가하는 모든 것을 말하는데, 앞 교리교육서들이 언급한 고리대금업은 여전히 목록에서 빠지지 않고 있다. 이와 더불어 공유지를 부당하게 사유화하여 사람들을 그곳에서 내쫓는 행위, 물건 값을 올리기 위해 사재기하는 것, 세상의 재물에 애착을 두고 그것에 노심초사 하는 것 등이 있다. 이 교리교육서도 남의 재산뿐 아니라 자신의 재산을 잘 관리하는 것의 중요성을 함께 강조한다.[277]

네 이웃에 대하여 거짓증거 하지 말라

루터에 의하면 이 계명은 가난하고 무고한 자들에 대해 거짓증언을 일삼는 자들을 벌하는 공적 법집행의 내용이다.[278] 이와 함께 의도적으로 이웃을 깎아내리고 거스르는 말을 하는 것도 이 계명은 금한다.[279] 루터는 공적인 기관에 고소하여 그곳에서 당당하게 말할 수 없다면 아예 침묵하라고 가르치며, 귀로 들었을지라도 입증할 수 없는 것을 '거짓 증거'라고 단정한다.[280] 그러면서도 루터는 이웃을 향해 악하다고 말할 수 있는 예외적인 사람들이 있다고 말한다. 이들은 하나님께서 직접 제정하신 직무를 하는 자들로 세상 정부, 설교자, 부모가 이에 해당한다. 루터는 이 계명의 본래 뜻이 악을 죄라 선언하고 징계하기 위함이기에 하나님으로부터 권위를 부여받은 자들은 이 공적 직무를 통해 합법적인 판단을 내리고 이를 공포할 수 있다고 설명한다.[281] 칼뱅도 루터처럼 이 계명은 허위로 우리의 이웃에 대해 악담을 해서는 안 되며, 거짓이나 중상모략으로 그들의 재산이나 명예를 훼손 해서는 안 된다는 것을 나타낸다고 설명한다.[282] 또한 하나님께서는 말을 통한 거짓 증거뿐 아니라 악한 생각까지도 금하신다.[283] 그러면서도 칼뱅은 하나님께서는 진리가 허락하는 한 우리가 우리 이웃들의 자존감을 높여주고 우리의 말을 통해 그들이 좋은 평판을 계속 유지할 수 있도록 하길 요구하신다고 설명한다.[284]

하이델베르크 교리교육서도 이 계명을 통해 하나님께서 원하시는 것은 우리가 누구에게도 거짓 증언하지 않을 뿐더러 다른 사람의 말을 왜곡하지 않는 것이라고 설명한다. 이는 심지어 다른 사람을 정죄하는데 참여해서도 안 된다고 가르친다. 오직 우리가 행할 것은 법정에서 정직하게 진실을 고백하며, 할 수 있는 한 이웃의 명예와 평판을 보호하고 높여야 한다고 설명한다.[285] 웨스트민스터 대교리교육서는 이 뿐 아니라 우리 자신에게까지 계명이 적용되어야 함을 지적하면서 우리는 우리 자신의 좋은 평판을 사랑하고 보호하며 필요에 따라 변호해야 한다고 가르친다. 그뿐 아니라 이 교리교육서는 좋은 평판이 있는 것들은 배우고 실천할 필요가 있다고 권면한다.[286] 반면 이 계명에서 금지하는 죄의 목록에는 진리를 의도적으로 왜곡하는 것뿐 아니라 의심스럽고 애매한 표현으로 진리를 완전히 밝히지 않는 것, 심지어 때에 맞지 않게 진리를 말함으로 진리를 오해하게 하는 것도 하나님께서 기뻐하지 않는 것에 해당한다고 가르친다.[287]

네 이웃의 집을 탐내지 말라

루터는 '네 이웃의 집을 탐내지 말라'와 '네 이웃의 아내나 그의 남종이나 그의 여종이나 그의 소나 그의 나귀나 무릇 네 이웃의 소유를 탐내지 말라'를 적용 대상에 따라 각각 다른 두 계명으로 본다. 그렇지만 이 두 계명이 '남의 것을 탐내는 것'이라는 공통의 성격으로 묶일 수 있기에 함께 묶어 설명한다.[288] 이 두 계명은 특히 지배하는 권력을 가진 자들에게 더욱 해당된다고 루터는 강조한다.[289] 이 두 계명과 '도둑질 하지 말라'는 모두 남의 것을 탈취해서는 안 된다는 의미를 가지고 있지만 탈취하는 방법에서 차이가 분명히 난다. '도둑질 하지 말라'가 불법적인 방법을 사용하여 이웃의 재물을 나의 소유로 만들어서는 안 된다는 것이라면, 마지막 두 계명은 합법적인 방법으로 포장하여 이웃의 재물이나 아내를 탐해서는 안 된다는 것이라고 루터는 구분하여 설명한다.[290] 칼뱅에 의하면 우리 주님께서는 다른 계명들을 통해서는 우리의 감성과 의지를 다스리려 하셨지만, 이 마지막 계명에서 말씀하시는 것은 비록 우리의 마음에 탐심과 욕망이 있을지라도 그것을 실제 의도해서는 안 된다는 것을 말하는 것이라고 설명한다.[291] 하이델베르크 교리교육서는 다른 교육서들에 비해 상대적으로 간단히 이 계명을 설명한다. 우리가 지켜야 할 것을 두 가지로 간단히 정리하는데, 첫째는 하나님의 계명에 어긋나는 어떠한 작은 욕망이나 생각도 마음에 품지 않는 것이며, 둘째는 언제든지 마음을 다하여서 모든 죄를 미워하고 반대로 모든 의를 좋아하는 것이다.[292] 이 계명을 준행함에 있어서 웨스트민스터 교리교육서가 가장 먼저 언급하는 우리의 의무는 바로 자신의 형편에 온전히 만족하는 것이다. 그 이유는 자신의 형편에 만족하는 자들이 이웃의 재물이나 아내를 탐하는 마음에서 자유로울 수 있기 때문이다. 또한 이 교리교육서는 자기 자신뿐 아니라 우리의 이웃에 대하여도 우호적인 마음과 태도를 가져야 한다고 가르친다.[293] 따라서 자신의 재산에 만족하지 못하므로 이웃의 재물을 시샘할 뿐 아니라 배 아파 하는 것이 우리가 삼가야 할 죄의 목록에 들어가는 것은 당연하다 하겠다.[294]

십계명 교육에 덧붙이는 설명들

루터는 마지막 열 번째 계명의 설명을 마치면서 우리는 결코 십계명이 요구하는 수준에 도달할 수 없다고 단정한다. 그럼에도 불구하고 십계명이 우리에게 있는 이유는 우리가 하나님 앞에서 얼마나 죄인인지를 고발하기 위함이라고 설명한다.[295] 루터는 십계명을 다시 요약하면서 '나 외에 다른 신을 두지 말며 우상을 만들지 말라'는 계명이 전체 십계명의 처음이자 끝이고, 심지어 다른 계명들을 하나로 엮어주는 고리며 내용을 받쳐주는 기초가 된다고 설명한다. 그는 출애굽기 20:5-6을 그 근거로 제시하는데, 심지어 루터는 이 구절이 자신이 자녀교육을 언급하고 강조하는 이유라고까지 말한다.[296] 칼뱅은 우리가 결국 죽음에 이르는 생을 살아가는 동안에 하나님의 계명을 성취해 낼 수는 없더라도, 하나님께서 우리에게 요구하시는 율법의 성취는 결코 헛된 것이 아님을 말해준다. 왜냐하면 이 십계명은 하나님께서 우리 각자가 목표해야 할 것에 대한 표시로 주신 것이기 때문이다. 그러니 우리는 이 목적지를 향해 최선을 다해 노력하며 매일 나아가야 한다고 칼뱅은 권면한다.[297] 하이델베르크 교리교육서는 십계명 설교를 통해 첫째, 우리가 평생 동안 우리의 죄악 된 본성을 잘 알게 되어, 그로 인해 그리스도 안에서의 사죄와 의로움을 더욱 간절히 추구하게 된다는 것이고, 둘째는 우리가 이 땅에 사는 날 동안 하나님의 형상으로 더욱더 변화되기를 항상 노력하고 하나님께 성령의 은혜를 구하기 위함이라고 설명한다.[298]

웨스턴민스터 대교리교육서는 3가지 내용을 십계명에 추가하여 설명한다. 첫째는 이 땅에 사는 누구도 이 계명을 자기 스스로의 힘으로는 온전히 지킬 수 없을 뿐더러 현세에 받은 은혜를 가지고도 불가능하다고 설명한다.[299] 두 번째로 이 교리교육서가 십계명 설명에서 부연하는 것은 하나님의 법을 어기는 죄가 모두 동등하게 가중한 것이 아니라는 것이다. 어떠한 죄들은 다른 죄들보다 더 가중한데, 그것은 그 죄 자체가 그러할 수도 있지만, 여러 가지 악화시키는 요소들 때문이기도 하다고 설명한다. 먼저 범죄를 행한 사람에 따라 그 죄가 더 가중될 수 있다. 이들은 주로 다른 사람들에게 영향을 줄 수 있는 자들인데, 연령이 높거나 재능과 지위가 탁월한 경우가 여기에 해당된다. 두 번째는 범죄한 대상에 따른 경우인데, 가장 크게는 삼위 하나님과 그분을 향한 예배를 대항하는 경우이고, 이와 함께 윗사람을 공경하지 않는 것과 관련된 일들은 물론 연약한 자들을 더욱 힘들게 하는 것들이 이에 해당된다. 게다가 공공의 이익을 방해하는 것도 이 항목에 속한다고 할 수 있다. 세 번째는 범죄의 성격과 질에 따른 것인데, 율법에 명시되어있는 죄를 말과 행동은 물론 마음으로 범하는 것, 하나님과 사람의 약속에 대한 죄에 해당하는 것으로 성경 속 교리들을 반대하거나 교회 정치에 순응하지 않는 것, 고의적일 뿐 아니라 심지어 자랑삼아 범죄를 행하는 것으로 특히 회개한 후 다시 타락하여 죄를 범하는 경우들이 여기에 해당한다고 설명한다. 마지막은 때와 장소 그리고 상황에 따른 경우인데, 이는 주일은 물론 예배 시간과 관련된 것, 범죄를 피할 수 있는 상황이 분명히 있음에도 불구하고 죄를 행하는 경우, 공개적인 범죄를 통해 다른 이들을 죄에 오염시키는 경우 등을 말한다.[300] 그리고 이 교리교육서는 십계명에 대한 설명을 죄에 대한 하나님의 진노의 경고로 마무리한다.[301]

하나님의 계명과 성령

타락한 인간은 죄악 된 본성 때문에 근본적으로 하나님의 계명을 지키려 하지 않는 속성이 있다. 뿐만 아니라 인간은 스스로의 능력으로는 그 계명을 순종하는 삶을 살아낼 수도 없다. 따라서 인간이 하나님의 계명을 따르기 위해서는 외부적인 힘의 도움을 받아야만 가능하다. 인간이 하나님의 계명을 순종할 수 있게 하시는 분이 바로 성령님이다. 성령님께서 우리 마음속에 역사하셔서 하나님의 계명을 순종하고자 하는 의지를 주시고 그것을 행하게 하신다. 이러한 이유로 타락한 인간이 하나님의 계명을 지키기 위해서는 성령님의 도움이 필수적이다. 그래서 인간은 성령님의 도움을 간구해야 한다. 그러나 앞서 말했듯이 타락한 인간은 근본적으로 하나님의 계명을 지키려하지 않는다. 이는 상당히 모순된 상황처럼 보인다. 그럼에도 이것은 하나님의 작정부터 천천히 풀어보면 결코 모순되지 않음을 알 수 있다. 하나님께서는 사랑할 자들을 선택하셨다. 그리고 그들을 부르시고 의롭다하시고 양자 삼아 주셨고 거룩한 삶을 살게 해주셨다. 이 모든 일에 예수 그리스도의 구속이 근거가 되며, 이 일을 우리에게 구체적으로 실행하시는 분이 바로 성령님이시다.

인간이 하나님의 계명을 순종하는 것은 구원을 얻기 위한 조건을 충족시키는 것이 아니다. 하나님께서 인간에게 계명에 대한 순종을 요구하시는 것은 우리의 믿음을 보시기 위함이다. 하나님께서는 우리의 믿음을 보시고 스스로 영광을 받으신다. 이러한 차원에서 볼 때 그리스도인에게 하나님의 계명을 준수하는 것은 하나님께 우리의 믿음을 보이는 것이라 할 수 있다. 그리고 동시에 이는 구원에 대한 감사의 표도 된다. 뿐만 아니라 이는 믿지 않는 자들에게 믿음과 감사의 증거가 되기도 한다. 그렇다면 인간은 어떻게 하나님의 계명을 준수할 수 있는가? 하나님의 계명을 지키려는 의지는 오직 성령님이 주셔야 가능하다. 즉, 하나님의 계명을 준수하는 것은 성령님의 사역으로 시작되는 것이다. 그런데 성령님은 모든 인류에게 이러한 마음을 주시지는 않는다. 성령님은 오직 성부 하나님으로부터 택하심을 입은 자들에게만 역사하신다. 결국 이는 하나님의 계명을 준수하는 것이 택자들만이 누릴 수 있는 구별된 축복과 은혜라는 것을 말해준다.

그런데 인간은 비록 성령님의 도우심으로 하나님의 계명을 지키려는 의지를 가졌다 하더라도 아직 인간 속에 남아 있는 죄악 된 본성으로 인해 그 의지가 꺾이기도 하고 심지어 계명에 역행하는 생각과 행동을 할 때도 있다. 그리스도인이 하나님의 계명을 준수하기 위해 성령의 도우심을 간구해야하는 것이 바로 이러한 이유 때문이다. 하나님의 계명을 지키려는 의지를 주시는 분도 성령님이지만, 그 계명을 지속적으로 지킬 수 있을 뿐 아니라 더 잘 지킬 수 있는 힘을 주시는 분도 바로 성령님이시기 때문이다. 또한 이 성령님께서는 그리스도인들에게 지혜를 주셔서 일상생활 속에서 어떻게 하면 하나님을 더 영화롭게 할지를 알게 하고, 그것을 적용할 수 있도록 해주신다. 뿐만 아니라 그 모든 일들을 통해서 하나님을 즐거워하는 삶을 이 땅에서 충분히 누릴 수 있도록 해주신다.

십계명, 법의 틀로 인류에게 주어진 하나님의 뜻

현재 구약의 율법으로 제공된 의식들(ceremonies)과 상징들(symbols)은 모두 폐기되었다. 그리스도께서 이 땅에 오심으로 이 모든 것들이 폐기되었다. 그러나 이것이 율법의 진리와 본질의 폐기를 의미하는 것은 아니다. 율법의 본질은 그리스도 안에서 여전히 남아 있다. 율법은 하나님의 뜻으로 인류가 이 땅에서 마땅히 지켜야할 도리를 정리해 놓은 것이다. 분명 이 율법은 사람이 전달했고, 사람이 기록했다. 그러나 율법은 하나님의 뜻에 대한 인간의 해석이 아니다. 인간의 합의도 아니다. 율법은 하나님께서 인간을 위해 직접 정하신 것이다. 하나님께서 직접 지시하신 것이다. 하나님께서 인류에게 친히 주신 것이다.

하나님께서는 인류가 지켜야 할 도리에 대한 자신의 뜻을 특별한 방식으로 정리하셨다. 그리고 그것을 인류에게 제공하셨다. 이렇게 하나님께서 정하신 방법이 바로 법(Law)이다. 다시 말해 하나님께서는 인류에게 명하시는 삶의 도리를 법이라는 형식에 담아서 제공하셨다. 하나님께서 그의 뜻을 법의 형식으로 주신 이유는 자신의 뜻은 함부로 변하지 않는다는 것을 분명히 드러내는 것이다. 한 번 법으로 결정된 사항은 마음대로 바꿀 수 없다. 이 법이 수정되거나 혹은 폐지되려면 그 방법 또한 정해진 법을 따라야한다. 이러한 면에서 볼 때 하나님께서 자신의 뜻을 법의 형식에 담아서 공포하신 것은 자신 또한 모든 것을 공포된 법에 따라 합법적으로 수행할 것임을 약속하신 것이라고도 할 수 있다. 하나님께서 하시는 일이 모두 합법적인 이유가 바로 여기에 있다. 하나님께서 하시는 모든 일이 정의롭고 공의로운 것은 하나님이 정의롭고 공의로우신 분이시기 때문이다. 하나님이 하시는 모든 일에 그의 성품이 반영된다. 다시 말해 하나님의 성품은 모두 그가 하시는 일을 통해 다 드러난다. 하나님께서는 자신이 제정하신 법 속에도 자신의 성품을 모두 반영하셨다. 이러한 이유로 그의 법이 사랑의 법, 자비의 법, 공평과 정의의 법인 것이다.

하나님께서는 법을 제정하심으로 그 법속에 자신의 의지를 모두 제한하셨다. 물론 여기서의 제한은 하나님의 능력이 제한되는 것을 의미하는 것이 아니다. 이는 자신이 공포한 그 법을 넘어서는 어떠한 의지도 행사하지 않겠다는 약속을 의미한다. 하나님의 법에는 하나님 자신의 모든 능력과 의지가 다 드러나 있다. 그 법에는 하나님의 무한한 능력까지 모두 반영되어 있다. 그렇기 때문에 하나님의 법은 완벽하다. 그리고 그 법의 효력은 무한하다. 따라서 하나님이 제정하신 그 법 안에서 하나님 자신의 의지는 오류가 없다. 그래서 그 법은 결코 수정될 필요가 없다. 이 땅에서 발생하는 모든 일들은 하나님의 섭리 가운데서 일어난다. 하나님의 섭리는 변하지 않는 하나님의 작정에 근거한다. 따라서 하나님의 섭리를 반영하는 법은 결코 상황에 따라 변동될 필요가 없다. 이러한 이유로 하나님께서 만든 법에 하나님 자신의 의지가 제한된다 하더라도 그 법을 통해 드러나는 하나님의 의지는 언제나 완벽할 뿐 아니라 그 범위는 무한한 것이다.

그러면 하나님께서는 왜 자신의 무한한 능력과 흠 없는 의지를 법이라는 틀 안에 제한시키셨는가? 그것은 하나님의 뜻을 받아서 따르고 순종해야 하는 이들이 제한된 존재이기 때문이다. 유한한 존재는 결코 무한한 존재를 이해할 수 없다. 당연히 무한한 존재가 가진 뜻을 알 수도 없다. 찾을 수도 없고 찾으려고 하지도 않는다. 유한한 존재는 심지어 무한한 존재가 있는 줄도 모른다. 유한한 존재가 무한한 존재를 알 수 있는 길은 오직 한 가지뿐이다. 그것은 무한한 존재가 자신을 유한한 존재에게 직접 드러내는 것뿐이다. 이러한 상태에서 무한한 존재이신 하나님께서 자신을 유한한 존재인 인간에게 드러내는 방식이 바로 법(Law)이다. 구약은 이것을 율법이라고 부른다. 이러한 이유로 하나님께서는 자기의 백성들에게 법 제도를 소개하시고, 그 법의 틀 속에 자신의 뜻과 백성들이 지켜야 할 도리를 담아서 주셨다. 다시 말해 인간이 받아 이해하고 사용할 수 있는 용기에 자신의 뜻을 담아 주셨는데, 그 것이 바로 율법인 것이다. 결국 하나님께서 자신의 의지를 자신이 제정한 법에 제한하신 것은 피조물인 인류에 대한 창조자의 배려라고 할 수 있다.

인간이 이해할 수 있는 것 중에 가장 공의롭고 정의로운 것이 바로 법일 것이다. 유한한 인간 입장에서 가장 공평하고 형평에 맞는 것이 바로 법이라는 말이다. 따라서 법은 하나님의 입장에선 자신의 뜻을 제한한 것이지만, 인간 입장에선 정의를 담는 가장 고귀하고 가치 있는 수단인 것이다. 결국 하나님의 뜻이 법의 틀로 제공되므로 인간에게 하나님의 뜻은 이 세상의 그 무엇과도 비교할 수 없는 가장 고귀한 것으로 받아들여지는 것이다. 하나님께서는 자신의 뜻, 특히 하나님 앞에서 인간의 도리를 율법이라는 틀 속에서 보여주셨다. 이러한 이유로 율법은 하나님의 뜻을 분명히 드러낸다. 하나님의 뜻을 담은 율법은 말 그대로 법이다. 이는 인간에게 전달된 하나님의 뜻이 결코 변하지 않는다는 것을 나타내는 것이기도 하다. 이러한 면에서 율법은 시대에 따라 변하는 전통이나 풍습과는 근본적으로 다르다. 문화와 상황에 따라 그 판단 기준이 바뀌는 인간의 가치관과도 다르다.

그렇다면 하나님께서 자신에 대한 인간의 도리를 법이라는 형식으로 주시면서 정작 의도하신 것은 무엇인가? 율법의 내용 이면에, 그 틀 자체를 통해 인간에게 주시는 메시지는 무엇인가? 첫째, 하나님 자신의 뜻이 가장 정의롭다는 것을 보여준다. 둘째, 이 뜻은 누구에게나 공평하다는 것을 말해준다. 셋째, 하나님 자신의 뜻이 상황에 따라 변하지 않을 것이라는 것을 말씀하신다. 넷째, 이 뜻은 완전한 뜻임을 의미한다. 이것은 왕의 어인이 찍힌 문서와도 같다. 그럼 하나님께서 자신의 뜻을 법의 틀에 담아 인간에게 주시면서 실제 추구하신 것은 무엇인가? 이러한 법의 틀을 인간과 공유하시면서 하나님께서 기대하신 것은 무엇인가? 그것은 바로 질서일 것이다. 하나님께서는 법을 통해 자신과 백성들 사이에 질서를 유지하기 원하신 것이다. 뿐만 아니라 이 법은 그의 백성들 사이에서도 질서의 기준이 된다. 더 나아가 이 법은 인류가 하나님께서 창조하신 만물을 맡아 다스리는 기준과 방법을 제공한다.

구약에 나타난 율법은 그 성격에 따라 크게 3가지로 구분된다. 의식법, 도덕법, 시민법이 바로 그것이다. 의식법은 말 그대로 규례나 의식들에 관한 법칙들이다. 성막과 성전의 양식, 제사장 제도와 제사를 드리는 방법에 대한 규례들, 정결예법, 여러 절기들에 관한 규례들, 음식에 관한 규례들, 그리고 할례과 같이 택한 백성들이 구별해서 지켜야 할 것 등에 관한 규칙들을 말한다. 도덕법은 사람이 이 땅에서 마땅히 지켜야할 윤리적이고 도덕적인 행동규범들에 관한 법이다. 그리고 시민법은 백성들 사이에 일어나는 여러 가지 분쟁을 다루는 법으로 민사나 형사상 재판에 관한 법이다.

구약의 세 가지 법 중에 의식법과 시민법은 현재 폐지된 상태다. 반면에 도덕법은 여전히 유효하다. 의식법은 그리스도가 오심으로, 시민법은 이스라엘 백성들의 신분이 변함에 따라 폐지되었다. 의식법은 주로 예배와 도적적 의무라는 두 가지 범주 속에서 행해졌다. 구약 시대 예배에서 적용된 이 의식법은 예배 자체의 형식이나 예배가 얼마나 엄숙해야 하는지에 초점이 있었던 것이 아니었다. 구약 시대의 예배는 그리스도에 대한 예표였다. 따라서 구약 시대의 예배에서 적용된 이 의식법은 그리스도의 활동, 은혜, 그리고 고난을 예표하는 방식이었다.

교회는 그리스도를 머리로 하는 한 몸이다. 그리스도께서 이 땅에 오심으로 교회가 온전히 세워졌다. 그러나 교회는 그리스도 이후에 이 땅에 처음 세워진 것은 아니다. 또한 교회는 그리스도의 도움으로 이 땅에 세워진 것도 아니다. 교회는 그리스도께서 직접 세우셨다. 아니 그리스도께서 완성하셨다. 그리스도께서 세우신 교회는 이 땅에 한정되지 않는다. 그리스도께서는 온 우주에 하나의 교회를 온전히 세우셨다. 그래서 교회는 흠이 없고 완전하다. 따라서 그리스도께서 세우신 우주적인 교회는 성숙하다.

그럼 그리스도께서 오시기 전에 교회는 어떠했나? 아니, 그리스도께서 이 땅에 오시기 전에 교회가 있었나? 그리스도께서 이 땅에 오시기 전에도 교회는 있었다. 아니, 교회는 계속 있어왔다. 그리스도를 머리로 한 우주적인 교회, 보이지 않는 교회는 항상 있었고, 영원히 있을 것이다. 그리고 이 교회는 온전하다. 반면에 이 땅의 교회는 결코 온전하지 않다. 전적으로 타락한 사람들로 구성된 이 땅의 교회는 결코 완전할 수 없다. 오직 완전을 향해 나아갈 뿐이다. 구약 시대에도 교회는 있었다. 구약 시대의 교회는 이스라엘 백성들이었다. 그러나 이 교회는 미성숙한 교회였다. 아직 그리스도의 구속 사역과 율법의 성취를 보지 못한 자들의 모임이었다. 이 교회는 오직 이후에 오셔서 일을 행하실 그리스도를 바라볼 뿐이었다. 그래서 이 교회는 그리스도의 사역에 대해 정확히 알 수 없었다. 단지 소망할 뿐이었다. 기대할 뿐이었다. 기다릴 뿐이었다.

구약의 미성숙한 교회인 이스라엘 백성들에게 희생제사는 의식법으로 제공되었다. 구약의 희생제사는 당시 예배에서 가장 중요한 요소 중 하나였다. 이것은 이스라엘 백성들의 죄와 구속의 문제를 다룬다는 점에서 희생제물로 오실 그리스도를 바라보게 했다. 다시 말해 희생제사는 그리스도의 속죄 사역에 대한 예표였다. 그런데 여기서 꼭 집고 넘어가야할 아주 중요한 사항이 하나 있다. 그것은 바로 의식법의 가치에 관한 것이다. 의식법은 그 자체로 실효성이 없다. 의식법의 최고의 가치는 상징이며 예표다. 좀 더 구체적으로 말하면 구약의 희생제사는 분명 속죄를 보여주고 경험하게 하는 예배의 중요한 요소다. 그러나 이 희생제사 자체로는 속죄의 실제 효력이 발생하지는 않는다. 다시 말해 희생제사를 드렸다고 해서 실제로 죄가 사해지는 것이 아니라는 것이다. 구약의 희생제사는 모두 앞으로 오실 그리스도께서 십자가에서 성취하실 희생제사에 대한 그림자와 상징일 뿐이다. 이후 그리스도께서는 십자가에서 구약의 모든 제사를 성취하셨다. 이러한 이유로 그리스도의 십자가 사역 이후에는 구약에서 행한 제사가 더 이상 필요 없게 되었다. 결국 구약의 의식법 또한 존재할 이유가 없어졌다.

정리하자면 이러한 미성숙한 교회인 구약의 이스라엘 백성들에게 그리스도를 소망하게 하는 방편이 바로 예배였다. 그리고 이들이 이 예배를 통해 그리스도를 바라보도록 하나님께서는 의식법을 제공하셨고, 그리스도에 대한 모든 것을 의식법에 담아 예표로 주셨다. 즉, 구약 시대에 이스라엘 백성들에게 제공된 의식법은 온전하지 않고 성숙하지 않는 교회에게 그리스도에 대한 소망을 갖게 하는 확실한 예표이자 교육 방법이었다. 그리스도께서 온전히 지키신 율법과 그가 구속 사역을 성취함으로 획득하신 의를 통해 교회는 온전해졌다. 그리스도께서 교회를 완성시키셨다. 따라서 예표로서의 구약의 의식법은 이제 그 필요성이 없어졌다. 이러한 이유로 모든 의식법이 폐지된 것이다.[302]

하나님께서는 이스라엘 백성들을 부르셔서 하나의 나라를 이루게 하셨다. 그리고 그 나라를 운영하는 방식으로 정치를 주셨다. 이러한 이유로 구약의 이스라엘 백성들이 이룬 나라가 정치 조직체였던 것이다. 이 땅에 이스라엘이라는 나라를 세우신 분은 하나님이시다. 따라서 이스라엘의 왕은 하나님이시다. 왕정국가에서 왕의 뜻은 곧 법이다. 그래서 이스라엘 국가에서는 하나님의 뜻이 바로 나라의 법이 된다. 왕이신 하나님의 뜻이 바로 이스라엘의 질서가 된다. 왕이신 하나님께서 자신의 나라인 이스라엘의 질서를 위해 주신 것이 바로 시민법이다. 백성들 사이의 민사 및 형사에 관한 재판법이 바로 그것이다. 이러한 차원에서 구약의 시민법은 이스라엘이라는 나라의 왕이 하나님이심을 분명히 드러낸다. 다시 말해 이스라엘 국가의 시민법은 하나님의 뜻을 법으로 공포함을 통해서 자신들의 나라가 하나님에 의해 다스려지는 신정국가임을 선포한다. 따라서 이스라엘 백성들은 이 시민법을 통해 자신들이 하나님으로부터 선택받은 구별된 민족이라는 것을 항상 상기할 수 있었다. 이스라엘이라는 나라가 시민법을 통해 국가의 질서를 유지하는 것은 하나님의 법에 의해 통치되고 질서가 유지되는 하나님 나라에 대한 모델이 된다. 뿐만 아니라 이는 왕으로 영원히 통치하시는 새 하늘과 새 땅의 모형이기도 하다.

시민법의 기반은 국가와 정치다. 국가와 정치가 없이 시민법은 존재할 수 없다. 이러한 면에서 볼 때 구약의 시민법은 그 시효와 적용 시점이 분명하다고 할 수 있다. 이스라엘 국가의 건국이 시민법의 시작이라면, 이 나라의 멸망 시점이 바로 시민법이 폐지되는 때라고 할 수 있다. 하나님께서는 이스라엘 백성들을 애굽 땅에서 불러내시며 이들을 나라로 세워주셨다. 그리고 이들에게 정치와 법을 주셨다. 이렇게 이스라엘 국가에 시민법은 시작되었다. 그리고 하나님께서는 1세기에 이스라엘 나라를 멸망시켜 그 민족을 전 세계로 흩으셨다. 이때부터 이스라엘 백성들은 스스로 정치할 수 없는 이들이 되었다. 이 과정에서 시민법이 폐지되었다.

그런데 시민법이 폐지된 것은 단지 1세기에 이스라엘이라는 나라가 멸망한 것 때문만은 아니다. 만일 시민법의 폐지 이유가 단지 이스라엘이라는 국가의 멸망에만 있다면, 약 2,000년이 지난 시점에서 이스라엘의 재건과 함께 이 시민법도 다시 살아나야 하기 때문이다. 그렇다면 시민법이 폐지된 정작 중요한 요인은 무엇인가? 그것은 이스라엘 나라 혹은 이스라엘 백성에 대한 의미가 변경되었기 때문이다. 그리스도께서 모든 율법을 성취하시고, 구속의 사역을 온전히 감당하심으로 하나님의 백성의 신분이 바뀌었기 때문이다. 이것은 이제는 더 이상 이스라엘이라는 국가의 시민이라는 것이 하나님의 백성의 지위를 나타내지 못한다는 것을 의미한다. 따라서 새롭게 바뀐 신분으로서의 이스라엘 백성들은 더 이상 구약의 시민법의 틀에 자신들을 묶어 놓지 않아도 되는 것이다.

그럼 그리스도의 사역으로 새롭게 바뀐 하나님의 백성의 신분은 도대체 무엇인가? 더 이상 시민법에 구속되지 않는 하나님의 백성들은 도대체 누구를 말하는 것인가? 이들은 바로 하나님으로부터 선물로 받은 믿음을 통해 그리스도를 구원자로 고백한 자들이다. 이를 통해 하나님으로부터 의롭다고 인정받고, 하나님의 양자가 된 자들이다. 이들은 이제 더 이상 구약의 시민법이 아니라, 새 언약으로 주어진 질서 속에 자신들의 삶을 맞추면 되는 것이다.

의식법과 시민법이 폐지된 것은 그리스도께서 모든 면에서 율법에 순종하셨기 때문이다. 그리스도께서 모든 율법에 순종하신 것은 철저히 택자들을 위함이다. 이 순종을 통해 그는 모든 율법을 다 성취하셨다. 또한 그리스도는 구약의 율법에 예표로 제시된 모든 의식들을 다 성취하셨다. 그리스도는 그의 삶과 죽음, 그리고 부활을 통해 구약의 모든 의식들이 예표하는 것들을 다 성취하셨다. 이러한 이유로 우리가 구약의 의식들을 더 이상 지킬 필요가 없게 되었다. 이미 모든 예표들이 다 성취되었기 때문에 구약의 모든 의식은 이제 더 이상 그 의미가 없는 것이다. 이렇게 폐지된 구약의 법은 더 이상 그 필요성이 없다. 따라서 아무리 최선을 다해서 그 법을 준수해도 그 모든 수고는 무효가 될 뿐이다. 그러니 이렇게 폐지된 법은 지킬 필요가 없는 것이다. 그러면 이렇게 폐지된 법은 무시해버려도 되는가? 구약의 의식법과 시민법은 무시해도 된다는 것인가? 좀 더 구체적으로 말하면 의식법과 시민법은 따라도 그만이고 안 따라도 그만이라는 것인가? 그렇지 않다. 폐지된 법이란 더 이상 그것이 법이 아님을 의미한다. 이를 다른 말로 하면 그 폐지된 법을 따르는 것은 그 자체가 불법을 행하는 것이 된다는 것이다. 이것은 폐지된 의식법과 시민법을 대하는 신자의 자세에서도 중요하다. 신자는 이제 의식법과 시민법이 더 이상 필요 없다는 것을 알아야 한다. 뿐만 아니라 의식법과 시민법을 따르는 것이 하나님의 법에 어긋난다는 것도 알아야 한다. 좀 더 자세히 말하면 이미 그리스도께서 성취하심으로 폐지하신 법을 지키려는 것은 그 자체가 그리스도에 대한 모욕이라는 것을 그리스도인들은 항상 명심해야 한다.

그런데 의식법이나 시민법과는 달리 도덕법은 폐지되지 않았다. 그리스도의 사역으로 의식법과 시민법은 폐지되었다. 그러나 도덕법은 폐지되지 않았을 뿐더러 오히려 더욱 강화되었다. 예수님께서는 율법을 폐하러 온 것이 아니라 완전하게 하러 오셨다고 말씀하셨다(마 5:17-18). 예수님께서 율법을 완성하시는 방법은 그것에 온전히 순종하는 것이다. 온전한 순종을 통해 모든 율법을 성취하시는 것이다. 예수님께서 성취하셔서 완전하게 하신 율법은 두 가지 방향으로 나타난다. 하나는 법의 폐지다. 예수님께서 율법의 요구를 완성하심으로 더 이상 그 법이 필요 없게 되었다. 의식법과 시민법이 폐지된 것이 바로 이러한 이유에서다. 그리고 나머지 하나는 율법이 더욱 강화되는 것이다. 도덕법인 십계명이 바로 여기에 해당된다.

도덕법인 십계명은 언약의 일부로 하나님의 백성들에게 주어졌다. 하나님께서 모세를 통해 자신의 백성들과 맺은 언약의 일부로 그 백성들이 마땅히 지켜 행해야 할 도리를 법의 틀로 정리한 것이 바로 십계명이다. 구약에서 언약의 일부로 십계명이 주어졌다는 말은 다른 말로 하면 십계명이 옛 언약의 일부라는 말이다. 그리스도인은 더 이상 옛 언약 아래 있지 않고 새 언약 아래 있다. 따라서 이러한 원리로 볼 때 그리스도인은 옛 언약의 일부 인 십계명의 구속을 받지 않는다. 갈라디아서, 골로새서, 히브리서에서 공통적으로 다루는 주제도 바로 이것이다. 이 서신의 저자들은 그리스도인들을 여전히 옛 언약 속에 종속시키려는 유대주의자들을 철저히 반박한다. 그리스도께서 옛 언약을 성취하셨다는 것을 부인하는 유대주의자들을 그리스도의 사역이 완전하지 못하다고 판단하는 자들이라고 강하게 비판한다. 그러면서 이 서신의 저자들은 그리스도께서는 자신의 죽음을 통해 옛 언약의 저주를 모두 감당하셨기에, 그리스도인들은 더 이상 옛 언약에 속박될 필요가 없다고 말한다(갈 3:13).

그렇다면 우리는 '그리스도인들은 옛 언약의 일부로 주어진 도덕법에 더 이상 속하지 않는다'는 말과 '그리스도께서 율법을 완성하심으로 그리스도인들에게 도덕법은 더 강화 되었다'는 이 상반된 표현을 도대체 어떻게 이해해야 하는가? 논리적으로 이 두 개념은 결코 어울릴 수 없어 보인다. 이 두 개념은 그리스도인들도 여전히 십계명을 지켜야 하는지, 아니면 이제는 그것을 무시해도 되는지에 대해 상당한 고민을 하게 한다. 심지어 어떤 면에서는 구약 시대보다 더 강도 높게 지켜야 하지 않을까 하는 생각이 들기도 한다.

그리스도에 의해 구약의 모든 율법은 성취되었다. 도덕법으로 주어진 십계명의 율례도 모두 성취되었다. 율법의 성취로 인해 의식법과 시민법은 더 이상 필요가 없어졌다. 그래서 이 두 법은 폐지되었다. 반면에 도덕법은 율법의 성취와 상관없이 여전히 유효하다. 그 이유는 도덕법의 성취가 법 규정 자체에 영향을 미친 것이 아니라 그 법을 통해 이루고 획득해야 할 의와 관련된 것이기 때문이다. 다시 말해 그리스도께서 도덕법을 성취하셨다는 것은 그 법을 통해 우리에게 맡겨진 의를 그리스도께서 모두 대신 획득해 주셨다는 말이다. 즉, 이는 의가 그리스도를 통해 성취됨을 의미한다.

그런데 여기서 의는 신자가 온전히 의로운 삶을 살아가게 된다는 것을 의미하는 것이 아니다. 완전한 성화의 삶에 따른 의를 말하는 것도 아니다. 그리스도께서 도덕법의 성취로 이루신 의는 우리가 하나님으로부터 의롭다고 여김 받을 수 있는 충분한 의를 말한다. 그리스도께서 획득하신 이 의가 우리에게 전가되므로 우리는 하나님으로부터 의롭다 칭함을 받게 된다. 이렇게 전가된 의 때문에 우리가 더 이상 율법의 속박과 저주 속에 있지 않게 된다. 이것이 바로 그리스도인이 더 이상 율법 아래 있지 않는다는 것에 대한 바른 의미다. 그리스도인이 옛 언약의 한 부분인 십계명으로부터 자유하다는 것이 의미하는 바도 마찬가지다.

그럼 그리스도께서 도덕법을 성취하심으로 그 법이 더욱 강화되었다는 것은 무엇을 의미하는가? 이는 그리스도인들이 믿음의 고백을 통해 그가 획득하신 의를 전가받아 하나님으로부터 의롭다고 인정함을 받고 하나님의 양자가 되면, 이제는 하나님께서 기뻐하시는 것과 싫어하시는 것을 더욱 잘 알게 된다는 것을 의미한다. 그뿐 아니라 하나님께서 기뻐하시는 것은 더욱 적극적으로 실천하려고 노력하고, 하나님께서 싫어하는 것은 그것이 무엇이든지 싫어하게 되는 것을 말한다. 그리고 그리스도인들은 이 모든 것이 하나님 앞에서 인간의 바른 도리를 말해주는 십계명 속에 있음을 더욱 확신하게 된다. 뿐만 아니라 더욱 힘을 다해 그리스도께서 획득하신 의를 통해 믿음의 삶을 살아가길 희망하고 노력하게 된다. 이때 그리스도인의 삶의 길라잡이가 되어 주는 것이 바로 십계명이다. 이러한 방식으로 십계명은 신자의 삶 속에서 더욱 강화된 도덕법으로 자리매김을 하는 것이다.

　그리스도께서 모든 계명을 다 성취하셨으므로 십계명은 그리스도인에게 더이상 속죄의 틀이 아니다. 뿐만 아니라 이제 십계명은 우리의 근본적인 죄악만을 보여주는 거울도 아니다. 물론, 십계명은 여전히 우리가 바른 길을 가고 있는지 아닌지를 알게 하는 이정표 역할을 한다. 그와 더불어 우리가 일상생활 속에서 범하는 죄들에 대해 잘못을 깨닫게 하고 회개하게 하는 근거가 되기도 한다. 그러나 이보다도 십계명은 그리스도인들에게 감사의 구체적인 방법을 소개하는 좋은 원천이 된다. 하나님께 진정한 감사를 표현할 수 있도록 돕는 자료가 된다. 그리스도인으로서 어떻게 살아가는 것이 구원을 선물로 주신 하나님께 대한 감사의 삶인지를 항목별로 알려주는 것이 바로 십계명이다. 이러한 차원에서 그리스도인에게 십계명은 구약의 성도들의 그것보다 더욱 강화되었다고 볼 수 있는 것이다.

　요약하면 그리스도께서 도덕법을 더욱 강화하심으로 그리스도인들은 이제 더 이상 율법 아래 있지 않게 되었다. 이는 그리스도인들이 더 이상 율법의 저주와 속박 아래 있지 않다는 것을 의미한다. 그럼에도 그리스도인들은 여전히 율법 아래 있다는 것은 율법을 통해 하나님이 기뻐하시는 삶과 그렇지 않은 삶을 더욱 잘 분별하게 된다는 것을 의미한다. 결국 십계명 앞에서 그리스도인들은 어떤 사람들인가? 그리스도인들은 새 언약 안에 거하면서 하나님을 기쁘시게 하도록 부르심을 받은 자들이다. 동시에 그리스도인들은 율법을 완성하신 그리스도를 본받도록 부르심을 받은 자들이다. 이러한 차원에서 그리스도인에게 십계명은 여전히 중요하다. 다시 말해 그리스도인들은 십계명을 지켜야 할 의무가 있다는 것이다. 왜냐하면 이것이 바로 그리스도 예수 안에서 우리를 향하신 하나님의 뜻이기 때문이다.

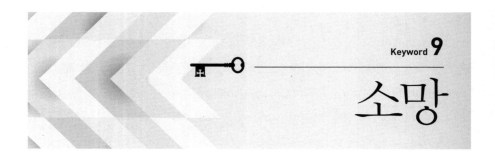

소망

죄를 지은 인간은 자신이 범한 죄에 대하여 책임을 져야한다. 죄로 오염된 인간이 죄책 가운데 있는 것이 바로 이런 이유다. 그래서 모든 인간은 하나님의 진노와 저주 아래 놓여 있다. 그러나 하나님께서는 자기가 사랑하는 자들에게는 그리스도의 속량을 통해 죄책을 면해 주셨다. 뿐만 아니라 진노와 저주도 피할 길을 마련해 주셨다. 하나님께서 진노와 저주를 피할 수 있는 방법으로 요구하시는 것은 크게 세 가지다. 하나님께 대한 회개, 우리 주 예수 그리스도에 대한 신앙, 그리고 그리스도께서 그의 중보의 은혜를 우리에게 전달해 주시는 외적인 방편인 말씀, 성례, 기도를 부지런히 사용하는 것이다.[303]

말씀과 성례와 기도를 은혜의 외적인 방편이라고 부르는 것은 택자를 부르시고 거듭나게 하시는 등의 성령의 내적인 사역과 구분되기 때문이다. 이 은혜의 외적인 방편들은 성령의 내적인 사역과 함께 신자의 구원에 있어서 절대 소홀이 해서는 안 될 아주 중요한 요소들이다. 물론 외적인 방편 없이도 성령님은 충분히 구원 사역을 하실 수 있는 분이시지만, 하나님께서는 일반적으로 성령의 내적 사역과 적절한 은혜의 외적인 방편을 통해 구원이 택자들에게 적용되도록 하셨다.[304] 따라서 만일 누군가가 은혜의 외적인 방편을 진실하게 사용한다면 그것은 성령 하나님께서 그 사람 속에서 구원을 위해 역사하신다는 증거가 될 수도 있다. 은혜의 외적인 방편에 대한 성도들의 바람직한 자세는 그것을 부지런히 그리고 계속하여 사용하는 것이다.

말씀   우리의 구원의 서정 속에서 나타나는 성령님의 내적 사역의 가
         장 두드러진 특징은 이생에서 일어나는 모든 단계에서 말씀이
은혜의 방편으로 꼭 사용된다는 것이다. 특히 구원의 서정의 초기 단계인 효력
있는 부르심, 중생, 회심의 과정에서 사람이 자신의 죄를 깨닫고 구원에 관한 참
된 지식을 갖고 믿음을 고백하는 것은 말씀이 은혜의 방편으로 사용될 때 가능
하다. 은혜의 외적인 수단으로서 말씀은 기록된 하나님의 말씀인 성경과 설교를
말한다. 성경이 은혜의 외적 수단으로서 중요한 이유는 오직 성경 안에만 구원
의 길에 대한 모든 참된 지식이 있기 때문이다. 성도는 성경을 읽거나 설교를 들
음으로 하나님, 사람, 그리고 구원에 관한 진리를 접하게 된다. 그러나 직접 읽지
않는다 할지라도 성경에서 가르치는 진리를 믿기만 하면 구원을 받을 수 있다.
말씀이 은혜의 중요한 방편이 되는 것은 말씀이 선포될 때 그리스도께서 천국의
문을 열어 주시기 때문이다. 말씀이 공적으로, 혹은 개인적으로 선포될 때 신자
는 성령의 감동으로 자신의 죄를 회개할 뿐 아니라, 복음의 약속을 재확인함으로
믿음이 강화된다. 말씀이 정당하게 선포될 때 신자는 이러한 방식으로 천국의 문
이 열리는 것을 경험하게 된다. 반면에 복음 초청을 포함한 말씀의 선포는 불신
자와 위선자들에게는 천국의 문을 닫아 버린다. 말씀의 선포를 통해 복음으로 초
청할 때 그것을 반대하는 자들에게는 하나님의 진노와 영원한 정죄가 내려진다.
그리스도께서 그들에게 천국의 문을 닫으시기 때문이다. 결국 말씀의 선포는 신
자들에게는 그리스도께서 천국의 문을 열어 주시는 은혜의 방편이 되지만, 불신
자들과 위선자들에게는 그리스도께서 천국의 문을 닫으심으로 하나님의 진노와
저주에 놓이는 심판의 도구가 된다.[305]

　은혜의 방편으로 성경을 읽는 것과 설교라는 이 두 가지의 말씀 사역은 때로
는 독립적으로, 때로는 함께 사용된다. 이중 하나님께서 특별히 사용하시는 방법
이 바로 설교다.[306] 말씀이 선포될 때 그것이 은혜의 효력을 발휘하는 것은 성령
이 말씀과 함께 사역하시기 때문이다. 선포되는 말씀을 집중해서 듣는다고 모두
은혜를 체험하는 것은 아니다. 오염된 인간의 마음은 본성적으로 말씀 속에서 선
포되는 구원의 진리를 거부한다. 이때 딱딱한 마음을 부드럽게 해서 말씀을 듣고

깨닫게 하시는 분이 바로 성령님이시다.

그리스도인은 모두 성경을 읽어야 할 의무가 있다. 이를 위해 성경은 각국의 언어로 번역되어야 하고 최대한 많은 사람들에게 보급되어야 한다. 성경을 읽을 때는 성경을 경외하는 마음으로 읽어야 한다. 이는 성경이 하나님의 말씀이라는 것과 오직 성경만이 구원의 진리를 알려주는 유일한 책임을 고백하는 것이다. 성경을 읽고 연구할 때 신자가 가져야 할 유일한 동기는 하나님의 뜻을 바로 알고 믿고 순종하고 싶어 하는 욕망을 갖는 것이다. 성경은 우리가 단숨에 읽고 이해할 수 있는 책이 아니다. 따라서 신자는 성경을 부지런히 읽고 연구해야 한다. 또한 시간을 들여 사려 깊게 생각하는 묵상의 방법을 성경 읽기에 동원해야 하는 이유도 성경의 내용이 마치 광산과 같아서 시간과 인내를 가지고 깨내지 않으면 안 되기 때문이다.

성경은 이론적이고 추상적이 메시지가 아니라 신자의 필요를 채워주는 인격적인 메시지다. 따라서 성경을 읽으면서 얻어진 교훈을 개인의 생활에 적용하지 않는다면 성경 연구는 무익한 시간 낭비가 되고 만다. 심지어 이러한 성경 연구는 우리의 죄를 더욱 가중시킬 뿐이다. 신자는 성경을 연구할 때 순수한 맘으로 하나님의 말씀을 수용하는 자세를 취해야 한다. 특히 자신의 편견과 상상을 포기하는 것이 중요하다. 이것이 바로 성경 연구의 과정에서 신자가 가져야 할 자기 부인이라 할 수 있다. 신자는 또한 기도함으로 성경을 읽어야 한다. 그런데 성경 연구와 관련하여 우리가 해야 할 기도는 성경 해석에 대한 하나님의 특별한 조명을 구하는 것이 아니다. 오히려 우리가 더 부지런히 더 좋은 자료를 통해 성경을 잘 이해할 수 있기를 기도해야 한다.

은혜의 방편으로서 말씀의 설교는 모든 성도가 행할 수 있는 것이 아니다. 이는 정식으로 공인되어 직분에 부름 받은 자만이 할 수 있다. 즉, 목회자로서 하나님의 부르심뿐 아니라 교회의 청빙을 통해 공식 설교자로 증빙 된 자들만이 은혜의 방편으로서 설교를 할 수 있는 자격이있다. 하나님께서는 목회자를 부르시고 훈련시키는 도구와 장소로 모든 참된 교회를 사용하시기 때문이다. 한 성도를 목회자로 부르시는 하나님의 내적 소명과 참 교회들이 그를 말씀의 봉사자로 청빙

하는 외적 소명이 상충되지 않는 것이 바로 이 때문이다. 따라서 교회에 의해 정식으로 임직을 받은 목회자라는 것은 그 자체가 하나님의 구원 사역을 위해 은혜의 외적 방편인 설교를 행할 수 있는 권한을 부여 받았다는 것을 의미한다. 그러나 공적 설교가 아닌 경우에는 일반 신자들도 그리스도의 증인 자격으로 사적으로나 공적으로 말씀을 나눌 수 있다.[307]

설교가 은혜의 외적인 방편으로서 신자의 삶에 잘 적용되기 위해서는 먼저 선포되는 말씀을 잘 들어야 한다. 이를 위해 제일 중요한 것이 바로 출석하는 교회의 정기 예배에 의식적으로 잘 참여하는 것이다. 특히 주일 공예배 출석은 필수적이다. 신자는 참여한 예배의 모든 순서에 적극적으로 동참해야 하며, 특히 말씀이 선포될 때는 모든 잡념을 버리고 선포되는 말씀에 집중해야 한다. 신자가 설교에 집중하는 데 방해가 될 수 있는 요소들을 사전에 방지하는 것도 중요하다. 이는 신자의 주일 준비 습관과도 깊은 관련이 있다. 신자는 예배 참석 전에 몸과 마음을 설교에 집중할 수 있는 최상의 상태로 준비할 필요가 있다. 또한 이는 주중의 업무들을 성실하고 지혜롭게 잘 처리해서 주일 예배 시 말씀이 선포될 때 그 일에 마음을 뺏기지 않도록 하는 것도 포함한다.[308]

신자의 기도는 설교 시 역사하는 성령의 사역을 돕는다. 신자는 먼저 설교자가 성경의 내용을 진실하고 효과적으로 전달할 수 있도록 기도해야 한다. 또한 신자 자신이 선포되는 말씀을 잘 이해할 뿐 아니라 열린 마음으로 수용할 수 있도록 기도해야한다. 뿐만 아니라 말씀 선포의 사역에 방해가 될 수 있는 어떤 일도 발생하지 않도록 기도해야 한다. 말씀이 선포될 때 신자는 어떤 설교자가 설교를 하더라도 혹은 어떤 내용이 선포되든지 그 말씀을 적극적으로 수용하는 자세를 가져야 한다. 이는 말씀의 권위가 설교자에게서 나오는 것이 아니라 하나님께 있기 때문이다. 그러나 그렇다고 해서 모든 설교를 생각 없이 다 받아들여서는 안 된다. 이는 설교를 비판적인 자세로 들으라는 말이 아니다. 신자는 그들이 들은 설교를 성경으로 상고해야 한다. 이는 들은 설교의 내용을 정확 무오한 하나님의 말씀인 성경으로 조사하고 판단해야 한다는 말이다. 이러한 과정을 통해 신자는 과거에 말씀하셨던 성경속의 하나님을 설교를 통해 삶의 현장에서 더 잘 만나게 된다.

신자는 설교 말씀을 묵상하고 논의하고 마음에 간직해야 한다. 설교는 성경의 내용에 대한 단순한 지식 전달이 아니다. 설교를 통해 하나님이 말씀하신다. 따라서 설교를 통해 선포된 말씀은 오랜 시간 진지하게 묵상해야만 신자의 삶에 적절하게 적용될 수 있다. 신자는 들은 말씀을 함께 나누고 논의할 필요가 있다. 설교의 내용이 신자들 사이의 영적 교제와 대화의 주제가 될 때 그 설교를 통한 은혜의 효과는 극대화 될 수 있다. 뿐만 아니라 성도들 사이의 이러한 말씀의 교제는 교회의 덕을 세우는 가장 좋은 밑거름이 된다.[309] 신자가 들은 말씀을 마음에 잘 간직해야 하는 이유는 이 말씀이 신자의 마음에 항상 살아서 역사하기 때문이다. 그리고 은혜의 방편인 말씀은 설교를 들은 당일 뿐 아니라 이후에도 여전히 은혜의 방편으로 신자의 삶에 새롭게 적용될 수 있기 때문이다. 그렇다면 신자는 말씀이 자신에게 은혜의 방편이 된다는 것을 어떻게 체험할 수 있는가? 설교를 들을 때 받은 감동이 이것을 의미하는가? 물론 대부분의 경우 말씀이 은혜의 방편으로 적용되는 그 출발은 설교를 듣거나 성경을 읽을 때 오는 마음의 감동일 수 있다. 그러나 신자에게 있어서 말씀이 은혜의 방편이 된다는 분명한 증거는 마음의 감동을 넘어 신자의 삶으로 나타나는 열매 속에서 나타난다. 하나님의 말씀은 결코 추상적이거나 공상적인 내용이 아니다. 이 말씀은 매우 실질적으로 적용되며 구체적으로 신자의 삶 속에서 적용된다. 성경은 이것을 신자가 맺는 말씀의 열매라고 말한다(마 7:20). 즉, 신자가 삶 속에서 말씀의 열매를 맺기 위해 노력한다는 것은 이미 말씀이 은혜의 방편으로 신자의 삶 속에서 잘 적용되고 있는 증거라고 할 수 있다.

성례　　　　성례는 그리스도께서 자기 교회 안에 제정하신 거룩한 규례로 세례와 성찬을 말한다. 그리스도는 복음서에 오직 이 두 가지만을 성례로 제정하셨다. 따라서 이 외에 다른 것을 성례로 제정하는 것은 성경에 비추어 옳지 않다. 성례는 은혜언약의 표와 인으로 그리스도의 중보 혜택을 표시하고 인치는 것이다. 성례는 은혜언약 안에 있는 하나님의 백성들을 위해서 그리스도께서 제정하셨다. 즉, 이 땅의 교회를 위해 그리스도께서 제정하신 것이다.[310]

예수님께서 제정하신 세례와 성찬을 신약의 성례라고 하는 것은 단순히 이것이 신약성경에 기록되었기 때문만은 아니다. 이는 은혜언약의 시대 중에 새 시대에 해당되는 성례이기 때문이기도 하다. 모세 때부터 그리스도 시대까지를 은혜언약의 옛 시대라고 하고 이를 "옛 언약" 또는 "구약"이라고 부른다. 반면에 그리스도의 십자가 사건부터 세상 끝날까지는 은혜언약의 새로운 시대로 "새 언약" 또는 "신약"이라고 부른다. 이러한 차원에서 할례와 유월절은 "옛 언약"의 성례였으며, 세례와 성찬은 "새 언약" 즉, "신약"의 성례가 되는 것이다.[311]

세례 세례는 성찬과 함께 신약의 성례로 예수 그리스도께서 제정하셨다. 세례에 대한 가장 간단한 설명은 물을 가지고 성부, 성자, 성령의 이름으로 씻는 것이다. 그런데 세례에 어떤 물을 사용해야 하며, 얼마의 물을 사용해야 하는지에 대한 방법들은 성경에 정확히 명시되어 있지는 않다. 세례를 하는 방법에는 물에 잠기게 하는 것, 물을 붓는 것, 물을 뿌리는 것이 있는데 어느 방법을 사용해도 무방하다. 세례는 유형교회에 가입하는 엄숙한 예식이다. 세례는 또한 그리스도께 접붙여지고, 중생과 죄 용서를 받는 은혜언약의 표와 인이다. 뿐만 아니라 세례는 예수 그리스도를 통하여 하나님께 자신을 드리는 삶을 살것을 다짐하는 성도의 신앙고백이기도 하다. 따라서 세례는 세상 끝날까지 교회에서 계속되어야 한다.[312]

세례를 통해 그리스도에게 접붙여진다는 것은 세례가 그리스도와의 신비한 연합이 시작되었다는 표와 인이 됨을 말한다. 이 연합을 통해 신자들은 그리스도로부터 오는 모든 은혜의 혜택을 공급받아 살게 된다. 또한 이는 그리스도께서 머리가 되신 영적인 몸의 지체가 됨을 의미하기도 한다. 뿐만 아니라 세례는 그리스도의 보혈로 죄가 씻음 받는다는 상징과 증표이기도 하다. 물로 몸을 씻어내는 것은 그리스도의 보혈로 죄가 씻겨 나감을 보여주는 비유적인 행위가 된다. 물론 물로 몸을 씻어내는 의식인 세례가 없어도 죄 용서는 있을 수 있다. 이는 세례 행위 자체가 죄를 씻는 효과가 있는 것이 아니기 때문이다. 세례 행위는 죄 용서받음에 대한 상징이며 교회의 공증일 뿐이다. 따라서 심지어 세례 행위를 했음에도 불구하고 죄 용서가 없을 수도 있다. 하나님께로부터 선물로 받은 참 믿음과 그것을 통한 진정한 회개가 없이 행해진 세례에는 죄 용서의 은혜를 기대할 수 없다. 다시 말해 거짓 고백을 통해 받은 세례는 그 자체로 효력이 없다. 그러나 바른 신앙고백에 근거하여 세례가 정당하게 시행된다면 그 세례는 언제나 죄 용서의 표와 인이 된다.[313]

세례는 분명 중생과 관련이 있다. 그러나 로마 가톨릭에서 말하듯이 세례 받는 자들이 모두 중생하는 것은 아니다. 세례가 중생을 주는 것이 아니라는 것이다. 이는 세례가 중생에 대한 표와 인이지 결코 중생의 조건이 될 수 없기 때문이다. 성경은 세례와 중생의 관계를 "중생의 씻음"(딛 3:5)이라고 설명하지, 결코 '씻음의 중생'으로 표현하지 않는다. 세례를 통해 중생하는 것이 아니라 중생했기 때문에 씻음을 받는 것이다. 그리고 세례식은 이 사실을 교회의 회중들에게 공적으로 드러내고 알리는 의식이다. 세례는 동시에 양자됨의 표와 인이기도 하다. 세례의 조건은 그리스도에 대한 믿음의 고백이다. 이 믿음으로 말미암아 우리는 그리스도 예수 안에서 하나님의 아들이 된다(갈 4:26-27). 결국 그리스도에 대한 믿음을 고백하고 받는 세례는 하나님의 양자됨에 대한 확실한 보증이 된다.[314]

세례는 그리스도와 함께 죽는 것뿐 아니라, 영생으로 다시 부활할 것에 대한 표와 인이 된다. 바울은 몸의 부활이 없다면 세례 자체가 무의미하다고까지 표현한다(고전 15:29). 세례를 통해 그리스도와 연합된 표를 가진 신자는 죽음은 물론 몸의 부활 때에도 그 연합은 그대로 유지됨을 확신할 수 있다(롬 6:3-5). 따라서 세례가 참 신자들에게 영생의 부활에 대한 보증이 되는 것이다.

세례가 유형교회에 회원으로 가입하는 예식임은 분명한 사실이다.[315] 이 말은 세례를 받음으로 유형교회의 회원이 된다는 말이다. 그런데 이렇게 되면 성례가 이미 교회의 회원이 된 자들을 위한 것이라는 설명과는 크게 대치된다.[316] 물론 성찬은 세례를 받은 자들이 참여하는 것이기에 이 문제에 있어서 직접적인 관련은 없다. 그러나 세례의 경우는 세례를 받으므로 유형교회의 회원이 되는 것인지 아니면 유형교회의 회원이기에 세례를 받는 것인지가 애매해진다. 여기에 대한 설명은 유형교회의 회원권을 실제 부여받는 것과 그것을 공개적으로 공포하는 것의 차이를 구별하는 것으로 가능해진다. 유형교회의 회원이 되는 방법은 그리스도를 마음으로 믿고 개인적으로 그것을 고백하는 것이다. 즉 예수님을 자신의 구주로 영접하는 것이다. 이를 통해 구원에 이르고 유형교회의 회원권을 획득한다. 교회는 이렇듯 개인적으로 그리스도를 구주로 믿는 신앙을 고백하는 자들을 유형교회 회원으로 간주하고 세례를 베푼다. 이렇게 세례를 받은 자들이 공개적으로 유형교회의 회원으로 인정을 받게 되는 것이다. 동시에 유형교회의 가지들인 지 교회에도 회원으로 이름을 올리게 된다. 결국 세례는 유형교회의 회원이 자신의 회원권을 공개적으로 공증 받는 예식인 것이다.

세례는 신자의 엄숙한 맹세 예식이기도 하다. 세례를 통해 이제 자신은 오직 주님께만 속한다는 엄숙한 맹세를 하는 것이다. 이 맹세는 전적으로 개인적인 약속이다. 결코 집단적으로 행하거나 연합 또는 합의에 의한 맹세는 세례의 맹세가 될 수 없다. 세례의 맹세는 분명 개인적인 맹세다. 그러나 이것이 사적인 맹세를 의미하는 것은 결코 아니다. 즉, 혼자 비밀리에 하는 맹세는 세례이 맹세가 될 수 없다. 가족이나 친구들 사이에서 하는 맹세 또한 세례의 맹세가 될 수 없다. 세례의 맹세는 공개적인 약속으로 모든 회중들 앞에서 개인이 하는 엄숙한 서약이다. 교회에서 회중이 보고 듣는 가운데 오직 그리스도만을 위해 남은 삶을 살겠다는 엄숙한 서약이 바로 세례예식이다.

세례는 누구에게든지 한 번만 베풀어야 한다.[317] 그러나 세례는 결코 한 번의 종교적 행사로 끝나서는 안 된다. 세례는 신자의 삶 속에서 항상 잘 증진되어야 한다.[318] 이 말은 신자의 삶 속에서 꾸준히 세례의 목적이 성취되어야 한다는 것을 의미한다. 그 뿐 아니라 이는 세례의 의미가 신자의 일상생활에서 항상 경험되어야 한다는 뜻이기도 하다. 세례가 신자의 삶 가운데서 그 효력을 발하면 신자는 세례 때 한 맹세를 지키지 못함을 깨달으면서 더욱 겸손해진다. 뿐만 아니라 세례가 지속적으로 그 효력을 발휘하게 되면 신자에게 있어서 확신은 더욱 증가되며, 죄를 억제할 힘을 얻게 된다. 특히 세례의 효력은 신자가 유혹에 직면했을 때 더욱 그 빛을 발한다. 신자가 어떠한 유혹을 받게 될 때 세례는 신자에게 언약 백성임을 기억하게 함으로 죄와 타협하지 않을 용기와 힘을 공급해준다. 특히 다른 이들이 세례 받는 모습을 보면서 자신이 세례 받을 때의 감동을 떠 올리는 것은 세례의 효력을 더욱 극대화시킨다. 세례는 개인적인 신앙고백을 바탕으로 개인에게 수여하는 것이지만, 이는 사적인 일이 아니라 교회의 일이며, 공개적인 일이기에 그 효력은 개인뿐 아니라 교회 전체에 영향을 미친다. 이러한 차원에서 세례는 그리스도를 머리로 하는 하나의 몸에 지체가 되게 함으로써 각 지체 간의 연합과 사랑을 촉진시키는 작용을 한다. 결국 세례가 지속적으로 잘 활용될 때 신자 개인은 물론 교회가 더욱 든든히 서가게 된다. 이것이 바로 세례를 증진시키는 것이다.

성찬   세례와 함께 성찬도 예수님께서 명하신 신약의 성례다. 세례와 성찬 모두 세상 끝날까지 교회에서 계속되어야 한다. 세례와 성찬의 가장 큰 차이는 세례는 한 번만 주어지는 성례지만, 성찬은 계속해서 참여하는 성례라는 것이다. 신자는 성찬을 통해 주님의 죽으심을 기억한다. 또한 그리스도의 희생의 은혜와 그분 안에서 누리는 영적인 성장을 인침 받는다. 그뿐 아니라 신자는 성찬을 통해 그리스도를 위한 신자의 의무를 성실히 수행할 것을 공개적으로 다짐한다. 이러한 성찬의 은혜 중에 신자들이 누리는 최고의 복은 바로 그리스도와 신비한 몸의 교제를 나누는 것이다.[319]

성찬의 본질적인 의미는 그리스도의 속죄 교리라고 할 수 있다. 성찬은 그리스도의 죽으심을 기념한다. 이는 그의 죽음을 단순히 추모하는 것을 말함이 아니다. 그리스도의 십자가 사역을 통한 대속의 은혜를 상기하는 것이다. 특히 보이는 말씀으로써의 성찬은 그리스도의 속죄 교리를 성찬 참여자들과 함께 생동감 있게 연출함으로써 그 의미를 더욱 부각시킨다. 이러한 차원에서 볼 때 그리스도의 속죄 교리에 대한 지식이 없는 자들은 정당하게 성찬에 참여할 수 없다. 반면에 이 교리를 부정하는 자들이 성찬에 참여하는 것은 대속의 사역을 담당하신 그리스도에 대한 모욕적인 행위라 할 수 있다.[320]

성찬의 본질적인 요소는 떡과 포도주를 그리스도께서 명하신 대로 나누어 주는 것이다. 떡과 포도주는 성찬에 사용되는 두 요소다. 떡은 그리스도의 몸을 나타내고, 포도주는 그리스도의 피를 나타낸다. 즉, 떡과 포도주는 그리스도께서 성육신하시면서 취하신 그의 온전하신 인성을 나타낸다. 성찬은 사용되는 두 요소도 중요하지만, 어떻게 성찬을 수행하는가도 아주 중요하다. 성찬의 시행 방법은 '그리스도께서 명하신 대로'다. 성찬은 주님의 만찬이다. 이 시대의 성찬은 교회에서 시행한다. 그러나 이 성찬은 교회의 관습이나 전통에 의해 제정된 것이 아니다. 성찬은 주님께서 특별히 제정하신 성례다. 따라서 교회는 그것을 폐지할수도 수정할 수도 없다. 예수님께서는 성찬에 대해서 말씀으로만이 아니라 직접 시연해 보여 주심으로 그 방식을 자세히 알려주셨다(마 26:26). 따라서 성찬은 예수님께서 시연해 보여주신 방식대로 행해져야 한다.[321]

예수님께서 제정해 주신 성찬의 성례전적 행위는 크게 네 가지다. 떡과 잔을 취하심(taking), 떡과 잔을 축복하심(blessing), 떡을 떼심(breaking), 떡과 잔을 제자들에게 나눠 주심(giving)이다. 이 네 요소는 성찬의 필수 요소로 한 가지라도 빠져서는 안 된다. 뿐만 아니라 이 네 가지 중 어느 것도 잘못 행해지면 안 된다. 네 요소 중 한 가지라도 예수님께서 제정해 주신 대로 행해지지 않을 때 성찬은 당연히 부실해질 수밖에 없다. 성례가 보이는 말씀이라는 것은 성찬의 이 네 요소와 더욱 밀접한 관계가 있다. 따라서 성찬을 집례하는 사람은 이 네 가지 요소가 성도들에게 잘 보여질 수 있도록 진행해야 한다. 뿐만 아니라 성도들은 집례자가 보여주는 네 가지 요소에 집중하면서 성찬에 참여해야 외적 방편으로써의 성찬의 은혜를 충만히 누릴 수 있다.

성찬의 네 요소 중 가장 중요한 것은 '떼는 것'(breaking)이다. 성경에는 성찬이라는 말이 없다. 성경은 "떡을 떼는 것"으로 성찬을 나타낸다. 떡을 떼는 것은 십자가에서 주님의 몸이 찢기는 것을 상징적으로 보여주는 것이다. 예수님께서 우리의 죄를 지시고 십자가에 달리셔서 찢기심으로 희생제물이 되심을 가시적으로 보여주는 것이 바로 떡을 떼는 것이다. 예수님께서는 떡을 떼신 후 제자들에게 나눠 주시며 "이것은 내 몸이다"라고 말씀하셨다. 여기서 예수님께서 말씀하신 몸은 온전한 떡이 아니라 '떼어진 떡'이다. 예수님께서는 떼어진 떡으로 십자가에서 찢기심으로 희생제물이 되실 자신을 제자들에게 미리 보여주신 것이다. 그러므로 성찬에 참여하는 자들은 집례자에 의해 떼어진 떡을 보며 십자가상의 그리스도의 찢겨진 몸을 보게 된다.

성찬의 본질적인 요소들은 결코 생략되어서도, 변경되어서도 안 된다. 예수님께서 제정해 주신 방식대로 행할 때 정당한 성찬의 시행이 될 수 있다. 성찬을 시행하면서 참여자들에게 떡은 주면서 잔은 주지 않는 것이라든지, 떡을 떼는 성례전적 행위를 생략하는 것은 모두 성찬의 본질적인 성격을 파괴하는 것이다.

성찬의 목적은 신자를 영적으로 훈육함에 있다. 신자는 성찬을 통해 그리스도의 속죄의 은혜를 다시 한 번 마음에 되새기며 그리스도와 자신과의 영적인 관계를 재확인하게 된다. 또한 세례 때 맹세한 그리스도에 대한 순종과 충성을 성찬을 통해 다시 다짐하게 된다. 성찬은 신자 개개인의 영적 성숙뿐 아니라 교회 회원 간의 사랑의 교제를 강화시켜 그리스도께서 머리이신 한 몸된 교회를 더욱 건강하게 만들어간다.

성찬은 신자들에게 십자가뿐 아니라 재림을 통한 심판의 날을 소망하게 한다.[322] 세례를 통해서 그리스도의 십자가에 대한 신앙고백이 강하게 드러난다면 성찬을 통해서는 그리스도의 재림에 관한 신앙고백이 더욱 강하게 나타난다. 세례가 신자에게 그리스도와 함께 영원히 살 것을 보증해준다면, 성찬은 오히려 우리가 사는 이 세상이 영원하지 않을 것이라는 사실을 알려준다. 교회는 성찬을 행함으로 그리스도의 죽으심을 전한다. 그런데 교회에서 시행되는 이 성찬의 사역은 결코 영원하지 않다. 그리스도의 죽으심을 전하는 이 성찬의 사역은 단지 그리스도의 재림때까지만 이어진다. 다시 말해 그리스도께서 재림하시면 이 땅에서의 성찬은 더 이상 실행의 목적을 상실하게 된다. 결국 성찬은 그리스도의 재림을 향해 나아간다고 할 수 있다. 이러한 차원에서 성도는 성찬에 참여하며 다시 오실 그리스도를 대망하게 되는 것이다.

성찬 예식이 올바로 시행되기 위해서는 집례자와 참여자 모두 보이는 설교의 순서 하나하나에 집중하는 것이 중요하다. 또한 성찬의 진행이 예수님께서 제정하신 방법대로 진행되어야만 한다. 그런데 성찬예식은 그 자체 특성상 이것들만 가지고는 결코 합당한 성찬이 될 수 없다. 성찬 예식이 예수님께서 제정하신 합당한 성례가 되기 위해서는 예식 전에 꼭 해야 할 특별히 준비들이 있다. 성찬 예식에 특별한 준비가 꼭 필요한 이유는 이 예식 자체에 그리스도께서 부여하신 엄숙성 때문이다. 성찬 예식이 지극히 엄숙한 예식이라는 것은 이 예식이 합당하게 시행되지 않을 경우 하나님의 심판이 있을 수 있음을 의미한다. 성경은 주의 떡과 잔을 합당하지 않게 먹고 마시는 것을 주의 몸과 피에 대하여 죄를 짓는 것이라고 분명히 말하고 있다(고전 11:27). 따라서 죄를 경계하고 하나님의 진노를 피하기 위해 성찬 예식 전에 특별한 준비가 필요하다. 또한 이러한 준비는 하나님의 명령이기도 하다(고전 11:28).

성찬을 위해서 특별히 준비해야 할 것은 두 가지다. 먼저 성찬 참여자들이 개인적으로 준비해야 할 것으로 스스로를 살피는 것이다(고전 11:28).[323] 성찬 참여자들은 성찬 예식 전에 스스로를 살핌으로 죄를 회개하고, 구세주를 향한 새로운 믿음과 사랑을 다짐하며, 성찬을 통해 그리스도께서 예비하신 복을 기대하게 된다. 이렇게 성찬 전에 자신을 살피는 것은 성찬에 합당하게 참여할 수 있는 몸과 마음을 준비하여 성찬 가운데 부어지는 하나님의 복을 조금이라도 놓치지 않게 하기 위함이다. 개인적인 성찬의 준비와 함께 교회가 해야 할 준비가 있다. 바로 성찬 전에 특별한 예배를 드리는 것이다. 이 예배는 모든 참여자들은 물론 예배의 모든 순서가 성찬에 합당하지 않은 죄를 짓지 않도록 돕는다. 그리고 이 예배를 통해 모든 참여자들이 자신들의 죄의 심각성과 그에 따른 하나님의 은혜의 필요성을 깨닫게 됨으로 성찬에 참여하기 전에 진심어린 회개를 하게 하기 위함이기도 하다. 이러한 차원에서 성찬 예식 전 특별 예배가 필수적인 것이다.[324]

성찬 예식에 있어서 준비의 과정이 필수적으로 요구되는 이유는 합당하게 준비가 완료 되어 있지 않으면 올바른 성찬이 행해질 수 없기 때문이다. 그러면 올바른 성찬을 위해 합당하게 준비를 완료해야 할 것은 도대체 무엇인가? 보통 우리는 이러한 질문을 받으면 성찬 참여자의 인격적인 준비등으로 대답할 가능성이 많다. 그러나 여기서 말하는 성찬을 위한 합당한 준비는 참여자의 인격을 말하는 것이 아니다. 성찬 예식을 예수님께서 정해주신 방식대로 따를 준비를 하는 것을 말한다. 분명 성찬은 예수 그리스도를 구주로 영접하고 믿음으로 신앙을 고백함으로써 세례를 받은 신자들이 참석하는 예식이다. 그러나 아무리 세례를 받았고 그리스도인이라고 불린다 하더라도 이들도 여전히 죄인이다. 비록 그리스도의 의를 전가받아 의인으로 여겨진다 할지라도 여전히 남아 있는 죄악된 본성은 신자의 삶을 항상 죄로 물들게 한다. 이러한 차원에서 이 세상의 그 누구도 성찬에 합당한 인격을 가진 자는 없다. 만일 신자에게 성찬에 합당한 인격을 성찬 참여의 조건으로 요구한다면, 이 세상의 그 누구도 성찬에 참여할 수 없을 것이다. 신자는 자신의 인격이나 성품이 아니라 오직 성찬에 합당한 방식, 즉 예수님께서 직접 제정해 주신 방식에 따라 성찬에 참여함으로 외적 수단으로서의 은혜를 풍성히 누리게 된다. 구체적으로 신자는 그리스도를 믿는 참된 믿음과 회개하는 마음, 그리고 성찬에 대한 올바른 지식을 통해 합당하게 성찬에 참여하게 된다. 이때 성찬이 신자들에게 참 은혜가 되는 것은 스스로 합당한 인격을 갖추지 못했기 때문에 결코 받을 수 없는 복을 그리스도께서 몸소 내 주신 몸과 피를 통해 거저 받게 되기 때문이다.

성찬 참여자들은 합당한 성찬을 위해 성찬 전 준비와 함께 성찬을 받을 때와 성찬에 참여한 후에도 고려해야 할 것들이 있다. 먼저 성찬을 받을 때 모든 참여자들은 성찬에 대한 경외심을 가지고 매사에 조심스럽게 생각하고 행동해야 한다. 이는 성찬이 교회의 전통이 아니라 전적으로 예수 그리스도께서 제정하신 신적인 예식이기 때문이다. 또한 성례의 모든 요소들을 예수님께서 제정하신 대로 성실히 지켜야 한다. 이는 성례의 모든 요소들이 진리의 여러 국면을 설명해 주는 것으로서 한 요소도 중요하지 않은 것이 없기 때문이다. 예수님께서 제정하신 요소 중 한 요소라도 거부되거나 부주의하게 다뤄진다면 성례의 은혜는 그 효력을 발휘하지 못하게 된다. 성찬 참여자들은 떡과 잔을 받아서 먹고 마실 때 주님의 몸을 주의 깊게 분별해야 한다. 이는 성례적 요소가 그리스도의 인성을 표시하며, 동시에 그리스도의 피와 살을 상징하기 때문이다. 성례 참여자들이 이것을 깊이 묵상하지 않은 채 받은 떡과 포도주에만 관심을 갖는 것은 그 자체가 주님의 몸을 분별하지 못한 행동이 된다.[325]

성찬 참여자들은 떡과 잔을 받아서 먹고 마실 때 두 가지를 깊이 묵상해야 한다. 그 첫째가 그리스도의 죽음과 고난이다. 이는 성찬의 가장 중요한 주제가 바로 그리스도의 고난과 죽음이기 때문이다. 그리스도의 고난과 죽음에 대한 묵상은 단순한 지식이나 감정 이상의 것을 말한다. 이 묵상은 성찬 참여자로 하여금 그리스도의 죽음과 고난에 동참할 힘과 용기를 생산한다. 즉, 그리스도께서 자신을 위해 희생하셨듯이 성찬 참여자도 그리스도를 위해 헌신을 다짐하게 되는 것이다. 성찬 참여자가 성찬 중에 묵상해야 할 두 번째는 자기의 죄를 슬퍼하는 것이다. 자신의 죄를 슬퍼하지 않고는 그리스도의 고난과 죽음을 올바로 이해할 수 없기 때문이다. 그리스도의 고난과 죽음의 이유가 자신의 죄 때문임을 깨닫고 고백할 때 성찬 참여자는 성찬을 통해 그리스도의 사랑을 더욱 크게 체험하며 감사하게 되기 때문이다.[326]

성찬을 마치고 나서 성찬 참여자들이 취해야 할 태도는 먼저 성찬 전에 자신이 준비한 것들과 성찬 가운데서 경험한 혜택들을 깊이 되새겨 보는 것이다. 이를 통해 성찬에 참여하는데 있어서 부족했던 점을 점검할 수 있을 뿐 아니라, 받은 성찬의 은혜를 지속할 수 있게 된다. 성찬의 혜택을 경험한 자들에게 나타나는 일반적인 현상들은 하나님께 대한 감사, 지속적인 복에 대한 소망, 죄를 더욱 멀리하며 교만과 과신을 피하는 자세, 하나님께 행한 맹세를 더욱 굳게 지키려는 마음, 그리고 더욱 성찬을 사모하게 되는 것 등이다. 이러한 성찬의 혜택은 보통 성찬 중이나 그 직후에 주어지지만, 경우에 따라서는 조금 미루어져서 나타나기도 한다. 그러나 이렇게 시간이 지난 후 성찬의 혜택이 나타나는 것도 모두 하나님의 뜻 가운데 일어나는 섭리적 사역의 결과임을 잊어서는 안 된다. 만일 성찬 직후에도 성찬의 혜택이 나타나지 않을 경우에 성찬 참여자는 두 가지를 생각해 보아야 한다. 먼저 자신의 성찬 준비와 성찬 참여에 문제가 없었는지를 살펴보고, 회개나 수정이 필요한 부분을 찾아 적극적으로 고쳐나가는 자세가 필요하다. 반면에 만일 자신의 성찬에 특별한 문제가 없다고 판단될 때는 하나님께서 가장 적절한 때에 은혜를 주실 것을 믿고 기다리는 자세가 필요하다.[327]

성찬의 참여 기준은 크게 두 가지다. 당회가 성찬의 참여 기준을 정하여 그에 해당되는 자만이 성찬에 참여할 수 있게 하는 것과 성도 스스로가 판단해서 결정하는 것이 있다. 종교개혁 시기의 개혁파 교회들과 정통 장로교회는 교회의 대표들의 모임이나 당회가 성도의 삶을 점검한 후 성찬 참여를 결정했다. 반면 현재 많은 교회들은 세례교인들에게 스스로가 성찬 참여를 결정할 수 있도록 하고 있다. 두 가지 방식 중 어느 것이 더 합당한 방식인지를 따지기 전에 교회가 먼저 신중하게 고려해야할 것이 있다. 그것은 바로 어떠한 방식으로 성찬 참여 기준을 정하든지 교회는 모든 성찬 참여자들을 교육하며 지도할 책임이 있다는 것이다. 앞서 언급한 것처럼 교회는 성찬을 위해 신자들이 개인적으로 준비할 수 있도록 지도해야 하며, 성찬을 위한 특별한 예배를 잘 준비하고 진행해야 한다.

이 과정에서 교회가 특히 신중히 고려하고 지도해야 할 부류의 사람들이 있다. 이들은 '심약한 그리스도인들'이라고 불리는 자들로 자신의 구원 문제를 의심하는 교회 회원들을 말한다. 쉽게 말해 구원의 확신이 없는 자들이다. 교회는 회중 앞에서 공적으로 신앙을 고백하고 세례를 받았음에도 불구하고 자신의 영적 상태에 대해 확신을 갖지 못하는 자들에게 성찬을 어떻게 지도해야 할 것인지 진지하게 고민해야 한다. 특히 구원의 확신이 없는 자들에게 성찬 참여를 권하는 것이 맞는지 아니면 구원의 확신이 생길 때 까지 성찬 참여를 금해야 하는지 잘 판단을 하고 이들을 지도해야 한다.

이 문제를 해결하기 위해서는 성찬의 원리를 근본적으로 짚어 볼 필요가 있다. 성찬은 구원받은 자들이 이 땅에서 다른 신자들과 함께 천국의 잔치를 미리 맛보는 예식이다. 즉, 구원받고 세례를 통해 그것을 공증받은 자들이라면 누구나 참여할 수 있는 잔치가 바로 성찬이다. 따라서 비록 구원에 대한 완벽한 확신이 없다 할지라도 성찬 참여는 거부되거나 금지되어서는 안 된다. 구원의 확신에 대한 결여가 성찬 참여에 대한 결격 사유가 안 되는 것은 구원이 확신을 통해서가 아니라 믿음을 통해서 얻어지는 것이기 때문이다. 믿음으로 구원을 받지 못한 자는 구원의 확신도 가질 수 없을 뿐더러 결코 진실한 그리스도인이 될 수 없다. 그러나 비록 구원의 확신이 결핍된 상태라 할지라도 그가 자신이 죄인임을 고백하고 그리스도를 구주로 고백하는 믿음으로 구원을 받았다면 그는 이미 진실한 그리스도인이라고 할 수 있다. 구원의 확신이 없다는 것은 구원이 없음이 아니라, 이미 받은 구원을 이 땅에서 충분히 누리지 못함이다. 따라서 이들에게는 오히려 성찬의 은혜를 더욱 가르쳐서 성찬에 참여할 용기를 북돋아 주는 것이 중요하다. 이들에게는 이러한 과정이 구원의 확신을 강화시키는 데 큰 도움이 될 수도 있다.[328]

성경은 누가 성찬을 집례할 것인지에 대해 정확히 명시하고 있지는 않다. 그러나 성경의 내용들은 교회에서 말씀의 사역자로 봉사하는 자들이 성찬을 집례하는 것이 합당함을 여러 곳에서 밝히고 있다. 그리스도의 사역자는 "그리스도의 일군이요 하나님의 비밀을 맡은 자"(고전 4:1-2; 딛 1:7)들인데, 성례가 "하나님의 비밀"에 속한 일들에 해당되는 일이므로 교회의 공적 권한을 맡은 말씀의 사역자가 성례를 맡는 것이 합당하다는 것이다.[329]

성찬에서 떡과 포도주는 그리스도의 몸과 피라고도 칭해지지만 이것들은 축성 시 그리스도의 피와 살로 바뀌는 것도 아니고(화체설), 그 주위에 그리스도의 살과 피가 임하는 것도 아니다(공재설). 이것들은 여전히 떡과 포도주로서 존재하지만 성찬 중 그리스도의 몸과 피는 그 규례 안에서 실재로 그러나 영적으로 신자들의 믿음에 임한다(영적 임재설).[330]

입교   종교개혁 이전에는 입교도 하나의 성례로 여겨졌다. 로마 가톨릭에서 제시하는 7성례인 성찬, 세례, 견진, 혼례, 서품, 고해, 종부 성사 중 종교개혁자들은 예수님께서 직접 제정하신 성찬과 세례만 성례로 인정했다. 로마 가톨릭의 7성례 중 견진에 해당하는 것이 바로 입교다. 견진(堅振)은 '강화한다'는 라틴어 콘피르마치오(*confirmatio*)를 번역한 단어로, 유아 세례를 받은 신자의 믿음을 굳건하게 한다는 것을 의미한다. 종교개혁 이전 시기에는 종교와 정치가 거의 일치하여 누구나 유아 세례를 받고 교회의 회원이 되었지만, 참 신자의 삶을 살아가지 못하는 자들이 너무 많았다. 이러한 상황에서 재세례파는 유아 세례를 반대했다. 교회가 유아 세례를 받아들이면서도 교회의 거룩성을 유지하기 위해 고민한 결과 나온 것이 바로 입교다. 유아 세례를 받은 자녀들을 철저하게 신앙으로 가르친 후, 입교를 통해 교회의 완전한 회원 자격을 주는 것이다.

한국 개신교회에서 유아세례를 받은 자들에게 교회의 정식 회원권을 주는 것을 입교라고 한다. 그런데 이 입교라는 용어의 원래 의미는 '공적 신앙고백'(the public confession of faith)이다. 입교는 유아 세례를 받은 신자가 교회의 모든 회원 앞에서 삼위 하나님에 대한 신앙을 공적으로 그리고 스스로 고백하는 것이다. 따라서 입교를 단지 유아 세례를 받은 신자의 자녀를 교회에 가입시키(joining the church)는 의식으로만 여겨서는 안 된다. 입교를 교회의 회원으로 받아들이는 의식으로 이해하는 것은 유아 세례를 받은 아이들이 입교 전에는 아직 교회의 회원이 아니라는 것을 전제하는 잘못된 판단에 기인한다. 유아 세례를 받은 아이들은 그들이 받은 세례를 통해 이미 입교된(incorporated into the membership of the church) 자들이다.[331] 다시 말해 유아 세례 교인도 분명히 교회의 회원이다. 그럼에도 불구하고 이들은 공적인 신앙고백을 안 했기 때문에 아직 성찬에 참여할 수 있는 권한을 부여받지 못했다. 이러한 부류의 교회 회원들이 입교 의식을 통해 개인의 신앙고백을 회중으로부터 공증받게 되고, 교회로부터 성찬 참여를 허락받게 된다. 또한 이는 이제 교회의 돌봄을 받기만 하는 어린아이의 신앙을 넘어 교회를 위해 봉사할 직분자가 될 준비가 되었음을 입교 의식을 통해 회중들 앞에 공적으로 알리는 것이기도 알리는 것이기도 하다.

믿음이 신자의 내면적 실체라면, 고백은 외적으로 드러난 행위다. 신자에게 있어서 이 둘은 결코 서로 분리되어서는 안 된다. 이것을 바울은 "사람이 마음으로 믿어 의에 이르고 입으로 시인하여 구원에 이르느니라"(롬 10:10)라고 표현했다. 이러한 이유로 개혁교회는 입교를 유아 세례자가 드디어 스스로 그리고 공적으로 자신의 신앙을 고백하는 중요한 장으로 여긴다. 그리고 실제 그렇게 할 수 있도록 어린이와 청소년들을 지속적으로 교육하며 관리한다. 이를 위해 개혁교회는 어린이들과 청소년들이 일주일에 한 번씩 목사에게 교리교육을 받도록 하며, 부모는 이 교육에 자녀를 의무적으로 참여시킨다. 이러한 차원에서 볼 때 우리의 주일학교의 교육 목표는 자녀들에게 교리문답을 가르쳐 공적으로 신앙을 고백할 수 있도록 이끄는 것이어야 한다. 즉, 바른 입교자를 키워내는 것이다.

유아 세례를 받은 자들이 입교를 하게 되면 이들도 드디어 성찬에 참여할 수 있는 권한이 부여된다. 이러한 차원에서 청교도들은 입교를 준비하는 이들을 '성찬 예비자'라고도 불렀다. 그리고 이 성찬 예비자들에게 강도 높은 신앙 교육을 시켰다. 이들을 주의 성찬을 받기에 합당한 자로 세우기 위해 교회는 부단히 노력했다. 청교도들은 올바른 교리와 건전한 신앙으로 훈련된 입교자가 많을수록 교회는 더욱 든든히 서 갈 것을 믿었다. 이러한 역사적 정황과 그 원리로 볼 때 입교는 교회의 정체성을 보존할 뿐 아니라, 교회의 미래가 달린 아주 중요한 문제라고 할 수 있다.

기도   은혜의 외적수단으로써 기도는 오직 그리스도인의 기도를 말한다. 그리스도인의 진정한 기도는 하나님의 뜻에 합당한 것을 간구하고 죄를 자복하며, 하나님의 자비하심에 대한 감사를 항상 담고 있다. 그리스도인의 기도는 세 가지 조건이 맞을 때 바른 기도가 된다. 먼저 성경에 계시된 참 하나님께 올려 드리는 기도가 그리스도인의 기도다. 여기서 말하는 참 하나님은 성부 하나님이다. 하나님만이 기도를 들으시는 유일한 분이시다. 또한 예수 그리스도의 이름으로 드리는 기도가 그리스도인의 기도다. 오직 그리스도만이 우리의 기도의 중보자가 되신다. 뿐만 아니라 기도는 성령의 도우심을 의지할 때 참 기도가 된다. 하나님께 기도한다고 하면서도 중보자인 그리스도에 대한 믿음 없이 하는 기도, 성령님의 도움을 의지하지 않는 기도는 결코 그리스도인의 기도라 할 수 없다. 하나님께서 기뻐하시는 그리스도인의 기도는 자신의 죄와 비참함을 인정하고 겸손한 마음으로 한 분이고 참 되신 하나님만을 의지하며, 그 하나님께 무한한 감사를 올려드릴 때 가능해진다.[332]

그리스도인이 오직 하나님께만 기도해야 하는 이유는 창조주 하나님만이 모든 필요를 채워주실 수 있는 분이시기 때문이다. 이는 육체적, 정신적, 사회적, 그리고 영적 영역을 포함한 모든 영역에서 우리의 필요를 온전히 채워주실 수 있는 분은 오직 하나님뿐임을 기도를 통해 고백하는 것이기도 하다. 또한 하나님께 간구함은 우리 스스로는 이 땅에서 직면하는 그 어떠한 문제도 해결할 수 없음을 하나님께 겸손하게 자백하는 것이기도 하다. 우리 힘만으로는 결코 이 땅을 살아갈 조금의 능력도 없음을 창조주 하나님께 겸허하게 시인하는 것이다. 결국 하나님께 간구하는 것은 그리스도인이 하나님의 권능과 자비를 마음과 입으로 시인함으로 하나님을 영화롭게 하는 것이다.[333] 신자의 기도의 대상은 오직 하나님이다. 그런데 여기서 말하는 하나님은 성부, 성자, 성령의 세 인격을 모두 말하는 것은 아니다. 신자의 기도의 대상은 오직 성부 하나님이시다. 따라서 성자나 성령님을 기도의 대상으로 삼는 것은 잘못이다.[334]

신자는 그리스도의 이름으로 기도해야 한다. 우리가 기도할 때 그리스도의 이름으로 기도해야 하는 이유는 우리가 본질상 진노의 자녀이기 때문이다. 즉, 우리가 죄인이기 때문이다. 죄인은 결코 거룩하신 하나님께 나아갈 수 없다. 죄인이 하나님과 화목할 수 있는 유일한 길은 중보자이신 그리스도를 통하는 것뿐이다. 그리스도인은 기도를 통해 하나님의 뜻을 듣고, 하나님께 합당한 소원을 구할 특권을 받은 자들이다. 그렇지만 이러한 특권을 가지고 있다 할지라도 죄인의 신분으로는 이 특권을 누릴 수가 없다. 오직 죄 없으신 그리스도께서 하나님과 그리스도인 사이의 중보자가 되 주셔야만 죄인인 우리가 기도의 특권을 누릴 수 있다. 이러한 차원에서 그리스도의 이름으로 기도하는 것이 기도가 하나님께 열납되는 유일한 길이다.[335]

그리스도의 이름으로 기도한다는 것은 그리스도께서 우리를 위해 이루신 공로를 의지하여 기도함을 말한다. 여기서 의미하는 그리스도의 공로는 율법을 완전히 지키심으로 의인으로 사신 것과 십자가에서 흘리신 보혈로 우리의 죄책을 해결하신 것을 말한다. 우리가 그리스도의 이름으로 기도할 때 담대함과 능력 뿐 아니라 기도 응답에 대한 강력한 소망을 갖게 되는 것은 이러한 공로를 이루신 그리스도께서 직접 우리를 위해 중보하시기 때문이다. 아무리 그리스도의 공로가 온 인류를 구속할 만큼 크고 대단해도 우리의 힘과 의지로 그것을 붙들어야 그 효능을 볼 수 있다면 이 세상에 그 누구도 그리스도가 이룬 공로의 효력을 취할 수 없을 것이다. 이는 인간이 본성적으로 그리스도의 공로를 거부하기 때문이며, 그것을 추구한다 할지라도 스스로 그것을 완전히 획득할 능력이 없기 때문이다. 인간 속에 있는 양심이 비록 그것을 바란다고 할지라도 결국 실패하고 말 것이다. 이러한 이유로 기도를 대하는 인간은 항상 하나님께서 우리의 기도를 들어주실 것인가에 대한 두려움과 의심에 가득 찰 수밖에 없게 된다.

죄인인 인간은 어떠한 방법을 쓴다 할지라도 스스로의 힘으로는 하나님께서 들으시는 기도를 할 수 없다. 이는 지극히 거룩하신 하나님께서 죄인의 소리를 듣지 않으시기 때문이다. 그럼에도 불구하고 그리스도인들은 하나님께서 우리의 기도를 받으신다는 확신을 가질 수는 있다. 이는 그리스도께서 우리의 기도를 들으시고 그것을 하나님께 전달해 주시기 때문이다. 다시 말해 그리스도께서 하나님과 그리스도인 사이의 중보자가 되어 주시기 때문이다. 하나님께서는 죄인인 우리의 소리는 들으시지 않지만 그리스도께서 전달해 주시는 우리의 기도의 내용은 들으시기 때문이다. 결국 우리의 기도 가운데 하나님께서 들으시는 것은 우리의 기도 소리가 아니라 그리스도의 중보기도 소리다. 하나님께서는 그리스도의 소리로 전달되는 우리의 기도의 내용을 들으시는 것이다. 우리가 그리스도의 이름으로 기도하는 것은 우리 기도의 중보자 되신 그리스도를 믿음으로 고백하는 것이다. 이 믿음이 우리의 기도를 더욱 담대하게 하고 능력 있게 하며, 우리가 기도의 응답을 더욱 확신하게 한다.

그런데 우리가 그리스도의 이름으로 기도할 때 항상 주의해야할 것이 있다. 그것은 바로 그리스도의 이름으로 기도할 수 없게 만드는 요소들을 경계하고 조심하는 것이다. 기도 가운데 나타나는 지나친 자신감과 자기의 의를 드러내는 태도 등이 바로 여기에 해당한다. 이러한 마음을 가진 자들은 주로 스스로의 힘으로 하나님 앞에 설 수 있다고 생각하는 경향이 있다. 교회 생활을 나름 잘한다고 하는 사람들이 이러한 위험에 빠질 가능성이 높다. 성경 속 인물을 예로 들자면 바리새인들이 이에 해당한다. 이들은 자신들의 의를 근거로 하나님께 기도했다. 바리새인과 같은 오류를 범하지 않기 위해서는, 우리가 기도할 수 있는 근거가 우리의 의나 열심이 아니라 전적으로 그리스도의 속죄와 중보사역임을 명심해야 한다.

그리스도인은 언제나 성령의 도우심으로 기도해야 한다. 기도에 성령의 도우심이 꼭 필요한 이유는 인간이 영적으로 약할 뿐 아니라 무지하기 때문이다. 인간은 아무리 중생하고 구원을 받았다 할지라도 여전히 무지하고 영적으로 무능한 존재이기에 스스로는 결코 합당한 기도를 할 수 없다. 그리스도인이 구해야 할 합당한 기도는 하나님의 도덕법에 합당할 뿐 아니라 하나님의 비밀한 뜻을 이루는 소원이어야 한다. 그런데 무지하고 영적으로 무능한 인간은 결코 하나님께서 만족해하실 기도를 할 수 없다. 이러한 이유로 성령님의 도우심이 필요한 것이다. 성령님께서 기도 중에 그리스도인이 합당한 기도를 할 수 있도록 기도의 제목을 생각나게 하시고 합당한 방법으로 기도할 수 있는 지혜를 주신다. 그런데 여기서 중요한 것은 성령님의 도우심은 주로 기도자가 소원하고 희망할 때만 역사한다는 것이다. 기도자가 겸손한 마음으로 성령님의 도우심을 구할 때 성령님께서 기도를 도와주신다. 기도자가 자신의 영적 무능과 무지를 고백하며 성령님의 도우심을 간절히 구할 때 기도자는 가장 합당한 기도를 경험할 수 있게 된다.[336]

그리스도인의 기도 중 절대 빠져서는 안 될 것 중 하나가 바로 죄를 고백하는 것이다. 죄의 고백이 빠진 기도는 하나님께서 결코 받으시는 기도가 될 수 없다.[337] 인간이 하나님께 나아가지 못하는 것은 죄 때문이다. 따라서 인간이 하나님께 나아가려면 죄의 문제를 해결해야 한다. 그리스도의 속죄 사역으로 신자는 죄책을 면했다. 그러나 여전히 남아 있는 죄악된 본성 때문에 인간은 결코 죄를 떠나서는 살 수 없는 존재다. 기도를 통해 죄를 고백한다고 인간이 완전히 죄와 단절할 수 있는 것은 아니다. 하나님께서 원하시는 것은 우리가 죄인임을 애통해

하며 죄를 미워하는 것이다. 죄와의 단절을 소망하며 그렇게 하길 노력하는 모습을 하나님은 기뻐하신다. 우리가 기도하며 죄를 고백하는 것은 단지 과거의 잘못된 행실을 나열하는 것이 아니다. 죄의 고백은 죄에서 돌아서겠다는 다짐이자 맹세다. 하나님께서는 우리의 이러한 맹세를 인정하시고 죄의 용서를 선언해 주시며 기도를 받으신다.

우리의 기도는 하나님의 긍휼하심에 대한 감사로 가득차야 한다. 기도를 통해 인간의 삶 가운데 죄를 제외하고는 하나님의 은혜와 긍휼의 손이 미치지 않는 곳이 없음을 감사해야 한다. 해와 달의 운행 등의 자연을 통해 하나님께서 일반적으로 베푸시는 은혜는 물론 죄와 사망에서 구속하신 구원의 은혜를 감사해야 한다. 더 많은 은혜를 경험한 자가 더 많이 감사하게 된다. 이는 그 반대도 그대로 성립하는데, 더 많이 감사하는 자는 더 많은 하나님의 은혜를 삶 속에서 경험하게 된다. 이것이 바로 기도를 통해 신자들이 체험하는 은혜이자 기도의 신비다.

기도는 복음에 기초한 신자의 믿음의 표현이다. 성령 안에서 기도한다는 것은 우리의 구원을 근거로 하나님의 말씀 안에서 나타난 하나님의 계시된 뜻에 따라 기도하는 것을 말한다. 따라서 성령 안에서 기도하는 것은 말씀을 무시하지 않고 기록된 말씀을 따라 기도하는 것을 말한다. 구약에서 나타난 기도의 모습들에서 가장 중요한 점은 하나님의 백성이 먼저 하나님께 말하는 것이 아니라 하나님께서 먼저 찾아오셔서 말씀하심에 믿음으로 반응하는 것이었다. 우리가 기도할 때 성령의 도우심이 필수적인 것도 말씀을 따라 기도하기 위함이다. 구약에 나오는 기도의 내용은 그리스도의 지상 사역을 통해 성취되었다. 이제 신약은 그리스도를 통해 성령의 도움으로 기도하는 이들의 모습을 보여준다. 이들의 기도는 자신뿐 아니라 다른 이들의 삶 속에 나타난 하나님의 은혜에 대한 감사는 물론 성령님의 역사에 대한 기대 속에서 나오는 간구들이 주를 이룬다.

참된 기도는 분명 하나님께서 택하시고 구원하신 그리스도인만이 누릴 수 있는 특권이다. 그럼에도 불구하고 많은 그리스도인들이 이 특권을 잘 누리지 못한다. 이는 기도를 올바로 하지 못해서 그런 것도 있지만, 그보다 더 심각한 원인은 기도를 하지 않기 때문이다. 죄로 오염된 인간은 본성적으로 기도하기를 싫어한다. 그리스도인임에도 불구하고 기도를 꺼려하는 것은 죄를 고백해야 하기 때문이다. 즉, 자신이 죄인임을 기도할 때마다 인정해야 하기 때문이다. 죄를 숨기려하는 인간의 본성상 죄를 의도적으로 드러내야 하는 기도가 부담되기 때문이다. 이러한 이유로 교회는 성도들이 자발적으로만 기도하도록 내버려두어서는 안 된다. 기도에 있어서 교회가 성도에게 무한한 자율권을 주는 것은 배려가 아니라 오히려 방치에 가깝다. 교회는 성도를 격려하고 권면해서 기도하게 해야 한다. 교회와 말씀의 사역자들은 기도가 신자들만의 특권임과 동시에 신자의 의무임을 성도들에게 각인시켜야 한다. 개인적인 기도 훈련뿐 아니라 다양한 기도 모임을 통해 기도를 가르치고 훈련해서 성도들이 기도의 자리를 더욱 사모할 수 있도록 해야 한다.

모든 인간은 신을 찾으려 한다. 그리고 자신이 찾은 신에게 기도하려 한다. 인간이 본성적으로 가진 종교심이 이러한 현상을 만든다. 그런데 창조주 하나님을 바로 알지 못하는 자들의 기도는 존재하지 않는 신들에게 하는 거짓 기도이거나 중보자 그리스도 없이 하나님께 직접 구하는 잘못된 기도들이다. 심지어 어떤 부류는 그리스도 외에 다른 중보자를 통해 하나님을 찾고 기도하기도 한다. 이들의 기도는 모두 잘못된 기도며 하나님께서는 이들의 기도를 결코 들어주지 않으신다. 좀 더 정확하게 말하면 이들이 기도라고 하는 그 어떤 것도 하나님께 전달되지 않는다. 그렇기 때문에 이들의 기도는 기도로서 가치가 없다. 그러나 그리스도인들은 이들이 하는 잘못된 기도를 결코 무시해버리거나 그대로 방치해서는 안 된다. 왜냐하면 이러한 잘못된 기도는 그리스도인들에게 영향을 주어 그리스도인의 기도를 망치기 때문이다.

많은 그리스도인들이 열심을 내서 기도하며 하나님과 교제한다. 그런데 이들 중 또 많은 이들이 자신의 기도의 열심이 자신과 하나님을 연결하는 끈이 된다고 생각하는 오류를 범한다. '내가 열심히 기도하면 하나님께서는 언제나 내 기도를 들어 주신다' 혹은 '하나님께서는 언제나 내 기도를 들으시길 기뻐하시고 내 기도 소리를 듣기를 원하신다'는 신념으로 자주 그리고 오랜 시간 기도에 집중하는 사람들이 많다. 물론 이들 중 많은 이들이 그리스도의 중보 사역에 근거해서 이러한 고백을 할 것이다. 그러나 인간의 죄악된 본성은 이 과정에서 그리스도의 중보자 역할보다는 기도자의 열심에 더 무게를 두게 한다. 결국 중보자 없는 기도의 유혹에 빠지게 하는 것이다. 이러한 기도에서 "예수님의 이름으로 기도합니다. 아멘"은 단순히 기도를 마치는 형식적 경구가 되고 만다. 따라서 그리스도인은 기도 가운데 이러한 오류에 빠지지 않도록 항상 경계해야 한다.

주기도문 주기도문은 예수 그리스도께서 제자들에게 가르치신 기도의 양식이자 기도의 내용이다. 따라서 이는 신자들의 기도 지침서라고 할 수 있다. 예수님께서 직접 기도의 지침을 주신 이유는 인간의 모든 요소들이 타락하여 오염되었기 때문이다. 생각하는 것, 감정적인 것, 의지적인 것, 그리고 육체적인 것까지 모두 죄로 오염되었기에 인간 스스로는 절대 올바른 기도를 할 수 없기 때문이다. 이러한 인간을 위해 예수님께서 직접 기도의 지침으로 주신 것이 바로 주기도문이다. 이 기도를 통해 우리는 우리의 영혼과 육체에 필요한 모든 것을 구한다.[338]

주기도문을 주님이 가르쳐준 기도로 봐야 할 것인가? 아니면 주님께서 하신 기도로 봐야 할 것인가? 그것도 아니면 주님께서 하시는 기도를 우리도 할 수 있도록 공유해 주신 것으로 이해해야 하는가? 다른 표현으로 하면 주기도문이 주님의 기도인가? 아니면 우리의 기도인가? 이러한 질문은 주기도문을 다룰 때마다 항상 거론된다. 그런데 주기도문의 내용을 조금만 자세히 살펴보면 답은 오히려 간단하다. 주기도문의 간구 중 "우리의 죄를 사하여 주옵시고"는 죄인인 인간에 해당되는 것이지, 죄 없으신 예수님과는 전혀 해당 사항이 없는 간구의 내용이다. 따라서 주기도문은 주님이 하시는 기도가 아니다. 아니, 주님께서 하실 필요가 없는 기도이며 주님께서 하실 수도 없는 기도다. 주기도문은 의인의 기도가 아니라 죄인의 기도다. 이러한 이유로 주기도문의 내용은 이 땅에서 유일한 의인이셨던 예수님과는 전혀 상관이 없는 것이다. 또한 주기도문이 예수님의 기도가 아닌 것은 주기도문의 간구의 내용들 중 대부분이 신이신 예수님께는 불필요한 간구들이다. 주기도문 간구의 완벽한 성취는 결국 삼위일체 하나님께서 영원 전에 거룩한 협의에 의해 계획하신 작정의 성취라고 할 수 있다. 이는 예수님께서 주기도문 내용의 작성자이심과 동시에 그것을 이루시는 분이라는 말이다. 이러한 차원에서 볼 때도 예수님께서 이 기도문으로 기도하신다는 것은 이치에 맞지 않는다고 할 수 있다. 결국 주기도문은 예수님의 기도가 아니라 죄인인 신자들의 기도라고 하는 것이 합당하다. 죄인인 인간은 결코 스스로는 하나님께서 원하시는 바른 기도를 할 수 없기에 예수님께서 그들을 위해 기도의 지침을 제공하신 것이다.

주기도문은 "하늘에 계신 우리 아버지여"의 서문, 그리고 이어지는 여섯 개의 간구, 마지막으로 "나라와 권세와 영광이 영원히 있사옵나이다 아멘"의 결어, 이렇게 크게 세 부분으로 구성되어 있다.[339] 주기도문의 이러한 구성은 우리의 기도가 결코 중언부언이 되어서는 안 됨을 말해준다. 잘 짜여진 기도는 기도자가 무엇을 어떻게 간구할 것인지를 미리 생각하고 계획할 때 가능하다. 주님께서 가르쳐 주신 기도를 따라 우리가 구성해야 할 기도는 먼저 하늘에 계신 하나님을 경외하는 마음과 그러한 자세를 갖는 것이다. 그러면서도 아버지와 자녀의 친밀함으로 간구를 시작해야 한다. 우리는 식당에서 음식을 주문하는 것처럼 뒤죽박죽 간구를 나열해서는 안 된다. 예수님께서는 우리가 우리의 필요를 아뢰기 전에 먼저 그의 나라와 그의 의를 구하라고 가르치신다. 또한 우리가 이 땅을 살아가면서 꼭 있어야 할 것을 구체적으로 기도하게 하시는데, 이때 물질적인 것뿐 아니라 영적인 도움도 함께 간구해야 할 것을 가르쳐 주신다. 그리고 송영으로 마치는 기도가 바른 기도임을 분명하게 말씀하신다.[340]

주기도문: 서문[341]

주기도문의 서문은 "하늘에 계신 우리 아버지여"다. 여기에서 하나님께서 "하늘에 계신다"는 것은 하나님과 우리의 구별성을 말한다. 하나님은 자신의 위엄과 영광, 그리고 거룩함에 있어서 결코 우리가 함께할 수 없는 구별된 존재라는 것이다. 그런데 예수님께서는 우리에게 이 하나님을 "아버지"라고 부르게 하신다.

하나님을 아버지라고 부를 수 있는 것은 그리스도의 구속의 공로를 믿음으로 고백함으로 의롭다 여김을 받고 하나님의 양자가 된 이들에게만 주어지는 특권이다(요 14:6). 즉, 신자들만이 누릴 수 있는 은혜이자 특권인 것이다. 하나님을 아버지라고 부를 수 있는 것은 하나님과 특별한 종교적인 관계가 형성되었음을 말하는 것이다. 하나님과 그의 백성들이 종교적으로 아버지와 아들의 관계를 형성할 수 있는 근거는 오직 그리스도께서 십자가와 부활을 통해 이루신 속죄 사역의 공로다. 이러한 이유로 우리가 하나님을 아버지라 부를 수 있도록 허락해 주실 수 있는 분은 오직 예수 그리스도 뿐이시다. 그래서 예수님께서는 신자들에게 하나님을 아버지라 부를 수 있는 특권을 주신 것이다.[342]

하나님을 아버지라 부를 수 있게 된 신자들은 이제 기도할 때 하나님께서 아버지의 마음으로 우리를 대해 주실 것이라는 기대를 할 수 있게 된다. 또한 우리가 하나님의 자녀로써 특별한 권리가 있음을 확신할 수 있게 된다. 이는 하나님의 선하시고 구별된 은혜의 혜택을 우리가 풍성히 누릴 수 있다는 확신으로 하나님께 우리의 소원을 개인적으로 아뢸 수 있게 된 것을 의미한다. 그런데 이것을 하나님의 구별된 은혜라고 말할 수 있는 이유는 하나님을 아버지로 확신할 수 있는 것 또한 택자들을 향한 성령의 특별한 내적 사역이기 때문이다(롬 8:15). 뿐만 아니라 우리가 기도 중에 하나님을 아버지라 부를 수 있는 근거가 그리스도께 성취하신 속죄라는 것은 우리의 기도가 그리스도의 중보 사역에 근거한 기도라는 것을 말해준다. 결국 이는 주기도문이 주님의 이름으로 하는 기도라는 말이다. 비록 주기도문에 "예수님의 이름으로 기도합니다"라는 표현이 직접적으로 들어가 있지는 않지만, 하나님을 아버지라 부르는 것 자체가 예수님의 이름을 의지해서 기도하는 것과 같은 의미이기 때문이다.

우리가 기도할 때 "하늘에 계신"이라는 표현을 통해 하나님에 대한 경외심을 표현해야 한다는 말은, 동시에 우리는 하나님에 대한 경외심 없는 경박한 기도를 철저히 배제해야 한다는 것을 말해준다. 하나님과의 친밀함을 너무 지나치게 강조하다 보면 우리는 종종 조심성 없는 기도에 빠질 수도 있다. 즉 기도가 불순하고 무례한 요구로 전락할 수 있다. 이러한 차원에서 "하늘에 계신"은 우리의 영적

긴장을 유지시켜 하나님과 항상 바른 관계 속에서 기도할 수 있도록 돕는 역할을 한다. 그리고 우리가 기도하며 "하늘에 계신"을 말할 때 꼭 명심해야 할 것 중 하나는 이 표현이 하나님의 거룩성을 나타내고 우리의 경외감을 고취하기 위한 단순한 하나의 추상적인 표현의 장치가 아니라는 것이다. 이는 하나님께서 실재 하늘에 계심을 나타내는 표현이다. 우리는 이 표현을 통해 하나님께서 계신 하늘을 사모하며 그곳을 열망하게 된다(시 123:1; 애3:41). 즉, "하늘에 계신 우리 아버지여"를 말하며 실제 하나님께서 계시는 천국을 소망하게 되는 것이다. 결국 이 표현은 천국을 소망하면서 이 땅을 살아가는 신자들의 모습이 매일의 기도 속에서 항상 드러난다는 사실을 보여준다고 할 수 있다. 이러한 이유로 주님께서 가르쳐 주신 기도를 통해 하나님의 아들이 된 자들은 오직 하나님의 위대하심과 천국에만 초점을 맞추게 된다. 또한 기도의 깊이가 깊어질수록 신자는 더욱 천국을 사모할 뿐 아니라, 이 땅에서 천국을 미리 맛보는 특권을 누리게 된다.

예수님께서 제자들에게 가르쳐주신 기도는 개인의 기도가 아니다. 개인이 자기의 사적인 소원만을 하나님께 아뢰는 기도가 아니다. 예수님은 제자들에게 함께 기도할 것을 말씀하셨다. 뿐만 아니라 예수님은 서로를 위해서 기도할 것을 말씀하셨다. 그래서 주기도문은 개인의 기도가 아니라 신앙 공동체의 기도라고 할 수 있다. 신자의 기도가 아니라 교회의 기도인 것이다. 예수님께서 머리가 되시는 교회의 지체들이 함께, 그리고 각 지체를 위해 하는 기도가 바로 주기도문인 것이다. 주기도문은 "하늘에 계신 '나의' 아버지"가 아니라 "하늘에 계신 '우리' 아버지"로 시작한다. 이는 주기도문이 하나님을 아버지라고 부를 수 있는 특권을 부여받은 자들이 함께하는 기도라는 것을 의미한다. 또한 이는 하나님으로부터 양자의 축복을 받은 자들이 서로를 위해 하는 기도라는 것을 의미한다. 그리스도인은 모두 하나님의 양자들로서 무형의 하나의 교회에 속한 자들이다. 이러한 차원에서 우리가 모두 "하늘에 계신 우리 아버지여"라고 기도하는 것은 교회에 속한 모든 하나님의 자녀들이 한 가족으로 묶여있다는 것을 더욱 분명히 드러내는 것이라 할 수 있다. 또한 이는 모든 그리스도인들이 영적으로 긴밀한 관계 속에 있음을 서로 알게 하는 효과도 있다. 그리스도인 모두가 하나님을 아버지라 부르며 기도할 때 그리스도인 각자가 하나님과 아버지와 아들의 관계로 교제하듯이, 그리스도인 서로도 한 아버지 아래의 형제와 자매로서 서로 교제해야 함을 깨닫게 된다.

주기도문: 첫 번째 간구[343]

주기도문의 첫 번째 간구는 "이름이 거룩히 여김을 받으시오며"다. 여기서의 '이름'은 물론 하나님의 이름을 말한다. 그런데 이것이 단지 하나님을 부르는 호칭만을 말하는 것은 아니다. 이는 하나님 스스로가 계시하시는 모든 것을 말한다. 즉, 하나님의 명칭과 속성, 하나님께서 제정하신 모든 율법과 규례들, 하나님의 말씀, 그리고 하나님의 모든 사역에 대한 포괄적인 표현이다. 예수님께서는 그의 제자들에게 "이름이 거룩히 여김을 받으시오며"라고 기도해야 할 것을 말씀하셨다. 그런데 예수님의 이 말씀을 적용함에 있어서 우리 속에 드는 의문이 하나 있다. 그것은 정말 우리가 하나님의 이름이 거룩히 여김을 받도록 할 수 있는가 하는 점이다. 하나님께서 창조하신 모든 만물 중에서 하나님의 이름을 거룩히 여기고 또한 그렇게 행동해야 하는 존재는 이성적인 피조물인 천사들과 사람들이다. 하나님의 이름이 거룩히 여김을 받도록 하는 것이 천사들과 사람의 의무라는 것이다. 그런데 문제는 모든 천사와 모든 사람이 다 하나님의 이름을 거룩하게 할 수 있는 것은 아니라는 점이다. 이는 천사와 사람이 하나님의 이름을 거룩하게 하지 못하도록 방해하는 요소가 있기 때문이다. 죄가 바로 이런 작용을 한다. 아무리 이성적인 피조물인 천사와 사람이라 할지라도 일단 죄로 오염되고 나면 결코 하나님을 영화롭게 할 수 없다. 이러한 이유로 타락한 천사는 하나님의 이름을 영화롭게 할 수 없다. 또한 그리스도를 통해 죄의 문제를 해결받지 못한 불신자도 결코 하나님을 영화롭게 할 수 없다. 심지어 구원 받은 이 땅의 신자들도 본질적으로는 하나님의 이름이 거룩히 여김을 받게 할 수는 없다. 이는 이들도 여전히 죄로 인해 본성이 타락했고 오염되었기 때문이다. 이러한 차원에서 볼 때 하나님의 이름이 거룩히 여김을 받도록 할 수 있는 존재는 타락하지 않은 천사들과 신자로 죽은 자들뿐이다. 왜냐하면 이들은 죄의 문제에서 자유한 자들이기 때문이다.

그런데 예수님께서는 이 간구를 죄의 문제에서 자유한 자들에게 주시지 않고 여전히 죄의 오염 속에 있는 제자들에게 주셨다. 구원의 문제는 해결 했지만, 아직도 죄악된 본성의 지배를 받는 자들에게 주신 것이다. 신자는 그리스도의 속죄 사역으로 죄와 사망의 법에서 해방된 자들이다. 그러나 여전히 남아 있는 죄악된 본성은 우리의 생각과 삶에서 항상 하나님의 영광을 가릴 뿐이다. 이런 신자들에게 예수님께서는 "이름이 거룩히 여김을 받으시오며"를 기도로 주셨다. 이렇게 신자는 창조주일 뿐 아니라 구속주로서의 하나님의 이름이 거룩히 여김을 받도록 생각하고 행동할 것을 요구받은 것이다. 죄악된 인간은 본질상 이것을 지킬 수도 완수할 수도 없다. 오히려 마음과 행동으로 그것을 거부하려는 충동속에 매일 살아간다.

그러면 예수님께서는 왜 신자들에게 지키지도 못할 내용으로 기도하라고 말씀하셨을까? 이는 그리스도의 구속의 은혜를 입은 자라 할지라도 스스로는 결코 하나님의 이름이 거룩히 여김을 받도록 할 수 없는 존재라는 것을 알게 하시기 위함이다. 우리가 주기도문으로 기도할 때마다 우리의 죄악된 본성과 무능함을 고백하게 하기 위함이다. 또한 우리가 하나님의 이름을 영화롭게 하기 위해서는 성령님의 도우심이 절대로 필요함을 깨닫도록 하기 위함이다. 물론 우리가 성령님의 도움을 받는다 할지라도 완벽하게 하나님의 이름을 거룩하게 할 수는 없고, 이 땅에 사는 한 그 모든 것은 부분적으로만 가능할 뿐임도 알게 하려 하심이다.

신자는 생각과 삶에서 스스로가 하나님의 이름을 거룩하게 여기지 않는 경우들을 많이 발견하게 된다. 그 대표적인 경우가 하나님께서 주신 계명인 십계명을 위반하는 것이다. 특히 하나님에 대한 인간의 의무를 말하는 첫 네 계명을 어김으로써 하나님의 이름의 영광을 가리게 된다. 또한 하나님께서 자연을 통해서 이루시는 섭리의 사역을 오해하거나 중요하지 않게 여기는 것도 신자들이 하나님의 이름의 영광을 가리는 결과를 낳는다. 예를 들어 신자들 중에서도 하나님의 창조 사역을 성경대로 받아들이지 않는 사람들이 있다. 다른 창조의 가능성을 말하는 자들이 있다. 뿐만 아니라 교회에서는 창조를 말하지만, 학교 교육에서는 다소 중립적인 입장을 취하는 것도 결국은 창조자 하나님의 거룩하심을 흠집 내는 결과를 낳는다. 앞서 언급했듯이 신자들은 자신의 영적 무능에 의해 하나님의 이름이 거룩함을 받지 못하게 하는 경우들을 많이 만나게 된다. 그런데 이뿐 아니라 신자는 자신의 삶을 둘러싸고 있는 여러 죄악된 환경들 때문에 하나님의 이름을 거룩하게 하는데 방해를 받기도 한다. 그 대표적인 경우들이 무신론, 영적 무지, 우상숭배 그리고 신성모독 등이다.[344]

그러면 이러한 상황에서 신자는 이 간구에 대해 어떠한 태도를 가져야 하는 것인가? 먼저 신자는 자신의 힘과 능력으로는 결코 하나님의 이름이 거룩하게 여김을 받게 할 수 없다는 것을 인정해야 한다. 그리고 하나님의 이름이 거룩하게 여김을 받지 못하게 하는 죄에 빠지지 않도록 기도해야 한다. 뿐만 아니라 신자 자신의 마음은 물론 자신을 둘러싸고 있는 죄악된 요소들을 제거해 달라고 기도해야 한다. 좀 더 구체적으로 신자는 하나님의 이름을 거룩히 여기지 않는 세상의 문화에 동조하거나 유혹을 받지 않도록 기도해야 한다. 이와 함께 신자가 취해야 할 좀 더 적극적이고 능동적인 자세는 우리의 삶의 전 영역에서 하나님의 이름이 거룩히 여김을 받지 않아도 되는 곳이 없다는 것을 항상 생각하는 것이다. 그리고 이 모든 영역에서 하나님께서는 우리를 통해 영광 받기를 원하신다는 것을 항상 마음속에 각인하는 것이다. 즉, 신자는 "이름이 거룩히 여김을 받으시오며"를 간구할 때마다 삶의 모든 영역에서 하나님의 영광에 초점을 맞추고자 하는 의지를 항상 되새겨야 한다.

성령님은 신자가 하나님의 이름이 거룩히 여김을 받을 수 있는 삶을 추구하도록 도우신다. 그럼에도 불구하고 신자는 이 일에 자주 실패를 경험하게 된다. 그렇다면 신자에게 있어서 이 간구는 예수님께서 가르쳐주신 대로 해도 응답받을 수 없는 무의미한 기도가 된다는 말인가? 결코 그렇지 않다. 이 간구는 분명히 응답된다. 아니 이미 응답되었다. 그 이유는 하나님의 이름이 거룩함을 받는 것은 세상의 어떤 피조물에 의한 것이 아니기 때문이다. 하나님은 스스로 자신의 이름을 거룩하게 하신다. 그리고 만물을 통해 스스로 그 영광을 취하신다. 하나님께서 자신의 이름을 거룩하게 하시는 방법이 바로 세상을 주관하고 다스리시는 섭리다. 하나님은 섭리를 통해 자신의 모든 속성을 드러내시고 자신의 거룩성을 세상에 알리신다. 하나님의 이름이 거룩히 여김을 받는 것은 결국 신자의 일이 아니라 하나님 자신의 일인 것이다. 그러한 이유로 예수님께서는 이것을 신자에게 의무로 주신 것이 아니라 기도로 주신 것이다. 결국 신자의 이 기도는 이 세상의 모든 일이 하나님의 섭리 가운데서 그의 영광을 풍성히 드러낼 것을 믿는 믿음의 고백이 된다. 또한 이것은 그러한 하나님의 섭리적 사역에 더욱 적극적으로 동역하며 동참하겠다는 신자의 각오와 헌신의 표현이라고도 할 수 있다.

주기도문: 두 번째 간구[345]

주기도문의 두 번째 간구는 "나라가 임하옵시며"다. 이는 하나님의 나라가 이 땅에 임해야 하는 절대적인 당위성과 필요성을 말하는 것이다. 또한 이 간구는 하나님의 나라를 대하는 신자의 자세를 말하는 것으로, 그 나라를 사모하며 기대해야 할 것을 말한다. 그렇다면 여기서 우리가 생각해 봐야 할 것이 있다. 하나님의 나라가 이 땅에 임해야 하는 이유가 무엇인가 하는 점이다. 이유는 오히려 간단하다. 이 땅이 모두 죄로 물들었으며 이 땅 어디에도 죄로 오염되지 않는 곳이 없기에 이곳에서는 어떠한 회복도 기대할 수 없기 때문이다. 결국 이 땅이 회복되는 유일한 방법은 이 땅에 죄로 오염되지 않은 하나님의 나라가 임하는 것뿐이다. 이러한 이유로 예수님께서는 제자들에게 하나님의 나라가 이 땅에 임하기를 기도하라고 말씀하셨다.

이 간구를 통해 신자는 자신과 모든 인류가 본질상 죄와 사탄의 주관 아래 있음을 시인한다.[346] 모든 신자들은 먼저 자신이 죄인임을 인정하며, 스스로는 어떤 선도 행할 수 없음을 고백한다. 하나님의 나라는 하나님께서 왕으로 통치하는 나라다. 하나님의 나라가 이 땅에 임해야 하는 이유는 이 땅의 나라가 죄와 사탄의 나라이기 때문이다. 이 땅이 죄로 오염되어 있다는 것은 이 땅에 선이 결핍되어 있다는 것을 말하는 것이 아니다. 또한 이 땅이 죄와 사탄의 나라라는 것은 선이 충만하지 못한 상태를 말하는 추상적인 개념의 표현도 아니다. 악한 사람들이 선한 사람보다 더 많다는 것을 의미하는 것도 아니다. 죄라는 것은 단순히 선하지 않은 상태를 말하는 것이 아니다. 죄는 상태이기도 하지만, 그보다 먼저 행동으로 나타난다. 죄는 인격적인 존재인 악한 영들과 사람에 의해 범해지는 행동이다. 그런데 이 죄는 악한 영들과 사람이 만들어 내는 것은 아니다. 죄를 조종하는 또 다른 인격이 있다. 그것이 바로 사탄이다. 즉, 죄는 극도로 악한 인격적 존재인 사탄이 또 다른 인격인 악한 영들과 사람들을 조정하여 수행하게 하는 악한 행동이다. 이러한 차원에서 볼 때 죄와 사탄의 나라는 사탄이 지배하는 실제적인 나라를 의미한다. 이 나라에서는 악한 영들과 사람들에 의해 실제 죄가 범해진다. 사탄이 악한 영들과 사람들을 조정하여 죄를 범하도록 하기 때문에 이 나라를 '죄와 사탄의 나라'라고 부르는 것이다.

그러나 아무리 사탄이 이 땅에서 왕 노릇 한다고 해도 사탄의 왕권은 전적으로 하나님의 허락 안에 있다. 죄와 사탄의 나라인 이 땅에서 사탄이 왕으로 군림하지만 그의 모든 활동은 하나님에 의해 통제된다. 사탄에게는 악한 영들을 조종하고 사람을 유혹할 수 있는 능력이 분명 있다. 그러나 그의 능력은 결코 하나님께서 허락하신 것을 넘어설 수는 없다. 뿐만 아니라 현재 이 땅을 장악하고 있는 죄와 사탄의 나라는 결국 멸망할 것이다. 이 나라는 죄와 사망의 권세를 깨뜨리려 오신 예수 그리스도의 사역에 의해 멸망한다. 예수 그리스도께서 이 땅에서 사역을 시작하신 후 죄와 사망의 나라는 점점 쇠약해져 가고 있다. 특히 성령을 통해 택자들을 부르시고, 회개하게 하며, 그들을 이 땅에서 거룩하게 하시는 사역이 진행될수록 죄와 사망의 나라는 점점 무너지고 있다. 그리고 이 나라는 결국 예수 그리스도께서 재림하시므로 완전히 망하게 될 것이다. 이 나라의 멸망은 회복 불가능한 영원한 멸망이 될 것이다.

이러한 상황 가운데서 예수님은 신자들에게 하나님의 나라가 이 땅에 임하기를 기도하라고 말씀하신 것이다. 그런데 이것은 신자들이 기도한다고 되는 것이 아니다. 죄와 사탄의 나라가 멸망하고 하나님의 나라가 이 땅에 임하게 할 수 있는 것은 절대적으로 그리스도의 사역에 달려있기 때문이다. 그렇다면 왜 예수님께서는 신자들에게 하나님의 나라가 이 땅에 임하기를 기도하게 하셨을까? 예수님께서 신자들에게 이 간구를 하게 하신 것은 단순한 입술과 마음의 소원을 넘어 죄와 사탄의 나라의 멸망을 위해 신자들이 적극적으로 해야 할 것이 있음을 알려주시기 위함이다.

하나님의 나라가 이 땅에 임하도록 신자가 기도해야 할 것은 크게 두 가지의 주제로 나눠 생각할 수 있다. 하나는 이 땅에 복음이 널리 전파되기를 기도하는 것이고, 나머지 하나는 교회를 위해서 기도하는 것이다. 복음 전파를 위한 기도 중 첫 번째는 복음이 닫힌 곳의 문을 열어 달라고 기도하는 것이다. 이는 그리스도께서 복음의 문을 여는 능력이 있음을 믿는 믿음에서 시작한다(계 3:7-8). 신자가 복음 전파를 위해 기도해야 하는 이유는 복음 전파가 하나님께서 택한 자들을 구원하는 가장 중요한 수단이기 때문이다. 이 일에 사탄의 방해가 심하기 때문에 신자는 하나님의 도움과 지혜를 구해야 하는 것이다. 복음 전파를 위한 두 번째 기도는 많은 유대인들이 예수님을 영접하는 날이 속히 오기를 기도하는 것이다(롬 10:1). 다시 말해 그리스도를 믿는 유대인들이 많아지길 기도하는 것이다. 유대인들 중 많은 이들이 영적인 소경에서 벗어나서 그리스도를 그들의 메시아로 영접하는 것이 하나님의 나라가 이 땅에 임하는 것에 대한 분명한 표시 중 하나가 되기 때문이다. 하나님의 나라가 이 땅에 임하기 위해 복음 전파의 차원에서 신자가 기도해야 할 또 한 가지는 이방인의 충만한 수가 들어오길 기도하는 것이다(롬 11:25). 이는 하나님께서 택한 자들 중에 유대인을 제외한 많은 사람들이 구원받는 것을 의미한다. 성경은 이방인의 충만한 수가 차면 유대인들 중에서 많은 이들이 그리스도에게로 돌아올 것이라고 말한다. 이는 이러한 과정을 통해 유대인과 이방인에 속한 하나님의 모든 자녀들이 구원받는 시기가 더 빨라질수록 그리스도의 재림을 통해 임할 하나님의 나라가 더욱 가까워질 것이기 때문이다.

하나님의 나라가 이 땅에 임하도록 신자가 교회를 위해서 해야할 기도는 먼저 교회가 올바른 복음의 사역자들을 확보할 수 있도록 기도하는 것이다. 이 부분에서 교회는 기도와 함께 바른 복음의 사역자 양성을 위해 노력할 필요가 있다. 또한 신자는 교회가 부패로부터 깨끗해지고, 항상 개혁될 수 있도록 기도해야 한다. 이와 함께 신자는 교회 안에서 그리스도의 규례인 말씀의 전파, 성례의 집행, 그리고 권징의 시행이 적절하고 바람직하게 준수될 수 있기를 기도해야 한다. 성도가 교회의 바른 규례 시행을 위해 기도할 때에는 특히 이것들이 사람의 편의를 위해서나 교회의 행사 차원에서 동원되는 것이 아니라, 성경에서 지시하신 대로 정당하게 수행될 수 있도록 기도해야 한다. 말씀, 성례, 그리고 권징이 교회에서 정당하게 실제 수행되기 위해서 가장 중요한 것 중 하나가 바로 이 부분에 관해 성도들 간의 합의된 마음이 있어야 한다는 점이다. 다시 말해 같은 교회의 성도들 모두 혹은 다수가 규례를 정당하게 시행하고자 하는 마음으로 하나가 되어야 한다는 것이다. 그런데 이것은 민주적인 합의만으로는 불가능하다. 의논과 협의로 쉽게 해결할 수 있는 문제가 아니다. 이러한 이유로 신자들은 함께 성령의 도우심을 구해야 한다. 성령님께서 모든 성도들의 마음을 이끌어서 규례가 올바로 시행되길 소원하는 마음을 달라고 기도해야 한다. 뿐만 아니라 이 규례가 교회 안에서 잘 유지되고 시행될 수 있도록 기도해야 한다. 유형의 교회에 속한 모든 지역 교회들에서 그리스도의 규례가 정당하고 올바르게 시행될 때 하나님의 나라는 더욱 가까워지게 된다.

신자가 기도하는 그리스도의 나라는 크게 세 가지의 영역으로 나누어서 생각할 수 있다. 은혜의 나라, 능력의 나라, 그리고 영광의 나라가 바로 그것이다. 먼저 은혜의 나라는 무형의 나라로 현재 살아 있는 신자들의 마음속에 있는 영적인 나라를 말한다.[347] 두 번째 능력의 나라는 현재 그리스도께서 하늘과 땅의 모든 권세로 다스리는 세상을 말한다. 세 번째 영광의 나라는 그리스도께서 재림하심으로 펼쳐질 나라로, 그리스도께서 영광 가운데 그의 모든 백성을 영원히 다스릴 나라를 말한다. 신자는 그리스도의 나라를 소망함에 있어서 이 세 가지 영역의 나라를 모두 믿고 이 나라의 도래를 위해 기도해야 한다. 구체적으로 은혜의 나라를 위해서는 이 나라가 잘 유지될 뿐 아니라 나라의 확장을 위해서도 기도해야 한다. 능력의 나라를 위해서는 그 나라의 뜻이 이 땅에서 온전히 성취되도록 기도해야 한다. 또한 영광의 나라에 대해서는 그 나라가 속히 오길 간절한 마음으로 기도해야 한다. 이중에서 신자는 신자의 일상 및 교회 생활과 가장 밀접하게 관련되어 있는 능력의 나라를 그리스도의 나라의 최종 목적으로 여기지 않도록 항상 신중함을 유지해야 한다. 다시 말해 능력의 나라는 은혜의 나라를 확장시키며, 영광의 나라가 속히 임하도록 하는 수단이 됨을 명심해야 한다. 이 땅의 모든 신자는 능력의 나라의 실제 백성들이다. 따라서 모든 신자는 이 나라가 더욱 든든히 서 갈 수 있도록 최선을 다해 그 의무를 다해야 한다. 뿐만 아니라 이 나라의 번영과 확장을 위해 끊이지 않는 기도를 해야 한다.

마지막으로 신자는 이 간구를 통해 그리스도의 재림을 간절히 바랄 뿐 아니라 그 날이 속히 오기를 기도해야 한다. 물론 우리는 그리스도의 재림이 정해진 기간보다 일찍 오기를 기도할 수는 없다. 또는 복음이 널리 전파되기 전에, 모든 백성들이 그리스도를 알기 전에 그리스도의 재림이 임하길 기도할 수 없다. 반면에 우리는 우리가 계획하는 특별한 일들을 위해, 또는 교회의 어떤 특정한 사역을 위해 그리스도의 재림이 지연되기를 바라는 기도를 해서도 안 된다. 결국 "나라가 임하옵시며"를 기도하는 것은 은혜의 나라에서 공급되는 힘으로 능력의 나라를 살아가는 모든 신자들이 영광의 나라가 속히 올 것을 간절히 사모하며 "아멘 주예수여 오시옵서서"(계 22:20)를 함께 외치는 것으로 설명할 수 있다.[348]

주기도문: 세 번째 간구[349]

주기도문의 세 번째 간구는 "뜻이 하늘에서 이룬 것 같이 땅에서도 이루어 지이다"이다. 이 간구에서 말하는 하나님의 뜻은 하나님의 계시된 뜻(요 7:17)과 하나님의 비밀스러운 뜻(벧전 4:19)을 모두 포함한다. 여기서 하나님의 계시된 뜻이란 성경 속에 하나님께서 밝히 드러내 놓으신 뜻을 말한다. 그리고 하나님의 비밀스런 뜻은 하나님의 섭리적인 뜻으로 미래에 일어날 일들에 관한 것들을 말한다. 신자의 이 간구는 타락한 인간은 그 마음과 생각이 모두 죄로 오염되었기에 그 누구도 하나님의 뜻을 알고 행하기에는 본질상 무능하다는 시인과 고백을 전제로 한다. 그러므로 오직 성령의 능력이 아니면 하나님의 비밀스런 뜻은 물론 하나님께서 친절하게 계시해주신 뜻의 하나라도 제대로 이해할 수도 행할 수도 없음을 겸손히 인정하는 자세로 하나님 앞에 나아가는 것이 이 간구를 하는 신자의 자세여야 한다. 결국 신자의 이 간구는 우리의 생각과 마음에 성령님께서 적극적으로 개입하시기를 소망하는 것에서 시작해야 한다. 이러한 차원에서 볼 때

이 간구는 성령님의 역사를 통해 하나님의 뜻을 알고 행하기를 소원하는 신자의 마음을 표현한 것이라 할 수 있다.

　하나님의 비밀스런 뜻인 섭리적 사역을 대하는 인간의 일반적인 반응은 대부분 불평과 불만이다. 인간이 하나님의 섭리적 사역에 불만스런 태도를 보이는 것은 하나님께서 자신에게 행하시는 섭리가 기대에 못 미친다고 생각하기 때문이다. 인간이 이렇게 생각하는 것은 죄악된 본성의 결과이자 인간이 죄로 오염되었다는 증거이기도 하다. 죄로 오염된 인간은 하나님께서 자신을 존재하게 하신 목적을 항상 잊어버린다. 하나님과 자신의 관계가 창조자와 피조물의 관계라는 것을 언제나 망각하고 살아간다. 심지어 인간은 이러한 사실을 애써 잊으려고 한다. 그리고는 자신이 하나님의 영광을 위해 어떻게 살아야 할 것인지 보다는 하나님께서 인간을 위해 어떻게 존재해야 하는지를 생각한다. 심지어 하나님께서는 언제나 인간을 위해 좋은 것을 주셔야 하는 분으로 생각한다. 이 부분에 있어서는 그리스도의 은혜로 구원받은 신자들조차 비슷한 모습을 보인다. 구원 받은 자라 할지라도 그 속에 여전히 남아 있는 육체의 본성은 성공적인 일들은 언제나 자신의 공로로 돌리지만, 실패와 아픔의 상황은 하나님의 책임으로 돌리려는 경향을 보인다. 결국 이렇게 죄로 물든 인간에게 있어서 하나님의 뜻의 목적은 하나님의 영광이 아니라 인간의 안락과 평안이 되고 만다. 이러한 이유로 인간이 이 땅에서 하나님의 뜻을 그 목적에 맞게 이루는 것이 본질적으로 불가능한 것이다.

　그럼에도 불구하고 예수님께서는 신자들에게 '뜻이 하늘에서 이루어지는 것 같이 땅에서도 이루어지이다'라고 기도하라고 하신다. 앞서 인간은 그 타락한 본성상 하나님의 뜻을 이룰 수 없다는 것을 생각해 보았다. 그렇다면 이 간구는 분명 헛된 소망만 심어주는 결과가 될 수밖에 없다. 그런데 예수님께서 가르쳐주신 간구의 내용을 자세히 살펴보면 우리가 하나님의 뜻을 이루기를 간구하는 데 있어서 한 가지의 조항이 있다는 것을 발견할 수 있다. 바로 '뜻이 하늘에서 이루어진 것 같이'다. 여기에서 우리는 예수님께서 실현 불가능해 보이는 간구를 우리에게 허락하신 이유를 발견할 수 있다. 이를 위해 우리는 먼저 "하나님의 뜻이 하늘에서 이루어진다"는 것이 무엇을 의미하는가를 살펴보아야 한다. 하나님의 뜻이 땅에서는 불가능하지만 하늘에서는 이루어 진다는 말인가? 만일 그것이 가능하다면 어떠한 이유에서 그런 것인가? 결론부터 말하면 하나님의 뜻이 하늘에서는 온전히 이루어진다. 이는 그 뜻을 이루는 이들이 하늘에 있는 거룩한 천사들과 이 세상을 떠난 신자들이기 때문이다. 또한 상황적인 면에서 이것이 가능한 것은 하늘에는 하나님의 뜻이 온전히 이루어지는데 방해되는 죄의 요소들이 전혀 없기 때문이다. 그리고 하나님의 뜻을 행함에 있어서 주저하게 만들거나 방해하는 유혹의 가능성이 전혀 없기 때문이다. 이러한 상태에서 거룩한 천사들과 이 세상을 떠난 신자들은 거룩하고 온전한 동기로 하나님의 뜻을 받들 수 있는 것이다. 하나님께서 요구하시는 모든 것들을 정확히 수행할 수 있는 것이다. 또한 이 모든 일들이 기쁨으로 행해지는 곳이 바로 하늘인 것이다.

예수님께서는 하늘에서 완벽하게 수행되는 하나님의 뜻이 땅에서도 이루어지기를 기도하라고 가르치신다. 그런데 앞서 살펴본 바에 의하면 이 간구는 결코 실현될 수 없어 보인다. 왜냐하면 아무리 성령님께서 도와주신다고 해도 죄로 오염된 본성이 해결되지 않은 상태에서는 누구도 하나님의 뜻을 바로 알지도 못할 뿐더러, 그 뜻을 이루어 낼 수 없기 때문이다. 그렇다면 이렇게 실현 불가능한 기도를 왜 예수님께서 신자들에게 하라고 하셨을까? 먼저 신자는 이 간구를 통해 죄악된 육체의 굴레를 벗고 천국의 백성이 되어 하나님의 뜻을 완전히 이룰 수 있을 날을 사모하며 살 수 있게 되기 때문이다. 이 땅을 살면서 부분적으로 밖에 하나님의 뜻을 이룰 수 없다는 현실을 슬퍼하면서도 동시에 자신도 뜻이 하늘에서 이루어지는 일에 동참할 자격을 부여받았다는 사실에 감사하며 살게 되는 것이다. 그러면서 신자는 이 땅에서 하나님의 뜻을 이루는 일에 최선을 다하며 천국에서 맡아서 해야할 일들을 준비하고 연습하며 살아가게 된다. 이러한 이유로 신자는 비록 완전하지는 않지만, 이 땅에서 할 수 있는 최고의 노력으로 하나님의 뜻을 이루려고 노력해야 한다. 하나님께서는 이러한 신자의 모습을 기뻐하신다. 결국 뜻이 하늘에서 이루어지는 것 같이 땅에서도 이루어지기를 우리가 기도할 수 있는 이유는 하나님께서 이 땅에서 우리에게 요구하시는 것이 완벽히 뜻을 이루는 것이 아니라 그의 뜻을 이루기 위해 부족한 인간의 입장에서 최고로 순종하는 모습을 보이는 것이기 때문이다. 그리고 이렇게라도 할 수 있는 이들은 오직 그리스도의 구속의 은혜를 누리는 신자들만이라는 사실에 우리는 이 간구를 하면 할수록 더욱 감사하는 삶을 살게 된다.

주기도문: 네 번째 간구[350]

주기도문의 네 번째 간구는 "오늘날 우리에게 일용할 양식을 주시옵고"다. 신자가 하나님 아버지께 일용할 양식을 구할 때 먼저 겸허한 마음으로 인정해야 하는 사실이 있다. 이는 이 세상에 그 어떤 사람도 복에 대한 권리를 주장할 수 없다는 것이다. 태초의 사람은 하나님께 자유롭게 복을 요구할 수 있었다. 그리고 매 순간 하나님께서 공급하시는 복을 충분히 누리면서 살았다. 그러나 인간은 죄로 오염되면서부터 복에 대한 모든 권리를 상실하고 말았다. 아담의 모든 후손들은 아담으로부터 전가받은 원죄는 물론 스스로 범한 죄 때문에 더더욱 하나님께 어떠한 복도 요구할 수 없는 상태에 놓이게 되었다.

이러한 이유로 하나님께서는 죄로 오염된 인간에게 복에 대해서는 더 이상 어떠한 의무도 책임도 없으시다. 하나님께서 죄인들에게 갚으시는 것은 오히려 공의뿐이다. 그리고 죄인들에 대한 그의 공의는 진노와 저주와 형벌로 나타날 뿐이다. 그런데 이러한 상태에 있는 신자들에게 예수님께서 하나님의 복을 구하라고 말씀하시는 것이 바로 "오늘날 우리에게 일용할 양식을 주시옵고"의 간구다. 죄로 물든 인간은 분명 하나님께 복을 구할 수 없는 신세가 되었다. 그러나 예수님께서는 세상의 죄인들 중에서 신자들에게는 이 간구를 허락하시며 하나님께 복을 구할 수 있는 특권이 있음을 말씀하셨다. 다시 말해 예수님께서는 신자가 하나님 아버지께 일용할 양식을 구하는 간구를 통해 하나님께서는 인류 중 그의 택하신 자들에게는 공의뿐만 아니라 은혜도 함께 베푸신다는 것을 알게 하신 것이다.

죄로 오염된 인간은 하나님으로부터 복을 받을 만한 어떠한 공로도 쌓을 수 없다. 또한 스스로의 힘으로는 아무리 열심히 노력한다 할지라도 원하는 복을 취할 수도 없다. 그럼에도 불구하고 인간은 언제나 스스로 원하는 복을 취할 수 있다고 생각한다. 자신이 필요한 것은 대부분 노력에 의해 취할 수 있다고 생각한다.

이렇듯 인간이 스스로 필요한 것을 얻으며 살아갈 수 있다고 생각하는 것은 타락한 본성에서 오는 교만 때문이다. 이것이 바로 하나님의 섭리적 사역을 무시하는 생각이다. 인간에게 필요한 물질을 주시는 하나님을 의지하기보다는 물질 자체를 의지하는 것이다. 따라서 이것도 일종의 우상숭배에 해당된다. 이러한 상황에서 인간이 스스로 복을 갈망하는 것은 그 자체가 불법적이다. 그리고 이는 하나님의 저주를 받아 마땅한 행동을 하는 것이다. 인간에게서 나타나는 이러한 불법적인 생각과 행동이 심각한 이유는 이러한 경향이 불신자뿐 아니라 구원받은 신자들에게도 종종 나타나기 때문이다.

복을 기원하는 것은 물론 행복을 추구할 권리에 대한 혼동 속에 살아가는 사람들 중에 어떠한 특별한 부류에게 예수님께서 하나님의 복을 열어주신 것이 바로 이 간구라고 할 수 있다. 그렇다면 예수님께서 특별히 하늘의 복을 열어준 이들은 과연 누구인가? 하나님께서 자녀 삼아 주신 자들이다. 하나님을 아버지라고 부를 수 있는 자들이다. 하나님과 아버지와 자녀의 관계를 맺은 자들이다. 예수님께서는 이들에게 아버지 되신 하나님께 일용할 양식을 구할 수 있는 특권과 권리가 있음을 말해주셨다. 결국 이러한 차원에서 볼 때 구원을 은혜로 받은 신자는 이 땅에서 하나님의 복을 구할 수 있는 특권도 은혜로 받았다고 할 수 있다. 따라서 신자가 일용할 양식을 구할 수 있는 것은 전적인 하나님의 은혜다. 하나님께서 자기가 양자 삼은 자들에게 주시는 선물이다. 이러한 이유로 신자가 해야 할 것은 다름이 아니라 선물로 받은 이 특권을 잘 누리는 것뿐이다. 그리고 신자는 일용할 양식을 구할 때마다 은혜를 주신 하나님께 감사하며 더 풍성히 주실 하나님을 기대하게 되는 것이다.

그럼 신자는 어떻게 하면 일용할 양식을 구하는 특권을 잘 누릴 수 있는가? 가장 먼저 매순간 하나님의 섭리를 철저히 의존하며 살아가야 한다. 이 세상의 어떤 것도 하나님의 섭리를 거스르거나 섭리 밖에서 일어나는 일은 없다. 하나님의 섭리가 없으면 세상의 어떤 것도 제 기능을 발휘할 수 없게 된다. 하나님의 섭리가 없다면 우리가 먹는 음식은 더 이상 우리에게 힘과 양분이 될 수 없다. 또한 하나님의 섭리를 떠나서는 자동차도 우리의 이동을 돕는 유용한 교통수단이 될 수 없다. 쌀이 우리에게 양분이 되고, 모래가 집을 짓는 데 사용되는 것은 다 하나님의 섭리가 있기에 가능한 것이다. 하나님의 섭리는 물질들의 사용과 효능에만 있는 것이 아니다. 인간의 생각과 노력도 전적으로 하나님의 섭리에 의존한다. 인간이 스스로의 노력만으로는 결코 필요한 복을 누릴 수 없는 것이 바로 이러한 이유 때문이라고 할 수 있다. 하나님의 섭리를 벗어난 인간의 생각과 노력은 그 자체로 무의미한 것이 된다. 따라서 인간은 스스로의 힘으로는 어떤 것도 이룰 수 없다. 이러한 이유로 신자는 오직 하나님의 섭리를 의지하는 삶 가운데서만 일용할 양식을 구해야 한다.

우리가 "일용할 양식"을 구하며 하나님의 섭리를 전적으로 의지한다는 것은 또한 어떠한 경우에 있어서도 하나님의 섭리를 거스르는 행동을 하지 않을 수 있는 힘과 지혜를 달라고 기도하는 것을 의미한다. 즉, 이는 우리가 "일용할 양식"을 위해 기도할 때 필요한 것에 대한 요구로만 그 기도가 끝나면 안 된다는 것을 말한다. 복의 근원되시는 하나님께서 우리의 필요를 따라 선물을 주실 때에 받은 모든 것을 가장 적합하게 잘 사용할 수 있도록 우리는 함께 기도해야 한다. 그리고 우리가 받을 것들을 통해 하나님의 섭리가 이 땅에 잘 이루어지도록 간구해야 한다. 이 간구는 우리가 받은 복을 통해 이 땅에서 우리가 사용하는 물질들 중에서 하나님의 위로를 누리는 데 방해되는 것들로 부터 우리를 지켜달라는 뜻도 함께 포함하고 있다. 이는 우리가 구하는 일용할 양식이 하나님께서 주시는 현세적인 복을 잘 사용할 수 있는 지혜와 힘을 달라는 간구가 될 뿐 아니라 우리가 소유한 물질들이 우리를 하나님과 대적하게 하는 악한 요소가 되지 않기를 소망하는 기도가 되어야 함을 말하는 것이다.

일용할 양식을 구하는 특권을 잘 누리는 두 번째 방법은 하나님의 섭리에 대한 신뢰를 가지고 부지런히 모든 방법과 수단을 강구하는 것이다. 즉, 기도만 하는 것이 아니라 기도 내용이 실현되기 위해 우리가 할 수 있는 일에는 최선을 다해야 한다는 것이다. 하나님의 섭리에 대한 전적인 신뢰는 자발적이고 도전적인 모습으로 나타나지 결코 의존적이거나 수동적인 모습으로 나타나지 않는다. 또한 부지런함으로 표현되지 결코 게으른 모습으로 표현되지 않는다. 예를 들어 신자는 이 간구에 근거하여 물질적인 도움을 구할 수 있다. 그런데 이때 간구만 하고 가만히 있어서는 안 된다. 신자는 자신이 간구한 내용에 하나님께서 섭리적으로 역사하실 것을 믿으며 최선을 다해 그것을 이루기 위해 수고하고 노력해야 한다. 병 낳기를 기도할 때도 할 수 있는 한 의학적 노력을 다 하면서 그 속에서 하나님의 섭리적 은혜를 기대하는 것이 바로 일용할 양식을 올바르게 구하는 것이다.

세 번째 우리가 일용할 양식을 구하는 방식은 언제나 합법적이어야 한다. 여기서 합법적이라는 것은 세상의 가치관을 말하는 것이 아니다. 성경에서 말하는 하나님의 뜻과 그 내용과 방법에 있어서 모두 일치해야 한다는 것을 말한다. 즉, 성경의 원리와 기준에 따라 합당하게 일용할 양식을 구하는 자세가 우리에게 필요하다. 일용한 양식에 대한 합법적인 간구는 또한 우리가 우리의 필요한 것들을 부당한 방법으로 취하지 않을 수 있는 힘을 달라고 성령님의 도움을 구하는 것이기도 하다. 이는 신자의 모든 경제 활동이 성도들 사이에서는 물론 세상 사람들에게 착한 행실이 되도록 성령님의 지혜를 구하는 것을 말한다.

신자는 분명 이 간구를 통해 물질적인 번영과 세상적인 복을 구할 수 있다. 그런데 이때 신자가 꼭 염두 해야 할 것이 두 가지가 있다. 하나는 하나님의 뜻에 복종하는 자세로 간구하는 것이다. 이는 무작정 욕심으로 간구하는 것이 아니라 만일 하나님의 뜻이고 하나님께서 기뻐하신다면 달라고 기도하는 것을 말한다. 그리고 또 한 가지는 우리에게 필요한 만큼 달라고 기도하는 것이다. 다시 말해 자신에게 적당한 분량의 은혜를 소망하는 것이다. 이 두 가지가 잘 지켜질 때 신자는 하나님이 주시는 복에 만족할 수 있게 된다. 하나님께서는 신자의 기도에 분명 응답하신다. 이때 기도자는 하나님께서 주시는 응답에 만족할 수 있어야 진정한 감사를 드릴 수 있게 된다. 반면에 만일 하나님께서 주시는 응답에 만족하지 못하게 되면, 이 간구는 오히려 기도자에게 시험과 저주가 되는 결과를 낳고 만다는 것을 결코 잊어서는 안 된다.

신자는 일용할 양식을 하나님 아버지께 구한다. 이는 오직 하나님만이 일용할 양식의 유일한 공급자이심을 인정하고 고백하는 것을 말한다. 또한 신자의 이 고백은 하나님 외에는 어떤 존재에게도 자신의 필요를 의지하지 않겠다는 굳은 맹세의 표현이자 다짐이기도 하다. 신자의 이 간구는 물질적인 필요뿐 아니라 하나님의 말씀도 포함됨을 잊어서는 안 된다. 매일 하나님께서 일용할 양식을 우리의 몸에 공급해 주시듯이, 매일 말씀을 우리의 영에 공급해 주시기를 간구하는 것이다. 이러한 차원에서 이 간구는 또한 항상 말씀만을 영의 양식으로 삼고 그것만을 의지하고 살아가겠다는 약속의 표현이기도 하다.

"일용할 양식을 주시옵고"는 독립된 하나의 기도로 신자에게 주어진 것이 아니다. 이는 전체 주기도문에 속한 하나의 간구로 신자들에게 제공되었다. 따라서 일용할 양식은 주기도문의 다른 간구들과 연결해서 이해할 때 더욱 풍성한 의미를 가질 수 있다. 특히 앞서 언급된 세 가지 간구와는 좀 더 직접적이고 밀접한 관련이 있다. 이러한 관점에서 보면 일용할 양식은 하나님의 이름이 거룩히 여김을 받고, 하나님의 나라가 임하고, 뜻이 하늘에서 이룬 것 같이 땅에서도 이루어지는 데 필요한 모든 것을 의미한다고도 할 수 있다. 결국 이 간구는 앞의 세 간구가 이 땅에서 이루어지는데 필요한 모든 것의 공급자가 하나님이심을 고백하는 것이다. 또한 이는 이 세 간구의 내용이 이 땅에서 이루어지는 데 신자가 함께 동역할 수 있는 힘을 하나님께서 공급해 주실 것을 믿는 믿음의 고백이기도 하다. 하나님의 이름이 거룩히 여김을 받고, 하나님의 나라가 이 땅에 임하고, 하나님의 뜻이 하늘에서 이룬 것 같이 땅에서도 이루어지는 일은 전적으로 하나님의 일이지 사람의 일이 아니다. 죄로 오염된 인간은 결코 이 일을 실행할 수 없다. 그러나 하나님께서는 주기도문을 통해 신자에게 특별한 은혜를 주셨다. 하나님 자신의 일에 참여할 수 있게 하셨다. 일용할 양식을 믿음으로 구하고, 그 응답으로 받은 힘과 능력을 통해 하나님께서 이 땅에서 하시는 일에 동역자로 설 수 있게 하신 것이다.

마지막으로 중요한 또 한 가지는 예수님께서는 "일용한 양식"을 개인의 간구로 가르치지 않으셨다는 것이다. 예수님께서 신자에게 간구하라고 하신 "일용한 양식"은 개인의 양식이 아니라 공동체의 양식이다. 그래서 예수님은 '나에게 일용할 양식을 주시옵고'가 아니라 "우리에게 일용할 양식을 주시옵고"라고 간구하라고 하셨다. 여기서 '우리'는 교회 공동체를 말한다. 그리고 이 교회는 그리스도를 머리로 하는 이 땅의 유형의 교회를 말한다. 또한 이 교회는 유형의 교회의 각 부분이 되는 각 개교회를 말한다고 할 수 도 있다. 뿐만 아니라 여기서의 우리는 우리 공동체 가운데 소외된 가난한 이웃까지 포함한다고 볼 수 있다. 따라서 신자는 이 간구를 통해 교회 안에서는 성도의 바른 교제를 이루어 갈 뿐 아니라, 교회 밖으로는 이웃 사랑을 실천할 수 있어야 하는 것이다.

주기도문: 다섯 번 째 간구[351]

주기도문의 다섯 번 째 간구는 "우리가 우리에게 죄 지은 자를 사하여 준 것 같이 우리 죄를 사하여 주옵시고"다. 그런데 이 간구는 "우리가 우리에게 빚 진자를 사해 준 것 같이 우리의 빚을 사해주옵소서"와 같은 의미를 지닌다.[352] 따라서 이 간구에서 말하는 죄는 하나님의 법을 지킴에 있어서 부족함이 있거나 그것을 직접적으로 범하므로 하나님으로부터 받아야 하는 벌로서 지불해야 할 빚을 말한다. 인간이 하나님께 행한 죄에 대한 벌로서 빚을 진다는 것은 우리가 하나님의 공의에 빚을 진다는 표현과도 연결된다. 결국 이 간구에서 말하는 죄는 죄를 짓는 행동이나 죄의 내용을 말하는 것이 아니라 죄의 결과로서의 죄책을 말하는 것이다. 즉, 이 간구에서 죄를 용서해 달라는 것은 결국 하나님의 심판과 형벌을 면하게 해달라고 말하는 것이다.

죄를 짓는다는 것은 선이 부족하다는 등의 추상적인 개념을 말하는 것이 아니다. 이는 실제로 하나님을 대항하여 악을 행하는 것을 말한다. 따라서 죄를 지은 자는 누구나 그에 맞는 벌을 받아야 한다. 즉, 죄에 대한 책임을 져야 한다. 이를 죄책이라고 한다. 아담 이후의 모든 인류는 두 가지의 경우에 있어서 죄책이 있다. 하나는 원죄(original sin)고 나머지 하나는 자범죄(actual sin)다. 원죄는 아담이 지은 첫 번째 죄로 이 죄로 말미암아 인간은 창조될 당시 가졌던 원래적 의를 상실하게 되었다. 인간 본성 전체가 죄로 오염되어 부패하게 된 것이다. 아담의 이 원죄는 생육법을 통해 그의 후손에게 전가된다. 따라서 아담 이후의 인류는 모두가 이 원죄에 대한 죄책을 가지게 된다.[353] 반면에 자범죄는 생활 가운데서 크고 작게 드러나는 죄들을 말한다. 자범죄는 인간 속에서 자생적으로 발생했거나 개발된 어떤 내적 본성에 의한 것이 아니라 전적으로 원죄의 산물로 나타난다. 이는 하나님께서 금지하신 것들을 의도적으로 행하는 작위적인 죄 뿐 아니라 하나님께서 명하셔서 우리가 마땅히 해야 할 일을 의도적으로 하지 않는 부작위적인 죄로도 나타난다.

모든 인류는 이 원죄와 자범죄에 대해 죄책을 가지고 있다. 그런데 문제는 많은 이들이 자신이 감당해야 할 죄책을 모르고 있거나 무시하고 있다는 점이다. 이는 그만큼 인간이 죄로 오염되어 있음을 보여주는 것이라고 할 수 있다. 인간은 자신의 죄책을 느끼지 못하거나 그것을 무시해 버릴 만큼 자신의 죄와 죄책에 무감각해 있다. 그런데 인간에게 있어서 이러한 현상은 오히려 당연하다고 할 수 있다. 왜냐하면 죄책이라는 것은 단지 죄에 대한 주관적인 느낌이 아니라 하나님과 관계된 객관적인 사실이기 때문이다. 즉, 죄로 오염된 인간이 죄책을 느끼는 것은 철저히 성령의 특별하신 내적 사역을 통해서 일어나는 현상이기 때문이다. 성령님께서 죄를 깨닫게 하시고, 죄에 대한 애통하는 마음과 죄의 결과로 우리가 직면한 비참한 현실을 보게 할 때, 죄인은 비로소 짊어져야 한 죄책의 무게를 느끼게 된다. 또한 죄책을 깨달은 인간이 자신의 비참한 현실에 직면하여 좌절할 수밖에 없는 이유는 인간 스스로의 힘으로는 어떠한 방법을 통해서도 이 죄책을 해결할 수 없다는 것을 알게 되기 때문이다.

그러면서도 인간은 좌절과 동시에 희망을 보게 된다. 예수 그리스도를 통해 죄책이 해결 된다는 사실을 알게 되는 것이다. 예수 그리스도의 구속이 하나님 앞에서 우리가 감당해야할 죄책을 제거해 준 것을 깨닫게 되는 것이다. 성령님께서 죄인의 마음에 역사하셔서 이를 깨닫게 하시고, 예수 그리스도를 믿는 마음을 주신다. 그런데 여기서 우리가 분명히 구분해야 할 것은 예수 그리스도의 순종과 속죄는 우리의 원죄를 없앤 것이 아니라는 사실이다. 이는 우리가 당해야할 형벌을 대신 당하심으로 죄책을 없앤 것이라는 점이다. 예수님께서 십자가에서 당하신 고통과 죽음은 우리가 원죄를 가진 죄인으로서 감당해야할 죄책이었다. 쉽게 말해 죄인인 우리가 받아야 할 벌이었다. 이 벌을 예수님께서 대신 받으신 것이다. 그러니 우리의 죄책은 결국 하나님의 공의에 대해서 우리가 예수님께 빚을

진 것이 되는 것이다.

그리스도의 순종과 속죄가 해결한 우리의 죄책은 원죄뿐 아니라 우리의 자범죄까지 모두 해당된다. 그리고 이것이 바로 하나님께서 우리를 의롭다고 여겨 주시는 근거가 된다. 즉, 그리스도의 순종과 속죄가 우리의 칭의의 근거가 되는 것이다. 이 칭의로 우리의 과거, 현재, 그리고 미래의 모든 죄책은 이미 다 사라졌다. 다시 말해 우리의 원죄 뿐 아니라 자범죄의 죄책까지 모두 해결되었다. 따라서 신자는 매일 범하는 자범죄에도 불구하고 계속해서 의인으로 여겨지게 된다. 또한 어떠한 죄를 범한다고 할지라도 결코 정죄함을 받지 않는다(롬 8:1).

그런데 예수님께서는 이미 모든 죄책에서 해방된 신자들에게 죄를 사하여 줄 것을 간구하라고 하신다. 죄책이 해결되어 죄에 대한 모든 형벌에서 자유로워진 자들에게 죄 사함을 위한 기도를 하라는 것이다. 이는 어떻게 보면 자신의 속죄 사역을 스스로 거스르는 말 같기도 하다. 예수님께서 이런 말씀을 하신 이유가 무엇인가? 다른 말로 하면 이미 더 이상 정죄함이 없는 우리가 왜 자범죄의 용서를 구하는 기도를 해야 하는 것인가? "우리의 죄를 사하여 주옵시고"의 간구가 신자에게 어떤 의미가 있고, 어떤 효과가 있기에 예수님께서 이것을 신자에게 가르치시고 하게 하시는 것인가? 일단 이 간구 속에 하나님과의 단절된 관계를 다시 회복시켜 달라는 의미는 전혀 없다. 이는 이 간구의 효과가 그렇게 까지 미치지 못하기 때문이 아니다. 하나님으로부터 의롭다 함을 받고, 양자가 된 자들은 이 땅에서 어떠한 죄를 저지른다 하더라도 하나님과의 관계가 끊어지는 법이 없기 때문이다. 그리고 그 죄에 대해서 정죄함도 없기 때문이다. 따라서 이 경우는 해당사항이 없기 때문에 그러한 의미도 없는 것이다.

그렇다면 이 간구가 의미하는 것은 무엇인가? 첫 째, 이 땅에서 우리가 범하는 죄는 바로 하늘에 계신 아버지께 죄를 범하는 것임을 시인하고 고백하는 것이다. 우리가 하나님을 대항하여 하나님께서 기뻐하지 않는 행동이나 생각을 했다는 것을 시인하는 것이다. 이를 통해 자신의 잘못을 깨닫고 다시는 그러한 죄를 범하지 않을 것을 기도를 통해 다짐하는 것이다. 이와 함께 우리가 우리의 죄를 사하여달라고 기도해야 하는 것은 우리가 범하는 자범죄가 비록 우리와 하나님과의 연합을 깰 수는 없고, 하나님의 양자가 된 우리를 사생아로 만들 수는 없지만, 하나님의 얼굴을 당분간 우리에게서 거두실 수는 있기 때문이다. 또한 하나님과 우리 사이에 죄가 끼어들어 우리가 죄의 유혹에 빠지게 되면 하나님과의 친밀한 교제가 방해를 받거나 약화 될 수도 있기 때문이다. 이러한 이유로 신자는 매일 기도를 통해 자신의 죄를 자백하고 용서를 구해야 하는 것이다.

또한 예수님께서 가르쳐 주신 죄 용서를 구하는 기도는 신자의 삶에 위안과 안정을 제공하기 때문에 중요하다고 할 수 있다. 신자는 이 기도를 통해 하나님의 용서와 사랑을 다시 한 번 마음에 새기게 된다. 또한 그리스도의 구속의 은혜를 통한 구원의 확신이 더욱 증가됨을 경험하게 된다. 이 기도를 통해 신자가 누리게 되는 평안은 전적으로 성령의 역사다. 주문을 읊조려서 마음의 평정을 찾으려는 세속 종교와는 분명히 다르다. 명상이나 참선을 통해 죄에 대한 고민에서 벗어나려는 수고와도 완전히 다르다. 예수님께서는 이 간구를 의무나 명령으로 제자들에게 주신 것이 아니다. 오히려 이는 우리가 우리의 죄를 고백하면 성령님께서 우리의 마음에 용서와 죄 사함의 확신을 주실 것이라는 약속으로 주셨다. 이러한 이유로 기쁨으로 우리의 죄 사함을 위해 간구할 수 있는 것이다. 그러면서도 우리는 부지런히 죄 용서를 빌어야 한다. 왜냐하면 성령님께서 주시는 죄 용서의 확신이 모든 사람에게 동일하게 나타나는 것은 아니기 때문이다. 심지어 이 은혜는 동일한 사람이라 할지라도 때와 장소 그리고 상황에 따라 다르게 나타날 수도 있다. 따라서 신자는 항상 죄 용서와 구원의 확신 속에서 살아 갈 수 있도록 부지런히 죄 사함을 위한 기도를 하는 것이 바람직하다.

그럼 "우리가 우리에게 죄 지은 자를 사하여 준 것 같이"가 의미하는 것은 무엇인가? 일단 이것의 의미를 알기 위해서는 신자의 마음속에 생기는 '다른 사람을 용서하고자 하는 마음'은 결코 인간의 노력으로 되는 것이 아니라 성령님의 역사라는 것을 먼저 이해해야 한다. 즉, 신자가 누군가를 용서하려 한다는 것은 그 속에 성령님께서 역사하고 계신다는 증거가 된다. 이는 그리스도와 연합된 삶을 살아가는 표이기도 하다. 또한 이는 하나님의 양자로 이 땅에서 살아가고 있음을 증명하는 것이기도 하다. 따라서 신자는 자신의 마음 속에 타인의 죄를 용서하고

자 하는 의지가 생길 때마다, 자신 또한 아버지 되신 하나님으로부터 죄 용서함을 받을 수 있다는 확신을 더욱 굳게 가질 수 있게 된다. 이러한 이유로 신자는 죄를 고백할 때마다 죄책에 대한 형벌로 두렵고 떠는 것이 아니라 성령님께서 자신 속에서 살아서 역사하심을 실질적으로 체험하게 되는 것이다. 그리스도와의 연합된 삶을 더욱 깊이 누리게 되는 것이다. 결국 이 간구는 죄책을 면하기 위한 간구가 아니라, 죄책이 이미 해결되었음을 확신하는 것이고, 그 일을 행하신 그리스도께 감사를 표현하는 것이며, 죄인이 아니라 의롭다 인정받은 자로 살아갈 것을 다짐하는 것이라 할 수 있다.

주기도문: 여섯째 간구[354]

주기도문의 여섯 번째 간구는 "우리를 시험에 들게 하지 마옵시고, 다만 악에서 구하옵소서"다. 예수님께서는 제자들에게 시험이 없도록 기도하라고 말씀하지 않으셨다. 예수님께서는 시험에 들지 않도록 기도하라고 말씀하셨다. 이는 신자에게 있어서 시험은 있을 수도 있고 없을 수도 있는 것이 아님을 나타낸다. 또한 신자가 기도하거나 노력한다고 해서 시험이 그를 피해간다거나 시험에서 자유로운 경지에 이를 수 있는 것도 아님을 나타낸다. 즉, 신자에게 시험은 선택의 문제도, 확률의 문제도, 또한 능력의 문제도 아니라 삶 속에서 필수적으로 직면하게 되는 문제인 것이다. 따라서 예수님은 제자들에게 시험을 만났을 때 그것을 정면으로 맞이하여 이기고 헤쳐 나갈 수 있기를 기도하라고 한 것이다.

우리가 예수님께서 가르쳐 주신 이 간구를 올바르게 사용하려면 가장 먼저 예수님께서 직접 언급하신 '시험'이 무엇인지 잘 이해해야 한다. 특히 시험을 하는 이와 시험을 당하는 자가 누구인지를 잘 알아야 한다. 이는 단순히 시험을 당하는 자가 어떻게 그것을 잘 극복할 수 있는가에 대한 정보를 얻기 위함이 아니다. 신자가 시험의 주체와 객체를 잘 알아야 하는 이유는 이것이 시험을 당했을 때 하나님을 대하는 자세와 깊은 관련이 있기 때문이다.

신자가 당하는 시험에 관련하여 성경이 말하는 분명한 사실은 하나님은 누구도 시험하지 않으신다는 것이다. 신자를 시험하는 것은 사탄이나 그가 부리는 악한 영들이다. 또한 신자는 자기 자신 속에 여전히 남아 있는 부패한 본성인 육체의 정욕에 의해 스스로 시험을 당하기도 한다. 즉, 신자를 시험하는 것은 사탄과 죄로 오염된 자기 자신이지 결코 하나님이 아니다. 이러한 이유로 우리는 우리 앞에 놓인 어떠한 시험에 관해서도 하나님을 탓하거나 원망할 수 없다. 그럼에도 불구하고 분명한 사실은 어떠한 시험도 하나님과 관련 없는 시험은 없다는 것이다. 비록 하나님께서 시험을 직접 조장하시지는 않지만, 모든 시험이 하나님의 작정과 섭리 가운데 있는 것도 분명 사실이다. 이러한 차원에서 하나님께서 시험에 관여하시는 방법이 바로 '허용'이다. 하나님께서는 자신의 선하고 지혜로운 목적에 따라 시험을 허용하신다.

시험의 주체는 언제나 사탄이다. 사탄은 타락한 천사의 우두머리로서 '공중권세 잡은자' 혹은 '불순종의 아들들 가운데 역사하는 영'(엡 2:2)으로 불린다. 사탄은 세상과 사람의 마음에 있는 악한 영향력이나 그러한 상태를 말하는 것이 아니다. 신자를 시험하는 자로서의 사탄은 실제로 존재하는 인격이다. 그런데 많은 경우에 있어서, 그리고 심지어는 신자들 사이에서도 사탄이 인격이 아니라 악한 기운 등으로 이해되는 경향이 있다. 사탄에 대한 이러한 오해는 그것의 실체의 심각성을 무시하게 함으로 오히려 사탄의 활동을 더욱 용이하게 한다. 또한 사탄의 실제성과 인격성을 등한시하거나 거부하는 것은 그리스도의 실제성과 인격성까지도 격하시키거나 거부하는 결과를 낳게 된다. 게다가 이는 신자가 당하는 시험을 사탄의 음모나 계략으로 보는 눈을 막아버리고, 단순한 정신 쇠약이나 질환으로 여기도록 하는 결과를 낳기까지 한다.

사탄은 분명 실재하는 인격체다. 그리고 이 인격은 극도로 악한 인격이다. 그러면서도 이 인격은 영적인 인격이다. 사탄이 영적인 인격이라는 것은 하나님이 영적인 인격이라는 것과 같은 맥락이다. 그러나 하나님은 무한한 능력의 창조자이시지만, 사탄은 하나님으로부터 만들어진 존재다. 따라서 사탄의 능력은 유한하다. 특히 비록 영적인 인격이지만 하나님처럼 여러 곳에 동시에 존재할 수 있는 능력은 없다. 이러한 이유로 사탄은 동시에 여러 곳에서 여러 사람들을 미혹할 수는 없다. 그런데 시험을 당하는 자들의 경우를 보면 세계 곳곳에서 동시에 많은 사람이 사탄의 유혹에 빠져 허우적거리는 것을 보게 된다. 그럼 이러한 현상은 도대체 어떻게 일어나는 것인가? 유한한 능력의 존재인 사탄이 어떻게 동시에 여러 곳에서 많은 사람들을 미혹할 수 있는 것인가? 이는 사탄이 혼자 하는 일이 아니기 때문이다. 사탄은 타락한 천사들과 악한 영들을 그의 졸개들로 부린다. 사탄의 조정을 받은 타락한 천사들과 악한 영들, 즉 귀신들이 방방곡곡에서 여러 사람들에게 동시에 미혹의 영으로 작용하기 때문에 많은 이들이 동시에 시험을 당하는 것이다.

귀신들 말고도 사탄의 조종 아래서 신자를 시험에 빠지게 하는 것들이 있다. 성경은 이를 '세상'과 '육신'이라고 표현한다. '세상'이 하나님께서 만드신 모든 피조물이라는 뜻으로 사용될 때는 선하고 건전한 의미를 갖는다. 그러나 많은 경우에서 '세상'은 하나님을 대적하는 모든 것들의 총칭을 의미하거나 사탄이 왕이 되어서 다스리는 죄악된 이 땅을 나타낸다. 이 사탄의 나라에 속한 것들 중에도 항상 악한 것이라고 단정할 수 만은 없는 다소 중립적인 것들도 있다. 과학, 문화, 예술, 철학, 스포츠 등이 이에 해당한다. 이것들은 인간이 어떤 의도로 사용하느냐에 따라 인간을 유익하게 하는 것으로도, 혹은 인간을 미혹하는 것으로도 사용될 수 있다. 물론 사람들이 이것에 하나님보다 더 많은 관심과 사랑을 가지게 되면 이것들 자체를 우상화시키는 시험에 빠지기도 한다. 사탄의 나라인 세상에 속한 것들 중 교만, 정욕, 쾌락, 시기, 다툼, 도박 등은 언제나 악한 것들이다. 그래서 사탄은 신자를 미혹하고 넘어뜨리기위해 이러한 것들을 사용할 준비를 항상 끝마쳐 놓고 사용할 기회만 노리고 있다.

인간을 시험에 빠뜨리기 위해서 사탄은 '세상' 뿐만 아니라 '육신' 또한 이용하고 조종한다. 육신은 인간의 육체를 말하기도 하지만, 성경에 사용된 육신은 주로 타락한 인간의 악한 본성 전체를 의미한다. 타락한 인간 속에 있는 이 죄악된 본성은 하나님을 대적하는 사탄의 본성과 많은 유사성을 가지고 있다. 이러한 이유로 사탄이 우리 속에 있는 육체의 정욕을 자극할 때 우리가 쉽게 그 유혹에 넘어가는 것이다. 결국 인간이 사탄의 유혹에 넘어가서 시험에 빠지는 이유는 사탄의 공격이 우리가 뿌리칠 수 없을 만큼 강력하기 때문이 아니라 우리의 속에 있는 죄악된 본성인 육체가 사탄의 유혹을 적극적으로 수용하려 들기 때문이다. 이러한 이유로 신자의 의지는 사탄의 시험 앞에서 약화될 뿐 아니라, 무력하게 꺾여 버리는 결과를 초래한다.

시험은 신자 속에서 일어나는 영적인 싸움과도 같다. 불신자와 비교해서 신자에게서 나타나는 가장 큰 차이점은 유혹과 맞서 처절한 싸움을 한다는 것이다. 신자는 그리스도로부터 거듭남의 은혜를 받은 사람들이며, 하나님으로부터 새 영을 공급받은 자들이다. 그렇기 때문에 신자 속의 새 영은 사탄의 유혹을 그대로 수용하려는 육체의 정욕과 정면으로 대립한다. 그리고 육체의 정욕이 그 유혹을 받아들이지 못하도록 강하게 대항한다. 이 과정에서 신자의 마음은 그리스도의 새 영과 육체의 정욕이 싸우는 전쟁터가 되는 것이다. 이 전쟁에서 양보나 화해는 있을 수 없다. 오직 승리와 패배만 있을 뿐이다. 그리스도의 새 영이 승리하면 신자는 유혹을 이기고 시험을 극복하는 것이 된다. 반면에 육체의 정욕이 이기면 시험에 빠져버리는 것이다. 이러한 이유로 시험은 오로지 신자의 몫이다. 불신자에게는 사탄의 유혹을 대항하는 그리스도의 새 영이 없다. 따라서 이들은 사탄의 유혹을 언제든지 환영한다. 이러한 면에서 볼 때 불신자는 이미 사탄의 지시를 받고 사는 사람들이라 할 수 있다. 그러기에 사탄의 입장에서는 시험에 빠뜨리기 위해 이들을 유혹할 필요가 없다. 불신자들에게 시험이 없는 이유는 이들이 이미 사탄의 종노릇을 하고 있기 때문이다.

중생한 신자는 매일 죄와 싸운다. 사탄의 유혹과 싸우는 것은 중생한 자들이 매일 경험하는 일이다. 이러한 이유로 예수님께서는 신자들에게 피할 수 없는 이 싸움에서 항상 승리할 수 있기를 기도하라고 하신 것이다. 즉, 성령의 도우심으로 육체의 정욕을 제어할 수 있기를 간구하라는 것이다. 예수님의 이 말씀에는 또 다른 의미가 있다. 그것은 사탄의 유혹은 결코 성령의 도움 없이는 물리칠 수 없다는 것이다. 다른 말로 하면 인간 스스로의 힘으로는 사탄의 어떠한 유혹도 제대로 맞설 수 없다는 것이다. 인간이 자신의 힘으로 사탄의 유혹을 극복할 수 있다고 생각하는 것이 교만이다. 이렇게 교만한 맘으로 사탄의 유혹을 대항하는 자는 결국 그 앞에 비참하게 무너지게 되고 수치를 당하게 된다. 성령의 도움을 구하지 않은 신자가 사탄의 유혹에 쉽게 굴복할 수밖에 없는 이유는 사탄이 우리의 육체적 연약함이나 질병, 혹은 육신의 피곤함을 교묘히 이용하기 때문이기도 하다.

신자는 유혹을 당할 때 그것을 적극적으로 대항하며 물리쳐야 한다. 그러면서도 신자는 그 유혹을 잘 활용할 줄도 알아야 한다. 신자는 자기 앞에 놓인 유혹을 통해 스스로의 힘으로는 그 유혹을 해결할 수 없음을 인정하는 겸손한 모습을 보여야 한다. 그리고 더욱 하나님을 의지하는 자세를 취해야 한다. 모든 유혹은 하나님의 선하신 계획 속에서 허용된 것이다. 따라서 신자가 받는 시험 속에는 분명 신자를 향한 하나님의 교육적 관심이 들어가 있다. 신자가 유혹을 활용해야 한다는 것은 바로 이런 차원에서 유혹을 대해야 한다는 것이다. 신자는 유혹 앞에서 자신의 연약함을 고백하고, 더욱 하나님을 의지하며, 그 유혹을 통해 하나님께서 주시는 영적인 교훈을 찾고자 노력해야 한다. 다시 말해 신자는 시험을 당할 때 유혹에 적극적으로 저항하면서도 성화의 목적으로 그것을 선용할 수 있어야 한다. 신자가 이러한 마음으로 유혹을 대할 때, 그 유혹은 오히려 신자의 영적인 삶의 질을 높이게 된다.

이러한 차원에서 볼 때 "우리를 시험에 들게 하지 마옵시고"의 간구는 성령의 능력으로 우리 육신의 활동이 제한되고 억제되길 기도하는 것이다. 또한 우리 속에 있는 그리스도의 새 영이 더욱 활력 있게 일하기를 간구하는 것이다. 사탄의 유혹 앞에서 신자들이 해야 할 이 간구는 단지 입술의 요청으로만 응답되는 것은 아니다. 이러한 이유로 하나님께서는 신자들이 사탄의 유혹을 물리칠 수 있는 방편들을 은혜로 제공해 주셨다. 말씀, 성례, 기도가 바로 그것이다. 신자들이 성령의 내적 사역의 도움을 통해 은혜의 외적인 방편들을 잘 사용하게 되면 사탄의 유혹은 신자의 마음에 자리를 잡지 못하게 된다. 이것이 바로 신자가 유혹을 피하는 구체적인 방법이라 할 수 있다.

앞서 언급한 것 처럼 사탄의 유혹은 언제나 하나님의 허용 가운데서 발생한다. 사탄도 하나님께서 허용해 주시지 않으면 결코 우리를 유혹할 수 없다. 따라서 하나님께서는 원하시면 사탄이 우리를 유혹하지 못하도록 직접 막아설 수 있다. 또한 우리가 시험을 당할 때 우리가 그 유혹에 빠지지 않도록 하나님께서 우리를 지켜주실 수도 있다. 이렇듯 하나님께서 직접 개입하셔서 우리를 돌보시면 그 어느 누구도 시험에 빠지지 않을 수 있다. 그런데 실제 하나님께서는 우리가 유혹에 빠지지 않도록 항상 지켜주시지는 않는다. 하나님께서는 시험을 막지 않으시고 허락하기도 하신다. 또한 어떤 경우에는 우리가 시험에 넘어지도록 그냥 내버려 두시기도 하신다. 결국 하나님께서는 사탄의 유혹을 허용할 뿐 아니라, 우리가 시험 당하는 것조차 허용하실 때가 있다는 것이다. 유혹과 시험에 대한 하나님의 허용은 우리에게 죄에 맞서서 처절하게 싸울 것을 요구한다. 우리 마음이 그리스도의 영과 육체의 본성이 싸우는 전쟁터가 되게 하신다. 하나님은 이러한 허용을 통해 우리가 스스로의 힘으로 유혹을 해결할 수 있다는 교만에 빠지지 않도록 하신다. 즉, 우리를 겸손하게 하셔서 유혹 앞에서 오직 하나님만을 의지하게 하신다.

이러한 상황에서 신자는 종종 그 유혹에 넘어가 죄에 빠지기도 한다. 신자가 시험에 빠지게 된다는 것은 신자의 마음속에서 육체의 정욕이 그리스도의 영을 짓누르고 있다는 말이다. 이렇게 되면 신자는 영적인 기쁨과 진정한 평안을 상실하게 된다. 또한 불안한 마음으로 괴로워하게 된다. 영적으로 낙심하게 되며, 은혜의 외적 방편인 말씀, 성례, 기도를 형식적으로 적용하게 된다. 뿐만 아니라 신자가 시험에 빠지게 되면 구원의 확신이 약해지는데, 경우에 따라서 구원의 확신이 그의 마음속에서 사라지기까지 한다. 결국 자신의 구원 문제를 의심하는 단계에 이르게 된다. 이러한 상황에서 탈출하기 위해서 신자가 해야 할 것은 오직 하나님을 온전히 의지하지 못하고 유혹에 빠진 죄를 진심으로 고백하고 회개하는 것뿐이다.

예수님께서 신자들에게 "우리를 시험에 들게 하지 마시옵고 다만 악에서 구하옵소서"라고 간구하게 하신 것은 분명 명령이자 교훈이다. 그런데 이것은 또한 승리의 약속이기도하다. 성경은 시험당하는 성도들에게 주시는 하나님의 은혜로 최종적인 승리를 약속하고 있다. 특히 이 승리는 신자를 유혹하여 시험으로 몰아넣으려는 사탄이 완전히 패망하게 될 것과 사탄의 악한 의도들도 완전히 좌절 될 것이라는 말씀으로 더욱 분명해진다(롬 16:20).**355** 신자에게는 지속적이고 반복적인 죄의 유혹이 계속 있다. 그리고 지루하고도 처절한 영적 전쟁은 신자의 마음을 항상 전쟁터로 만든다. 그러나 성경은 분명히 하나님께서 우리에게 최종 승리를 주실 것을 약속한다. 이는 우리가 사탄을 이기는 것이 아니라 하나님께서 사탄을 우리 앞에서 상하게 하심으로 우리가 그 승리를 누릴 수 있도록 해 주신다는 은혜의 약속을 말하는 것이다. 결국 신자는 예수님께서 가르쳐 주신 이 간구를 통해 신자를 유혹하여 시험에 빠지게 하는 사탄을 하나님께서 완전히 상하게 하실 것이라는 사실을 믿음으로 고백하게 되는 것이다.

주기도문: 결어**356**

주기도문은 "나라와 권세와 영광이 아버지께 영원히 있사옵나이다. 아멘"으로 맺는다. 이는 오직 하나님과 그의 나라에만 영광을 돌리는 송영의 표현이다. 주기도문의 처음과 끝을 살펴보면 결국 주기도문은 하나님을 아버지로 부름으로 시작해서 송영으로 마친다고 할 수 있다. 이와 함께 주님께서 기도의 결어로 나라와 권세와 영광을 가르치신 것은 우리의 모든 간구가 오직 하나님께서 주신 약속만을 의지해야 함을 말하는 것이다. 또한 주기도문의 이 결어는 기도 응답의 원천이 오직 하나님께만 있음을 선포하는 것이다. 따라서 이는 "만물이 주에게서 나오고 주로 말미암고 주에게로 돌아감이라. 그에게 영광이 세세에 있을지어다. 아멘"(롬 11:36)과 같은 맥락에서 이해되어져야 한다.

예수 그리스도는 자신의 고난을 통해 하나님의 영광을 드러내셨다. 예수님은 사람으로 이 땅에 태어나서, 사시고, 십자가를 지시고, 죽으시고, 땅에 묻히시고, 음부에 내려가시기까지 낮아지심으로 고난을 당하셨다. 그리고 하나님께서는 그리스도께서 당하신 고난을 통해 영광을 받으셨다. 이러한 차원에서 볼 때 그리스도께서 이 땅에서 당하신 고난의 삶은 그 자체가 하나님에 대한 송영이었다. 즉, 예수님은 자신의 일생을 통해 오직 하나님만을 의지했고, 하나님께만 영광을 돌리셨다. 결국 예수님의 이러한 삶은 신자에게 송영의 삶의 모델이 되신다.

예수님께서 주기도문의 결어를 송영으로 가르치신 것은 신자에게도 동일한 송영의 삶이 요청된다는 것을 말씀하신 것이다. 자신이 고난당함으로 하나님께 영광을 돌리는 것처럼, 신자의 고난 또한 하나님을 영화롭게 하는 것임을 나타내신 것이다. 신자의 고난은 단순한 어려움이나 아픔을 넘어선다. 신자가 당하는 고난은 신자의 마음속에서 일어나는 영적 전쟁까지 포함한다. 이 세상의 권세 잡은 사탄의 유혹이 우리의 죄악된 본성인 육체를 유혹하며 하나님과 맞설 것을 자극할 때 신자는 주님께서 가르쳐 주신 기도를 통해 이 싸움을 피하지 않고 더욱 적극적으로 대항하게 된다. 이때 신자는 여러 가지 고난을 당한다. 그러나 신자는 오직 하나님만을 의지하고 성령님의 능력을 공급받아 끝까지 견디며 최종 승리에 이른다. 신자는 이러한 영적 전쟁을 통해 비록 고난 가운데 처하기도 하지만, 그럴수록 더욱 거룩해지며 예수님을 닮아가는 성화의 과정을 밟게 된다. 신자의 삶에서 일어나는 이 모든 과정을 통해 하나님께서 영광을 받으신다. 이러한 차원에서 신자의 고난은 송영이 된다.

결국 주기도문의 결어는 예수 그리스도의 고난의 삶을 통해 하나님의 나라와 권세와 영광이 만천하에 드러나듯이, 신자의 삶을 통해서도 동일한 영광이 세상에 드러남을 말해준다. 예수님께서 송영을 우리의 기도 내용으로 주신 것은 우리의 삶이 하나님의 영광을 드러내는 데 있어서 예수님의 사역에 동역이 되기 때문이다. 또한 신자의 삶을 통해 하나님의 나라와 권세와 영광이 드러난다는 것은 신자가 이 땅에서 올바로 살아갈수록 그만큼 이 땅에서 사탄의 나라가 힘을 잃는다는 것을 의미한다.

주기도문의 결어는 하나님께서 인간을 만드신 목적과도 일치한다. 하나님께 영광을 돌리고 그로 인해 항상 즐거워하는 삶을 사는 것이 바로 송영의 삶이다. 예수님께서는 신자들에게 이 송영의 삶을 규례나 명령으로 주신 것이 아니라 기도로 주셨다. 이러한 이유로 신자에게 있어서 송영의 삶은 짐이 아니라 선물이다. 이루어야할 목표가 아니라 소망하고 기대할 수 있는 은혜인 것이다. 하나님께 영광을 돌리고 그로 인한 기쁘고 즐거운 삶은 기도를 통해 이루어진다. 기도는 하나님의 약속을 근거로 한다. 이러한 차원에서 볼 때 송영의 삶이 기도로 주어졌다는 것은 결국 하나님께 영광을 돌리고 그로 인해 즐거워하는 송영의 삶이 신실하신 하나님으로부터 주어진 약속이라는 것을 말해주는 것이기도 하다.

예수님께서는 주기도문을 '아멘'으로 마치도록 가르치셨다. 아멘은 '진실로'라는 뜻이다. 우리가 기도를 '아멘'으로 마치는 것은 우리의 기도를 하나님께서 들으시고 응답하신다는 확신을 나타내는 것이다. 우리가 기도할 때 하나님의 응답을 기대하고 확신할 수 있는 이유는 바로 이 '아멘'을 예수님께서 우리에게 주셨기 때문이다. 예수님께서 주기도문을 우리에게 가르치시며 '아멘'을 주신 것은 우리에게 확신이 필요함을 말하는 것이 아니다. 확신하는 기도가 응답받는 기도라는 것을 말하는 것이 아니다. 예수님께서 기도에 아멘을 주신 것은 기도가 언제나 확실히 응답될 것이라는 약속의 표인 것이다. 결국 우리가 하나님께 담대히 간구할 수 있는 것도 우리의 모든 기도가 예수님께서 주신 이 '아멘'에 근거하기 때문이다.[357]

은혜언약과 성례

은혜언약	시대구분	성례
옛 언약, 구약	모세 ~ 그리스도시대	할례, 유월절
새 언약, 신약	십자가 ~ 세상 끝	세례, 성찬

　설교가 말하고 들리는 은혜의 방편이라면, 성례는 보고 경험하는 것이다. 성례가 말씀과 다른 점은 외적인 요소들과 행위들을 사용한다는 것이다. 이러한 이유로 그리스도는 가시적 교회에 성례를 맡기셨다. 이렇듯 세례와 성찬은 교회의 규례로 그리스도에 의해 제정되었다. 따라서 세례와 성찬은 언제나 교회에서 공적으로 행해져야 한다. 이는 교회 밖에서나 사적인 성례는 있을 수 없음을 말하며, 그러한 것을 행하거나 참여하는 것은 옳지 않다는 것을 의미한다.

　성례의 요소는 두 가지다. 하나는 외적이며 감지할 수 있는 표(an outward and sensible sign)이고, 나머지 하나는 내적이며 영적인 은혜(an inward and spiritual grace)다. 이를 간단히 은혜언약의 '표'와 '인'이라고 한다. 성례가 은혜언약의 표라는 말은 은혜언약 안에 있는 자들을 위한 그리스도의 중보의 혜택을 나타내는 (signify) 표지(신호)가 된다는 말이다. 성찬의 경우 떡은 그리스도의 몸을 표시하고, 잔은 피를 표시한다. 또한 성찬을 행하는 것은 그리스도의 구속의 혜택에 신자들이 참여하는 것을 표시한다. 성례가 은혜언약의 외적인 표가 되는 것은 물,

떡, 포도주의 외적인 재로들과 이것들에 동반되는 행위들이 물질적이며 시간과 공간 속에 존재하기 때문이다. 또한 성례가 감지할 수 있다는 것은 인간의 오감을 통해 느끼고 체험할 수 있기 때문이다. 이렇듯 외적이며 감지할 수 있는 요소를 살려 성례를 실행할 때 가장 중요한 것은 그리스도께서 제정하신 방식대로 하는 것이다. 예수님께서 제정하신 재료들을 예수님께서 하신 방식대로 실행할 때 성례는 은혜언약이 신자들에게 그리스도의 구속의 은혜를 바로 적용시키는 외적이며 감지할 수 있는 표가 되는 것이다. 결국 성례가 은혜언약의 표라는 것은 성례의 물질적인 요소와 외적인 행위에 영적인 실재가 표시되어 있음을 나타내는 것이다. 이와 함께 성례가 은혜언약의 '인'(seal)이라는 것은 외적이며 감지할 수 있는 표가 의미하는 것으로써 성례가 정당하게 시행될 때 신자들이 그리스도의 구속의 혜택을 실재적으로 보장받는다는 것을 의미한다. 성례를 행하는 가운데 신자 안에서 하나님의 구속 사역이 진행됨을 의미한다. 이 은혜가 영적인 이유는 신자의 삶에 외적으로 드러나는 것이 아니라 신자의 영혼에 실질적으로 영향을 끼치기 때문이다. 그리고 이것은 성례의 표가 존재하는 이유이기도 하다. 이렇듯 은혜언약의 표와 인으로써 성례가 올바르게 시행될 때 신자들은 하나님의 언약이 그들에게 완벽히 성취될 것을 보증받게 된다.[358]

성례의 혜택은 그리스도 안에 있는 신자들과 그의 자녀들에게 주어진다. 성례의 혜택은 그리스도의 중보의 혜택을 말하는데, 그리스도께서 왕, 선지자, 제사장의 삼중직무를 통해 구속자로 성취하신 모든 것이 이에 해당한다. 구체적으로 신자의 삶 가운데 성례는 우리가 그리스도로부터 받은 모든 은혜를 더욱 강화시켜준다. 또한 그리스도 안에 있는 우리의 권리를 재확인시켜 준다. 뿐만 아니라 성례는 신자가 은혜언약을 기꺼이 순종하도록 인도한다. 따라서 신자는 성례를 통해 더욱 올바른 그리스도인으로 성장하게 된다. 한 편으로 성례는 교회에 속한 자들과 그렇지 않은 자들의 경계를 보여주는 가시적인 표가 된다. 즉, 성례는 하나님의 백성들과 그렇지 않는 자들을 구별한다. 세상과 구별된 자들의 표와 인으로서 세례가 교회의 회원권의 표지라면, 성찬은 교회 회원들 간의 교통의 표지라고 할 수 있다.[359]

성례가 신자들에게 은혜를 주는 외적인 방편이 되는 이유는 예수 그리스도를 믿는 믿음에 근거하여 성례가 올바로 실행될 때 외적이고 감지할 수 있는 표와 내적이고 영적인 은혜 사이에 성례전적이고 상징적인 연합이 이루어지기 때문이다. 이는 그리스도께서 지정하신 방식대로 세례와 성찬의 외부적인 표가 정당하게 시행되면, 그것이 의미하는 영적인 은혜가 성례 참여자들에게 전달됨을 말한다. 이러한 차원에서 성례가 구원의 유효한 방편(effectual means of salvation)인 것이다. 그런데 성례의 은혜는 결코 성례 그 자체나 성례를 시행하는 사람의 능력에 의해 전달되는 것이 아니다. 성례의 내적이고 영적인 은혜는 전적으로 성령의 역사와 제정의 말씀에 달려 있다.[360] 그리스도께서는 제정의 말씀을 통해 성례 집례의 권한을 부여하는 규정은 물론 성례를 합당하게 받는 자들이 누릴 은혜를 약속하셨다. 그리고 그리스도께서는 합법적으로 임직 받은 사역자(목사)에게 성례 집례의 권한을 부여하셨다.[361]

성례 키워드

성례는 은혜언약의 표와 인이며, 하나님께 온전한 순종을 다짐하는 표와 인이다. 여기서 말하는 은혜언약은 오직 믿음을 통해서 구원을 받고, 그리스도께서 획득하신 모든 유익한 것을 받는 것을 말한다. 표는 외적인 상징을 말하는 반면, 인은 그 상징에 대한 보증을 말한다. 세례가 물로 씻는 것이라면, 성찬은 그리스도와의 연합을 누리는 것이다. 성례가 하나님께 대한 온전한 순종의 표와 인이 되는 것은 합법적으로 임직 받은 목회자에 의해 집행되기 때문이며, 온전한 순종을 다짐하는 회중이 함께 참여하여 서로 공증하기 때문이다.

세례와 성찬의 공통점[362]

① 언약의 차원에서 세례와 성찬의 창시자는 하나님이시다.

② 신약의 성례로서 세례와 성찬의 제정자는 예수님이시다.

③ 세례와 성찬의 혜택을 참여자에게 적용하시는 분은 성령님이시다.

④ 세례와 성찬의 혜택은 그리스도와 그의 구속 사역이다.

⑤ 세례와 성찬은 그 자체로 효력이 있는 것이 아니라 그 영적 실재의 표와 인이다.

⑥ 세례와 성찬은 오직 하나님께서 택한 자들에게만 표와 인이 된다.

⑦ 세례와 성찬은 유형교회의 규례로 제공되었다.

⑧ 세례와 성찬은 복음의 사역자에 의해 실행되어야 한다.

⑨ 세례와 성찬의 시행은 그리스도의 재림 때까지다.

⑩ 세례와 성찬은 예수님께서 제정해 주신 방식대로만 시행해야한다.

세례와 성찬의 차이점[363]

세례	성찬
세례의 물질적인 요소는 물 영적 출생 그리스도인의 삶의 시작 성령의 거듭나게 하심 그리스도를 통한 죄 사함 그리스도와의 연합의 시작 일생에 한 번만 시행 신자의 맹세 구약의 할례와 관련	성찬의 물질적인 요소는 떡과 포도주 영적 성장 그리스도인의 삶의 지속 그리스도를 먹음 그리스도의 은혜 안에 성장 그리스와의 연합의 유지와 강화 평생, 반복적, 지속적 시행 맹세의 재확인 구약의 만나와 관련

로마 가톨릭의 성례

　로마 가톨릭은 성례의 행위 자체가 효력을 가진다고 가르친다. 성례가 행해질 때 참여하는 모든 자들에게 성례의 은혜가 수여된다는 것이다. 그런데 여기서 말하는 모든 자는 성례의 은혜를 거절하지 않는 자를 말한다. 성례는 그 자체로 효력을 발휘한다. 그러나 인간은 성례의 은혜를 수용할 수도 있고 그렇지 않을 수도 있다. 로마 가톨릭이 말하는 성례의 효력은 개신교에서 말하는 은혜의 외적인 방편과는 차원이 다르다. 이들이 말하는 성례의 효력은 중생의 은혜다. 다시 말해 성례가 행해질 때 의가 주입되고 거듭나게 된다는 것이다. 이러한 이유로 이들에게는 믿음이 구원의 수단이 되지 않는다. 물론, 믿음이 구원의 조건도 아니다. 성례가 바로 시행된다면 믿음은 크게 중요한 요소가 되지 않는다는 것이다. 심지어 이들은 믿음을 구원의 수단으로 여기는 것 자체를 반대한다.

　또한 로마 가톨릭은 성례가 집례자의 의도에 따라 그 효력을 달리 한다고 가르친다. 즉, 집전자가 성례 참여자들에게 성례의 은혜를 전달할 의도가 있을 때 그 성례가 효력을 발휘한다는 것이다. 이는 반대로 집례자가 성례 참여자들에게 성례의 은혜를 전달할 의도가 없다면 비록 그 성례가 형식에 있어서 적법하고 정당하게 진행된다 할지라도 성례는 참여자들에게 그 효력을 발휘하지 않는다는 것이다. 여기서 말하는 집례자의 의도는 교회의 어떠한 외적 요인에 의해 결정되거나 합의되는 것이 아니다. 그렇다고 참여자들의 상태에 대한 객관적인 판단에 근거한 것도 아니다. 이는 단지 주교나 사제가 자신이 집례하는 성례와 참여자들에게 대해 마음속에 갖는 비밀스러운 의도를 말한다. 결국 로마 가톨릭은 주교나 사제가 올바른 의도와 적절한 형식으로 성례를 집행할 때 그 성례는 그 자체로 효력을 발생한다고 주장한다.[364]

유아 세례[365]

세례는 유형교회로 사람을 받아들이는 것이 아니다. 즉 세례를 통해 유형교회의 회원이 되는 것이 아니다. 세례는 이미 유형교회의 회원이 된 자들을 교회가 공인하는 것이다. 이 땅의 사람이 유형교회의 회원이 되는 때는 그리스도를 믿는 믿음과 그에 따른 순종을 고백할 때이다. 교회는 이렇게 유형교회의 회원이 된 이들에게 세례를 주어 지역교회에서 함께 신앙생활을 할 수 있도록 한다. 이는 성인을 기준으로 한 믿음의 고백과 세례에 대한 간략한 설명이다.

그렇다면 이러한 사실이 유아들에게는 어떻게 적용되는 것인가? 유아들도 유형교회의 회원으로 볼 수 있는 것인가? 아니면 유아들은 나름의 특별한 방법을 통해 유형교회의 회원이 되는 것인가? 반대로 유아들은 아직 유형교회의 회원이 될 자격이 없는 것인가? 이러한 문제가 중요한 것은 유아들의 유형교회 회원권이 유아 세례와 직접적인 관련이 있기 때문이다. 이는 유아 세례가 가능한지로부터 시작해서 과연 어떤 조건의 유아들에게 유아 세례를 줄 수 있는지에 관한 문제로 확대된다. 이 문제에 대한 우리의 대답은 다음과 같다. 부모 중 한 사람 이상이 믿는 사람이면 이 유아들은 유아 세례를 받을 수 있다. 신자의 자녀들에게 유아 세례를 주는 것은 이들이 날 때부터 유형교회의 회원이기 때문이다. 이들을 유형교회의 회원으로 여기는 것은 아브라함과의 언약의 연속성에 있어서 그들의 부모가 하나님과의 언약 관계에 있고, 그 자녀들도 그 언약 안에서 태어났기 때문이다.

유아 세례의 개념을 잘 이해하기 위해서는 먼저 신자의 자녀들을 어떻게 볼 것인지를 고려해야 한다. 신자의 자녀들도 비록 어린 아이라 할지라도 원죄의 사슬 아래 있는 것은 성인들과 동일하다. 이러한 이유로 로마 가톨릭 교회에서는 유아들에게 있는 원죄를 없애기 위해 유아 세례를 주어야 한다고 주장한다. 그러나 유아 세례가 원죄를 없애는 장치는 아니다. 개혁 교회에서 유아에게 세례를 주는 이유는 신자의 자녀가 불신자의 자녀와 완전히 구별된다고 보기 때문이다. 즉, 유아 세례는 신자의 자녀들은 불신자의 자녀들과는 달리 은혜언약의 약속을 받은 자들이므로 이를 증거하는 외적 표시로 제공되는 것이다.

기독교 교육의 관점에서 볼 때 유아 세례는 모든 신앙 교육의 출발점이다. 유아 세례 때 부모는 자녀를 주님의 교훈과 훈계로 양육할 것을 삼위 하나님의 이름으로 서약한다. 따라서 자녀의 신앙교육의 책임은 일차적으로 부모에게 있다. 그리고 2차적으로는 목사와 장로에게 그 책임이 있다. 장로는 부모가 자녀에게 신앙 교육을 올바로 하는지 감독해야 할 책임이 있다. 이와 관련된 장로의 책무 중 그 첫 시작이 바로 유아 세례 시 서약을 하는 부모를 진지하게 살피는 것이다. 유아 세례 시 부모가 하는 서약은 부모만의 서약이 아니다. 이는 언약의 부모 된 모든 성도들의 연대 서약으로 봐야 한다. 세례를 받는 아이에 대해 전 성도가 함께 신앙과 삶의 책임을 나눌 것을 서약하는 것이다. 이러한 차원에서 장로는 세례를 받는 유아의 부모뿐 아니라 참석한 전 성도를 꾸준히 살펴야 한다. 반면에 목사는 유아 세례를 베풀면서 세례를 받은 아기가 성장해서 스스로 바른 신앙을 고백할 수 있도록 매주 말씀과 교리공부를 통해 바른 신앙의 길을 가르칠 것을 회중들 앞에서 엄숙히 서약하게 된다. 그리고 지속적인 관심과 관리를 통해 이 서약을 지켜나가야 할 책임이 있다.

요약하자면 유아 세례를 주는 것은 믿음에 근거한 것이 아니라 하나님의 약속과 명령에 근거한 것이다. 자녀들은 부모를 통해 부모와 함께 은혜언약을 받았고 이 약속에 속한 자가 되었기 때문에 자녀들도 약속의 표인 세례를 받아야 하는 것이다. 이렇게 유아 세례를 받은 아이들이 자신들의 신앙을 스스로 고백하는 나이가 될 때까지 교회는 아이의 신앙교육을 체계적으로 시행해야 할 의무가 있다.

성령세례와 성령충만

성령 세례는 크게 두 가지로 이해되어 진다. 전통적으로는 중생과 동시에 일어나는 현상으로 이해된다. 그러나 오순절 계통의 신학에서는 성령세례를 중생 이후에 두 번째로 체험되는 영적현상으로 여긴다. '성령으로 세례를 주다(or 받다)'라는 표현은 일차적으로 세례 요한의 물세례와는 차원이 다르다는 것을 의미한다. '성령으로 세례를 주다'라는 것은 '성령을 주다'라는 것과 사실상 다른 표현이 아니다. 이 표현은 비유적인 표현으로 성령을 풍성하게 주신다는 것을 강조해서 나타낸다고 할 수 있다. 비슷한 표현인 '성령을 부어주다'도 풍성함을 드러내는 비유적인 표현이다. 다시 말하면 신약에서 언급된 '성령 세례'란 구약 시대에 비해 더 풍성한 은혜를 주신다는 표현이라 할 수 있다. 그와 더불어 '성령 세례'라는 표현은 물세례를 베푼 요한보다 더 큰 분이신 예수 그리스도가 직접 하시는 사역이라는 것의 비유적인 표현이라고도 할 수 있다.

중생, 즉 거듭남은 그 어원으로 볼 때 지속적이고 점진적인 과정이 아니라 단회적, 순간적, 진입적 사건이다.[366] '성령 세례'도 이와 같은 개념으로 우리가 예수를 처음 믿을 때 일어나는 사건으로 율법의 행위가 아닌 복음을 들은 자가 믿음으로 받게 되는 것이다. 따라서 '성령 세례'는 오직 믿음으로 의에 이른다는 교리의 또 다른 표현으로 볼 수 있다. 인간은 자신의 능력이나 노력이 아니라, 성령을 받음으로 자신의 죄와 하나님의 은혜를 깨닫게 되고, 그때 비로소 신앙생활을 할 수 있게 된다(고전12:3). 신자의 몸을 '성령의 전'(고전 6:19)이라 하는 것은 성령세례로 죄인들의 마음속에 들어오신 그 성령이 우리 안에 거주하고(롬8:9), 우리와 사시며(갈5:25), 영원히 우리와 함께 계시기 때문이다(요14:16).

성령 세례가 우리의 신앙에 있어서 단회적이고 진입적인 위치에 있다면, 성령 충만은 우리 안에 거하시는 성령에 의해 강력하게 지배되는 현상을 말하는 것으로 반복적, 지속적으로 나타난다. 따라서 성도는 항상 성령 충만할 수 있도록 지속적으로 기도해야 한다. 신자가 성령 충만할 때 말씀 충만할 수 있으며 감사의 삶을 살 수 있다. 이를 역으로 말하면 신자가 말씀 속에서 은혜를 체험하며 감사의 삶을 살아갈 때 그것이 바로 성령 충만한 삶을 살고 있는 증거가 된다.

그리스도를 믿음으로 고백하는 이들이 성령 세례를 받는다. 그리고 이렇게 믿음의 고백을 통해 성령 세례를 받은 자들에게 교회는 물세례를 베푼다. 성령 세례가 기독교 신앙의 실재적 내용이라면, 물세례는 그것의 외적이고 공적 표현인 것이다. 비록 오순절 성령 강림 사건의 현장과 이 시대의 현장이 일치하지는 않지만, 동일하신 성령께서 우리에게 내주하심으로 우리 몸이 성령의 전이 되는 것을 신자는 잊어서는 안 된다. 이것이 은혜고 축복임을 알고 누려야 한다. 그것이 바로 성령의 충만한 삶을 살아가는 것이다.

요한이 예수님께 베푼 세례

구약의 할례가 신약에서는 세례로 연결된다. 할례와 세례는 모두 언약의 백성임을 나타내는 표와 인이다. 할례가 옛 언약에 대한 표와 인이라면, 세례는 새 언약에 대한 표와 인이다. 따라서 새 언약의 시대를 살아가는 우리에게는 할례가 아니라, 세례가 표와 인이 된다. 그런데 세례를 이해할 때 우리가 꼭 따져보고 구별해야 할 부분이 있다. 요한의 세례와 예수님께서 제정하신 세례가 바로 그것이다. 세례를 베푸는 방법은 같지만 이 두 세례의 의미는 확연히 다르다. 뿐만 아니라 요한의 세례가 갖는 의미는 물론 예수님께서 요한으로부터 세례 받으신 것이 언약의 차원에서 어떠한 의미가 있는가도 알 필요가 있다.

요한의 세례는 사람들에게 메시야를 맞을 준비를 시키는 것이었다. 왕을 맞아들이기 위해서 백성들이 해야 할 것은 자신을 씻어서 정결하게 하는 것이다. 요한은 이 정결의식으로 사람들에게 세례를 말하고 있는 것이다. 세례가 요한에게서 처음 시작된 것은 아니다. 당시 유대인들에게 세례는 어느 정도 잘 알려진 정결 예식이었다. 이는 유대인들이 정결의식으로 세례를 받은 것이 아니라 유대교로 개종하는 사람들의 개종 의식에 세례가 포함되어 있었기 때문이다. 유대교 개종의식은 신구약 중간기에 생겨났는데, 그 의식은 다음의 세 가지가 있었다. 먼저 유대교 진리를 받아들이고 그것을 고백해야 한다. 두 번째는 할례를 행해야 한다. 그리고 세 번째가 이방인의 부정함을 씻어내는 의식으로 행한 세례였다. 이방인이 유대교로 개종하기 위해 사용한 정결의식이었던 세례를 메시아를 맞는 유대인들에게 적용한 것이 바로 요한의 세례다. 따라서 요한의 세례는 새 언약의 표라고 할 수 없다. 요한의 세례는 구약 시대의 경륜이다. 다시 말해 요한은 메시아를 기다리는 유대인들에게 율법을 지켜 스스로를 정결케 하는 의식으로 세례를 요구한 것이다.

그렇다면 요한이 예수님께 베푼 세례는 어떤 의미로 해석해야 하는가? 요한의 세례가 메시야를 기다리는 정결예식이라는 것과 실제 메시아이신 예수님께서 이 세례를 받으셨다는 것은 그 자체로 모순이 되기 때문이다. 만일 예수님께서 요한에게 세례를 받으신 것이 모순적인 사건이 아니라면 분명 이 세례는 어떤 특별한 의미가 있는 것이 분명하다. 그렇다면 예수님께서 받으신 세례는 어떤 의미가 있는가? 예수님께서는 율법의 성취자로서 세례를 받으셨다. 하나님께서는 메시아를 맞이하기 위해서는 모두가 회개하고 정결의식인 세례를 받아야 함을 세례 요한을 통해 알려주셨다. 그런데 예수님께서 세례를 받으신 것은 자신을 정결하게 할 필요가 있어서가 아니다. 예수님은 참 사람이시지만 죄가 없으신 분이다. 그럼에도 불구하고 그가 세례를 받으신 것은 인간의 대표자로서 율법을 성취하시기 위해서였다. 다시 말해 예수님께서는 죄 가운데 있는 백성들의 구속자로서 세례를 받으신 것이다.

예수님께서는 율법을 성취하심으로써 구속자의 자격을 획득하셨다. 그리고 예수님께서는 세례를 받으심으로 그의 백성들과의 교제를 시작하셨다. 예수님께서 죄인들을 대표하여 씻으심으로 죄인이었던 우리가 예수님과 교제할 수 있는 길이 열린 것이다. 예수님께서 세례를 통해 정결케 하는 율법을 성취하셨기에 우리가 천국을 고대할 수 있게 된 것이다. 예수님께서 옛 언약을 성취하심으로 우리가 새 언약을 받을 수 있는 자격을 갖추게 되었다는 말이다. 이러한 면에서 볼 때 요한의 세례는 새 언약을 준비하는 세례라고 할 수 있다. 결국 요한이 유대인들에게 회개를 말하면서 세례를 베푼 것과 예수님께서 요한으로부터 세례를 받으신 것은 옛 언약이 성취되고 새 언약의 시작을 준비하는 차원에서 그 의미가 있다고 하겠다. 반면에 예수님께서 제정하신 세례는 하나님 나라의 시작을 기리는 것이라 할 수 있다. 이를 통해 하나님의 백성들은 새 언약의 공동체에 가입하게 된다.

성찬식, 제정한 날이 아니라 주일에 행하는 이유?

예수님의 말씀을 따라 교회가 성찬을 행할 때 꼭 엄수해야 할 것은 성찬의 제정 목적이 결코 희석되어서는 안 된다는 것이다. 뿐만 아니라 성찬을 행하는 방식 또한 예수님께서 제정하신 대로 해야 한다. 다시 말해 그 목적과 방법에 있어서 예수님께서 말씀해 주신 것을 철저히 따를 때 올바른 성찬이 된다.

그렇다면 성찬을 행하는 날은 어떠한가? 이 또한 예수님께서 성찬을 행하신 날과 항상 같아야 하는가? 예수님께 성찬을 제정하신 날은 잡히시던 날 밤이었다. 즉, 우리가 일반적으로 말하는 최후의 만찬이 바로 예수님께서 제정하신 성찬의 모습이다. 이 날은 우리의 달력으로 목요일 밤에 해당된다. 이날에 예수님께서는 성찬을 제정하시며 자신의 고난과 죽음을 영원히 기억하라고 하셨다. 따라서 교회는 예수님께서 제정하신 이 성찬을 주님께서 다시 오실 때까지 행하며 주님의 고난과 죽음을 기억해야 한다. 그렇다면 교회는 예수님께서 제정하신 이 날에 맞춰서 성찬의 예식을 지키므로 주님의 고난과 죽음을 기억해야 하는가? 다시 말해 목요일 저녁이 성찬식을 행하는 가장 적절한 날인가?

분명 교회는 그 형성 초기부터 성찬예식을 철저히 지켜오고 있다. 예수님께서 성찬을 제정하신 목적과 그 방식대로 성찬예식을 행하고 있다. 그러나 우리가 성찬예식을 행하는 날은 실제 예수님께서 성찬식을 제정하신 날과 다르다. 초대교회 성도들은 예수님이 성찬을 제정하신 목요일이 아니라, 부활하신 날에 모여 떡을 떼었다. 다시 말해 초대교회는 처음부터 예수님께서 부활하심으로 그리스도인들에게 새 안식일이 된 주일에 성찬예식을 행했다. 그리고 그 전통은 지금까지 이어져 교회는 주일에 성찬식을 행한다.

그렇다면 왜 교회는 예수님께서 성찬을 제정하신 날이 아니라 주일에 성찬식을 행하는 것일까? 이 부분에 대한 답에 앞서서 먼저 생각할 것은 성찬식은 원칙상 제정한 날에 구속을 받지 않아도 된다는 점이다. 분명 예수님께서는 성찬의 목적과 방법을 직접 제정해 주셨다. 그러나 예수님께서 성찬을 행하는 날은 구체적으로 지정하시지 않으셨다. 이러한 이유로 교회는 예수님께서 제자들과 식사를 하시며 성찬을 제정하시고 잡히시던 날을 기념할 필요는 없는 것이다. 우리가 성찬을 통해 기억할 뿐 아니라 알려야 할 것은 그리스도의 고난과 죽음이다. 그러니 꼭 잡히시던 날인 목요일 밤에 성찬을 할 필요는 없는 것이다.

현재 대부분의 교회는 주일에 성찬을 행한다. 이는 초대교회부터 전통으로 지켜져 오고 있다. 이렇게 교회가 주일에 성찬을 행하는 것은 주일이 신자들에게 새 안식일이기 때문이다. 예수님께서는 금요일에 십자가에 달려 돌아가셨다. 그리고 당시까지 안식일이었던 토요일에는 무덤에 계셨다. 그리고 예수님께서는 그 다음 날 부활하셨다. 이것은 단순히 예수님께서 죽으신 지 3일째 되는 날 부활하셨다는 것만을 의미하는 것이 아니다. 이는 안식일을 획기적으로 바꾸는 사건이기도 했다. 예수님께서 죽으심, 장사되심, 무덤에 묻히심, 그리고 부활하심을 통해 옛 안식일을 새 안식일로 바꾸신 것이다. 예수님께서 옛 안식일에 무덤에 묻혀 있었다는 것은 옛 안식일도 함께 무덤에 묻혔다는 것을 의미한다. 그리고 예수님께서는 안식 후 첫 날 부활하시면서 장사되었던 안식일도 함께 살리셨다. 다시 말해 예수님께서 무덤에서 일어나시면서 안식일도 함께 새롭게 일으키신 것이다. 이러한 방식으로 예수님께서는 새 안식일을 제정하셨다. 이러한 사건을 통해 신약에서는 그리스도의 부활의 날이 새롭게 안식일로 제정된 것이다. 그래서 이 새 안식일을 우리는 주일이라고 부른다.

예수님께서 이 땅에 계시면서 직접 제정하신 것은 세례와 성찬이다. 그 뿐만 아니라 새 안식일인 주일도 예수님께서 제정하셨다. 예수님께서 이 땅에서 제정하여 그리스도인들에게 주신 것들의 가장 중요한 목적은 기억하고 기념하게 하는 것이다. 세례가 신자와 그리스도와의 연합을 기억하게 하고 성찬이 그리스도의 죽으심을 기억하게 한다면, 새 안식일은 그리스도의 부활을 기억하게 한다. 따라서 모든 신자는 그리스도께서 직접 제정해 주신 세례, 성찬, 그리고 새 안식일을 그리스도께서 정하신 원리와 방법대로 지켜 실행해야 한다. 그리고 이 세 가지는 모두 예수님께서 다시 오셔서 세상을 심판하실 때까지 계속되어야 한다.

성찬은 분명 예수님께서 잡히시던 날 밤에 제자들과 식사를 하시면서 제정하셨다. 그리고 이때 예수님께서는 자신의 고난과 죽음을 기억하고 알릴 것을 말씀하셨다. 그런데 우리가 성찬의 의미와 형식을 단지 이 사건만으로 이해한다면 현재 우리가 주일에 성찬예식을 행하는 이유에 대한 충분한 답을 찾을 수 없게 된다. 우리의 교회가 주일에 성찬을 행하는 근거는 부활하신 예수님께서 제자들에게 나타나셔서 함께 식사하심으로 성찬의 의미를 더욱 분명하게 해 주셨기 때문이다. 예수님의 죽음과 장사를 목격한 제자들은 큰 실망에 빠져 있었다. 이러한 제자들에게 부활하신 예수님께서 나타나셨다. 그리고 그들과 함께 다시 식사하시며 성찬의 의미를 고난과 죽음에서 부활과 생명으로 확장시키셨다. 또한 부활하신 예수님께서 베풀어 주신 만찬은 예수님과의 식탁이 슬픔과 애통을 넘어 기쁨과 희망의 잔치가 된다는 것을 직접 보여 주신 것이라 할 수 있다. 따라서 성찬에 참여한다는 것은 예수님의 고난과 죽음에 동참할 뿐 아니라 동시에 그의 부활과 승리에도 동참하는 것이다. 이러한 이유에서 초대교회는 예수님께서 부활을 통해 새 안식일로 열어주신 주일에 성찬을 행한 것이다.

성찬식을 하는 가장 중요한 이유는 주님의 고난과 죽음을 기념하는 것이다. 그리고 그것을 알리는 것이다. 우리는 이 예식을 행하면서 우리의 죄를 미워하고 뉘우치게 되며, 우리 대신 고난 받으시고 죄의 형벌을 받으신 예수님께 감사하게 된다. 뿐만 아니라 성찬은 우리로 하여금 주님의 부활을 통해 우리 또한 몸으로 부활할 것을 소망하게 된다. 부활하신 예수님께서 제자들에게 나타나셔서 직접 상을 차려주셨듯이, 우리도 천국에서 예수님께서 차려주시는 상을 맛볼 수 있을 것을 기대하게 된다. 이러한 차원에서 우리가 행하는 성찬 예식은 천국 잔치 상을 미리 맛보는 것이라 할 수 있다. 천국에서 풍성히 펼쳐질 잔치를 기대하는 것이다.

성찬은 분명 신자들이 참여한다. 신자들만이 참여할 수 있다. 그럼에도 불구하고 성찬은 성도 개인의 일은 아니다. 성찬은 결코 성도가 개인의 경건이나 유익을 위해서 할 수 있는 일이 아니다. 그 이유는 성찬이 교회의 일이기 때문이다. 이러한 이유로 성찬은 오직 합법적으로 임직 받은 목사가 집례할 수 있는 것이다. 성찬이 교회의 일이기에 이것이 행해질 때마다 성도들 한 사람 한 사람 뿐 아니라 교회에도 유익이 된다. 그중 가장 큰 유익은 성도의 교제가 더욱 돈독해 지는 것이다. 그리고 이 거룩한 교제는 교회의 구제로 이어져 더욱 풍성한 이웃 사랑으로 나타나게 된다. 성찬이 교회의 일이기에 그 반대의 현상도 동시에 일어난다. 성도의 교제와 교회의 구제가 활발해질수록 성찬의 은혜 또한 더욱 풍성해진다. 이렇듯 성찬은 새 안식일인 주일에 행함으로 성찬의 모든 은혜를 더 풍성히 누릴 수 있게 된다. 이러한 이유들로 성찬은 제정한 날이 아닌 주일에 행해질 때 더욱 유익한 것이다.

분병과 배병

떡을 떼는 것을 분병(分餠, breaking)이라고 한다. 그리고 떡을 나누어 주는 것을 배병(배병, giving)이라고 한다. 그런데 현대의 많은 교회에서 성찬예식을 하면서 분병과 배병을 혼동하는 경향이 많이 나타난다. 좀 더 정확히 말하면 대부분의 교회가 배병은 하는데 분병은 하지 않고 있다. 성도들이 보는 가운데서 빵을 찢는 행위를 하지 않고, 성찬 전에 미리 빵을 잘라 놓았다가 그것을 나눠주는 식으로 성찬을 진행하는 것이다. 물론 이러한 방식은 성도들이 많을 때 예식의 진행을 원활하게 하는 장점은 있다. 그러나 이는 성찬식의 제일 중요한 요소인 떡을 떼는 것을 무시하는 것임을 잊어서는 안 된다. 성찬식에서 분병이 시행되지 않는다는 것은 성찬이 그리스도께서 제정하신 대로 시행되지 않는 것을 말한다.

성찬에서의 6가지 성례적 행위들

성찬에서의 성례적 행위들은 총 여섯 가지다. 네 가지는 예수님께서 행하신 것이고, 나머지 두 가지는 제자들에 의해 수행된 것이다. 예수님께서 행하신 네 가지의 성례적 행의는 떡과 포도주 잔을 취하심, 떡과 포도주를 축사하심, 떡을 떼심, 떡과 잔을 제자들에게 나눠주심을 말한다. 반면에 제자들 수행한 두 가지는 떡과 잔을 받는 것과 떡을 먹고 포도주를 마시는 것이다.

　예수님께서 행하신 성례전적 행위의 의미는 다음과 같다. 먼저 떡과 포도주를 취하신 것은 예수님께서 성육신하실 때 온전한 인성을 취하심을 의미한다. 취하신 떡과 포도주에 축사하신 것은 그리스도께서 구속 사역을 위해 특별히 구별되심을 의미한다. 이제 그는 과거의 목수의 아들이 아니라, 특별한 사역을 위해 구별된 분임을 축사를 통해 나타내신 것이다. 예수님께서 떡을 떼신 것은 십자가상에서 그의 몸이 찢기실 것을 상징하는 행위다. 특히 이것은 우리의 구원이 예수님의 교훈에 의해서가 아니라 자신의 십자가 죽음을 통해서 이루어짐을 더욱 분명하게 보여준다. 예수님께서 떼어내신 떡과 포도주를 제자들에게 주시는 것은 자신의 모든 구속의 행위가 죄인들을 향한 하나님의 사랑의 표현이요, 이 모든 것이 그리스도의 값없이 주는 선물임을 나타내는 것이다. 특히 이 선물은 죄인들에게 주어지는 복음의 설교를 상징한다고 할 수 있다.

　제자들에 의해 수행된 성례전적 행위는 떡과 포도주를 받고 그것을 먹고 마시는 것이다. 제자들의 이 행위가 의미하는 것은 오늘날 성찬에 참여하는 사람들에게도 동일한 의미를 갖는다. 제자들이 그리스도께서 주시는 떡과 잔을 받은 것은 예수님을 자신의 구주로 받아들임을 의미한다. 그리스도의 찢어진 몸과 흘리신 피를 받아들인다는 것은 그리스도를 자신의 구주로 받아들이며 구원에 이르는 믿음을 고백하는 것을 의미한다. 또한 이는 세례를 받을 때 행한 그리스도에 대한 고백을 상기하고, 이를 더욱 강화시키는 것이기도 하다. 그 다음 순서는 받은 떡을 먹고 잔을 마시는 것이다. 이는 신자가 자신의 영적 생명을 전적으로 그리스도께 의존함을 의미한다. 사람이 몸을 건강하게 유지하기 위해 음식과 음료를 항상 섭취해야 하듯이, 신자는 자신의 영적인 건강을 위해 항상 그리스도로부터 양분을 공급받아야 한다. 성찬에서 떡을 먹고 잔을 마시는 것은 영적 양분의 공급처가 오직 그리스도이심을 인정하고 고백하는 것이다. 단회적인 성례인 세례와 달리 성찬이 지속적이고 반복적으로 시행되는 성례인 이유도 신자가 떡과 잔을 먹고 마실때마다 계속적으로 그리스도에 대한 영적 의존성을 고백하는 것이 중요하기 때문이다.

성찬 예식 참여를 거부하는 회중들에 대한 교회의 대처

유형교회의 회중들 중에 성찬 예식 참여를 스스로 꺼리는 자들이 있다. 이들은 공통적으로 "나는 성찬 참여에 합당하지 않은 것 같습니다"라고 말하며 성찬 예식 참여를 거부한다. 이렇게 성찬 참여를 거부하는 이들은 크게 세 부류로 나누어 볼 수 있다. 첫 번째 부류는 율법주의적 견해를 가진 자들이다. 이들은 자신들이 합당하게 준비되지 않은 상태로 성찬에 참여하면 하나님의 진노를 받게 될 것이라는 두려움 때문에 성찬 참여 자체를 꺼린다. 이들은 언젠가 몸과 마음이 성찬에 합당하게 잘 준비될 때 성찬에 기쁨 마음으로 참여할 수 있을 것이라고 생각한다. 그러나 이러한 부류의 사람들 중 대부분은 그 상태로 결국 끝까지 성찬에 참여할 수 없게 된다. 교회는 이런 이들에게 성찬이 값없이 주는 은혜임을 알리며 위로와 격려를 통해 하나님의 진노에 대한 두려움에서 벗어나도록 도와줄 필요가 있다. 특히 성찬을 준비하는 합당한 방법은 율법의 행위를 만족시키는 것이 아니라, 오히려 율법을 만족시키지 못하는 자신을 애통해 하는 것임을 가르쳐 주어야 한다. 그 과정에서 죄를 회개하며 그리스도께서 값없이 주신 은혜에 감사하는 것이 성찬 참여를 위한 합당한 준비라는 것을 알게 함으로 두려움을 버리고 은혜를 기대하며 성찬에 참여하도록 도와줄 필요가 있다.

성찬을 거부하는 두 번째 부류는 교회 회중 가운데 있는 명목적인 그리스도인들이다. 이들이 성찬을 거부하는 이유는 성찬이 자신들의 삶에 어떠한 영향도 미치지 않기를 기대하기 때문이다. 이들은 자신들이 죄 가운데 거하고 있음을 안다. 그러나 그것을 애통해 하지 않는다. 오히려 그러한 삶을 즐기며 살아간다. 이들이 꺼려하는 것은 오히려 성찬을 통해 죄책감을 느끼는 것이다. 이러한 이유로 이들은 성찬을 결코 심각하게 받아들이지 않는다. 따라서 이들이 성찬 예식 참여를 꺼려하는 것은 결국 핑계라고밖에 할 수 없다. 교회는 이들에 대해 단호한 자세를 취해야 한다. 이들을 위로하거나 그 상태로 성찬 참여를 격려해서는 안 된다. 명목적인 그리스도인들의 성찬 참여는 말 그대로 합당하지 못하게 성찬에 참여하는 것이다. 따라서 이들의 성찬 참여는 심판을 유발시킬 뿐이다. 비록 이들이 세례를 받았다고 하더라도 이들에게는 먼저 성령으로 말미암은 거듭남을 다시 가르쳐야 한다. 그리고 죄를 회개하고 예수님을 자신의 구주로 믿고 고백하게 해야 한다. 이들이 이 과정을 순순하게 동의하고 따라올 때 교회는 이들이 구원은 받았으나 잠시 방황했던 자들로 판단할 수 있다. 그런 후 세례와 성찬의 의미를 가르쳐서 성찬의 은혜를 기대하게 해주어야 한다. 이 과정들을 거쳐 이들이 스스로 성찬에 합당한 준비를 할 것을 다짐할 때, 교회는 이들에게 성찬 참여를 권면해야 한다.

바른 신앙생활을 추구하는 회중들 가운데도 지나친 양심의 가책 때문에 성찬 참여를 주저하는 이들이 있다. 그러나 이들은 율법주의자들처럼 하나님의 심판이 두려워서 성찬 참여를 꺼리는 것은 아니다. 또한 죄악된 삶을 좀 더 즐기기 위해 핑계를 대는 명목적 그리스도인과도 다르다. 이들은 순수한 그리스도인이다. 그러나 병적으로 민감한 양심의 가책 때문에 성찬을 준비하는 예배에 기쁨으로 참여하지 못하는 자들이다. 삶 속에서 알게 모르게 지은 죄들이 이들의 마음과 양심을 항상 짓누르기 때문이다. 이 때문에 이들은 매일 매일 하나님 앞에 설 수 없는 죄인임을 애통해 하며 살아간다. 이러한 극단적 양심의 가책이 이들이 성찬의 은혜의 자리로 나오는 것을 막는다. 교회는 이러한 신자들은 더욱 적극적으로 도와야 한다. 먼저 사랑과 위로를 통해 성찬이 유형교회의 성도들의 하나 됨을 위한 거룩한 식사임을 가르쳐주어야 한다. 이 공동의 식사에서 공급받은 영적 양식을 통해 자신들을 짓누르는 양심의 가책을 딛고 일어설 수 있는 힘을 공급받을 수 있다는 것을 알려주어야 한다. 특히 이러한 신자들을 돕는 더욱 효과적인 방법은 이들의 시선을 돌리는 것이다. 이들이 힘들어 하는 이유는 시선이 항상 자신들의 내적인 연약함에 초점을 맞추고 있기 때문이다. 따라서 교회는 이들이 시선을 외부로 돌릴 수 있도록 도와야 한다. 즉, 자신의 내적인 연약함을 보기 보다는 외부에서 공급되는 그리스도의 의와 구속의 은혜를 바라보도록 해야 한다.

하나님의 뜻

하나님의 계시된 뜻	하나님의 비밀스런 뜻
요한복음 7장 17절 하나님의 교훈적인 뜻 인류에게 주신 의무 조항 인간의 도덕적 의무의 표준 성경에 명확히 명시되어 있음 신자는 이 뜻을 알고 행해야 함 십계명 순종과 이웃 사랑의 실천 등	베드로전서 4장 19절 하나님의 섭리적인 뜻 하나님의 작정과 섭리에 관한 뜻 섭리로 드러나지 않으면 알 수 없음 일부는 성경의 예언을 통해 계시됨 하나님의 섭리에 기꺼이 순종해야 함 고난의 상황에 불평하지 않고 인내 함

주기도문의 특성과 내용

친밀성	하나님을 아버지라고 부르면서 시작한다. 자녀가 아버지에게 필요한 것을 마음껏 요청하듯이 신자가 하나님께 친밀하게 다가가게 하는 것이 바로 주기도문이다.
특별성	주기도문은 하나님을 아버지라고 부를 수 있는 양자의 영을 받은 자들만이 할 수 있는 기도다.
하나님 경외	하나님을 단순히 아버지라고 부르지 않는다. '하늘에 계신 아버지'라고 부른다. 이는 하나님의 크고 위대하심에 대한 경외감을 나타내는 표현이다.
하나님 중심	내 필요를 먼저 구하지 않고, 하나님과 그 이름, 그의 나라와 그의 뜻을 먼저 구한다.
간결성, 단순성	미사어구나 웅변적인 장황함이 없다. 이는 하나님께서 우리가 간구하기 전에 이미 우리의 소원을 다 아시기 때문이다.
구체성	영적인 것은 물론 물질적으로 필요한 것을 구체적으로 구한다.
일상성	일용할 양식을 구하듯이 매일 해야 할 기도가 주기도문이다.
공동체성	"우리 아버지, 우리에게 일용할 양식을, 우리에게 죄 지은 자를 용서하는 것 같이 우리의 죄를 용서하시고" 등 주기도문은 개인의 기도이기보다는 공동체의 기도다. 즉, 교회의 기도다.
죄 사함	기도가 열납될 수 있는 가장 중요한 것 중 하나다. 죄 문제가 해결되었음을 말해 줌으로써 신자들에게 하나님께 담대히 나아갈 담력을 제공한다.

로마 가톨릭의 기도

로마 가톨릭도 개신교와 마찬가지로 하나님을 기도의 주 대상으로 가르친다. 그러나 이들은 하나님 외에 다른 것도 우리의 기도의 대상이 될 수 있다고 말한다. 이들이 말하는 기도의 대상은 성모 마리아, 성인들, 그리고 천사들이다. 이들이 하나님 외에 기도의 대상이 더 있다고 말하는 이유는 중보자에 대한 인식이 올바르지 않기 때문이다. 우리의 중보자는 오직 그리스도 한 분뿐이시다. 로마 가톨릭도 그리스도를 하나님과 인간들 사이의 중보자로 인정한다. 그러나 이들은 그리스도만이 하나님과 인간의 유일한 중보자가 되신다고는 생각하지 않는다. 이들은 성모 마리아나 천사들, 그리고 이 땅에 살았던 성인들도 모두 중보자로서의 역할을 할 수 있는 존재들이라고 생각한다. 이들은 특히 이 땅에 살았던 성자들이 하나님과 함께 있으면서 우리의 기도를 받아 하나님께 알려 준다고 믿는다. 이러한 이유로 로마 가톨릭은 그리스도 외에도 기도를 들어주며 중보의 역할을 해 주는 이들을 교회가 지정해 주고, 교회의 회원들은 이를 근거로 이들에게 기도하는 것이다.

로마 가톨릭의 기도의 특징 중 하나는 죽은 자를 위해 기도하는 것이다. 성경은 분명히 죽은 자에 대한 기도를 인정하지 않는다(삼하 12:21-23). 죽은 자에 대한 기도가 잘못인 것은 이들을 위한 기도가 아무런 효력이 없기 때문이며, 잘못된 구원관으로 인도하기 때문이다.[367] 만일 신자로 죽은 자를 위해서 기도한다고 가정해 보자. 이때 신자는 이미 그리스도와 함께 천국에 있기 때문에 그 기도는 전혀 필요 없는 기도가 된다. 이들은 우리가 이 땅에서 상상할 수 있는 것 이상의 행복을 이미 누리고 있기 때문이다. 반면에 불신자로 죽은 자들을 위해서 기도한다고 가정해 보자. 이들은 신자로 죽은 자들과는 반대로 이미 지옥의 저주 아래 있기 때문에 우리의 기도 자체가 어떠한 효력도 발휘하지 못한다. 이러한 이유로 죽은 자에 대한 기도는 그 자체가 무의미 한 것이다.

이러한 성경의 가르침에도 불구하고 로마 가톨릭은 죽은 자들을 위해 기도한다. 이들이 이러한 기도를 하는 것은 연옥교리 때문이다. 연옥은 이 땅에서 신자가 지은 죄에 대해 고해성사와 보속을 통해서도 해결하지 못한 잠벌들을 죽은 후에 해결하는 곳을 말한다. 물론 연옥교리는 성경 어디에도 근거가 없는 잘못된 교리다. 로마 가톨릭은 죽은 신자들이 연옥에서 잠벌을 처리할 때 이 땅의 신자들의 기도가 그들의 형벌을 감해 줄 수 있다고 가르친다. 특히, 성모 마리아나 성자들의 잉여 공로는 연옥에 머물고 있는 자들의 잠벌 처리에 직접적인 영향을 줄 수 있다고 이들은 가르친다. 이러한 이유로 죽은 자에 대한 기도는 죽은 자들을 구원으로 인도하는 중요한 수단이 되는 것이다.

원수를 위한 기도[368]

성경은 그리스도인에게 원수를 만들지 말라고 말하지 않는다. 원수를 피하라고도 말하지 않는다. 물론 그리스도인은 원수가 있어서는 안 된다고도 말하지 않는다. 오히려 성경은 원수를 사랑하라고 가르친다. 이는 그리스도인에게도 원수는 있다는 것을 성경이 인정하는 것이라고 할 수 있다. 다시 말하면 그리스도인이라 할지라도 원수 없이 살아가는 것은 거의 불가능하다는 것이다. 성경 속의 여러 믿음의 인물들을 보아도 원수가 없이 인생을 살아간 사람은 거의 찾아 볼 수가 없다. 이러한 상황에서 성경이 그리스도인에게 교훈하는 것은 원수를 어떻게 대할 것인가 하는 점이다. 원수에 대한 그리스도인의 대처법으로 성경이 제시하는 것은 딱 한 가지다. 원수를 사랑하는 것이다. 그리고 원수를 사랑하는 법으로 성경이 가장 분명히 가르치는 것이 바로 원수를 위해 기도하는 것이다.

그러나 성경이 원수를 사랑하고 그들을 위해서 기도하라고 하는 것을 그들이 아무리 부당한 일을 하더라도 항상 너그럽게 용서해 주어야 한다는 말로 이해해서는 안 된다. 그들의 범법 행위나 정의롭지 못한 행동 또는 부당한 처사는 항상 법의 테두리 안에서 정의롭게 다루어져야 한다. 또한 원수들의 부당한 공격에는 정당한 방법으로 대처하는 것이 그리스도인으로서 바람직한 행동이다. 원수들의 불합리한 공격이나 불의에 대해서는 정당하게 항거하거나 적법한 힘을 사용하여 저지하는 것이 하나님께서 신자들에게 주신 의무라는 것이다.

그렇다면 신자들은 어떠한 원리 때문에 원수들을 사랑해야 하는가? 또한 어떠한 방법과 내용으로 그들을 위해 기도해야 하는가? 이 문제에 대한 핵심은 모든 인간이 하나님의 형상으로 지음 받았다는 사실에 근거해서 풀어내야 한다. 비록 인간관계에 있어서는 우리의 원수의 입장에 서 있지만 그들도 하나님의 형상으로 창조된 사람들이다. 또한 그리스도의 구속이 필요한 죄인들이다. 따라서 이들도 사랑받을 가치가 있고, 기도가 필요한 사람들이다. 그런데 원수들을 위한 기도는 성도의 교제 가운데 행해지는 도고와는 그 성격이 근본적으로 다르다. 성도가 원수를 위해 하는 기도의 목표는 결코 그들의 번영이나 소원성취가 되어서는 안 된다. 오히려 이들에게 그리스도께서 베푸시는 진정한 유익과 행복이 있기를 위해서 기도해야 한다. 이는 전적으로 이들의 회개와 그리스도에 대한 신앙에 관한 기도를 말하는 것이다. 다시 말해 원수를 위한 기도는 그들의 구원문제에 관한 기도여야 한다는 것이다. 다시 요약하면 신자가 원수를 사랑해야 한다는 것은 비록 원수들이지만 그들도 하나님의 형상으로 지음 받았고, 구원이 필요한 자들이기 때문에 단지 인간적인 관계때문에 그들을 증오해서는 안 된다는 것이다. 뿐만 아니라 신자가 원수를 위해 기도해야한다는 것은 하나님의 자비가 이들에게도 미쳐서 이들도 죄를 회개하고 구원에 이를 수 있는 기회를 갖게 해 달라고 하나님께 간구해야 한다는 것을 의미한다.

성령의 사역, 도움과 간구(롬 8:26-27)

신자를 위한 성령님의 가장 두드러진 두 가지 사역은 우리의 연약함을 돕는 것과 우리를 위해 간구하시는 것이다. 이는 바울이 로마에 있는 성도들에게 보낸 편지에서 분명히 드러나고 있다. 그런데 이러한 사실을 전달하면서 바울이 표현한 내용 중에서 '돕는 사역'과 '간구하시는 사역'을 모두 현재형 동사로 표현하고 있다는 것은 우리에게 성령의 사역에 대한 또 다른 정보를 제공해준다. 바울의 이 표현은 먼저 성령의 이 두 사역이 변함없는 사실이라는 것을 의미한다. 어떤 상황에 따라 달라지는 사역이 아니라는 것이다. 다시 말해 어떠한 상황에서도 성령님께서는 우리를 도우실 뿐 아니라, 우리를 위해 간구하시는 분이라는 말이다. 우리가 변할 수는 있어도 성령님은 결코 변하지 않으신다는 말이다. 동시에 이 두 단어가 현재형으로 설명되고 있다는 것이 의미하는 또 한 가지는 성령님의 도우심과 간구하심이 지속적인 사역이라는 말이다. 쉽게 말해 성령님은 우리를 항상 돕고 계시고, 우리를 위해 항상 기도하신다는 것이다. 바울은 이러한 표현을 통해 계속해서 우리를 돕고, 계속해서 우리를 위해 기도하시는 것이 바로 성령님의 사역이라는 것을 알려주고 있는 것이다.

그러면 성령님께서 우리를 돕는다는 것과 우리를 위해 간구하신다는 것이 무엇을 의미하는지 구체적으로 살펴보자. 먼저 성령님께서 우리를 돕는 분이라는 것은 하나님께서 어떤 상황에도 우리를 홀로 내버려 두지 않는다는 것을 의미한다. 뿐만 아니라 이 땅에 신자로 살고 있는 우리를 위한 그의 사역은 결코 중단되는 법이 없다는 것을 말한다. 성령님께서 우리를 돕는다는 것은 성령님께서 항상 우리와 함께하신다는 것을 전제로 한다. 즉, 이 말은 성령의 내주하심이 성령이 우리를 돕는 가장 근본적인 이유와 원인이 된다는 것이다. 그리고 이 말은 성령께서 내주하시지 않는 자들은 결코 성령의 도움을 받을 수 없다는 말이기도 하다. 이러한 차원에서 볼 때 우리 안에 계신 성령님께서 우리를 돕는 사역이 바로 성령의 내적 사역이라고 할 수 있다. 이는 성령님께서 사역하시는 방식에 대한 설명으로도 이해할 수 있다. 다시 말해 성령님께서는 내적으로 사역하시는 분이시지, 신자를 떠나 외적으로 사역하시는 분이 아니라는 것이다.

두 번째로 성령님께서 신자들을 위해 간구하신다는 것은 단지 우리를 대신해서 기도해주신다는 것을 의미하는 것이 아니다. 우리가 못하는 것을 성령님께서 대신 해주신다는 것이 아니다. 성령님께서 우리를 위해 간구하신다는 것의 의미는 성령님께서 하나님과 우리 사이를 중재하신다는 말이다. 중재는 단순한 합의점을 찾아내는 것이 아니다. 중재는 양쪽의 상황을 모두 잘 이해한 후 양쪽이 동일한 결론을 낼 수 있도록 돕는 것을 말한다. 이를 위해 중재자가 해야 할 가장 중요한 것은 양쪽 모두에게 합당한 정보를 주고 그들을 모두 설득하는 것이다. 이를 통해 양쪽 모두가 상대편에 대해 충분히 납득할 수 있는 대안을 제시할 수 있도록 돕는 것이다. 따라서 중재자는 서로에 대해 충분한 정보를 제공해야 하며, 어떤 태도를 취해야 할지에 대한 조언을 잘 해줘야 한다. 뿐만 아니라 하나를 양보했을 때 그에 대한 보상으로 무엇을 받을 수 있을지에 대해서도 잘 알려줘야 한다. 즉, 중재자의 가장 중요한 역할은 양진영이 모두 합의에 이를 수 있도록 상대방을 향한 마음을 열게 하는 것이다. 바울은 하나님과 신자 사이에서 성령님께서 이러한 중재 역할을 하고 있다는 것을 설명하고 있는 것이다.

그렇다면 성령님께서는 하나님과 신자 사이에서 어떤 중재를 하고 계시는가? 이것을 앞서 언급한 중재자의 역할의 관점에서 살펴보면 성령님께서 중재자의 입장에서 신자들에게 하시는 사역과 동시에 하나님에게 하시는 사역으로 나눠 정리할 수 있다. 성령님께서 중재자로서 신자들에게 하시는 것은 바른 기도를 할 수 있도록 돕는 것이다. 인간은 죄로 오염된 존재이기 때문에 결코 스스로는 하나님의 뜻을 바로 알아차릴 수 없다. 하나님의 뜻을 모르니 당연히 그 뜻에 맞는 기도를 할 수가 없는 것이다. 이러한 상황에서 성령님께서는 말할 수 없는 탄식으로 우리를 위해 간구하신다. 여기서 말할 수 없는 탄식은 바로 우리가 하나님께 해야 할 기도의 모습이다. 그렇다고 해서 이것을 우리가 해야 할 기도를 못하니까 성령님께서 우리를 위해 대신 기도해주신다는 식으로 이해해서는 안 된다. 성령님께서 신자들 속에서 말할 수 없는 탄식으로 간구하신다는 것은 신자가 이렇게 기도할 수 있도록 가르쳐 주시는 것을 말한다. 즉, 중재자로서 성령님은 신자에게 무엇을 기도할 것인지와 어떻게 기도할 것인지를 알려주시는 것이다. 신자가 하나님을 향해 바른 내용은 물론 바른 방식으로 기도할 수 있도록 신자를 설득하는 것이다. 이것이 바로 신자를 대상으로 한 중재자로써의 성령의 내적 사역이다.

그렇다면 하나님을 대상으로 성령님께서 하시는 중재의 사역은 무엇인가? 그것은 바로 신자의 기도를 하나님께 전달하는 것이다. 성경은 예수님께서 부활하셔서 승천하신 이후부터 마지막 심판을 위해 다시 오실 때까지 신자들과 함께하신 성령을 그리스도의 영이라고 말한다. 그리고 그리스도의 영이 하는 중요한 사역 중에 하나가 바로 우리의 기도를 하나님께 올려 드리는 것이다. 이 땅의 인간은 모두 피조물이다. 피조물인 인간은 지극히 거룩하신 창조자 하나님과는 결코 직접적인 교제를 할 수 없다. 거기에 인간은 죄로 오염되기까지 했다. 따라서 인간이 하나님께 직접 말과 행동으로 소원을 구하는 것은 절대 불가능하다. 여기에 신자라고 예외일 수는 없다. 이러한 이유로 신자는 하나님 앞에 말할 수 없는 탄식으로 설 수밖에 없는 것이다. 신자들이 당면한 이러한 문제에 중재자가 되는 분이 바로 성령님이시다. 그리스도의 영이신 성령님이 이러한 문제에 봉착한 신자들을 하나님께로 이어주는 중재자가 되어 주신다. 그리고 이를 위해 마련된 장치가 바로 우리의 중보자인 예수 그리스도를 통해서 기도하는 것이다. 신자가 "예수님의 이름으로 기도합니다"로 기도를 마치는 이유가 바로 이것이다. 물론 이러한 사실을 알게 하는 분도 바로 성령님이시다. 이렇게 신자가 예수 그리스도를 의지하여 기도할 때 그 기도의 내용은 하나도 소멸되지 않고 하나님께로 다 전달된다. 이 일을 하시는 분이 바로 그리스도의 영이다. 이것이 바로 성령이 우리를 위하여 친히 하나님께 간구하시는 방식인 것이다.

이처럼 신자를 위해 간구하시는 성령님의 사역은 신자에게는 바른 기도의 내용과 방법을 알려주는 것으로 하나님께는 우리의 기도를 전달하는 것으로 나타난다. 따라서 신자는 성령님의 이러한 사역을 의지할 때, 기도 응답의 분명한 확신을 가질 수 있게 된다. 그렇다면 신자가 기도에 있어서 성령님의 이 사역을 의지할 수 있는 근본적인 이유는 도대체 무엇인가? 또한 우리가 이러한 사실을 믿고 하나님께 담대히 기도할 수 있는 근거는 무엇인가? 그것은 바로 성령님의 이러한 사역이 성령님의 단독 사역이 아니라, 하나님의 뜻을 따른 사역이기 때문이다. 성령님께서 하나님과 신자 사이에 기도의 중재자가 되는 것이 영원히 변치 않는 하나님의 작정의 일부이기 때문이다. 이러한 차원에서 신자가 기도하는 것은 그 자체가 하나님의 뜻인 것이다. 또한 신자의 기도가 소원성취를 위한 인간의 단순한 간구를 넘어 삼위 하나님과의 거룩한 협업 속에서 그의 뜻을 이루어가는 신비한 행위인 것도 바로 이런 이유 때문이다. 신자가 뜻이 하늘에서 이룬 것 같이 땅에서도 이루어지길 담대히 기도할 수 있는 이유도 바로 여기에 있다.

유형교회 유형교회는 진정한 기독교 신앙을 고백하는 전 세계에 있는 교회를 말한다. 이는 현재 실재하고 있는 교회뿐 아니라 모든 시대와 장소에 있는 모든 사람과 그들의 자녀로 구성된 한 단체를 말한다. 이 교회는 주 예수 그리스도의 나라이고, 하나님의 집과 가족이다. 유형교회의 시간적 범위는 아담과 하와의 시대부터 세상 끝 날까지다. 그리고 이 유형교회의 구성원은 참된 신앙을 고백하는 모든 세대의 모든 사람들이다. 여기서 유형교회가 '한 단체'라는 것은 유형교회가 이 세상에 오직 하나뿐이라는 것을 말한다. 그리고 신자가 참여하는 이 땅의 지역교회들은 유형교회의 가지가 된다. 이러한 면으로 볼 때 유형교회는 많은 가지를 가지고 있는 하나의 조직이나 기구라고 할 수 있다. 다시 정리해보면 유형교회는 이 땅에 존재하는 모든 개교회를 말하는 것이 아니다. 앞서 언급했듯이 이 땅에 있는 개교회들은 하나의 유형교회의 가지 혹은 조직으로 보는 것이 바람직하다. 그러므로 어떤 교단도 자신들을 이 땅의 참된 유형교회라고 주장해서는 안 된다. 이러한 주장은 다른 교단을 거짓 교회로 여기는 행위가 된다. 복음의 진리에 충성하는 이 땅의 모든 교단과 교회는 모두 하나의 유형교회의 가지 혹은 조직들이다. 비록 자신이 속한 교단이 성경과 사도들의 가르침에 더욱 일관성이 있다고 확신한다 할지라도 그 교단도 하나의 유형교회의 다양한 가지들 중 하나라는 생각을 결코 잊어서는 안 된다.[369]

이러한 유형교회는 우주적인 교회라고도 하고 보편교회라고도 한다. 이 교회를 보편교회라고 하는 것은 예수 그리스도를 믿음으로 구원을 받고 그의 보혈로 죄 씻음을 받으며 성령으로 성화되어 인침 받음을 믿는 진실한 그리스도인들의 거룩한 교회이기 때문이다. 보편교회는 거룩한 교회로 인류의 시작부터 있었으며 영원토록 지속될 것이다. 보편교회는 어떠한 장소에 한정되지도 않을 뿐더러 경계가 나뉘지도 않는다. 심지어 이 교회는 어떠한 사람에 의해서 한정되지도 않는다. 이 교회는 온 세계에 널리 퍼져 있으면서도, 믿음의 힘에 의해 그리고 동일한 성령 안에서 마음과 뜻을 모아 하나로 뭉친다. 보편교회는 경우에 따라 아주 작아 보이기도 하고 사람들에게 무시를 당하기도 한다. 때로는 더 잘 보이기도 하고 더 안 보이기도 한다. 그러나 하나님께서는 악한 세상에 대항할 수 있도록 이 교회를 계속해서 보호하시고 유지하신다. 보편교회의 지체인 개교회는 더 순결하기도 하고 덜 순결하기도 하다. 보편교회의 순결함을 알 수 있는 기준은 복음의 교리가 바로 가르쳐지고 받아들여지는지, 규례가 잘 집행되는지, 공예배가 합당하게 행해지는지에 있다.[370]

유형교회인 보편교회를 우리는 거룩한 공회라고 고백한다. 이 교회가 거룩한 공회인것은 구원받은 거룩한 무리들이 이 교회로 모이기 때문이다. 뿐만 아니라 이 교회를 떠나서는 구원이 있을 수 없기 때문이다. 따라서 이 모임에 모든 그리스도인들이 함께 동참하게 되는 것이다. 공교회적 신앙고백서인 사도신경은 보편교회를 그리스도인들이 알아야 할 뿐 아니라 믿어야할 것으로 고백한다. 이는 그리스도인들은 자신이 속한 거룩한 공교회를 바로 알고 믿을 때 비로소 참 교회의 바른 신자가 된다는 것을 말해주는 것이다. 또한 그리스도인은 공교회에 대한 바른 지식과 확고한 믿음이 있을 때 모두가 한 몸의 지체역할을 잘 감당할 수 있게 된다.[371] 이러한 원리로 그리스도인들은 하나의 보편교회 안에서 하나님께서 각자에게 주신 은사를 따라 사랑으로 봉사하는 일을 담당해야한다. 그럴수록 교회는 더욱 하나가 된다. 교회의 하나 됨을 위해 보편교회에 속한 그리스도인들은 같은 교회 내에서 지체들 사이에 분열을 초래하거나 화목을 방해하는 것을 적극적으로 막아야 할 의무가 있다. 반면에 보편교회의 성도들은 교회에 속하지 않은 사람들과는 마땅히 구별된 삶을 살아야 한다.[372]

보편교회를 유형교회라고 부르는 것은 이 모임이 눈에 보이기 때문이다. 교회에 소속된 총수를 알 수 있기 때문이다. 그러나 여기서 중요한 것이 있다. 우리가 유형교회의 회원의 총수를 알 수 있다고 할지라고, 이들이 다 중생한 자들이라고 는 여길 수는 없다는 것이다. 분명 오직 유형교회 안에 구원 받은 모든 자들이 모 인다. 그러나 그렇다고 유형교회 안에 있는 자들이 모두 다 구원받은 자들은 아 니라는 것이다. 유형교회 안에는 중생한 자들 뿐 아니라, 그렇지 않은 자들도 함 께 있다는 것이다. 즉, 이 교회 안에 곡식과 가라지가 함께 존재한다는 것이다. 이러한 이유로 아우구스티누스는 유형교회를 혼합된 몸이라고 표현했다. 유형 교회 안에 중생한 자가 몇 명인지는 오직 하나님만 아신다. 유형교회의 구성원이 되는 조건은 개인의 신앙을 공적으로 고백하는 것이다. 여기에 세례는 유형교회 의 일원이 되는 표지이며, 성찬은 유형교회의 회원이 누리는 가장 고상한 특권이 다. 그러나 진심으로 그리스도를 구주로 고백하지 않고도 유형교회의 회원이 될 수도 있다. 따라서 복음을 듣고 유형교회의 회원이 된다는 것만으로 구원이 보장 된다고 말할 수는 없다. 유형교회 안에는 심지어 회심하지 않은 자들이나 위선 자들도 함께 있을 수 있다. 성경은 이 땅에 존재하는 교회 안에 회심하지 않은 자 가 없는 완전 순수한 교회가 존재할 수 있다는 가능성에 대해서는 한마디도 언급 하고 있지 않다. 예수님의 공동체의 12제자들 중에도 가룟 유다는 회심하지 않은 상태로 생을 마쳤다. 또한 사도행전과 서신서들 속에도 교회 내 회심하지 않은 자들은 물론 많은 위선자들 때문에 교회가 혼란에 빠지게 된 사례들을 많이 언급 하고 있다. 결국 유형교회는 두 부류의 회원이 공존하는 교회라고 할 수 있다. 한 부류는 그리스도를 진심으로 자신의 구주로 고백함으로 구원받은 자들이고, 나 머지 한 부류는 형식적이고 명목적인 고백으로 참된 구원을 받지 못한 자들이다. 문제는 유형의 교회 안에 있는 이 두 부류가 명확히 구분되지 않는다는 점이다. 이렇듯 유형교회는 구원받은 자들만 모인 완전한 단체는 아니다. 그러나 더욱 중 요한 것은 그럼에도 불구하고 유형교회를 떠나서는 어떤 구원의 가능성도 없다 는 것이다.[373]

비록 유형교회에 중생한 자들과 그렇지 못한 자들이 함께 공존한다 하더라도 교회 직원들은 회원들에게 자신의 중생을 증명할 것을 요구할 권리가 없다. 따라서 교회는 회원들에게 자신들의 중생을 증명할 것을 요구해서는 안 된다. 또한 회원들은 자신들이 중생했는지를 증명할 필요도 없다. 어느 누구도 다른 사람의 구원 문제를 단정할 수 없다. 이는 오직 하나님만이 아신다. 그러나 자신의 구원 문제에 대해 하나님께서 주시는 은혜로 확신을 가질 수는 있다. 유형교회의 회원의 조건은 중생의 증명이 아니다. 유형교회의 회원이 되는 조건은 믿을 만한 신앙고백과 순종이다. 교회가 공포한 교의에 동의하고 그것을 공개적으로 고백함으로 회원의 자격을 얻게 된다. 이때 교회의 직원은 회원들의 외적 고백을 의심 없이 수용해야 한다. 유형교회의 가장 이상적인 모습은 모든 회원이 중생 받은 자가 되는 것이다. 그러나 그것은 현실적으로 힘들다. 중생한 자들만의 순수한 유형의 교회를 꿈꿀 수는 있다. 그러나 역사적으로 볼 때 이러한 교회를 추진하는 과정에서 교회가 더 큰 악에 빠질 수도 있음을 항상 명심해야 한다. 결국 유형교회는 회원들이 자신들의 거듭남을 증명하는 단체가 아니라, 참된 신앙을 함께 고백하는 자들의 모임이라 할 수 있다.

유형교회 회원의 자격은 분명 참된 신앙의 고백이다. 그런데 예외적으로 이 자격에 미치지 못하더라도 회원의 자격을 부여받는 부류가 있다. 바로 회원의 자녀들, 특히 유아들이다.[374] 유형교회는 이들에게도 유아 세례를 주어 교회의 회원으로 받아들인다. 이들이 성장하면 교회는 이들에게 믿음을 공적으로 고백할 기회를 준다. 이를 입교(the public confession of faith)라고 한다. 이들이 회중들 앞에서 합당한 신앙고백을 하면 교회는 이들에게 성찬 참여를 허락한다.[375] 또한 지적인 장애로 인해 공적으로 신앙고백을 할 수 없는 자들의 경우도 예외적으로 회원의 자격을 줄 수 있다.

하나님께서는 이 땅의 유형교회에 다양한 특권을 주신다. 이중 가장 먼저 언급할 수 있는 것은 하나님께서 유형교회를 특별히 보호하시고 관리하신다는 것이다. 여기서 말하는 하나님의 특별한 보호는 창조하신 세계를 운행하시는 통상적인 섭리적 돌보만을 의미하는 것이 아니다. 유형교회를 위한 하나님의 특별한 돌봄은 교회만의 유익을 위해 하나님께서 다양한 방법으로 선하게 역사하신다는 것을 말한다. 그리스도는 유형교회에 말씀과 규례를 주신다. 또한 성령을 통해 은혜의 외적 수단들을 적용시키신다. 유형교회에 대한 하나님의 특별하신 보호는 "음부의 권세가 이기지 못하리라"(마 16:18)는 말씀 속에서 더욱 분명하게 드러났다. 교회의 역사 속에서도 이 약속은 증명되었다. 그리스도의 제자들을 통해 이 땅에 처음으로 유형교회가 드러났을 때 그 교회를 핍박하며 교회가 바로 설 수 없도록 방해했던 이들은 다름 아닌 유대인들이었다. 이때 하나님께서 교회를 보호하시기 위해 사용하신 특별한 방법은 로마의 권세였다. 하나님께서는 로마의 권세를 통해 주후 70년 예루살렘 성전을 파괴하심으로 초대교회를 핍박했던 유대인들의 힘을 물리적으로 꺾으셨다. 이것은 통상적인 섭리를 넘어 유형교회를 보호하시는 하나님의 특별하신 보호의 객관적인 첫 사례라고 할 수 있다.[376]

초대교회는 유대인들의 핍박이 사라지자 그 다음으로 로마 제국의 박해를 받게 되었다. 콘스탄티누스 대제가 기독교를 공인할 때(313)까지 약 250년 기간 동안 초대교회는 박해를 받았다. 그러나 이때도 하나님께서는 교회를 특별한 방법을 통해 보호하셨다. 먼저 하나님께서는 순교자의 피를 교회의 씨앗이 되게 하셔서, 더 많은 이들이 순교하면 할수록 더 많은 그리스도인들이 생겨나게 하셨다.[377] 기독교에 대한 로마의 박해 정책도 하나님께서 초대교회를 보호하시는 특별한 방편이었다. 기독교에 대한 로마의 박해는 지속적인 것은 아니었다. 오히려 간헐적이라고 하는 것이 더 적합할 것이다. 이는 초대교회가 박해를 받는 중에도 상당한 평화의 시기가 있었음을 의미한다. 초대교회는 이 기간 동안 교회를 든든히 세워갈 수 있었다. 결국 로마에 의한 간헐적 박해는 초대교회를 파괴하기보다는 오히려 더욱 단련시키는 결과를 낳았다고도 할 수 있다. 이뿐 아니라 역사는 기독교가 박해 받는 그 순간에도 하나님께서는 교회에 피할 곳을 항상 마련해 주었음을 기록으로 남기고 있다. 이 모든 것이 하나님께서 유형교회를 위해 행하시는 특별한 섭리라고 할 수 있다. 또한 이는 유형교회를 향한 하나님의 은혜라고 할 수 있다.

유형교회가 가진 또 하나의 특권은 교회의 회원들 간의 관계에서도 나타난다. 하나님께서는 교회 회원들을 성령과 말씀을 통해 믿음으로 하나 되게 하신다. 뿐만 아니라 이들을 교회의 지체가 되게 하신다. 이러한 이유로 유형교회는 교회 안에서 회원들 간의 교제(*communio sanctorum*)를 통해 서로를 격려하며 영적인 유익을 얻는다. 다시 말해 유형교회의 회원들은 하나님께서 교회 전체에 주시는 은혜와 더불어 성도들로부터 받는 우정과 격려, 또는 물질적 지원을 통해 더 풍성한 그리스도인의 삶을 영위할 수 있게 된다. 이는 역으로 유형교회 안에서는 동료 그리스도인들과의 성령의 교제 없이는 참 행복을 누릴 수 없다는 것을 말해준다. 심지어 이는 교회를 떠나서는 진정한 은혜를 경험할 수 없음을 더욱 분명히 해준다.[378]

유형교회는 하나님께서 허락하신 특권과 함께 감당해야 할 책무도 함께 부여받았다. 유형교회의 가장 중요한 책무는 복음 사역을 통해 모든 회원에게 그리스도의 은혜를 지속적으로 제공하는 것이다. 이 복음 사역은 말씀의 설교뿐 아니라 복음 초청 사역까지를 포함한다. 이 복음 초청 사역은 아직 유형교회에 속하지 않은 택자들을 교회로 불러들이는 아주 중요한 사역이다. 신자는 누가 택자인지 반대로 누가 유기자인지 알 수 없다. 오직 하나님만이 아신다. 따라서 유형교회가 감당해야 할 복음 초청 사역의 대상은 세상에 있는 모든 살아 있는 사람들이다. 이중에는 택자도 있을 수 있고, 그렇지 않은 자들도 있을 수 있다. 유형교회는 이 모든 사람들에게 '그리스도를 믿음으로 구원을 받는다'는 사실을 분명히 증거해야 할 책임을 부여받았다.[379] 구체적으로 이 사역은 국내 전도와 해외 선교를 통해 이루어진다.

유형교회는 보편교회이며 거룩한 공회다. 그렇지만 유형교회의 지체인 개교회가 항상 거룩한 모습으로 충만한 것은 아니다. 하늘 아래 가장 순결한 교회라도 혼잡과 과오에 빠질 수 있다. 심지어 어떤 교회는 그리스도의 교회가 아니라 사탄의 회가 될 만큼 타락하기도 한다. 그러나 더욱 분명한 것은 이 땅에 하나님의 뜻에 따라 하나님을 경배하는 교회는 항상 있다는 것이다. 이는 하나님께서 남은 자들을 통하여 자신의 교회를 지키시고 보호하시기 때문이다.[380] 또한 주 예수 그리스도가 보편교회의 유일한 머리이시다. 따라서 어느 누구도 자신을 그리스도의 대리자라거나 교회의 머리라고 주장 할 수 있는 사람은 없다. 만일 누구라도 이러한 것을 주장한다면 그는 성경을 거스르는 것이 된다. 뿐만 아니라 그

것은 주 예수 그리스도를 모독하는 행위가 된다.[381]

무형교회 무형교회는 머리되시는 그리스도 밑에 하나로 모이며 장차 모일 택한 자들의 총수를 말한다.[382] 이 교회를 무형교회라고 하는 이유는 교회의 회원이 총 몇 명이며 그들이 누구인지 우리가 눈으로 볼 수 없기 때문이다. 이 교회의 숫자와 회원이 누구인지는 오직 하나님만이 아신다. 무형교회의 회원은 모든 택자들로 이 땅에서 죽어서 현재 천국에서 그리스도와 함께 있는 구원 얻은 자들, 현재 유형교회에 속한 구원 얻은 자들, 현재 이 땅에 살면서도 아직 유형교회에 속하지 않은 구원 얻을 자들, 그리고 아직 출생하지 않았지만 구원 얻기로 되어 있는 자들을 모두 포함한다. 또한 이 교회에는 아벨부터 그리스도 때까지 믿음 안에서 죽은 구약의 모든 성도들도 다 포함된다. 일반적으로 무형교회는 현재 어디에 있는가에 따라 그 이름을 달리 부르기도 한다. 그리스도와 함께 있는 천국의 무형교회는 승리적 교회라고 부른다. 반면에 지상의 무형교회는 전투적 교회라고 부른다. 지상의 교회를 이렇게 부르는 것은 이 교회가 세상과 육과 마귀와 계속하여 전투하고 있기 때문이다.

어떤 사람이 무형교회의 회원이라는 것은 이 땅의 유형교회에 회원이어야 하는 것을 원칙으로 한다. 하나님께서는 무형교회의 회원을 유형교회로 부르시기 때문이다. 그러나 물리적으로 불가능한 경우는 예외가 될 수 도 있다. 예를 들어 교회가 없는 감옥에서 회심하는 경우나 기독교 신앙 활동이 금지된 곳에서 홀로 믿음을 지키는 경우는 비록 유형교회의 회원이 아닐 지라도 무형교회의 회원일 수 있다. 다시 말해 이들의 경우 유형교회에 출석하지 않았다고 해서 구원을 받지 못하는 것은 아니라는 것이다. 반면에 무형교회의 회원은 아니지만 유형교회의 회원으로 활동하는 사람들도 있을 수 있다. 다시 말해 유형교회 안에 무형교회의 회원이 아닌 이들이 함께 있을 수 있다. 이는 지상의 교회 회원 중에는 구원을 받지 못할 자들이 같이 있을 수 있음을 말한다. 교회의 명부에는 이름이 등록되지만, 어린 양의 생명책에는 그 이름이 없는 사람이 있을 수 있다는 것이다.

무형교회 회원들이 누리는 특별한 은혜는 그리스도와의 연합이다. 이 은혜가 특별한 것은 이것이 전적인 하나님의 은혜의 역사이기 때문이다. 유형교회의 회원이라고 다 그리스도와 연합을 이룰 수 있는 것이 아니다. 그리스도와의 연합은 오직 무형교회의 참된 회원들에게만 주어지는 은혜이기에 더욱 특별하다고 할 수 있다. 무형교회의 회원들은 그리스도와 '영적으로 그리고 신비적으로' 연합한다. 이는 그리스도와 인간적인 교제나 친밀한 사귐을 넘어, 그리스도의 몸인 교회 안에서 각 각의 지체로서 그리스도와 영적으로 한 몸을 이루는 것을 말한다. 또한 그리스도와의 연합은 '실재적이며 영구적인' 연합이다. 일반적으로 영적이거나 신비적이라는 말은 비현실적인 것으로 이해되기 쉽다. 그러나 성경이 영적이라고 말하는 것은 비현실적인 것을 말하는 것이 아니라 실재적으로 역사하지만 우리의 이해를 넘어서기 때문에 우리가 감지 할 수 없다는 것을 의미한다. 따라서 그리스도와의 연합이 영적이고 신비적이라는 말은 우리가 비록 감지할 수는 없지만 이 연합이 우리 속에서 실재적으로 일어난다는 것을 의미한다. 무형교회의 회원들은 실재로 그리스도와의 연합을 경험한다. 뿐만 아니라 이 연합은 영구적이다. 다시 말해 그리스도와 한 번 맺은 연합은 어떠한 상황에서도 결코 끊어지는 법이 없다. 누구도 이 연합을 끊을 수 없기에 이 연합은 영원히 지속된다.

권징   주 예수님께서는 교회의 직원에게 치리를 맡기셨다. 그리고 이 직원들에게 치리를 할 수 있는 권세로 천국의 열쇠를 주셨다. 따라서 직원들은 이 열쇠로 정죄하기도 하고 사죄하기도 한다. 이 천국의 열쇠는 말씀과 권징으로 회개하지 않는 자들에게는 천국을 닫고, 회개한 죄인들에게는 천국을 열어줄 수 있다. 교회의 권징의 목적은 과오를 범한 형제를 교정하여 다시 교회로 받아들이기 위함이다. 또한 다른 이들이 같은 과오를 범하지 않도록 하기 위함이다. 뿐만 아니라 교회의 권징의 목적은 교회에 임할 하나님의 진노를 막는 것이기도 하다. 권징의 방법은 범죄의 성격과 죄인의 과실에 따라 권계, 일시적 수찬 정지, 출교 조치 등이 있다.[383]

교회의 권징의 근거는 신자의 신앙고백과 그에 따른 행실이다. 교회는 신자가 회심했는지 그렇지 않는지를 심판할 권한은 없다. 이는 오직 하나님께만 달려 있다. 교회는 오직 신자가 공적으로 고백한 신앙고백에 따라서 살아가는지, 또한 그 직무를 잘 감당하는지를 평가할 뿐이다. 오직 신앙고백에 근거해서 교회는 신자에게 삶의 교정을 요구할 수 있다.

더 깊이 **이해**하고 **적용**하기

참 교인과 거짓 교인[384]

유형의 교회에는 속해 있으나, 실제 무형의 교회의 회원은 아닌 자들이 있다. 다시 말해 개교회에 출석하고 참 신자들과 함께 교회 활동은 하지만 그 안에 참 믿음이 없는 자들이 있다는 것이다. 이들은 크게 세 가지 정도의 사람들로 분류할 수 있다. 위선자들, 아직 부름을 받지 않은 자들, 성령의 분위기에 빠져 교회에 들어온 유기자들이 이에 해당한다.

먼저 위선자들은 믿음으로 예수님을 주로 고백하지 않은 자들이다. 그럼에도 불구하고 개인적인 목적을 이루기 위해 교회 회원이 된 사람들이 바로 위선자들이다. 사업상 유익을 위해, 폭 넓을 인간관계를 위해, 사회적이고 윤리적인 교회의 사역에 참여하기 위해, 종교적 만족을 위해, 좋은 강연을 듣고 마음의 안정을 위해 교회를 찾은 이들을 말한다. 이들은 자신들이 믿음이 없다는 것을 분명히 안다. 이들은 구원의 본질적인 문제에 대해서는 별 관심이 없다. 그러니 당연히 구원의 확신도 없다. 자기들이 원하는 것에 만족을 느끼면 그것으로 충분하다. 이러한 이유로 이들 중 많은 이들이 자기들이 원하는 것을 교회에서 얻을 수 없을 때에는 교회에 불만을 표출한다. 심지어 교회에 영향력을 발휘해 자신들이 추구하는 목적을 성취할 수 있는 방향으로 교회를 이끌어가려 한다. 이들의 관심은 교회의 일차적인 목적보다는 이차적이고 부수적인 것들에 많이 쏠려 있다. 예를 들면 말씀과 기도 그리고 복음 전파의 사역보다는 문화 사업과 복지 사업에 더 관심을 갖는 것이다. 이러한 부수적인 일들을 놓고 이들은 논쟁하는 것을 즐긴다. 그리고 이러한 일에 참여하는 것을 자랑으로 여긴다. 입으로는 모든 영광을 하나님께 돌린다고 하면서도 스스로 영광 받기를 추구한다. 그리고 그 영광을 통해 자신의 삶의 유익을 도모한다. 이러한 이들이 만일 교회 안에서 자신들이 추구하는 것을 성취하지 못하게 되면 이들은 교회를 떠나 다른 종교를 찾기도 한다. 그리고 그곳에서 교회에서 이루지 못했던 일들을 이루려 한다.

반면에 분명 무형교회의 회원이고, 개교회에 출석하고 있지만 아직 유형교회의 회원이 아닌 자들이 있을 수 있다. 이들은 복음 초청을 받고 교회에 출석은 하지만 아직 때가 되지 않아 성령님께서 부르시지 않은 자들을 말한다. 이들은 예수 그리스도께서 자신들을 위해 십자가를 지셨다는 것이 아직 믿어지지 않는다. 즉, 성령님께서 구원에 이르는 믿음을 아직 이들의 마음에 주시지 않았기 때문에 말과 행동을 통해 진심으로 예수님을 자기의 구주로 고백할 수 없다. 또한 이러한 믿음이 없으니 자신이 죄와 비참함 가운데 있다는 것을 알지도 못한다. 그러니 당연히 그 사실을 애통해 하지도 않는다. 이러한 이유로 이들은 생명에 이르는 진정한 회개를 할 수도 없다. 그러나 하나님께서는 이들을 부르시기로 작정한 때가 되면 분명히 부르시고 믿음을 주셔서 그리스도를 주로 고백하게 하신다.

하나님께서 선택한 자가 아닌데도 주위에서 일어나는 성령의 역사들에 덩달아 반응하여 개교회의 회원까지 되는 사람들도 있다. 이들은 입으로 주를 시인하기도 하고, 눈물로 자신의 죄를 회개하기도 한다. 교회의 여러 가지 일들에 적극적으로 동참하기도 한다. 이러한 일을 통해 만족을 느끼고 삶의 활력을 찾기도 한다. 그러나 이들은 성령의 부르심을 받지 못한 자들이다. 그리스도와의 연합 속에 있지 않는 자들이다. 결국 이들이 개교회의 회원에 속해 있는 것은 스스로에게 속고 있기 때문이라고 할 수 있다. 이들은 주로 종교심이 강한 성향의 사람들이다. 만일 이들이 기독교를 소개 받지 않고 다른 종교를 소개받았다면 이들은 그 종교 단체에서 활동했을 가능성이 많다. 그리고 교회에서 그러하듯이 그 종교의 가르침을 따라 나름 열심히 종교 활동을 했을 사람들이다. 이러한 이들은 교회의 분위기가 좋으면 좋을수록 종교적인 만족도가 더욱 강해진다. 반면에 교회에 개인적인 불만이 생기거나 교회 전체에 분열의 조짐이 있을 때는 교회에 대한 반감이 극대화되는 현상을 보이게 된다. 이럴 때 이들은 결코 교회의 연합과 회복을 추구하지 않는다. 오히려 자신이 다칠 것을 우려해 이러한 상황을 피하려고 한다. 교회의 어려운 짐을 결코 나눠지려 하지 않는다. 교회가 어려울 때 이들의 최종적인 선택은 교회를 떠나는 것이다. 이러한 면에서 볼 때 이들은 언제든지 교회를 떠날 준비가 되어 있는 자들이라고 할 수 있다. 분명 이들에게는 성령님이 안 계신다. 그러나 이들 중 대부분은 스스로 속는 자들로써 자신들이 참 그리스도인이라고 생각한다. 이러한 이유로 이들은 교회를 떠나 다른 종교를 찾지는 않는다. 지역의 다른 교회를 찾아간다. 그리고 새롭게 옮긴 교회에서 자신들이 교회를 옮긴 것의 정당성을 드러내기 위해 최선을 다한다. 즉, 이전 교회의 허물을 드러내는 것이다. 따라서 이러한 이들의 주장이 과장될 수밖에 없는 것은 당연하다.

거짓 교인에 반해 참 교인은 믿음으로 예수 그리스도를 자신의 구주로 받아들인 자들이다. 이들은 죄를 미워하고 멀리하며 그리스도의 의를 따라 살기를 노력하는 자들이다. 하나님과 이웃을 사랑하며, 모든 정욕을 십자가에 못 박는 삶을 살아감으로 그리스도의 흔적을 갖게 되는 사람들이 바로 참 교인들이다. 이러한 이유로 이들을 그리스도인이라고 부른다. 그러나 비록 그리스도인이라 할지라도 전혀 흠이나 허물이 없는 것은 아니다. 다시 말해 그리스도를 완벽하게 따르는 삶을 살기 때문에 참 교인을 그리스도인이라고 부르는 것이 아니라는 것이다. 참 교인이 그리스도인인 이유는 모든 생활에 있어서 성령님의 힘을 의지하여 모든 죄악과 당당하게 싸워나가기 때문이다. 또한 그리스도를 믿는 믿음을 통해 모든 죄를 사해 주신 그리스도의 고난에 순종함으로 동참하는 삶을 살아가기 때문이다.

참 교회와 거짓 교회[385]

참 교회와 거짓 교회는 유형 교회 안에 있는 참 신자와 거짓 신자를 말하는 것과는 다르다. 참 교회와 거짓 교회를 말하는 가장 핵심적인 이유는 교회 내에 있는 이단들 때문이다. 다시 말해 참 교회와 거짓 교회를 구분해야 하는 이유는 스스로 교회라고 부르는 온갖 이단들로부터 참 교회가 반드시 구별되어야하기 때문이다. 이 세상의 모든 이단들도 다 교회라는 이름으로 존재한다. 분명 이들은 교회가 아님에도 불구하고 자신들의 모임에 교회라는 이름을 도용하여 사용한다. 그런데 문제는 이단들도 자신들의 모임을 참 교회라고 생각한다는 것이다. 심지어 이들은 자신들이 주장하는 내용들 만이 성경의 참 진리이며, 이에 동의하지 않는 모든 기독교 모임은 잘못된 것으로 평가하며 정죄한다. 이러한 이단들의 가장 큰 특징은 하나님의 진리가 자신들에게만 열려 있다고 생각하는 것이다. 그래서 이들은 구원이 자신들의 단체에만 있다고 생각한다. 이들 중 대부분이 자신들만이 유일한 성경적인 기관이라고 주장하는 것이다. 이러한 이유로 이들은 자기들만이 오직 정당한 하나의 교회라고 주장한다. 따라서 이들에게 교회의 하나 됨이라는 개념은 존재하지 않는다. 이들에게는 오직 하나의 교회만 있을 뿐 교회의 하나 됨을 말한다는 것 자체가 비성경적인 것이 된다. 이러한 이단의 또 하나의 특징은 역사성이 없다는 것이다. 대부분의 이단은 각 시대에 따라 단발적으로 나타난다. 그리고 그 시대의 교회를 어지럽히고 분열시킨다. 그러나 이러한 단체는 오래 지속되지 못하고 곧 없어진다. 역사상 등장했던 이단들은 시대에 따라 서로 다른 성격으로 나타났다가 없어지기를 반복했다. 결국 교회를 어지럽히고 분열시켰던 이단들은 결코 통일된 하나의 역사로 남아 있지 못했다. 단지 시대마다 유사한 성향의 이단들이 나타났다가 사라졌을 뿐이었다.

교회 내에서 참 교인과 거짓 교인을 구분하는 것은 결코 쉽지 않다. 그러나 참 교회와 거짓 교회를 구별하는 것은 그렇게 어렵지는 않다. 이 구분은 너무나도 쉬울 뿐 아니라 분명하다. 그 이유는 참 교회를 알리는 표지가 분명히 있기 때문이다. 참 교회의 표지는 세 가지가 있다. 복음의 순수한 교리가 전파되고, 그리스도에 의해 세워진 성례가 순수하게 이행되며, 교회의 가르침으로 인해 죄를 징벌하는 일이 정당하게 일어나는 것이 바로 그것이다. 여기서 더 중요한 것은 참 교회와 거짓 교회를 구분하는 이 기준이 오직 말씀 속에만 있다는 것이다. 따라서 모든 일이 참된 하나님의 말씀에 따라 이뤄질 때 그 교회는 참 교회가 된다. 동시에 이는 말씀에 어긋나는 것은 그 어떤 것이라도 제거될 때 그 교회를 참 교회라고 할 수 있다는 것을 의미한다. 뿐만 아니라 예수 그리스도께서 교회의 유일한 머리가 되심이 인정되고, 그 누구도 예수 그리스도의 권세 아래에서 벗어날 수 없다는 것을 인정하는 교회가 참 교회라고 할 수 있다.

반면에 거짓 교회는 하나님의 말씀의 능력과 권위보다는 그들 스스로의 권위와 능력을 내세우는 단체라고 할 수 있다. 다시 말해 자기들의 모임을 교회라고 하면서도 그리스도의 명령에는 순종하지 않는 사람들의 모임이 바로 거짓 교회다. 이러한 이유로 거짓 교회에서는 그리스도께서 제정하신 성례를 그리스도께서 제정하신 방식대로 시행하지 않는다. 또한 이들은 하나님의 말씀을 그 자체로 따르지 않고 그들 스스로의 생각에 따라 말씀에 무엇인가를 더한다. 즉, 하나님보다 사람을 더 의존하는 단체가 바로 거짓 교회다. 심지어 이 거짓 교회는 하나님의 말씀을 따라 거룩하게 사는 자를 핍박하기도 한다. 그리고 그들의 잘못을 지적하는 참 교회를 공격하고 핍박하는 경향이 있다.

칼뱅이 설명하는 교회

칼뱅은 교회를 어머니에 비유한다. 칼뱅은 교회를 어머니로 부르지 않는 자는 하나님을 아버지라고 부를 수 없다고 말한다. 교회는 어머니처럼 하나님의 백성을 낳고 기르고 돌보고 보호한다. 따라서 신자는 어머니인 교회와 연합해야한다. 칼뱅에게 있어서 어머니로서의 교회는 교회의 하나 됨을 이해하는 데 필수적이다. 칼뱅은 이 어머니를 떠나서는 구원이 불가능하다고 말한다. 이러한 이유로 칼뱅에게 있어서 교회 밖에는 결코 구원이 있을 수 없다.

칼뱅은 오직 믿음으로 구원을 얻는다는 것을 분명히 말한다. 이것은 성령의 내적 사역으로 이루어지는 은혜다. 그런데 하나님께서는 이 내적인 믿음을 일으키기 위해서 반드시 외적인 수단을 사용하신다. 칼뱅에 의하면 이 외적인 수단이 바로 교회다. 따라서 칼뱅은 제도적인 교회를 부정하는 신비적인 광신도들을 비난했다. 그에 의하면 하나님께서 외적인 수단인 교회를 사용하시는 것은 우리에게 그것이 필요하기 때문이다. 이러한 차원에서 교회는 인간을 위해 존재한다고 할 수 있다. 그러면서도 칼뱅은 교회를 절대적인 것으로 생각하는 로마교회도 비판한다. 칼뱅이 이런 입장을 취한 이유는 교회가 구원의 은혜를 제공하는 외적인 수단이지, 구원을 일으키는 원인은 아니기 때문이다. 이러한 이유로 칼뱅은 교회와 교회의 직분은 구원을 위한 도구고 은혜가 전달되는 수단일 뿐이라는 것을 분명히 한다. 로마 가톨릭교회가 주장하는 것처럼 교회는 결코 은혜의 보고나 원천이 될 수 없다. 뿐만 아니라 교회가 진리를 독점한다고 말하는 것도 잘못된 것이다.

로마 가톨릭교회가 말하는 교회는 언제나 가시적인 교회다. 그들은 이를 전제로 개신교의 교회가 정당하지 않다고 공격한다. 역사적으로 볼 때 종교개혁 이전에 개신교회는 없었다. 다시 말해 종교개혁 이전에 개신교회는 보이지 않았다. 이들에게 있어서 보이지 않는 교회라는 것은 존재하지 않는 교회라는 말이다. 즉, 거짓 교회라는 것이다. 이들은 종교개혁 이전에 보이지 않았던 교회가 갑자기 드러난다는 것은 있을 수 없는 것이라고 말한다. 따라서 그들에게 있어서 개신교회는 참 교회가 아닌 것이다. 개신교회는 속임수 내지는 억지 모임인 것이다. 이러한 이유로 그들은 종교개혁자들에게 "루터 이전에 너희들의 교회는 도대체 어디 있었는가?"라고 질문을 해 왔다. 로마 가톨릭교회의 이러한 질문에 대해 당시 종교개혁자들은 합당한 대답을 해야 했다.

가시적인 교회만을 참 교회라고 말하는 로마 가톨릭교회의 공격에 대한 칼뱅의 대답이 바로 비가시적인 교회다. 칼뱅이 설명하는 비가시적 교회는 단지 눈에 보이지 않지만 어딘가에 있는 교회라는 단순한 뜻이 아니다. 그가 설명하는 비가시적인 교회는 모든 택자들의 모임을 말한다. 성부 하나님께서 영원 전에 영원한 생명으로 예정하신 모든 사람들의 총수를 말하는 것이다. 따라서 이 교회의 회원은 이 땅에 현재 살면서 유형교회의 가지인 지 교회에 속한 회원들만을 말하는 것이 아니다. 비가시적인 교회의 회원은 이 땅에 살아가는 신자들은 물론 이미 죽은 신자들과 앞으로 이 땅에 올 모든 택자들을 다 포함한다. 이 교회를 비가시적이라고 하는 이유는 교회의 형태가 보이지 않기 때문이 아니라, 교회의 회원이 누구인지를 오직 하나님만이 알고 계시기 때문이다. 다시 말해 누가 교회의 회원인지는 물론, 회원의 총수도 오직 하나님만 알고 계시기 때문이다.

우리의 사도신경에서 '우리는 교회를 믿습니다'라고 우리가 고백할 때 그 믿음의 대상이 바로 비가시적인 교회다. 이 교회가 믿음의 대상인 것은 진정한 참 교회는 오직 하나님만 아시기 때문이다. 이러한 점에서 볼 때 교회는 건물이 아니라 영적인 실체라는 것이 더욱 분명해지는 것이다. 인간의 영혼이 육체와 결합되어 가시적으로 드러나듯이 비가시적인 교회는 가시적 교회로 자신을 드러낸다. 이러한 차원에서 가시적인 교회와 비가시적교회는 결코 두 교회를 말하는 것이 아니다. 가시적인 교회를 지상의 교회, 비가시적 교회를 천상의 교회로 이해하는 것도 잘못된 것이다. 가시적인 교회와 비가시적인 교회는 하나의 교회의 양 측면을 나타낸다.

전투적인 교회, 승리적인 교회 그리고 회개하는 교회

전투적인 교회(the Church Militant)는 이 땅에 있는 교회를 말한다. 이 교회가 전투적인 것은 교회를 구성하는 이들이 모두 그리스도의 군사로서 항상 죄와 맞서 싸우기 때문이다. 구체적으로 이 교회가 싸우는 대상은 죄, 악마, 어둠의 세상 주관자, 그리고 악한 영들이다. 승리적인 교회(the Church Triumphant)는 천상의 교회를 말한다. 이 교회는 부활과 승천을 통해 승리를 선언하신 그리스도께서 왕으로 등극하심으로 세워진 교회다. 또한 이 교회는 육체의 틀을 벗어 버리고 죄에서 자유하게 된 자들로 구성되었기에 더 이상 악한 영과의 싸움은 없고, 오직 승리만 있을 뿐이다. 회개하는 교회(the Church Penitent)는 연옥에 있는 자들로 구성된 교회를 말하며 고통 받는 교회라고도 불린다. 이 교회는 로마 가톨릭교회에서 말하는 교회며, 개신교에서는 인정하지 않는 교회다.

신자들을 부르는 호칭과 의미

택자	하나님께서 영원한 생명으로 선택한 자들
성도	세상과 구별된 자들
교인	교회의 회원, 특히 이 땅의 지 교회에 소속된 자들
신자	신앙고백을 같이 하는 자
그리스도인	그리스도를 따르는 사람
지체	그리스도와의 연합과 교회 안에서 하나 됨의 한 부분
하나님의 백성	하나님의 법을 따르는 사람들
언약백성	하나님의 언약을 받고 전수하는 자들
하나님의 자녀	하나님께서 자녀 삼아 주신 자들

하나님의 교회, 하나님의 성전, 그리스도의 몸 그리고 성령의 전

하나님의 교회, 하나님의 성전, 그리고 그리스도의 몸 이 세 가지는 바울이 고린도 교회 성도들에게 교회에 관하여 설명할 때 사용한 표현들이다. 바울은 분명 하나의 교회를 말하고 있다. 그러나 이 교회는 바울의 편지를 받고 있는 고린도 교회만을 말하는 것이 아니다. 바울이 여기서 말하는 교회는 그리스도께서 세우신 이 땅의 하나의 교회다. 그러면서도 바울이 교회를 설명할 때 이렇게 세 가지의 표현을 사용한 것은 교회의 다양하고 풍성한 특성을 성도들에게 자세히 풀어서 설명하기 위함이었다.

뿐만 아니라 바울이 교회를 설명할 때 이러한 표현을 의도적으로 사용한 것은 이 편지를 받게 되는 고린도교회에 특별히 전달하고 싶은 메시지가 있기 때문이기도 했다. 당시 바울이 전해들은 고린도교회의 상황은 자신이 사역할 때와는 많이 다른 양상을 보이고 있었다. 교회가 여러 가지 이유로 분열의 조짐을 보이고 있었던 것이다. 분쟁과 송사의 문제뿐 아니라 은사를 사용하는 부분에 있어서도 서로 견해를 달리함으로 교회가 많은 어려움 속에 있었다.

고린도교회가 직면한 문제를 해결하기 위해 바울이 보낸 서신이 바로 고린도전서다. 이 서신을 보내면서 바울은 고린도교회를 고린도에 있는 "하나님의 교회"(1:2)라고 부른다. 이를 통해 바울은 고린도교회 성도들에게 그들이 속한 교회는 그들의 소유가 아니라 하나님의 소유라는 것을 말하고 있다. 즉, 교회의 주권이 전적으로 하나님께 있다는 것을 분명히 밝히는 것이다. 그러니 교회의 성도들은 어떠한 경우에 있어서도 바울파, 아볼로파, 게바파, 그리스도파라고 하면서 교회를 자신들이 추구하는 어떤 특별한 집단으로 만들 권한이 전혀 없다는 것이다. 이렇게 바울은 '하나님의 교회'라는 표현을 통해 교회의 소유권을 주장할 수 있는 분은 오직 하나님 한 분뿐임을 성도들에게 확실히 각인시켰다. 그러면서도 바울은 교회를 구성하는 성도들의 가치 또한 하나님으로부터 온다는 것을 말하고 있다. 이러한 표현을 통해 바울은 하나님의 교회 안에서 성도 한 사람 한 사람이 얼마나 고귀한 존재인지를 알게하려 한 것이다. 바울은 비록 고린도교회의 성도들이 지금은 교회 안에서 분란을 초래하고 있기는 하지만, 그들도 그 근본에 있어서는 예수 안에서 거룩하여지고, 성도라 부름을 받은 자들이라고 설명하고 있다.

이를 통해 바울은 교회가 하나님의 소유로써 예수 안에서 거룩해져서 하나님께서 불러주신 자들의 모임이라는 것임을 설명한다. 바울의 이러한 설명들을 보면 교회는 그 존재 목적에서부터 구성, 그리고 운영 방식에 있어서까지 전적인 하나님의 작품임이 분명해진다. 거룩하도록 부르신 자도 하나님이시다. 부르신 이들을 예수 그리스도를 통해 거룩하게 하시는 분도 하나님이시다. 뿐만 아니라 그들을 모아 교회가 되게 하신 분도 하나님이시다. 그리고 하나님께서는 이 교회를 '하나님의 교회'라 명하시며 교회에 대한 자기의 소유권을 밝히 드러내신다.

바울이 이 서신에서 교회를 설명한 두 번째 표현은 "하나님의 성전"(3:16)이다. 바울은 고린도교회에게 "너희가 하나님의 성전인 것과 하나님의 성령이 너희 안에 계시는 것을 알지 못하느냐"고 말하며 고린도교회를 "하나님의 성전"으로 묘사하고 있다. 그런데 이 부분을 다룰 때 우리가 먼저 중요하게 고려해야 할 것이 있다. 이 문장에서 "너희"가 가리키는 것이 무엇인가 하는 점이다. 이 문맥에서 "너희"는 신자 한 사람 한 사람을 말하는 것이 아니다. 여기서 바울이 사용한 "너희"는 고린도교회를 말한다. 따라서 "하나님의 성전"은 신자 한 사람 한 사람의 몸을 말하는 것이 아니다. 이것을 오해하게 되면 이어지는 내용에서 하나님의 성전을 더럽히는 것을 우리의 몸을 함부로 사용하는 것으로 잘못 해석할 수 있게 된다. 구약 시대에는 하나님께서 예루살렘 성전에 임재하셨다. 반면 신약 시대에는 하나님께서 성령으로 그리스도의 몸인 교회에 임하신다. 그러나 이는 교회당이라는 건물을 의미하는 것이 아니다. 오순절에 성령님은 예수님을 따르는 사람들에게 임하셨다. 이렇게 성령이 임한 자들의 모임이 바로 교회다. 이러한 원리로 교회에 성령님께서 계시는 것이다. 사람들이 모여서 만든 교회 위에 성령님께서 임하시는 것이 아니다. 성령님께서 임한 사람들이 모여서 교회를 이루었기 때문에 그 교회에 성령님께서 계시는 것이다. 교회를 통해 성령님께서 드러나는 것이다. 그래서 바울이 이 교회를 "하나님의 성전"이라고 부른 것이다.

이어서 바울은 "하나님의 성전"을 더럽히는 것에 대하여 말하고 있다. 여기서 "더럽히다"는 표현도 좀 더 정확히 그 의미를 따져보면 "파괴하다"로 해석하는 것이 더욱 적절하다. 결국 바울은 이러한 표현을 통해서도 고린도교회의 분쟁에 대한 문제를 다루고 있다. 즉, 하나님의 성전을 더럽힌다는 말의 의미는 교회 내에서 분쟁을 일으켜서 교회를 무너지게 한다는 것이다. 따라서 하나님의 성전을 더럽히는 자들은 누구든지 하나님께서 기뻐하지 않으시고 멸하신다는 표현 또한 교회에 분열을 초래하여 교회를 어지럽게 하거나 무너뜨리는 일을 하는 자들은 하나님께서도 간과하지 않으시고 그들을 멸하실 것이라는 뜻이 된다.

동일한 서신 안에서 바울의 표현 중에는 "하나님의 성전"과 혼동할 수 있는 표현이 하나 있다. 그것은 바로 "성령의 전"(6:19)이다. 여기서 성령의 전은 교회를 말하는 것이 아니다. 이는 신자 한 사람 한 사람의 몸을 말한다. 이것이 크게 오해의 소지가 없는 이유는 바울이 이것을 '몸'이라고 분명히 언급했기 때문이다. 이를 통해 바울은 신자들의 몸을 성령님께서 내주하시는 곳으로 설명한다. 또한 이는 신자들의 몸 또한 하나님의 소유임을 분명히 밝힌다(6:20). 결국 바울의 표현에 의하면 "성령의 전"이 모여서 "하나님이 성전"이 되는 것이다. 거룩하신 성령이 몸에 함께 하심으로 신자의 몸은 성령의 전이 된다. 그리고 이 성령의 전들이 모여서 교회가 되기에 이를 하나님의 성전이라고 한다. 이러한 차원에서 거룩한 자들의 모임인 하나님의 성전이 거룩한 것이다. 교회가 거룩한 이유가 바로 여기에 있는 것이다. 뿐만 아니라 교회가 거룩함을 잃는 이유도 바로 여기에 있다. 그래서 바울은 교회가 그 거룩함을 지속적으로 유지하기 위해서는 신자 한 사람 한 사람이 온갖 더러운 것으로부터 자신을 멀리 해야 한다고 말하는 것이다. 이를 위해 바울은 음행을 피할 것을 권면 할 뿐 아니라(고전 6:18), 음행한 자를 공동체 안에서 쫓아내야 한다고 까지 말하는 것이다(고전 5:13).

바울이 세 번째로 밝힌 교회의 모습은 "그리스도의 몸"이다. 바울이 교회를 "그리스도의 몸"으로 표현한 것은 교회의 하나 됨을 강조한 것이다. 교회는 그리스도와 연합한 신자들의 모임이다. 따라서 그리스도와 연합한 자들은 교회를 통해 서로 연합한다. 아무리 그리스도와 연합했다 할지라도 신자 한 사람 한 사람은 각각 인종, 성, 신분의 차이가 있다. 그러나 이러한 차이들은 서로 연합되고 결합되어 하나가 된다. 이것이 바로 교회다. 그런데 이 교회가 "그리스도의 몸"이라고 말하는 것은 그리스도와 연합된 여러 개의 몸을 말하는 것이 아니다. 바로 "그리스도의 한 몸"을 말하는 것이다. 그리고 이렇게 한 몸에 참여한 신자 한 사람 한 사람은 "그리스도의 몸"의 지체들이 된다. 그리고 이 각각의 지체들은 각각의 은사들을 통해 하나의 몸된 교회의 다양한 역할들을 하게 된다. 결국 교회가 "그리스도의 몸"인 이유는 교회의 하나 됨은 물론 각 지체가 가진 은사들의 다양성도 동시에 존재하기 때문이다.

성도의 교제(communio sanctorum)[386]

성도의 교제는 먼저 그리스도와 성도간의 교통을 말한다. 이는 성도들이 머리이신 예수 그리스도와 연합되었기에 가능하다. 신자들은 그리스도의 성령과 말씀에 의해 믿음으로 그리스도와 연합됨으로 그리스도께서 베풀어 주시는 모든 은혜와 그의 고난, 죽음, 부활과 영광에 있어서 그리스도와 교통하게 된다. 성도가 그리스도와의 연합에 근거하여 그리스도와 교제를 나눈다고 할 때 주의해야 할 것이 있다. 그리스도와의 연합을 그리스도의 신격의 실체에 참여하는 것이라든지 어떤 부분에 있어서 그리스도와 동일해지는 것을 의미하는 것으로 이해해서는 절대 안 된다. 다시 말해 그리스도와의 연합을 통해 그리스도가 하는 신적인 일을 자신도 할 수 있게 되었다고 말해서는 안 된다는 것이다. 물론 자신이 그리스도의 일을 대신한다고 주장해서도 안 된다. 만일 이러한 주장을 한다면 그것은 성경의 내용을 곡해한 것일 뿐 아니라, 신성을 모독하는 행위를 하는 것이다.[387]

성도의 교제는 또한 그리스도인 상호 간의 교통과 교제를 말한다. 성도의 교제는 그리스도와의 신비한 연합을 기초로 한다. 그리스도와 연합한 자들의 교제가 바로 성도의 교제다. 그리스도와 연합된 성도들은 성도들끼리도 사랑으로 서로 연합된다. 이 연합으로 성도들은 피차 받은 은사와 은혜로 서로 교통한다. 이 교통을 통해 성도들은 공적으로나 사적으로 서로의 유익을 위해 행해야 할 의무를 성실히 수행한다. 성도의 교제의 근거와 동력은 그리스도와의 연합과 성도 간의 연합이지만, 성도의 교제의 외적 근거는 성도들의 신앙고백이다. 성도들은 그들의 공적 신앙고백에 근거하여 영적인 영역은 물론 물질적인 부분에서도 거룩한 교제를 행해야 한다. 먼저 영적인 영역에 있어서는 예배를 할 때나, 함께 기도할 때, 그리고 성례를 통해 성도간의 덕을 세우며 서로 거룩한 교제를 행해야 한다. 반면에 물질적인 부분에 있어서의 교제는 어려움을 당한 성도들을 각자의 능력과 필요에 따라 서로 돕는 것을 말한다. 성도가 서로 물질적인 도움의 교제를 나눌 때 중요한 것은 하나님께서 기회를 제공해 주시는 대로 예수의 이름을 부르는 모든 사람에게 구제와 봉사가 골고루 미치게 하는 것이다. 그런데 여기서 말한 물질의 통용은 남의 재산을 자기의 재산처럼 사용할 수 있다든지, 교회가 구제와 봉사를 위해 성도의 재산을 임의로 사용할 수 있는 권한을 말하는 것이 아니다. 성도의 상호 교제는 각 사람이 가지고 있는 자기의 재산과 소유권을 서로 빼앗거나 침해하지 않는 것을 원칙으로 한다.[388]

성도의 교제가 일어나는 가장 핵심적인 장이 바로 예배다. 예배를 떠나서는 진정한 성도의 교제란 있을 수가 없다. 이러한 면에서 주일 공예배가 성도의 교제의 가장 중심이 된다. 교회는 그리스도와 연합한 자들의 모임이다. 우리의 안식일인 주일에 성도들이 모여 교회가 된다. 그리고 이 교회가 하나님을 예배한다. 이러한 이유로 주일 공예배 안에 일어나는 하나님과의 교제가 성도의 교제의 이유와 동력이 된다. 또한 이러한 차원에서 볼 때 주일 공예배 없이 성도의 교제를 말하는 것은 분명한 잘못이다.

성도의 교제의 또 다른 한 면은 하나님께서 성도 각자에게 주신 은사를 공동으로 사용하는 것이다. 다시 말해 이는 성도 하나 하나가 그리스도께서 주시는 은사를 다른 사람들의 유익과 복지를 위해 자유롭게 그리고 기쁨으로 사용할 의무가 있다는 것이다. 즉, 성도의 교제는 은사를 통해 적용되며, 그 적용 원리는 바로 사랑이다. 이러한 면에서 그리스도와 연합한 각 각의 신자들이 자신의 은사를 더 잘 사용할수록 성도의 교제는 더욱 풍성해지게 된다. 여기서 은사를 잘 사용한다는 것은 하나님 사랑과 이웃 사랑의 원리 안에서 은사를 사용하는 것을 말한다.[389]

고린도전서 12장과 14장은 은사를 다룬다. 그리고 그 중간인 13장이 다루는 주제가 사랑이다. 여기서 사랑은 은사 중의 하나로 소개된 것이 아니다. 우리가 일반적으로 생각하는 것처럼 은사 중에 가장 큰 은사를 말하는 것도 아니다. 바울은 여기서 은사를 사용하는 원리로 사랑을 소개하고 있다. 성도의 교제와 화합을 위해서는 모든 은사들이 사랑의 원리로 사용되어야 함을 말하고 있는 것이다. 고린도전서 13장의 내용을 좀 더 자세히 살펴보면 그 의미가 더욱 분명해진다. 바울에 의하면 사랑이 없어도 은사는 사용될 수 있다. 사랑이 없어도 천사의 말은 할 수 있다. 사랑이 없어도 가진 것을 아낌없이 내어 줄 수 있다. 사랑이 없어도 몸을 불사르게 내어줄 수도 있다. 그러나 바울은 아무리 다양하고 값져 보이는 은사라도 사랑 없이 행하는 은사는 아무 소용이 없다고 말한다.

여기서 아무 소용이 없다는 것은 은사가 사용되고 그에 따른 결과가 있었다 하더라도 성도의 교제는 이루어지지 않는다는 것을 의미한다. 모든 사람은 하나님의 형상으로 지음 받았다. 그리고 모든 사람은 다 우리의 이웃이다. 따라서 우리는 우리의 이웃인 모든 사람을 사랑해야 한다. 그러나 모든 사람이 다 그리스도와 연합한 것은 아니다. 오직 택함을 받고, 믿음을 고백한 자들만이 그리스도와 연합한다. 따라서 우리는 그리스도와 연합한 성도들과만 교제한다. 우리는 모든 이웃을 사랑해야 하지만, 우리가 교제해야 할 대상은 오직 성도들이다. 이 성도들과 우리가 바른 교제를 하기 위해 꼭 필요한 것이 바로 사랑으로 각 각의 은사들을 사용하는 것이다.

성도의 교제 (communio sanctorum)는 '성도'(sanctorum)의 의미를 어떻게 이해하는지에 따라 그 의미가 더 깊어지기도 하고 넓어지기도 한다. 또한 그 의미를 어떻게 해석하느냐에 따라 다양하거나 심지어 엉뚱한 해석이 나오기도 한다. 이러한 차이점은 개신교와 로마 카톨릭에서 더욱 크게 나타난다. 앞서 살펴본 것처럼 '성도의 교제'에서 '성도'는 '거룩한 자들의 공동체,'[390] '공적으로 같은 신앙고백을 하는 이들,'[391] 그리고 '각자의 은사를 공동으로 사용하는 이들'[392]이다. 이러한 해석은 개신교의 해석으로, 이 해석들의 공통점은 '성도'를 모두 사람으로 본 것이다.

반면에 '성도'(sanctorum)를 '거룩한 것들' 혹은 '성스러운 것들'로 해석하는 경우도 있다. 이는 '성도'의 라틴어 표현인 상크투룸(sanctorum)이 '거룩한 자들의'뿐 아니라, '거룩한 것들의'로도 해석이 되기 때문이다. 상크투룸(sanctorum)을 '거룩한 것들의'로 해석하는 대표적인 교회가 바로 로마 가톨릭교회다. 이들은 이러한 해석을 통해 '성도의 교제'를 '성례를 통한 교제'로 해석한다. 즉, 로마 가톨릭교회에서 인정하는 7가지의 성례를 통한 교제를 말하는 것이다. 뿐만 아니라 로마 가톨릭교회는 '성도'를 '성스러운 것들'뿐 아니라 '거룩한 자들'로도 해석한다. 그런데 여기서 그들이 말하는 '거룩한 자들'은 '성자들'을 말한다. 이들이 말하는 '성자들'이란 개신교의 성도들을 말하는 것이 아니라 교회로부터 성자로 축성된 자들을 말하는 것이다. 즉, 죽은 성자들이다. 이들은 이러한 해석을 통해 '성도의 교제'를 이 땅의 신자들과 죽은 성자들과의 통공으로 이해한다. 이것을 근거로 천주교는 이 땅의 신자들이 죽은 성자들에게 기도하며 중보를 요청할 수 있다고 주장한다.

교회, 하나와 하나 됨의 신비

교회는 그리스도의 몸이다. 그리스도의 몸으로서 교회의 특징은 하나와 다양성이라 할 수 있다. 이 말을 문자 그대로 풀면 교회는 하나면서 다양하다는 말이다. 이는 뭔가 논리적으로 말이 안 되는 표현 같기도 하다. 그러나 성경은 교회에 대해 분명 이렇게 말하고 있다. 그리스도의 몸으로서 교회가 하나인 것은 그리스도의 몸이 하나이기 때문이다. 반면에 그리스도의 몸으로써 교회가 다양성을 띤다는 것은 몸 전체가 다양한 지체들로 구성되기 때문이다. 한 몸이 여러 지체들로 구성되듯이 교회도 여러 부분들로 구성되어 있다는 말이다.

하나의 몸은 다양한 지체들의 기능들을 통해 다양한 일을 한다. 그런데 이때 중요한 것은 다양한 지체들이 서로 조화롭게 기능해야만 그것이 한 몸의 일이 된다는 것이다. 이러한 차원에 모든 지체는 언제나 몸의 하나 됨을 추구해야 한다. 그리고 이것이 바로 교회가 하나 됨을 추구해야 하는 이유가 된다. 또한 몸의 모든 지체가 한 부분도 빠짐이 없이 온전히 다 갖춰졌을 때 온전한 몸이 되는 것처럼, 교회도 각 지체들이 다 갖춰져야 온전한 교회가 된다. 뿐만 아니라 몸의 각 지체들이 각각의 제 기능을 바로 발휘할 때 건장한 몸이 되는 것처럼, 교회도 각 지체들이 각각의 기능들을 잘 발휘할 때 건강한 교회가 된다.

몸의 지체들의 역할을 기능들이라고 한다면, 교회의 각 지체들의 역할이 바로 은사들이다. 몸의 각 지체들은 모두 자기만의 고유한 기능을 가진다. 이처럼 교회의 각 지체들도 자기들이 받은 고유한 은사들이 있다. 몸의 한 지체도 중요하지 않는 지체가 없는 것처럼, 은사의 경우에도 중요하지 않는 은사는 없다. 몸에서 어느 한 기능만 부실하게 운영되어도 전체 몸은 균형을 잃게 된다. 마찬가지로 교회도 한 은사라도 부실하게 기능하면 그 교회는 결코 균형 잡힌 사역을 할수 없게 된다.

몸과 지체의 관계를 통해, 교회와 은사의 관계를 좀 더 구체적으로 살펴보자. 몸의 각 지체들은 어떻게 각자의 기능을 가지게 된 것일까? 각 지체들이 스스로 자기의 기능을 선택한 것인가? 그렇다면 각 지체는 선호하는 기능을 할 권한이 있는가? 그렇지 않다. 각 지체의 기능은 전적으로 부여받은 것이다. 몸에서 지체가 있는 위치가 그 각각의 기능을 보여준다. 더 분명한 것은 지체의 이름이 곧 각 지체들의 기능을 말해준다. 이러한 이유로 각 지체는 이렇게 부여받은 기능을 결코 거부할 수 없다. 심지어 다른 지체와 그 기능을 서로 바꿀 수도 없다. 오직 각 지체들이 할 것은 부여받은 기능을 성실히 수행하는 것이다. 예를 들어 눈은 눈으로써의 기능을, 손은 손으로써의 기능을, 그리고 각 내장들은 각 각의 맡은 기능을 성실하게 담당하는 것이다. 이러한 원리는 교회의 은사에도 동일하게 적용된다. 은사도 부여받은 것이다. 그래서 은사가 선물(gift)인 것이다. 그런데 이 은사는 우리가 친구끼리 서로 주고받는 선물의 차원이 아니다. 은사는 하나님의 선물이다. 왕의 선물이다. 따라서 결코 거부해서는 안 된다. 물리려고 해서도 안 된다. 마음에 안 든다고 서로 교환하려고 해서도 안 된다. 은사를 받은 지체가 해야할 것은 최선을 다해 그 받은 은사를 잘 활용하는 것이다. 그리스도의 몸 된 교회를 위해 그 역할을 잘 감당하는 것이다. 각 은사가 그 이름에 맞게 잘 기능하도록 최선을 다하는 것이다.

앞서 언급했듯이 그리스도의 몸으로써 교회가 하나인 이유는 교회가 한 분이신 그리스도와 연합되어있기 때문이다. 따라서 참 교회의 사역은 곧 그리스도의 사역을 반영하게 된다. 그런데 그리스도와 연합한 몸으로써 교회를 이해 할 때 주의해야할 것이 하나 있다. 그것은 바로 그리스도와의 연합을 어떠한 일을 위해 그리스도와 교회가 협업하는 것으로 이해해서는 안 된다는 것이다. 교회가 그리스도와 연합했으니 각 지체들의 일도 그리스도와 협력해서 해야 한다는 식으로 이해해서는 안 된다는 것이다. 즉, 하나님의 뜻을 잘 이루기 위해 교회와 그리스도가 서로 잘 도와야 한다는 식으로 이해해서는 안 된다는 것이다. 교회가 그리스도와 연합한 한 몸이라는 것은 오히려 다른 차원의 개념으로 이해해야 한다. 그리스도께서 교회와 한 몸인 것은 그리스도께서 교회의 머리가 되신다는 것을 의미한다. 이는 한 몸의 각 지체들이 머리의 지시와 통제를 받아 기능하듯이, 하나의 교회도 그리스도의 지시와 통제 속에서 모든 은사들이 기능한다는 원리를 말한다. 머리되신 그리스도께서 각 지체들인 교회의 신자들에게 각각의 은사에 따라 사역을 지시하신다. 이때 그 사역의 의도와 방향, 그리고 방법까지도 모두 머리되신 그리스도께 달려 있다. 따라서 신자들이 각자의 맡은 직무를 머리되신 그리스도의 지시에 따라 성실히 행할 때 만이 한 몸인 교회는 건강하게 운영될 수 있다. 반면에 지체들 중 하나라도 머리의 의도대로 그 기능을 바로 이행하지 못하게 되면 몸 전체는 균형을 잃게 된다.

모든 지체가 다 바른 위치에서 제 기능을 발휘할 때 우리는 몸이 건강하다고 말한다. 이러한 사실은 몸 전체의 건강이 각 지체들의 기능에 전적으로 의존하고 있다는 것을 말해준다. 그런데 이러한 원리는 그리스도와 연합한 교회에서도 동일하게 적용된다. 모든 성도들이 각자 맡은 은사들을 자기의 위치에서 잘 발휘해 낼 때 교회가 건강하게 유지될 수 있는 것이다. 결국 이 말은 그리스도께서 자신의 몸인 교회의 건강을 각 지체들인 신자들과 그들의 은사 사용에 맡기셨다는 것을 의미한다. 즉, 교회의 건강이 각 지체의 건강에 달려 있다는 것이다. 이를 좀 더 구체적으로 말하면 각 은사들이 어떻게 기능하는지가 교회의 건강에 결정적인 요인이 된다는 것이다.

하나의 몸이 건강하게 기능하기 위해서는 다양한 지체가 필요하다. 그와 같이 하나의 교회가 건강하게 기능하기 위해서는 다양한 은사가 필수적이다. 또한 몸의 각 지체가 머리의 뜻을 따라 기능하듯이, 교회의 각 은사들도 머리되신 그리스도의 뜻을 따라 기능하는 것을 원칙이다. 그런데 여기서 머리의 뜻을 따르는 각 지체의 기능을 말할 때 절대 간과해서는 안 되는 아주 중요한 사실이 하나 있다. 그것은 바로 몸의 어떠한 지체도 한 지체의 독단적인 작용만으로는 머리의 지령을 바로 수행할 수 없다는 것이다. 몸의 기능은 언제나 여러 지체들의 협업을 통해서 발휘되지, 어떠한 경우도 각 지체 독단적인 기능은 있을 수가 없다. 머리가 의도하는 대로 다리가 오차 없이 완벽하게 움직이려면 다리 자체만으로는 결코 안 된다. 다양한 지체들의 다양한 기능들이 그 순서에 따라 잘 작용되어야만 가능하다. 그리스도의 한 몸으로써의 교회도 각 은사의 사용에 있어서 전적으로 이 원리를 따른다. 즉, 어떠한 은사도 절대 개별적으로 발휘되는 것은 없다. 모든 은사는 언제나 서로 연계되어 협업 가운데 작용한다.

교회의 신자들은 누구나 할 것 없이 교회의 지체들이다. 그리고 각 지체들은 어느 하나 빠지지 않고 다 은사가 있다. 따라서 교회의 지체로서 신자들은 자신의 은사를 잘 발휘하는 데 최선을 다해야 한다. 그런데 이때 신자들이 결코 잊어서는 안 될 사실이 있다. 그것은 바로 자신이 같은 한 몸의 지체라는 것이다. 따라서 신자들은 은사를 발휘할 때 교회가 하나의 건강한 몸으로 작용할 수 있도록 각별한 신경을 써야 한다. 이것이 바로 그리스도의 한 몸인 교회가 하나를 지속적으로 유지할 수 있도록 하고, 동시에 언제나 하나로 기능 할 수 있도록 하는 길이다. 즉, 이는 신자가 은사를 사용하면서 추구해야 할 것이 바로 교회의 하나 됨이라는 말이다. 교회가 하나 인 것은 하나님께서 이미 그렇게 정하신 사실이다. 이것은 진리의 문제이지 결코 상황의 문제가 아니다. 그러나 교회의 하나 됨은 다르다. 교회의 하나 됨은 분명 진리다. 그러나 이것은 이미 주어진 사실로서의 진리가 아니라 우리가 추구해야 할 진리다. 즉, 신자들에게 있어서 교회의 하나 됨은 목적으로서의 진리라는 것이다. 결국 이 말은 교회의 하나 됨은 저절로 되는 것이 아니라 전적으로 교회의 지체들인 신자들에게 달려 있다는 것이다. 다시 말해 교회가 하나의 건강한 몸으로 기능하는 것은 그 교회를 구성하는 각 지체들에게 달린 것이다. 이러한 차원에서 하나의 교회의 각 지체들은 하나 됨을 위해 끊임없이 노력해야 하는 것이다.

교회가 하나 됨을 위해 노력해야 하는 이유는 분명 교회가 그리스도의 건강한 몸으로 작용하기 위함이다. 그런데 교회가 이를 위해 노력해야 하는 데는 또 다른 이유가 있다. 그것은 신자들이 각각의 은사를 바로 사용하지 못하게 되면 하나의 몸인 교회가 여러 몸처럼 기능하는 상황에 놓일 수 있기 때문이다. 이를 다른 말로 표현하면 지체들에서 나타나는 은사의 다양성이 오히려 교회의 분열을 초래할 수 있다는 것이다. 이러한 이유로 교회는 은사의 다양성을 균형 있게 사용하는 데 주력하면서도 동시에 이 다양성 때문에 교회가 분열되지 않도록 주의를 기울여야 한다.

지체가 다양한 만큼 몸의 기능 또한 풍성하게 나타난다. 반면에 각 지체들의 기능이 균형을 잃게 되면 몸 또한 균형을 잃게 된다. 그리스도의 몸인 교회가 균형을 잃게 되는 것도 바로 이와 같은 원리다. 그런데 이를 좀 더 깊이 살펴보면 각 지체의 작용에 따라 몸이 균형을 잃게 되는 경우도 두 가지가 있다는 것을 알 수 있다. 그중 하나는 어떤 지체가 자기의 기능을 잘 이행하지 못하는 경우일 것이다. 이런 경우는 그 기능에 대해 다른 지체에게 부담을 주는 상황이 나타나기도 한다. 반면에 어떤 지체가 자기의 역할을 넘어 더 많은 기능을 발휘하려 할 때도 몸은 균형을 잃게 된다. 즉, 이는 신자들이 은사를 제대로 사용하지 못해서 교회에서 그 기능이 발휘되지 못하는 경우뿐 아니라, 어떤 특정한 은사들만 과도하게 기능해서 다른 은사들이 묻혀 버리는 경우도 교회가 건강한 그리스도의 몸으로 기능하지 못하게 하는 요인이 된다는 것을 말한다.

이러한 이유 때문에 교회의 지체들은 자기들이 맡은 은사들을 균형 있게 잘 사용하도록 노력해야 한다. 은사가 없어서 교회가 분열하는 것이 아니다. 오히려 각 은사들이 균형 있게 발휘되지 못할 때 교회는 분열을 경험하게 된다. 교회 안에는 방언과 천사의 말을 하고, 예언을 할 뿐 아니라 산을 옮길 만한 믿음이 있는 이들이 있을 수 있다. 또한 자기가 가진 것의 모든 것으로 구제하기도 하고, 심지어 자신을 불사르게 내어 주는 지체들도 있을 수 있다. 이들이 이러한 일들을 할 수 있는 이유는 분명 그리스도의 몸인 교회의 각 지체들로서 그 역할에 충실했기 때문이다. 그런데 이렇게 대단해 보이는 사역들이 그리스도의 몸인 교회를 위해서는 아무 유익이 없을 수도 있다고 성경은 말한다(고전 13:1-3). 다시 말해 은사들이 분명 크게 사용되었음에도 불구하고 이것들이 교회에 어떠한 유익도 끼치지 못할 수도 있다는 것이다. 그런데 이것으로 끝나는 것이 아니라 이렇게 크게 사용된 은사들이 오히려 그리스도의 몸인 교회의 균형을 깨뜨리는 결과를 낳기도 한다는 점이다. 다른 지체들의 기능을 막아 버리고, 심지어 교회를 분열시키기까지 한다.

바울은 이처럼 지체들의 활발한 은사 사용이 오히려 교회의 하나 됨을 막고 분열을 초래하는 이유를 은사들이 정상적인 방법으로 사용되지 못했기 때문이라고 지적한다. 그러면서 이러한 교회의 분열을 방지하기 위해 바울이 은사의 바른 사용 방법으로 제시한 것이 바로 '사랑'이다(고전 12:31). 은사의 다양성은 몸의 기능을 풍성하게 하는데 기여해야지, 분열의 발단이 되어서는 안 된다. 이를 위해 은사는 '사랑'이라는 방식을 통해서 사용되어져야 한다. 사랑이 모든 은사들을 균형 있게 발휘되도록 한다. 머리 되신 그리스도께서 각 지체들이 조화롭게 기능하도록 제공하신 것이 바로 사랑이다. 그리스도께서 은사를 풀어내는 방식으로 제공하신 것이 바로 사랑이다. 교회의 머리 되신 그리스도께서 모든 지체에게 공통으로 지시하시는 은사 사용법이 바로 사랑이다.

은사개발도 이런 차원에서 이해되어야 한다. 은사개발은 자기가 원하는 은사를 간구하는 것이 아니다. 은사는 전적으로 부여받는 것이다. 몸의 각 지체가 감당해야할 기능이 이미 정해져 있듯이, 교회의 각 지체가 받은 은사도 이미 정해져있다. 이러한 이유로 은사는 간구한다고 받는 것이 아니다. 은사는 오히려 발견하는 것이다. 다른 말로 자기의 은사를 깨닫는 것이다. 따라서 우리가 어떤 은사를 달라고 기도하는 것은 결코 바람직한 기도가 될 수 없다. 은사와 관련해서 우리가 해야 할 기도는 자신에게 부여된 은사를 깨닫게 해 달라고 간구하는 것이다. 그뿐 아니라 이미 부여받은 은사를 잘 사용할 수 있는 지혜를 달라고 기도하는 것이다. 교회의 머리되신 그리스도의 뜻에 따라 은사를 사용할 수 있도록 기도하는 것이다. 자신의 은사가 교회를 건강하게 세우는 데 기여할 수 있는 은사가 되도록 간구하는 것이다. 결국 은사에 대한 우리의 기도는 희망하는 은사를 간구하는 것이 아니라, 부여받은 은사를 발견하는 것, 받은 은사를 잘 사용하는 것, 그리고 또 한 가지가 있다면 자신의 은사를 교회의 유익을 위해 개발하는 것이라고 할 수 있다.

그렇다면 은사를 개발한다는 것이 실제 의미하는 것은 무엇일까? 자신의 은사가 다른 은사들보다 더 두각을 나타낼 수 있도록 하는 것일까? 소위 더 많이 쓰임 받고, 더 크게 쓰임 받는 것을 목표하는 것이 은사를 개발하는 것일까? 다른 지체들보다 두 배 혹은 세 배 이상의 일들을 감당하도록 능력을 강화하는 것이 은사를 개발하는 것일까? 성경은 그렇게 말하지 않는다. 성경이 의미하는 은사개발은 자기가 가진 은사를 얼마나 더 강화시킬 것인가에 대한 고민과 노력을 말하는 것이 아니다. 성경이 가르쳐주는 은사 개발은 오히려 은사를 잘 사용하는 훈련을 하는 것이다. 어떠한 상황에서도 사랑이란 방법을 통해 은사를 사용할 수 있도록 스스로를 훈련하는 것이 바로 은사를 개발하는 것이라고 성경은 말한다.

　　우리는 교회의 지체로서 내가 교회에서 해야 할 일이 무엇인지를 찾는 것도 중요하다. 그리고 그것이 무엇인지 찾았다면 그 은사를 더 폭넓게 사용하기 위해 힘과 능력을 키우는 것도 물론 중요하다. 그러나 그것보다 더 중요한 것은 사랑으로 자신의 은사를 잘 사용하는 연습을 많이 하는 것이다. 이러한 목적과 방식으로 모든 지체들이 은사를 개발하면 교회는 더욱 하나로 단단해져 가게 된다. 동시에 각 지체의 다양한 기능들이 조화롭고 풍성하게 드러나면서 그리스도의 몸인 교회는 더욱 건강해지게 된다. 이것이 바로 그리스도의 몸으로 하나인 교회가 더욱 하나 되는 신비인 것이다.

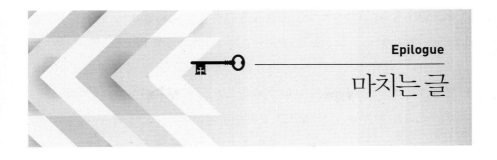

교리는 성경을 통해 하나님께서 밝혀주시는 하나님 자신의 선하신 뜻이다. 반면에 교의는 교회가 교리를 정리해서 공포한 것이다. 그리고 카테키즘은 성도들에게 교의를 잘 가르치기 위해 만들어진 교리교육서다. 이 책은 교리를 연구해서 밝히는 신학서적으로 쓰인 것이 아니다. 또한 우리의 교회인 장로교회가 공포한 교의를 논리적으로 정리한 책도 아니다. 이 책은 우리의 교의를 어떻게 하면 우리 교회 성도들에게 좀 더 쉽고 명료하게 가르칠 것인지에 대한 방법을 제시하는 여러 교리교육서 중 하나다. 즉, 이 책은 교리를 다루는 것이 아니라 교리교육의 방법을 다루는 책이다. 특히 현재 우리에게 소개된 여러 교리교육서들을 어떻게 하면 하나의 틀로 좀 더 쉽게 정리할 수 있을지에 대한 방법에 가장 큰 비중을 두고 있는 책이다.

그러면서도 이 책은 목회자들이 무엇을 어떻게 설명해야 이 시대의 성도들이 고민하는 문제들에 대한 답을 줄 수 있을지에 대한 고민을 반영한 책이다. 또한 성도들이 무엇을 어떻게 이해하는 것이 그들의 실제 신앙생활에 조금이나마 더 도움이 될 것인지를 많이 염두하고 있는 책이다. 심지어 이 책은 목회자들이 교회에서 가르치려는 것과 성도들이 실제 알고 싶어 하는 것에서 오는 차이점들을 어떻게 지혜롭게 극복할 수 있을지에 대한 나름의 깊은 숙고가 배여 있는 책이기도 하다. 이것이 바로 이 책에 대한 필자의 의도와 목적이라고 할 수 있다.

이러한 취지로 필자는 글을 썼다. 물론 의도하고 소망한 대로 완벽한 글을 썼다고는 할 수 없다. 그러나 필자는 이 글이 교리를 가르치는 목회자, 교사, 그리고 부모들에게 조금이나마 도전이 된다면 그것으로 만족한다. 현장에서 교리를 잘 가르치려고 고군분투하는 목회자들과 교사들에게 필자의 이 글이 도움이 되길 소망한다. 심지어 그들이 좀 더 쉽고 명쾌한 장로교 교리 설명 방법을 연구하고 찾아내는 데 이 글이 조금이나마 기여했으면 하는 것이 필자의 바람이다.

뿐만 아니라 이 책을 통해 장로교 교리를 공부하는 학습자들이 우리의 교의를 좀 더 쉽게 정리하고 이해할 수 있으면 좋겠다. 그러한 차원에서 필자가 고민한 것이 바로 키워드로 학습하는 장로교 교리다. 이 과정에서 필자는 어떤 키워드를 선택할지, 몇 개의 키워드로 우리의 교리를 정리할지, 그리고 이렇게 선택한 키워드를 어떤 순서로 배치할 것인지를 가장 많이 고민했다. 그리고 그 기간 또한 결코 짧지 않았다. 반면에 키워드 선택 기준은 오히려 아주 간단했다. 성도들에게 이미 많이 익숙하면서도, 쉽고 오래 기억할 수 있는 단어들을 선별하는 것이 바로 그것이었다. 그러면서도 최소한의 키워드를 선정해서 누구나 외우기에 어렵지 않도록 해야 한다는 것도 중요했다. 여기에 한 가지를 더 하면 키워드의 순서를 우리 장로교의 교리표준 문서의 전개 방식과 가능하면 일치시키는 방법을 찾는데 나름 고민을 많이 했다. 그렇게 해서 만들어진 10개의 키워드가 바로 사람, 성경, 하나님, 창조, 타락, 구속, 믿음, 사랑, 소망, 교회다.

마지막으로 필자는 이 책에서 제시한 10가지의 키워드가 공예배의 설교를 돕는 데 조금이나마 기여했으면 한다. 그 이유는 이 10가지의 키워드를 잘 활용하면 설교자는 물론 설교를 듣는 청중들에게도 도움이 될 것으로 기대되기 때문이다. 설교자와 청중이 모두 10개의 키워드 중 어느 키워드에 관한 교리를 설교하고 있는지를 알고 있다면 설교자는 더 쉽게 설교를 풀어갈 수 있을 것이다. 그리고 동시에 그 설교를 듣고 있는 청중들은 설교자가 말하고자 하는 핵심을 더 잘 이해할 수 있을 것이다. 뿐만 아니라 청중이 10개의 키워드를 순서별로 다 알고 있다면 오늘의 설교가 성경에서 말하는 전체 교리의 어느 부분에 대한 설명인지도 파악할 수 있을 것이다. 즉, 성경이 말하는 교리 전체의 흐름 속에서 설교를 이해할 수 있게 된다는 것이다.

『키워드 카테키즘』은 21세기 한국 장로교회 교리학습에 대한 하나의 제안이라고 할 수 있다. 그뿐 아니라 어떠한 면에 있어서는 우리 교회 교리학습 방법에 대한 작은 도전이 될 수 도 있다. 이 땅의 교회는 분명히 하나님께서 지키신다. 이 교회가 이 땅에 존재하는 한 교회는 성경에 명시된 하나님의 뜻을 바로 이해하고 정직하게 공포하기 위해 부단히 노력해야 한다. 그와 더불어 교회는 이렇게 공포된 교의를 성도들에게 바로 가르쳐야 한다. 이러한 차원에서 교리교육은 교회의 필연적인 사명이다. 이 사명을 잘 감당하기 위해 교회는 끊임없이 연구해야 한다. 이러한 차원에서 바로 가르칠 뿐 아니라, 잘 가르칠 수 있는 방법에 대한 꾸준한 연구도 필수적이다. 필자가 『키워드 카테키즘』을 쓰게 된 것도 바로 이것이 지금 이 시기에 교회가 해야 할 일이라고 확신했기 때문이다. 바라기는 필자의 이 작은 노력이 더 유능한 교리교사들이 한국교회에 더 많이 배출되는데 조금이나마 도움이 되었으면 한다.

1   WLC 1; WSC 1; HC 1; CD 셋째와 넷째 교리 1.
2   HC 1.
3   HC 13.
4   HC 32.
5   WLC 2; BC 2.
6   CD 셋째와 넷째 교리 6.
7   WC 1.1–5; WLC 2; BC 2–3.
8   BC 4.
9   BC 5.
10 HC 19.
11 WLC 3.
12 WSC 2.
13 BC 4.
14 외경은 하나님의 영감으로 기록되지 않았기 때문에 정경에 포함되지 않는다. 외경의 내용은 정경에 기록된 내용과 일치하는 한계 내에서만 읽혀질 수 있고, 교훈을 줄 수 있다. 참조. WC 1.3; BC 6–7.
15 WC 1.6–10.
16 WLC 3.
17 WSC 3; WLC 5.
18 CD 5.14.
19 시편 8, 19, 104, 147, 148.
20 WLC 7; WSC 4.
21 BC 1.
22 WLC 8; WSC 4; BC 1; HC 95.
23 WLC 9; WSC 6.
24 WC 2.3; WLC 10; BC 11.
25 WLC 11; BC 8.
26 HC 24, 53.
27 BC 9.
28 WC 3.1; WSC 8.
29 WSC 7.
30 『기독교 강요』, 3.21.5.
31 WC 3.2.
32 잠언 16:33; 요나 1:7; 사도행전 1:24, 26; 열왕기상 22:28, 34; 마가복음 14:30. 참조. WC 3.1.
33 창세기 45;5, 8,; 50:20; 사무엘상 2:25; 사도행전 2:23.
34 WC 3.3; WLC 13; BC 16.
35 CD 첫째 교리 6–8, 11.
36 WC 3.1–5; CD 첫째 교리 9–10.

37 WC 3.6–8.
38 CD 첫째 교리 12.
39 BC 10.
40 BC 14.
41 BC 12.
42 WC 4.1–2; WLC 15; WSC 9; BC 12; HC 6.
43 WC 9 ; BC 14.
44 WC 5.1; WSC 18; WSC 11.
45 BC 13, 28.
46 기독교강요, 3.21.5.
47 기독교강요, 3.21.5.
48 WC 5.2–3.
49 WC 5.4.
50 BC 14.
51 WC 5.5.
52 WC 5.6.
53 CD 첫째 교리 5.
54 WC 5.7.
55 BC 16.
56 BC 20
57 WC 18.1–2; CD 첫째 교리 12.
58 WC 18.1.
59 WC 18.3; CD 첫째 교리 13.
60 WC 18.4.
61 WC 3.8
62 WLC 20.
63 WC 5.2.
64 WC 6.1.
65 CD 첫째교리 1.
66 WC 6.3–6; WLC 21–23; WSC 13.
67 WC 6.1–2.
68 WC 6.4.
69 BC 14; HC 8; CD 첫째 교리 1.
70 생육법을 통해 아담의 모든 후손에게는 원죄가 전가된다. 그러나 예수 그리스도는 아담의 후손이지만 이 법칙에서 제외된다. 이는 예수님께서는 생육법으로 나지 않으시고, 성령으로 잉태되어 동정녀 마리아에게서 나셨고, 육신의 아버지가 없으시기 때문이다. 참고, J.G.보스 & G.I.윌리암슨, 『웨스트민스터 대교리문답강해』, 류근상 & 신호섭 옮김 (서울: 크리스챤출판사, 2007), 112.

71 WC 9.3; WLC 149; WSC 82; HC 5, 7-8; CD 셋째와 넷째교리 2-3.

72 WC 6.6; WLC 24; HC 8-9.

73 WLC 27; WSC 19; BC 15.

74 WLC 28-29; WSC 84; HC 10, 13-14.

75 WLC 150-51; WSC 83.

76 WC 10.3.

77 WLC 30, 181.

78 WC 7.1; BC 17.

79 WLC 32; WSC 20.

80 WLC 31.

81 WC 7.5; WLC 34.

82 WLC 35.

83 WC 7.6; WLC 33.

84 WC 7.2-3.

85 WC 7.4.

86 BC 10.

87 WC 8.1; WLC 36; WSC 21; HC 12, 18.

88 BC 17.

89 WC 8.2; BC 19.

90 WC 8.3-4; BC 26.

91 WC 8.5-8.

92 WLC 41; WSC 21; HC 29, 31.

93 WC 8.1; WLC 42; WSC 23.

94 WLC 43; WSC 24; HC 31.

95 WLC 44; WSC 25; BC 21; HC 31.

96 WLC 45; WSC 26; HC 31.

97 HC 15.

98 WC 40; BC 19; HC 16, 18.

99 WC 6.3.

100 CD 첫 번째교리 1.

101 WLC 38; BC 19; HC 17.

102 인자가 온 것은 섬김을 받으려 함이 아니라 도리어 섬기려 하고 자기 목숨을 많은 사람의 대속물로 주려 함이니라

103 WLC 40; CD 둘째교리(그리스도의 죽으심과 인간의 구속) 4.

104 CD 2.

105 WC 7.1-3.

106 WC 10.1.

107 WC 10.2.

108 CD 첫째 교리 3; 둘째 교리 5.

109 CD 셋째와 넷째 교리 17.

110 WSC 31; CD 셋째와 넷째 교리 6, 8, 10, 11.

111 CD 셋째와 넷째 교리 9.

112 WC 10.4; WLC 68.

113 반펠라기우스주의자들과 아르미니우스주의자들은 복음의 초청을 받아들이는 일이 궁극적으로 오직 인간의 의지에만 달려 있다고 말한다. 참고, 앤서니 후크마, 『개혁주의 구원론』 이용중 역, (서울: 부흥과 개혁사, 2015), 117; WC 10.4; WLC 60, 68.

114 WLC 58,59.; WSC 30.

115 WLC 66.

116 CD 셋째와 넷째 교리 10.

117 CD 셋째와 넷째 교리 11-12.

118 CD 셋째와 넷째 교리 15.

119 CD 셋째와 넷째 교리 16.

120 WLC 153; WSC 85.

121 WC 14.1-2; WLC 73; WSC 86; BC 22.

122 WC 14.3; WLC 72.

123 CD 첫째 교리 2-3, 6.

124 HC 20.

125 HC 21.

126 WC 15.2; HC 88-90; 기독교강요, 3.3.8.

127 "하나님께서 이방인에게도 생명 얻는 회개를 주셨도다."(행 11:18); "하나님께서 그들에게 회개하는 마음을 주사 진리를 알게 하실까 하며"(딤후 2:25)

128 WLC 76; WSC 87; HC 2, 81; CD 다섯 번째 교리 7.

129 WC 15.1.

130 HC 114.

131 WC 15.5-6.

132 WC 15.1-4; CD 첫째 교리 6.

133 WC 11.1-2.

134 WLC 72.

135 WC 11.4; WLC 75.

136 WC 11.4

137 HC 56.

138 WLC 70.

139 WLC 70.

140 WLC 71.

141 HC 60-61.

142 WC 11.5.

143 WC 12.1; WLC 74; ; WSC 34; HC 33.

144 CD 첫째 교리 13

145 WC 13.1; WLC 77

146 WLC 75.

147 WSC 35.

148 WC 13.2-3; WLC 78.

149 중생한 신자들 안에 여전히 남아 있는 죄악된 본성에 대해 성경은 '굳은 마음'(겔 36:26), '옛 사람'(롬 6:6), '내 속에 거하는 죄'(롬 7:17), '육체'(롬 7:18), '내 지체 안에 있는 죄의 법'(롬 7:23), '사망의 몸'(롬 7:24) 등으로 표현하고 있다.

150 성경은 그리스도인이 성화의 과정에서 항상 죄와 싸워야 할 것을 하나님의 전신갑주를 취할 것으로 설명한다(엡 6:10-18).

151 HC 32, 43, 76, 86.

152 WC 17.1-2; WLC 79; WSC 36; CD 첫째 교리 11.

153 WC 11.5, 17.3; CD 다섯 번째 교리 11.

154 내가 확신하노니 사망이나 생명이나 천사들이나 권세자들이나 현재 일이나 장래 일이나 능력이나 높음이나 깊음이나 다른 어떤 피조물이라도 우리를 우리 주 그리스도 예수 안에 있는 하나님의 사랑에서 끊을 수 없으리라

155 WLC 79; CD 다섯 번째 교리 14.

156 WLC 80; CD 다섯 번째 교리 6.

157 WC 14.3; WSC 36; CD 다섯 번째 교리 13.

158 이 같은 견해는 펠라기우스적인 발상으로 하나님의 영광을 탈취하는 잘못된 생각이라고 할 수 있다.

159 WC 18.3; CD 다섯 번째 교리, 잘못된 주장을 배

격함 5.
160 CD 다섯 번 째 교리, 잘못된 주장을 배격함 6.
161 WC 18.4.
162 HC 58; 유해무, 『개혁교의학』(서울: 크리스천다이
제스트, 1997), 447-80.
163 WLC 83.
164 WLC 86; HC 57.
165 WC 33.1-2.
166 WC 33.3.
167 WLC 90.
168 HC 52.
169 CD 셋째와 넷째 교리 13.
170 CD 셋째와 넷째 교리, 잘못된 주장을 배격함. 6-7.
171 CD 셋째와 넷째 교리, 잘못된 주장을 배격함. 8-9.
172 CD 첫째 교리, 잘못된 주장을 배격함, 6.
173 WC 20.1.
174 WC 11.4; HC 61.
175 BC 22.
176 Τῇ γὰρ χάριτί ἐστε σεσῳσμένοι διὰ πίστεως · καὶ
τοῦτο οὐκ ἐξ ὑμῶν, θεοῦ τὸ δῶρον · (구원은 은혜에
의한 것인데, 믿음으로 말미암는다. 그리고 이것은
너로부터 된 것이 아니라, 하나님의 선물이다.)
177 For it is by grace you have been saved, through
faith-- and this is not from yourselves, it is the
gift of God. (NIV)
178 기독교강요, 3.3.5.
179 기독교강요, 3.3.1.
180 기독교강요, 3.3.2.
181 갈라디아서에서 바울이 '부르짖는다'는 의미로 사용
한 단어는 κρᾶζον(카론)이다. 이 단어의 문법적 형
태는 중성 단수 목적격 분사다. 헬라어는 문장에서
단어들의 성, 수, 격을 일치시켜 그 단어의 주체가
무엇인지, 혹은 그 단어가 어떤 동작의 주체나 객체
가 되는지를 분명히 밝혀주는 특징이 있다. 이런 이
유로 그리스어는 비록 동사의 주체를 구분해서 밝
히지 않는다 할지라도 문장 중에 있는 동사와 연결
되는 성, 수, 격의 단어를 통해 그 주체를 간접적으
로 드러낼 수 있다. 이 원리로 볼 때 이 문장에서 중
성 단수 목적격인 "그분의 아들의 영"(τὸ πνεῦμα τοῦ
υἱοῦ αὐτοῦ)이 부르짖는 주체가 되는 것이다. 곧 바
울은 이 표현을 통해 성령님께서 하나님을 "아빠 아
버지"라 부르짖는 주체라는 것을 드러내고 있는 것
이다.
182 WC 16.1-2; HC 91.
183 WC 16.3.
184 WC 16.5-7; WLC 78; BC 24; HC 62.
185 HC 64, 86.
186 WLC 77.
187 이 부분은 존 머레이의 글 "Definitive
Sanctification"과 박영돈 교수의 고려신학대학원
성령론·구원론 수업 강의 내용을 정리한 것입니
다. 참고, John Murray, "Definitive Sanctification"
and "The Agency in Definitive Sanctification"
In Collected Writings of John Murry, (Carlisle:
Banner of Truth, 1977). 2:277-93.
188 WC 18.1-2; WLC 80.

189 WC 18.3-4.
190 WLC 81.
191 HC 1.
192 CD 첫째 교리 12, 다섯 번째 교리 9.
193 HC 79.
194 성경은 모든 사람이 다 죽음을 맞이한다고 말한다
(롬 6:23; 히 9:27; 롬 5:12). 그러나 죽음을 맞이하
지 않는 자들도 있다. 에녹과 엘리야가 그 대표적인
예다(창 5:24; 히 11:5; 왕하 2:11). 또한 신자들 중
에 그리스도께서 마지막 심판을 위해 다시 오실 때
이 땅에 있는 신자들은 죽음을 보지 않고 영광에 이
르게 된다(고전 15:51-52; 살전 4:16-17).
195 WSC 37.
196 WNC 86.
197 HC 42.
198 WLC 90.
199 WSC 38; HC 57.
200 WC 19.1-2; WLC 91-93; WSC 39-40.
201 WC 19.2-4.
202 WC 19.5-6; WLC 95.
203 WC 19.6-7; WLC 149; WSC 82; HC 114.
204 HC 115.
205 정두성, 『교리교육의 역사』(서울:세움북스, 2016),
145-54.
206 『기독교강요』, 2.7.12.
207 유대교, 로마 가톨릭교회. 루터가 '나 외에 다른 신
들을 섬기지 말라'와 '우상을 만들지 말라'를 하나
의 계명으로 본 것은 '다른 신들'(출20:3)과 '어떤 형
상'(출20:4-6)을 같은 것으로 보았기 때문이다.
208 『기독교강요』, 2.8.12.
209 칼뱅의 십계명 구조는 문답의 형태가 아닌 그의
첫 번째 교리교육서(1537)에서 먼저 분명히 나타
났다. cf. James T. Dennison, Jr. (ed.), Reformed
Confessions of the 16th and 17th Centuries in
English Translation: Volume 1, 1523-1552, (Grand
Rapids: Reformation Heritage Books), 359-364.
210 정두성, 『교리교육의 역사』, 189-92.
211 『기독교강요』, 2.8.51.
212 『기독교강요』, 2.8.8.
213 'CC(1545)' in James T. Dennison, Jr. (ed.),
Reformed Confessions of the 16th and 17th
Centuries in English Translation: Volume 1,
1523-1552, (Grand Rapids: Reformation Heritage
Books), 486.
214 'The HC(1963)' in James T. Dennison, Jr. (ed.),
Reformed Confessions of the 16th and 17th
Centuries in English Translation: Volume 2,
1552-1566, (Grand Rapids: Reformation Heritage
Books), 790-792.
215 WLC, 91-102.
216 루터의 소교리교육서(1529)는 가정에서 부모가 자
녀들에게 기초 교리를 쉽게 가르치고 점검할 수 있
도록 문답형식으로 작성되었다. 그러나 대교리교육
서는 소교리교육서의 교사지침서나 목회자의 교리
참고서용으로 만들어진 것이기에 문답의 형식이 아
니라 주제와 항목에 따라 내용을 자세히 설명하는

방식으로 되어있다. 물론 대교리교육서도 문답식 교리교육서들처럼 번호가 매겨져 있다. 그러나 이 번호는 문답의 번호가 아니라 각 주제에 따라 설명하는 문단의 개수에 순서별로 번호를 매긴 것이다. 즉, 루터는 대교리교육서에서 제1계명을 총 48개의 문단으로 설명하면서 첫 문단부터 마지막 문단까지 번호를 순서별로 매긴 것이다.

217 LLC, '십계명', 1-3.
218 CC(1545), 136-142.
219 HC, 94-95.
220 *The Westminster Larger Catechism*, 103-106.
221 루터는 '우상을 만들지 말라'는 계명을 제1계명에 함께 포함하고 있다. 이러한 이유로 교리교육서에서도 제1계명에서 이 항목을 함께 다루었다.
222 CC(1545), 143-146.
223 CC(1545), 147-148.
224 CC(1545), 158.
225 HC, 98.
226 WLC, 107-110.
227 루터는 자기 자신을 자랑하려고 하나님을 장신구 정도로 여기는 거짓 설교자들이 자신의 말을 하나님의 말씀인 양 교회에서 선포하는 것을 여화와의 이름을 망령되게 부르는 것 중 가장 심각한 것이라고 했다. 참고, LLC, '제1부 십계명', 54-58.
228 칼뱅은 진리를 바로 세우거나 우리들 사이에서 사랑과 조화를 유지하려 할 경우에는 필요에 따라 하나님의 이름으로 맹세 할 수 있다고 설명한다. 참고, CC(1545), 159-163.
229 HC, 99.
230 HC, 100.
231 WLC, 111-113.
232 LLC, '십계명', 78-83.
233 LLC, '십계명', 84-86.
234 CC(1545), 166-171.
235 CC(1545), 172-176.
236 CC(1545), 177-179.
237 HC, 103.
238 WLC, 116.
239 WLC, 118.
240 LLC, '십계명', 103-108.
241 LLC, '십계명', 116.
242 루터는 세상 정부를 가장 넓은 의미의 아버지로 보았다. cf. LLC, '십계명', 150.
243 LLC, '십계명', 141-157.
244 LLC, '십계명', 158-166.
245 LLC, '십계명', 158-178.
246 CC(1545), 186.
247 CC(1545), 187-193.
248 CC(1545), 194-195.
249 HC, 104.
250 WLC, 123-124.
251 WLC, 126-131.
252 LLC, '십계명', 181.
253 LLC, '십계명', 182.
254 LLC, '십계명', 183-187.
255 CC(1545), 196-199.

256 HC, 105-106.
257 HC, 107.
258 WLC, 135-136.
259 LLC, '십계명', 202-205.
260 교황을 따르는 패거리들이 독신 서약 후 비밀리에 행하는 악한 일들이 보여주듯이, 독신을 옹호하는 수도원의 삶은 결국 죄를 더욱 조장하는 꼴이 된다. 참고, LLC, '십계명', 206-212.
261 LLC, '십계명', 219-221.
262 LLC, '십계명', 217-218.
263 CC(1545), 202-203.
264 HC, 108-109.
265 WLC, 137-138.
266 '도둑질은 너무 만연해 있어서 그것이 악한 일이라고 여겨지지 않을 정도이다. 만일 모든 도둑을 교수형에 처한다면 이 세상을 텅 비어 있을 것이다. 심지어 사형을 집행할 사람조차 없을 것이다.' 이것은 대교리교육서에서 루터가 당시 독일 사회의 모습에 관해 묘사한 내용이다. 이런 사회를 살아가는 성도들에게 루터는 '도둑질 하지 말라.'는 계명을 이야기하고 있다. 참고, LLC, '십계명', 222-224.
267 LLC, '십계명', 239.
268 LLC, '십계명', 228.
269 LLC, '십계명', 239.
270 LLC, '십계명', 248-249.
271 CC(1545), 204-205.
272 CC(1545), 207.
273 '하나님께서는 국가가 법으로 처벌하는 도둑질과 강도질만을 금하신 것이 아니고, 이웃의 소유를 자기 것으로 삼으려고 시도하는 모든 속임수와 간계를 도둑질이라고 말씀하십니다.' 참고, HC, 110.
274 루터의 대교리교육서는 1529년에 인쇄되었고, 하이델베르크 교리교육서는 1563년에 인쇄되었다. 약 35년의 간격이 있다. 그럼에도 불구하고 두 교리교육서 모두 합법을 가장한 도둑질의 대표적인 예로 고리대금업을 지목한 것을 보면 루터가 대교리교육서를 만들어 가르치면서 개혁을 이끌었지만 그의 사후까지도 루터가 처음 지적한 문제들은 충분히 해결되지 못하고 여전히 개혁되어야 할 대상으로 남아 있었다는 것을 알 수 있다. 참고, HC, 110.
275 HC, 110.
276 WLC, 141.
277 WLC, 142.
278 LLC, '십계명', 255-261.
279 LLC, '십계명', 263-266.
280 LLC, '십계명', 267-273.
281 LLC, '십계명', 274-275.
282 CC(1545), 208-209.
283 CC(1545), 211.
284 CC(1545), 212.
285 HC, 112.
286 WLC, 144.
287 WLC, 145.
288 LLC, '십계명', 292.
289 LLC, '십계명', 293-295.
290 LLC, '십계명', 305-310.

291 CC, 213-216.
292 HC, 113.
293 WLC, 147.
294 WLC, 148.
295 LLC, '십계명', 310,315-318.
296 LLC, '십계명', 319-333.
297 CC(1545), 229-230.
298 HC, 114-115.
299 WLC, 149.
300 WLC, 150-151.
301 WLC, 152.
302 WC 19.3
303 WLC 153; 154.
304 유아 때 죽은 자들과 정신적 약점을 가지고 있어서 스스로 외적인 방편을 사용할 수 없는 자들에 한해서는 성령의 내적인 사역으로 만도 구원이 주어질 수 있다.
305 WC 30.2, HC 84.
306 빌립과 에디오피아 내시는 성경을 스스로 읽고 어느 정도 성경 내용에 관한 지식도 있었지만 말씀이 설교될 때 그 의미를 깨달을 수 있었다(행 8:27-39).
307 WLC 158.
308 WLC 116; 117; 160.
309 WLC 26.2.
310 WC 27.1; 27.4; HC 68; BC 33.
311 WC 7.6.
312 WC 28.1-3; BC 34.
313 HC 69-70.
314 HC 71-73.
315 WLC 165.
316 WC 27.1; WLC 162.
317 WC 28.5-6.
318 WLC 167.
319 WC 29.1; WLC 168; WSC 96; HC 76; BC 35.
320 WSC 97.
321 HC 77.
322 너희가 이 떡을 먹으며 이 잔을 마실 때마다 주의 죽으심을 오실 때까지 전하는 것이니라(고전 11:26).
323 사람이 자기를 살피고 그 후에야 이 떡을 먹고 잔을 마실지니
324 WLC 171.
325 WLC 174.
326 WLC 174.
327 WLC 175.
328 WLC 172; HC 81.
329 WLC 169.
330 WC 29.5-8; WLC 170; HC 78.
331 대한예수교 장로회(고신) 헌법의 예배지침에서는 입교식을 통해 성년이 된 유아 세례 교인에게 그들이 '출생하면서부터 교회의 회원이 된 것을 알게 한다.'고 명시하고 있다. 참조, 대한예수교장로회 고신총회 헌법개정위원회, 『헌법』 (서울: 대한예수교장로회 고신총회출판국), 243.
332 WLC 178, 185; WSC 98; HC 116, 117.
333 WLC 179.
334 HC 94.
335 WLC 180, 181.
336 WLC 182.
337 내가 내 마음에 죄악을 품으면 주께서 듣지 아니하시리라(시 66:18).
338 WLC 186; WSC 99; HC 118.
339 WLC 188.
340 HC 119.
341 WLC 189; WSC 100; HC 120, 121.
342 당시 하나님을 아버지라고 부를 것은 유대인들의 입장에서 볼 때는 신성모독의 행위나 다름이 없었다.
343 WLC 190; WSC 101; HC 122.
344 무신론은 성경에 계시된 하나님을 유일하신 참 하나님으로 인정하지 않는다. 따라서 이 사상은 하나님만을 믿고 의지하며 예배하는 것을 방해한다. 영적무지는 말 그대로 하나님과 그의 뜻에 대한 지식의 부족으로 하나님의 이름을 거룩하게 여기지 못하는 것을 말한다. 우상숭배는 하나님께만 돌려야 할 영광을 다른 것에 돌리므로 하나님을 여러 거짓 신들과 동급으로 대우하는 것이다. 신성모독은 하나님의 거룩성 자체를 인정하지 않고, 하나님을 세상을 구성하는 평범한 한 요소로 전락시켜 버리는 것을 말한다.
345 WLC 191; WSC 102; HC 123.
346 인간이 본질상 죄인이라는 것은 죄가 주위 환경에 의해서 영향을 받았거나 습득된 것도 아니며, 지속적인 잘못된 습관의 결과도 아니라, 그 자체가 우리 본성의 일부라는 것을 말하는 표현이다. 즉, 이는 예수님을 제외한 아담의 모든 자손들은 그의 죄를 전가받아 태어날 때부터 죄의 종이라는 성경의 표현이다(엡 2:3).
347 WSC 102.
348 WC 33.3.
349 WLC 192; WSC 101; HC 124.
350 WLC 193; WSC 101; HC 125.
351 WLC 194; WSC 105; HC 126.
352 주기도문은 마태복음 6장과 누가복음 11장에 기록되어있다. 주기도문의 내용 중 이 간구에 대해 한글개역개정 성경은 마태복음과 누가복음 모두 동일하게 우리가 '죄 지은자'를 사하여 주는 것과 같이 우리의 '죄'를 사해 달라고 표현하고 있다. 그런데 헬라어 성경은 누가복음에서는 한글개역개정과 같은 방식으로 표현하고 있지만, 마태복음에서 '죄' 대신에 '빛'(debt)이라는 단어를 사용하고 있고, '죄 지은 자'대신에 '빚진자'(debtors)라는 표현을 사용하고 있다.
353 예수님이 인간으로 태어나셨지만 원죄의 죄책에서 자유로우신 것은 아담의 원죄가 예수님께는 전가되지 않았기 때문이다. 즉, 예수님께서는 원죄가 없으시기에 그에 따른 죄책도 없다는 것이다. 아담의 원죄가 전가되는 방법은 생육법이다. 그러나 예수님께서는 보통의 생육법으로 출생하지 않으셨다. 예수님께서는 성령으로 잉태되고 동정녀에게서 탄생하셨다. 이러한 이유로 예수님께서는 완전한 인간이시지만 죄는 없으신 것이다.

354 WLC 195; WSC 106; HC 127.
355 평강의 하나님께서 속히 사탄을 너희 발 아래에서 상하게 하시리라.
356 WLC 196; WSC 107; HC 128.
357 HC 129.
358 WC 27.2; 28.1; 29;1; HC 66.
359 WC 27.1.
360 WLC 161.
361 WC 27.3-4; HC 67.
362 WLC 176.
363 WLC 177.
364 성례가 적절한 형식에 따라서 집행될 때 효력을 발휘한다는 것을 사효성(*ex opere operato*)라고 하며, 성례가 올바른 동기에 따라 집행될 때 효력을 발휘한다는 것을 인효성(*ex opere operantis*)이라고 한다.
365 WC 28.2-4, WLC 166; HC 74; BC 34.
366 '거듭 나다'라는 표현의 시상은 모두 부정시상(aorist)이다.
367 WLC 183.
368 WLC 183.
369 WC 25.2; WLC 62.
370 WC 25.4; BC 27.
371 거룩한 공회를 믿는다는 것은 그리스도가 세상의 시작에서 마지막 날까지 택자들에게 영생을 주시기 위해 그들을 불러 보호하신 다는 것을 믿는 것이다. 또한 이는 그리스도께서 부르신 이들을 성령과 말씀 안에서 믿음으로 하나 되게 하시며, 하나님의 교회의 산 지체가 되게 하신다는 것을 믿는 것을 말한다.
372 BC 28.
373 WC 25.2; WLC 61.
374 WLC 62.
375 침례교회는 스스로 신앙고백을 할 수 없는 신자의 자녀들은 아직 유형교회의 회원이 될 수 없다고 주장한다. 이들은 유형교회의 회원의 자녀들이라도 그들 스스로 자신의 신앙을 고백하고 세례를 받을 때까지는 유형교회의 회원이 될 자격이 없다고 주장한다. 따라서 이들은 유아 세례를 통해 신자의 자녀들을 교회의 회원으로 받아들이는 것을 반대한다.
376 WC 25.3; WLC 63.
377 Tertullian, "Apology," Book 1, Chapter 1, Ante-Nicene Fathers, Vol. 3 (Massachusetts: Hendrickson Pub., 2012), 55.
378 HC 54.
379 WC 35.4.
380 WC 5.7.
381 WC 25.5,6.
382 WLC 64.
383 WC 30.1-4.
384 BC 29; HC 32.
385 BC 29.
386 우리는 사도신경을 통해 '성도의 교제'를 신앙으로 고백한다. 그러나 초기 신조들에는 '성도의 교제'란 항목이 없었다. 예루살렘 신조는 물론 옛 로마 신조에도 이 항목은 없었다. 심지어 니케아 신경(325, 381)에도 이 항목은 없다. 그렇다면 이것은 분명 후대에 삽입된 것이 분명하다. '성도의 교제'가 삽입된 것에 대한 가장 합리적인 추론은 교회를 분리하려는 도나투스트파의 주장에 대한 대응 차원에서 교회가 신조에 추가한 것으로 보는 것이다. 그리고 이 일을 주도한 인물로 가장 많이 거론되는 인물이 바로 아우구스티누스다.
387 WC 26.1, 3.
388 WC 26.1, 2, 3.
389 HC 55.
390 LLC. '신조', 47.
391 WC 26.2.
392 HC 55.